法学研究
CHINESE JOURNAL OF LAW

法学研究 CHINESE JOURNAL OF LAW 专题选辑　陈甦／总主编

中国行政
诉讼理论的发展

DEVELOPMENT OF ADMINISTRATIVE
LITIGATION THEORY IN CHINA

张新宇　主编

社会科学文献出版社
SOCIAL SCIENCES ACADEMIC PRESS (CHINA)

总　序

回顾与反思是使思想成熟的酵母，系统化的回顾与专业性的反思则是促进思想理性化成熟的高效酵母。成熟的过程离不开经常而真诚的回顾与反思，一个人的成长过程是如此，一个学科、一个团体、一本期刊的发展过程也是如此。我们在《法学研究》正式创刊 40 年之际策划《〈法学研究〉专题选辑》，既是旨在引发对有关《法学研究》发展历程及其所反映的法学发展历程的回顾与反思，也是旨在凝聚充满学术真诚的回顾与反思的思想结晶。由是，《〈法学研究〉专题选辑》是使其所刊载的学术成果提炼升华、保值增值的载体，而不只是重述过往、感叹岁月、感叹曾经的学术纪念品。

对于曾经的法学过往，哪怕是很近的法学过往，我们能够记忆的并非像我们想象的那样周全、那样清晰、那样深刻，即使我们是其中许多学术事件的亲历者甚至是一些理论成就的创造者。这是一个时空变化迅捷的时代，我们在法学研究的路上走得很匆忙，几乎无暇暂停一下看看我们曾经走过的路，回顾一下那路上曾经的艰辛与快乐、曾经的迷茫与信念、曾经的犹疑与坚定、曾经的放弃与坚持、曾经的困窘与突破，特别是无暇再感悟一下那些"曾经"中的前因后果与内功外力。法学界同仁或许有同样的经验：每每一部著述刚结句付梓，紧接着又有多个学术选题等待开篇起笔，无参考引用目的而只以提升素养为旨去系列阅读既往的法学精品力作，几为夏日里对秋风的奢望。也许这是辉煌高远却又繁重绵续的学术使命造成的，也许这是相当必要却又不尽合理的学术机制造成的，也许这是个人偏好却又是集体相似的学术习惯造成的，无论如何，大量学术作品再阅读的价值还是被淡化乃至忽略了。我们对没有被更充分传播、体现、评价及转化的学术创造与理论贡献，仅仅表达学人的敬意应该是不够的，真正的学术尊重首先在于阅读并且一再阅读映现信念、智慧和勇气的学术作品。《〈法学研究〉专题选辑》试图以学术史研究的方法和再评价的方式，向学界同行表达我们的感悟：阅读甚至反复阅读既有成果本该是学术生活的重要部分。

我曾在另外一本中国当代法学史著作的导论中描述道：中国特色社会主义法治建设之路蜿蜒前行而终至康庄辉煌，中国法学研究之圃亦蔓延蓬勃而于今卓然大观。这种描述显然旨在鼓舞而非理解。我们真正需要的是理解。理解历史才能理解现在，理解现在才能理解未来，只有建立在对历史、现在和未来的理解基础上，在面对临近的未来时，才会有更多的从容和更稳妥的应对，才会有向真理再前进一步的勇气与智慧。要深刻理解中国法学的历史、现在以及未来，有两种关系需要深刻理解与精准把握：一是法学与法治的关系，二是法学成果与其发生机制的关系。法学与法治共存并互动于同一历史过程，法学史既是法律的知识发展史，也构成法治进步史的重要组成部分。关于法、法律、法治的学术研究，既受制于各个具体历史场景中的给定条件，又反映着各个历史场景中的法律实践和法治状况，并在一定程度上启发、拨动、预示着法治的目的、路径与节奏。认真对待中国法学史，尤其是改革开放以来的法学史，梳理各个法治领域法学理论的演进状态，重估各种制度形成时期的学术供给，反思当时制度设计中背景形塑和价值预设的理论解说，可以更真实地对法治演变轨迹及其未来动向作出学术判断，从中也更有把握地绘出中国法学未来的可能图景。对于既有法学成果，人们更多的是采取应用主义的态度，对观点内容的关注甚于对观点形成机制的关注。当然，能够把既有学术观点纳入当下的理论创新论证体系中，已然是对既往学术努力的尊重与发扬，但对于学术创新的生成效益而言，一个学术观点的生成过程与形成机制的启发力远大于那个学术观点内容的启发力，我们应当在学术生产过程中，至少将两者的重要性置于等量齐观的学术坐标体系中。唯其如此，中国法学的发展与创新才会是一个生生不息又一以贯之的理性发展过程，不因己悲而滞，不因物喜而涨，长此以往，信者无疆。

作为国内法学界的重要学术期刊之一，《法学研究》是改革开放以来中国法学在争鸣中发展、中国法治在跌宕中进步的一个历史见证者，也是一个具有主体性、使命感和倡导力的学术过程参与者。《法学研究》于1978年试刊，于1979年正式创刊。在其1979年的发刊词中，向初蒙独立学科意识的法学界和再识思想解放价值的社会各界昭示，在办刊工作中秉持"解放思想、独立思考、百家争鸣、端正学风"的信念，着重于探讨中国法治建设进程中的重大理论和实践问题，致力于反映国内法学研究的最新成果和最高学术水平，热心于发现和举荐从事法学研究工作的学术人才。创刊以来，《法学研究》虽经岁月更替而初心不改，虽有队伍更新而使命不坠，前后8任主编、50名编辑均能恪守"严谨、务实、深入、学术"的办刊风格，把《法学研究》作为自己学术生命的存续载体和学术奉献的展示舞台。或许正因如此，《法学研究》常被誉为"法学界风格最稳健、质量最稳定的期刊"。质而言之，说的是刊，看的是物，而靠的是人。我们相信，《法学研究》及其所刊载的文章以及这些文章的采编过程，应该可以被视为研究中国改革开放以来法学发展、法治进步的一个较佳样本。也正因如此，我们有信心通过《〈法学研究〉专题选辑》，概括反映改革开放以来中国法学发展的思想轨迹以及法学人的心路历程。

本套丛书旨在以《法学研究》为样本，梳理和归整改革开放以来中国法学在一个个重要历史节点上的思想火花与争鸣交织，反思和提炼法学理论在一个个法治建设变奏处启发、拨动及预示的经验效果。丛书将《法学研究》自创刊以来刊发的论文分专题遴选，将有代表性的论文结集出版，故命名为"《法学研究》专题选辑"。考虑到《法学研究》刊发论文数量有限，每个专题都由编者撰写一篇2万字左右的"导论"，结合其他期刊论文和专著对该专题上的研究进展予以归纳和提炼。

丛书专题的编者，除了《法学研究》编辑部现有人员外，多是当前活跃在各个法学领域的学术骨干。他们的加入使得我们对这套丛书的编选出版更有信心。

所有专题均由编者申报，每个专题上的论文遴选工作均由编者主要负责。为了尽可能呈现专题论文的代表性和丰富性，同一作者在同一专题中入选论文不超过两篇，在不同专题中均具代表性的论文只放入其中的一个专题。在丛书编选过程中，我们对发表时作者信息不完整的，尽可能予以查询补充；对论文中极个别受时代影响的语言表达，按照出版管理部门的要求进行了细微调整。

不知是谁说的，"原先策划的事情与实际完成的事情，最初打算写成的文章与最终实际写出的文章，就跟想象的自己与实际的自己一样，永远走在平行线上"。无论"平行线"的比喻是否夸张，极尽努力的细致准备终归能助力事前的谨慎、事中的勤勉和事后的坦然。

我思故我在。愿《法学研究》与中国法学、中国法治同在。

陈　甦

2022 年 9 月 4 日

于沙滩北街 15 号

目录

Contents

第三编　行政规范性文件的司法审查

第四编　行政公益诉讼

导　论

张新宇[*]

"行政法涉及的内容庞杂，没有统一完整的法典。"在诸多教科书当中，这被作为行政法的一大特征进行介绍。诚然，关于制定我国行政法典或行政法总则的讨论如火如荼，这一特征很可能将不复存在。但无可辩驳的是，行政法确实涉及社会管理的方方面面。因此，行政法论文的选题也比较分散，实在很难选出某个具体选题作为《法学研究》刊发的行政法论文的代表。笔者思来想去，考虑到以下因素，最终将行政诉讼作为本书的选题。首先，从我国的立法进程来看，并非先有行政实体法，后有行政救济法，而是先制定了《行政诉讼法》，然后才制定了《行政处罚法》、《行政许可法》等实体法。因此，后制定的法律必须与先制定的《行政诉讼法》相协调，作为救济法的《行政诉讼法》反而发挥了一定的行政法总则、总论的功能。因此，行政诉讼制度对我国行政法治的意义尤其重大。其次，根据《行政诉讼法》的规定，多数行政行为都被纳入行政诉讼的受案范围，作为最终救济渠道的行政诉讼一定会跟纷繁复杂的各类行政行为发生关联。因此，以行政诉讼为选题也具有"窥一斑而见全豹"的效果。再次，从实际的发文情况来看，以行政诉讼为选题的文章确实更多，这既说明行政诉讼具有较大的研究价值，也让笔者有了一定的选择余地。当然，以《法学研究》上刊发的文章为主要脉络，恐怕不能完整地呈现行政诉讼研究的全貌。另外，笔者过往主要从事国家赔偿研究，并不以行政诉讼研究见长，这显然也会成为影响本篇导论质量的一个关键因素。但无论

---

[*]　张新宇，北京工商大学法学院副教授。

如何，既然接下了这个任务，虽然倍感吃力，终究还是要勉力一试，文中的不妥之处期望大家多批评指正。

一 我国行政诉讼制度的建设历程

根据我国现行《行政诉讼法》的规定，行政诉讼是指作为行政相对人的公民、法人或者其他组织认为作为行政主体的行政机关或法律、法规、规章授权的组织所实施的行政行为侵犯其合法权益，依法向人民法院起诉，人民法院依法对被诉行政行为的合法性进行审查，并依法作出裁判的活动。① 我国《行政诉讼法》于1989年正式颁布，但在1989年之前，行政诉讼就已经存在。《中外合资经营企业所得税法》、《外国企业所得税法》等法律规范中就规定了，相对人如对行政机关的决定不服，可以先申请复议，如果不服复议决定的，可以向当地人民法院提起诉讼。② 据统计，到1989年《行政诉讼法》颁布时，规定可以向法院提起行政诉讼的法律、行政法规达130多部。③ 除了这些单行法律规范之外，1982年通过的《民事诉讼法（试行）》也为行政诉讼提供了制度依据，该法第3条第2款规定："法律规定由人民法院审理的行政案件，适用本法规定。"因此，在《行政诉讼法》正式颁布之前，主要由各级法院依据民事诉讼规范审理行政案件。④

虽然可以依据民事诉讼规范审理行政案件，但是，行政诉讼与民事诉讼在审理原则、举证责任等方面确实存在极大的不同，完全借用民事诉讼的法律规范并不能实现行政诉讼保护行政相对人合法权益的制度功能，制定一部专门的《行政诉讼法》非常必要。1989年4月4日，第七届全国人民代表大会第二次会议通过了《行政诉讼法》，1990年10月1日正式实

---

① 姜明安：《行政诉讼法》（第4版），法律出版社，2021，第50页以下。
② 参见1980年9月10日第五届全国人大第三次会议通过并施行的《中外合资经营企业所得税法》（现已失效）第15条以及1981年12月13日第五届全国人大第四次会议通过的《外国企业所得税法》（现已失效）第16条。
③ 参见王万华《新中国行政诉讼早期立法与制度——对104部法律、行政法规的分析》，《行政法学研究》2017年第4期。
④ 参见何海波、晏翀、严驰恒编著《法治的脚步声——中国行政法大事记（1978—2014）》，中国政法大学出版社，2015，第44页。

施。1989 年的《行政诉讼法》将行政诉讼定位为"民告官"制度，"公民、法人或者其他组织认为行政机关和行政机关工作人员的具体行政行为侵犯其合法权益，有权依照本法向人民法院提起诉讼"。"民告官"为行政诉讼的基本底色，也决定了行政诉讼审查的是行政行为的合法性，行政诉讼遵循合法性审查原则。但也有观点认为，《行政诉讼法》受案范围有限，对行政机关裁量行为的干预力度不够，且判决类型以撤销判决为主，导致司法实践中产生了一些问题。[1] 但是，1989 年的《行政诉讼法》确实是当代中国行政法治的开端，确立了"民告官"的一系列基本制度，其中有些内容后来有所修改，但没有根本变化。[2]

《行政诉讼法》颁布之后，最高人民法院制定了一系列的司法解释。但即便如此，随着社会的不断发展，《行政诉讼法》中的一些内容确实已经难以满足司法实践的需要，通过"打补丁"的方式仍很难解决问题。2014 年 11 月 1 日，第十二届全国人大常委会第十一次会议通过了《关于修改〈中华人民共和国行政诉讼法〉的决定》，修改后的《行政诉讼法》自 2015 年 5 月 1 日起施行。经过修改，《行政诉讼法》从原来的 75 条增加到 103 条，就实质内容而言，1989 年《行政诉讼法》仅有 25 条没有改动，大多数都进行了修改。比如，行政协议被纳入受案范围，行政诉讼的受案范围有所扩大；法院可以撤销"明显不当"的行政行为，对行政裁量的监督力度有所加大；明确增加了确认无效、确认违法等判决类型。此后，《行政诉讼法》又于 2017 年进行了一次小幅度的修改，这次修改在第 25 条中增加了 1 款，作为《行政诉讼法》第 25 条第 4 款，确立了由检察机关提起行政公益诉讼制度。

二　早期的理论准备与实践应用研究

我国《行政诉讼法》在 1989 年才正式颁布，早期，学者们主要致力于对行政诉讼的基础性问题进行探究。以 1989 年《行政诉讼法》正式颁布为界，在《行政诉讼法》颁布之前，学者们致力于研究我国应建立什么

[1] 何海波：《行政诉讼法》（第 3 版），法律出版社，2022，第 19 页。
[2] 何海波：《行政诉讼法》（第 3 版），法律出版社，2022，第 17 页。

样的行政诉讼制度，实际是在为制定《行政诉讼法》鼓与呼；而在《行政诉讼法》颁布之后，学者们则开始侧重于对行政诉讼的受案范围、举证责任、共同被告等问题进行阐释，从而促进《行政诉讼法》在实践中的正确适用。

（一）《行政诉讼法》颁布前的理论准备

在《行政诉讼法》颁布之前，行政诉讼依附于民事诉讼制度而存在，因此，是否有必要制定专门的《行政诉讼法》、应当建立什么样的行政诉讼制度是这一时期的研究重点。

朱维究在1984年发表的《试论我国的行政诉讼》是《法学研究》刊发的第一篇关于行政诉讼的文章。在这篇文章中，朱维究认为，对于行政诉讼这一概念应作广义的理解，除了在法院进行的诉讼活动之外，行政案件在提交法院以前必须由行政机关按一定的行政程序进行处理，这种处理也是行政诉讼必要的组成部分。基于实施宪法、实现综合治理、保障公民权利三方面的需要，必须建立健全行政诉讼制度。作者根据我国行政诉讼方面的历史和现状，并参考外国有关规定，对如何建立具有中国特色的行政诉讼制度，提出了一些设想。但文章的核心意涵可能正如摘要最后一句所说，是"希望引起法学界同志们的关注"。① 从该篇文章可以看出，当时学者们除了对行政诉讼制度的具体内容尚未形成一致认识之外，对于到底什么是"行政诉讼"，其实也有待进一步探讨。按照朱维究的观点，除了在法院进行的诉讼活动以外，在行政机关进行的行政纠纷解决活动也属于行政诉讼，如果用现行制度进行评判，这实际上既包含了行政诉讼，也包含了行政复议。当然，即使在这一时期，多数学者还是对行政诉讼进行狭义理解，认为行政诉讼仅是在法院进行的诉讼活动。比如，胡建淼认为，当事人向人民法院起诉是行政诉讼的特点之一。② 费宗祎和江必新认为，在我国现阶段，行政诉讼是指公民和法人因国家行政机关的处理决定损害其合法权益而向人民法院提起的诉讼。③ 笔者猜测，对行政诉讼进行广义理解，与当时对行政诉讼与行政复议关系的认识有关，当时有观点认为，

---

① 参见朱维究《试论我国的行政诉讼》，《法学研究》1984年第4期。
② 参见胡建淼《谈谈我国的行政诉讼》，《政治与法律》1985年第2期。
③ 费宗祎、江必新：《建立我国行政诉讼制度的若干问题》，《现代法学》1987年第4期。

复议前置是行政诉讼的基本原则，在行政争议进入诉讼阶段以前，复议是必经阶段。对于未经复议的行政争议，除法律另有规定外，人民法院不予受理。复议前置也是行政诉讼与民事诉讼和刑事诉讼的重大区别。①

如果按照现在的学术评价标准，无论是朱维究的《试论我国的行政诉讼》一文，还是同时期的其他文章，恐怕都算不上十分高明。但是，就当时的情况而言，阐明行政诉讼与民事诉讼的差异，呼吁制定专门的"行政诉讼法"并就其中的关键内容进行探讨，对于促进行政法治和保护公民权利无疑具有相当重大的意义。而且，虽然用现在的眼光看，当年的研究确实不够具体，但也不能认为当时的研究就毫无价值。这一阶段也不乏极具洞察力的研究成果，并在相当程度上形塑了行政诉讼制度，影响甚至持续至今。比如，就司法对行政机关自由裁量权的监督范围问题，江必新在1988年发表的《论行政诉讼中的司法变更权》一文中提出：在运用撤销手段足以实施有效救济的情况下不得适用变更裁决；在行政争议的解决必须借助行政机关的管理职权的情况下，也不得适用变更裁决。② 王名扬对这一问题的观点更为明确和具体，其认为，自由裁量权的行使产生两个问题：一是权力的行使是否妥当；二是权力的行使是否合法。权力的行使是否妥当，取决于行使权力者的专业知识、行政经验、对于政策的理解和具体情况的掌握程度。而这些条件只有行政人员才具备，法官作为法律专家不具备这些条件。所以自由裁量权的行使是否妥当，应由行政机关及其上级机关判断。因此，出于尊重行政职权和司法职权相互独立的需要，也是职务分工发挥各自专长的需要，除非法律作出特别规定，法院对于行政决定不能进行变更。③ 事实上，现行《行政诉讼法》第77条也仅规定，在行政处罚明显不当，或者其他行政行为涉及对款额的确定、认定确有错误时，人民法院才可以作出变更判决。

除针对建立健全行政诉讼制度的研究之外，由于当时也适用《民事诉讼法（试行）》开展行政审判工作，《人民司法》也刊发了《行政诉讼的

---

① 参见应松年《行政诉讼的基本原则》，《政法论坛》1988年第5期。

② 江必新：《论行政诉讼中的司法变更权》，《法学研究》1988年第6期。

③ 参见王名扬《我国行政诉讼立法的几个问题》，《法学杂志》1989年第1期。《法学》在1987年第3期刊发的论点摘要《行政诉讼中的司法变更权值得商榷》也认为，司法机关无能力也不应该直接运用变更权，参见于安《行政诉讼中的司法变更权值得商榷》，《法学》1987年第3期。

提起要件及实体审理》、《行政诉讼的举证责任管辖原则及工作方法》等解决实务问题的文章。[①] 但整体而言，无论是基于我国的实际情况展开论证，还是对西方行政诉讼的相关理论进行介绍，这一时期的学术研究主要侧重于为制定"行政诉讼法"进行必要的理论准备。

（二）《行政诉讼法》颁布后的应用研究

《行政诉讼法》正式颁布后，针对行政诉讼的研究立即发生了比较明显的转向。如何将《行政诉讼法》的抽象规定适用于具体的案件，在一段时间内成为研究重点。

是否属于行政诉讼受案范围是立案时就需要进行审查的重要事项，直接决定了案件能否进入行政诉讼程序。1989 年《行政诉讼法》对行政诉讼受案范围采取概括加列举式的混合式规定。1989 年《行政诉讼法》第 2 条规定，公民、法人或者其他组织认为行政机关和行政机关工作人员的具体行政行为侵犯其合法权益，有权依照本法向人民法院提起诉讼。一般认为，该条是对受案范围的概括式规定。1989 年《行政诉讼法》第 11 条第 1 款规定了哪些具体行政行为可诉，属于对受案范围的列举式规定。采取这种混合式规定，也许是希望兼顾概括式和列举式的优点，既让受案范围有一定的弹性空间，又让受案范围尽可能地便于理解。但实际上，混合式规定带来了不少问题。皮纯协和余凌云于 1992 年发表的《论行政诉讼受案范围的适用》一文指出，正确适用行政诉讼受案范围，应当从两方面入手。第一，结合《行政诉讼法》第 2 条的规定来看，《行政诉讼法》第 11 条第 1 款第 1 项、第 2 项中的"等"字并非对前述几种情况的总体概括，而是表示不完全归纳的省略。亦即，即使第 11 条第 1 款第 1 项、第 2 项中并未列举行政处罚和行政强制措施，只要侵犯了公民、法人和其他组织的合法权益，被侵犯的主体就可以提起行政诉讼。第二，要正确理解具体行政行为的含义，具体行政行为的法律依据应当是广义上的法律，既包括行政法律法规，也包括宪法、民法、经济法等其他法律。具体行政行为行使

---

① 参见陆一平《行政诉讼的提起要件及实体审理》，《人民司法》1987 年第 4 期；福建省高级法院行政审判庭《行政诉讼的举证责任管辖原则及工作方法》，《人民司法》1988 年第 12 期。

职权的方式既包括依法行使职权，也包括超越职权、滥用职权等。① 事实上，对《行政诉讼法》受案范围的批评一直在持续。比如，有学者认为，1989 年《行政诉讼法》第 11 条第 1 款第 8 项规定的侵犯其他人身权、财产权的具体行政行为应予受理，是导致行政诉讼受案范围狭窄的一个因素。对于人身权、财产权的划分，本就没有一致认识，而且，行政行为所涉及的既有人身权、财产权，也可能有其他权利。② 即使 2014 年修改后的《行政诉讼法》，在受案范围方面仍然受到批评，"从行政诉讼受案范围的历史演进来看，本次修法对受案范围的扩充并不具有突破性意义。在受案范围的规定方式上，2014 年《行政诉讼法》依然沿袭了 1989 年《行政诉讼法》所采用的正面列举与反面排除并存的模式，并未采纳学界主张已久的概括肯定加列举排除的模式"③。

证据问题也是诉讼过程中的基本问题之一，特别是 1989 年《行政诉讼法》第 32 条明确规定，被告对作出的具体行政行为负有举证责任，应当提供作出该具体行政行为的证据和所依据的规范性文件。当时的司法解释《关于贯彻执行〈中华人民共和国行政诉讼法〉若干问题的意见（试行）》也未规定原告需要承担举证责任的情形。因此，被告是否要在诉讼过程中承担全部的举证责任是司法实践中必须明确的问题。在《行政诉讼法》刚颁布时就有观点认为，举证只能是被告的诉讼义务，原告不承担举证责任，那种举证责任具有可分性（分为主要的举证责任和次要的举证责任、全部的举证责任和部分的举证责任等）的观点和举证责任存在例外或转移等情况的认识，都是十分错误和非常有害的。④ 董皞在 1993 年发表的《行政诉讼证据问题新探》一文中就原被告的举证责任范围、法院要求当事人提供或补充证据的条件等问题进行了分析。文中提出，并不是所有问题都由被告承担举证责任，在某些特殊情况下或在某些问题上，仍然需要法院全面调查收集证据，也仍然采用"谁主张、谁举证"的原则。例如，就赔偿问题，应由主张赔偿的一方对其主张的事实列举证据来加以证明，

---

① 参见皮纯协、余凌云《论行政诉讼受案范围的适用》，《法学研究》1992 年第 6 期。
② 参见薛珍《我国行政诉讼受案范围应予扩大》，《法学》1999 年第 8 期。
③ 马怀德、孔祥稳：《改革开放四十年行政诉讼的成就与展望》，《中外法学》2018 年第 5 期。
④ 田思源：《论行政诉讼举证责任》，《当代法学》1992 年第 2 期。

另一方则需要针对对方提出的主张和根据进行答辩并提出反证。① 事实上这一观点也被后续的司法解释和修改后的《行政诉讼法》所吸收。

除了上述两篇文章外，孟宪飞的《行政诉讼中的法律适用》、李建明的《论行政诉讼中证明对象的范围》、方世荣的《论行政诉讼中共同被告》等文章也对《行政诉讼法》颁布之初的具体应用问题进行了探讨。② 以现在的目光来看，这些文章恐怕不够旁征博引，所探讨问题的学术性似乎也并不很强。但是，在《行政诉讼法》颁布之初，首要问题就是将这部新法准确适用于具体案件，因此，这些文章在当时具有非常重要的意义。

三　行政行为合法性的司法判断研究

几乎在进行实践应用研究时，就已经有学者开始对行政行为的效力认定等理论问题加以关注。行政行为是行政法的核心概念之一，也有学者将行政行为称为行政法学总论的"阿基米德支点"，其重要性可见一斑。③ 按照传统行政法理论，行政行为可以分为合法的行政行为与违法的行政行为两类。对于合法的行政行为，在行政诉讼过程当中自然应予维持，违法的行政行为又可进一步区分为应予撤销的行政行为与无效行政行为。在 2014 年《行政诉讼法》修改之后，《行政诉讼法》第 74 条第 1 款第 2 项又增加了对程序轻微违法的行政行为，仅确认违法而不再撤销的规定。所以，合法性不同的行政行为的法律后果亦不同，从救济法层面而言，需要对其适用不同的判决类型。由于行政行为是行政实体法的核心概念，在行政救济法中也必然涉及对其合法性的判断问题。

（一）应予撤销行政行为的司法判断

撤销判决是指法院经审查认为被诉行政行为违法，使之失去效力的判

---

① 参见董皞《行政诉讼证据问题新探》，《法学研究》1993 年第 1 期。
② 参见孟宪飞《行政诉讼中的法律适用》，《法学研究》1989 年第 6 期；李建明《论行政诉讼中证明对象的范围》，《法学研究》1990 年第 2 期；方世荣《论行政诉讼中共同被告》，《法学研究》1991 年第 3 期。
③ 相关讨论可参见黄宇骁《行政法学总论阿基米德支点的选择》，《法制与社会发展》2019 年第 6 期。

决方式。在司法实践中，撤销判决也是法院针对违法行政行为适用最广泛的判决方式，在行政诉讼判决体系中处于核心位置。① 根据 1989 年《行政诉讼法》的规定，具体行政行为具有以下情形的，应当判决撤销：①主要证据不足的；②适用法律、法规错误的；③违反法定程序的；④超越职权的；⑤滥用职权的。2014 年修改后的《行政诉讼法》又在此基础上增加了"明显不当的"来作为应当判决撤销的情形之一。因此，作出撤销判决过程中的核心问题，就是判断被诉行政行为是否存在主要证据不足、违反法定程序等情形。实际上，除了主要证据不足和适用法律、法规错误属于较为容易认定的情形外，其余情形都在一定程度上存在不确定性或争议。笔者在此仅结合《法学研究》上刊发的文章，对"违反法定程序"、"滥用职权"和"明显不当"略作介绍。

1. 违反法定程序

违反法定程序难以判断的表层问题在于，学界对到底哪些程序属于法定程序存在争议。有学者认为，法定程序是指法律、法规、规章规定的程序，② 也有学者认为，法定程序是指行政程序中的重要程序，具有不可违背性，违反该程序要求的行政行为，足以构成违法并应当被撤销或者确认违法。③ 但其背后的实质问题是，如果动辄因为程序问题对行政行为进行撤销，对行政相对人而言，其实体权利未必就能得到保障。因为，按照 2000 年最高人民法院《关于执行〈中华人民共和国行政诉讼法〉若干问题的解释》和现行司法解释《最高人民法院关于适用〈中华人民共和国行政诉讼法〉的解释》的规定，人民法院以违反法定程序为由，判决撤销被诉行政行为的，行政机关在重新作出行政行为时仍可基于同一事实和理由，作出与原行政行为基本相同的行政行为。也就是说，如果将所有的程序违法行为都予以撤销，行政相对人可能在花费了大量时间和精力后，得到的结果与过去完全没有区别。因此，虽然按照《行政诉讼法》的字面意

---

① 参见江必新、梁凤云《行政诉讼法理论与实践》（下），法律出版社，2016，第 1600 页。

② 在具体内容上也存在较大区别，有的学者认为法定程序是指法律、法规规定的程序，有的学者认为法定程序包含规章规定的程序。参见姜明安《行政诉讼法》，法律出版社，2007，第 293 页；章剑生《论行政程序违法及其司法审查》，《行政法学研究》1996 年第 1 期；等等。

③ 参见杨小军《行政诉讼问题研究及制度改革》，中国人民公安大学出版社，2007，第 483 页。

思，只要行政行为违反法定程序，就应当被撤销，但是，也有观点认为，对于违反法定程序的行政行为的法律效果不能一概而论，需要根据具体情况进行区别对待。①

章剑生 2009 年发表的《对违反法定程序的司法审查——以最高人民法院公布的典型案件（1985—2008）为例》一文，就采取上述的区别对待观点，认为并非所有违反法定程序的行政行为都应当径行撤销。在总结1985—2008 年最高人民法院公布的典型案件的基础上，该文认为，在行政行为"违反法定程序"时，可能首先需要关注的是行政相对人实体法上的权益是否受到损害。亦即，若程序违反可能对行政相对人实体法上的权利造成损害，应当根据行政行为是否具有可撤销的内容，适用撤销或确认判决；若程序违反对行政相对人实体法上的权利并未造成损害，则应驳回原告诉讼请求。②

依笔者观点，该文也并非没有缺陷。第一，如果完全以是否对行政相对人实体法上的权利造成影响为评判标准，则程序本身的价值几乎可以忽略不计，长此以往，难免造成行政主体的行为根本不会受程序的约束，这对保护相对人的权利未必有利。第二，如何判断哪些程序是重要程序，哪些是非重要程序，哪些程序会对行政相对人的权利造成影响，哪些程序不会？该文虽归纳总结了司法实践中的情况，却并未提出评判标准。所以，一旦出现新的情况，恐怕仍然难以作出准确判断。当然，虽然存在一定的缺陷，但该文所提供的整体思路确实值得肯定。而且，2014 年《行政诉讼法》修改，就对违反法定程序进行了区别处理，《行政诉讼法》第 74 条第1 款第 2 项规定，行政行为程序轻微违法，但对原告权利不产生实际影响的，人民法院判决确认违法，但不撤销行政行为。但是，新的问题也随之而来，在我国近年的行政诉讼实践中，对于行政行为的一些程序瑕疵，法院大多采用指正的方法加以处理。所谓指正，就是人民法院在裁判中仅指出行政行为所存在的瑕疵，而不予追究其责任，指正仅是一种告诫性的提醒。③ 但是，人民法院是否有权在法定判决类型之外进行指正，恐怕有进

---

① 参见章剑生《论行政程序违法及其司法审查》，《行政法学研究》1996 年第 1 期。

② 参见章剑生《对违反法定程序的司法审查——以最高人民法院公布的典型案件（1985—2008）为例》，《法学研究》2009 年第 2 期。

③ 参见杨登峰《行政行为程序瑕疵的指正》，《法学研究》2017 年第 1 期。

一步讨论的必要。如果可以进行指正，那究竟哪些行政行为属于比"程序轻微违法"更加轻微，仅需要进行指正的情形？能否进行指正是只能在个案中根据案情审时度势地进行权衡，还是存在一定的评判标准？这些问题显然还有待探讨。

2. 滥用职权

无论是《行政诉讼法》，还是司法解释，都从未对"滥用职权"的内涵作出过解释。仅从字面意思来看，行政主体在职权范围内作出的违法行政行为，都可以视为其对职权的滥用，如果这么解释，"滥用职权"几乎可以泛化为除超越职权外的所有行政违法。但从《行政诉讼法》的规定来看，"滥用职权"仅是行政行为可撤销的情形之一，与主要证据不足和适用法律、法规错误等是一种并列关系，将"滥用职权"泛化恐怕并不是《行政诉讼法》的真实意涵。

胡建淼在 1992 年发表的《有关行政滥用职权的内涵及其表现的学理探讨》一文就开始关注"滥用职权"的界定问题。该篇文章指出，在国外，英国和法国虽至今还没有明显地在滥用权力和滥用裁量权之间画上等号，但其所列滥用权力的具体表现几乎全是滥用裁量权的表现。考察历史不难发现，只有在法院对行政的司法控制从羁束行为扩大到自由裁量行为时，"滥用权力"这一概念才始出现。行政滥用职权，即滥用行政自由裁量权，系指行政主体在自由裁量权范围内不正当行使行政权力的违法行为。[①] 从体系上来看，如此界定能够尽可能地避免"滥用职权"和其他撤销情形相混同，目前这也成了学界的通说。虽然将"滥用职权"界定为滥用自由裁量权并非该篇文章首创，但该篇 1992 年发表的文章至今仍然被频繁引用，对推广并形成较为一致的学术观点作出了很大贡献。

但是，将"滥用职权"界定为滥用自由裁量权并不能解决所有问题，1989 年的《行政诉讼法》第 54 条第 4 项还规定，行政处罚显失公正的，可以判决变更。"显失公正"显然也是不当行使自由裁量权引发的问题。因此，不当行使自由裁量权，既可能导致因"滥用职权"被撤销，也可能导致因"显失公正"被变更。"滥用职权"和"显失公正"二者究竟是什

---

① 参见胡建淼《有关行政滥用职权的内涵及其表现的学理探讨》，《法学研究》1992 年第 3 期。

么关系，又有什么区别？对于这一问题，胡建淼在其文中提出，"滥用职权"与"显失公正"是同一问题的两个方面，或者说是对同一事物的不同角度的表述。"滥用职权"是从主体和行为着眼，"显失公正"是从行为结果着眼。① 这种看法并非没有道理，但是，如果这样解释，那为什么对于同样的行为，有的要撤销，有的要变更？显然，即使"滥用职权"和"显失公正"有所重合，也需要搞清楚到底哪些行为需要撤销，哪些行为需要变更。朱新力在《行政滥用职权的新定义》一文中提出，"滥用职权"是发生在自由裁量权限范围内违反行政合理性原则的行为的总概念，"显失公正"只是从自由裁量行为结果上进行判断而获得的滥用职权违法的一种变现形式，是第二层次的滥用职权。"滥用职权"的具体内容可以概括为以下五种情形：①背离法定目的；②对不确定法律概念解释的严重不当；③行政不作为；④不正当的程序；⑤行为结果的显失公正。显失公正应以行政合理性原则进行评判。② 如果仅从最终结论来看，胡建淼和朱新力都强调"显失公正"是对行为结果的评判，似乎并无太大区别。但是，将"显失公正"置于"滥用职权"之下，显然可以丰富"滥用职权"的情形，扩大其范围。③

事实上，即使不考虑"滥用职权"和"明显不当"、"显失公正"的关系问题，"滥用职权"的内涵也并不十分明确，特别是"滥用职权"涉及诸多的主观性内容，很难在司法裁判过程中准确评判。周佑勇在《司法审查中的滥用职权标准——以最高人民法院公报案例为观察对象》一文中提出，从整个审查标准体系来看，法院判定滥用职权时考虑的一些因素，如"目的不适当"、"不相关考虑"等，不仅相互交叉渗透，还与管辖权、适用法律错误存在重合之处。此种情况下，如果最终裁判结果一致，法院可以根据其审查偏好，灵活选择适用不同的审查标准。相比于"违反法律"、"程序违法"、"超越职权"等客观层面的外部形式审查标准，滥用

---

① 参见胡建淼《有关行政滥用职权的内涵及其表现的学理探讨》，《法学研究》1992年第3期。

② 具体包括可行性原则、平衡原则、平等对待原则、惯例原则、遵守非法律的行政规范性文件原则，参见朱新力《行政滥用职权的新定义》，《法学研究》1994年第3期；朱新力《行政处罚显失公正确认标准研究》，《行政法学研究》1993年第1期。

③ 随着《行政诉讼法》在2014年被修改，"显失公正"的表述被"明显不当"取代，关于"明显不当"带来的新问题，下文再行详述。

职权标准明显难以获得法官青睐。为了避免"滥用职权"被弃之不用，难以发挥其应有功能，应当借助均衡性的法律原则与功能性的自我规制技术，使滥用职权标准的主观性内容能得以客观化，从而增强滥用职权标准的司法适用性。① 过度地对主观性进行审查，确实存在着司法权僭越行政权的可能，特别是在有些案件中，就有法官将"滥用职权"泛化理解为"违法"的情况，"滥用职权"本身也存在被滥用的问题。② 因此，将"滥用职权"由主观化审查转为客观化审查确实是一种方案。且不论客观化审查能否兼顾"滥用职权"的全部情形，目前更关键的问题是，所谓的客观化方法究竟能发挥多大的作用。从文中来看，均衡性的法律原则也就是结合诚实信用原则和比例原则等对行为性质进行判断。但是，法律原则本身就有一定的模糊性，未必能清晰地证成某一行政行为是否属于"滥用职权"，特别是比例原则本身也受到一定的批评。有观点认为，比例原则并不能"包打天下"，其只是公法领域中扮演有限辅助角色的一种合法性审查要求而已。③ 而功能性的自我规制技术实际就是借助裁量基准和指导案例进行辅助判断，可是，违反裁量基准的行为为什么是"滥用职权"，而不是"明显不当"？如果将违反裁量基准的行为认定为"明显不当"，法院或可直接进行改判，这对相对人不是更为有利吗？所以，就笔者看来，关于"滥用职权"的判断问题，虽然从20世纪90年代就开始讨论，但时至今日仍然没有一个令人满意的结论，有关"滥用职权"的讨论恐怕仍然要持续下去。

3. 明显不当

前文已述，在2014年《行政诉讼法》修改时，"显失公正"的表述被"明显不当"取代，行政处罚过程中存在"明显不当"情形的，应当进行变更。除了这一修改之外，"明显不当"也被增加为法院可以作出撤销判决的情形之一。因此，从"显失公正"到"明显不当"，并不只是表述上的修改。

---

① 周佑勇：《司法审查中的滥用职权标准——以最高人民法院公报案例为观察对象》，《法学研究》2020年第1期。
② 参见施立栋《被滥用的"滥用职权"——行政判决中滥用职权审查标准的语义扩张及其成因》，《政治与法律》2015年第1期。
③ 参见戴昕《"开弓没有回头箭"：再议比例原则的方法缺陷》，《地方立法研究》2021年第6期。

　　"明显不当"是在裁量行为中适用的审查标准，在其尚未成为可以撤销的情形之一时，对"滥用职权"的范围进行扩大，可以让主观的滥用职权和客观的显失公正（明显不当）均被纳入司法审查的范围。而在"明显不当"也成为可以撤销的情形之后，司法实践中"明显不当"甚至可以被归纳为10种情形，有明显的泛化倾向。① 因此，既需要明确"明显不当"的范围，防止其被滥用，也需要厘清"明显不当"与"滥用职权"的关系，让二者尽可能地各归其位。何海波在《论行政行为"明显不当"》一文中提出，在《行政诉讼法》增加"明显不当"的审查根据后，对行政裁量合理性的审查，一般可以放在"明显不当"的标准下进行；"滥用职权"则可以回归原位，限于行政机关违背法律目的、恶意行使权力的情形。也就是说，在新的审查根据体系下，滥用职权应当包含主观恶意。滥用职权的情形主要有徇私枉法、打击报复、任性专横、反复无常等。而明显不当的情形主要包括：①没有考虑依法应当考虑的因素；②处理方式违反比例原则；③没有正当理由的区别对待；④违背业已形成的裁量准则。② 将"滥用职权"和"明显不当"按照"主观故意"和"客观结果"进行二元区分，其目的在于避免二者的混同。但是，从文中归纳出来的情形来看，"滥用职权"和"明显不当"也绝非泾渭分明，任意专横的结果可能就是违反比例原则，而反复无常可能同时表现为没有正当理由的区别对待。

　　依笔者来看，"滥用职权"和"明显不当"彼此相互交错，实在很难在二者之间划出明确的界限，经常是你中有我，我中有你。因此，学者们力图对二者进行区分的解释方案都不算非常成功。③ 实际上，在《行政诉讼法》修订过程当中就有观点认为，不应将"滥用职权"和"明显不当"并列，而是应当将"滥用职权"修改为"滥用裁量权"，从而将"明显不当"包含其中。④ 当然，考虑到立法并未采纳这一方案，在现行法律框架

---

① 包括：①未考虑相关因素；②处罚结果畸轻畸重；③违反比例原则；④违反平等原则；⑤法律依据适用错误；⑥存在程序性瑕疵；⑦追求不适当目的；⑧未尽到合理审慎的审查义务；⑨事实认定错误；⑩其他标准，如违反一事不再罚原则等。参见王正鑫《行政行为"明显不当"的司法审查》，《财经法学》2021年第5期。
② 参见何海波《论行政行为"明显不当"》，《法学研究》2016年第3期。
③ 可参见周佑勇《司法审查中的行政行为"明显不当"标准》，《环球法律评论》2021年第3期；余凌云《论行政诉讼上的合理性审查》，《比较法研究》2022年第1期。
④ 参见江必新主编《〈中华人民共和国行政诉讼法〉理解适用与实务指南》，中国法制出版社，2014，第324页。

下，对"明显不当"进行更有说服力的解释，仍然是学者们不得不承担的一个任务。

（二）无效行政行为的司法判断

前文已述，大陆法系对于违法的行政行为历来有应予撤销的行政行为与无效的行政行为的区分。一般认为，对于应予撤销的行政行为，在行为被撤销前，行政相对人必须予以遵守，如对其不服，要在法定期限内向有权机关申请撤销。而无效的行政行为自始无效，等于在法律上不存在，行政相对人、第三人、作出机关和其他机关都可以不予遵守。[①] 虽然都是违法的行政行为，但进行这种二元区分的原因在于，需要在法安定性与公平正义之间进行必要的平衡，对于重大明显的违法，不能因其经过较长的时间，就不允许对其寻求救济。[②] 在我国，虽然也有学者反对行政行为无效与应予撤销的二元区分方式，[③] 但理论上赞成者仍为主流，而且，在2014年《行政诉讼法》修改后，无效行政行为也正式被法律所接受。

1989年的《行政诉讼法》虽并未规定可以确认行政行为无效，但2000年《最高人民法院关于执行〈中华人民共和国行政诉讼法〉若干问题的解释》第57条第2款第3项已规定，被诉具体行政行为依法不成立或者无效的，人民法院应当依法作出确认无效判决。因此，在2014年《行政诉讼法》修改之前，已有人民法院确认行政行为无效的司法实践。关于无效行政行为的判断标准，主要有"不可能说"和"重大且明显说"，其中又以"重大且明显说"为通说。虽然法律和司法解释均未规定无效行政行为的判断标准，但根据叶必丰《最高人民法院关于无效行政行为的探索》一文的归纳，最高人民法院从司法审查引出对无效行政行为制度的探索，在对行政行为的司法审查中形成了重大明显瑕疵的类型化和明显性判

---

① 参见〔德〕汉斯·J. 沃尔夫、奥托·巴霍夫、罗尔夫·施托贝尔《行政法》（第2卷），高家伟译，商务印书馆，2002，第89页。

② 参见〔德〕哈特穆特·毛雷尔《行政法学总论》，高家伟译，法律出版社，2000，第251页。

③ 余凌云教授始终反对行政行为无效与应予撤销的二元结构，具体可参见余凌云《行政行为无效与可撤销二元结构质疑》，《法治论丛》2005年第4期；余凌云《行政法讲义》，清华大学出版社，2020，第290页以下。

断标准。①

2014 年《行政诉讼法》第 75 条规定，行政行为有实施主体不具有行政主体资格或者没有依据等重大且明显违法情形，原告申请确认行政行为无效的，人民法院判决确认无效。现行司法解释，即 2018 年公布的《最高人民法院关于适用〈中华人民共和国行政诉讼法〉的解释》第 99 条更是明确规定，有下列情形之一的，属于《行政诉讼法》第 75 条规定的"重大且明显违法"："（一）行政行为实施主体不具有行政主体资格；（二）减损权利或者增加义务的行政行为没有法律规范依据；（三）行政行为的内容客观上不可能实施；（四）其他重大且明显违法的情形。"在司法实践中探索出的"重大且明显说"已经被法律和司法解释正式认可。但即便如此，"重大且明显说"实际上并不清晰、具体。王贵松在《行政行为无效的认定》一文中指出，我国法院基本上根据重大且明显说的标准对无效行政行为作出认定，也有法院从重大和明显两个方面去论证行政行为无效。但是，法院有时并不能清楚地论证何为重大且明显的违法，更多的是列举出事实，简单地定性，将其归入重大且明显违法之中，甚至根本不提重大且明显标准。② 所以，虽然"重大且明显说"已经被立法所认可，但到底怎样才算"重大"，又到底怎样才够"明显"，没有明确的标准。

正如王贵松在其文中所说，这在一定程度上表明了重大且明显标准的局限性，所以，从现行法的实施角度来说，一方面应继续肯定重大且明显的无效标准，另一方面也要允许法院在特定情况下根据"重大且明显说"的实质内涵作出无效认定。③ 显然，"重大且明显说"既已获得了《行政诉讼法》的认可，自然不能轻易被突破。所以，关键就是如何界定"重大且明显说"的实质内涵。需要明确，从构成要件来说，是否必须同时具备"重大"和"明显"两个要件才能认定无效，虽然"重大"但不够"明显"能否被认定为无效。比如，沃尔夫等人就认为，根据德国《联邦行政程序法》第 44 条第 2 款，部分形式瑕疵、管辖权瑕疵和内容瑕疵等若干情

---

① 因为在部分民事、刑事案件中也涉及对基础性行政行为进行效力认定的问题，文中归纳的案例也包括民事案例和刑事案例。参见叶必丰《最高人民法院关于无效行政行为的探索》，《法学研究》2013 年第 6 期。

② 王贵松：《行政行为无效的认定》，《法学研究》2018 年第 6 期。

③ 王贵松：《行政行为无效的认定》，《法学研究》2018 年第 6 期。

形，就属于并不完全符合明显性的无效理由。① 就具体内容来看，不同人对"明显"的判断标准并不相同，所以也要回答，所谓"明显"是一般人已经能意识到的明显，还是公务人员觉得明显就足够。笔者认为，"重大且明显说"仍然需要进一步加以明确，对行政行为无效的情形进行列举显然是一种有效的方法，② 根据不同的行为类型，赋予其不同的"重大"和"明显"标准，也是一种可以考虑的路径。

四　行政规范性文件的司法审查研究

按照现行司法解释《最高人民法院关于适用〈中华人民共和国行政诉讼法〉的解释》的规定，行政规范性文件是指，行政机关针对不特定对象发布的能反复适用的具有普遍约束力的决定、命令。所以，行政机关制定的法规、规章以及法规、规章以外的规范性文件都属于广义上的行政规范性文件的范畴。狭义上的行政规范性文件则将行政立法与其他规范性文件相区分，仅指法规、规章以外的其他规范性文件。③

1989 年的《行政诉讼法》并未明确提及行政诉讼中可以对行政规范性文件进行审查，其第 53 条第 1 款规定，人民法院审理行政案件，"参照"规章。所谓"参照"，显然已经隐含"审查"之意。④ 但是，隐含既可以解释为有，也可以解释为没有。因此，从 1989 年《行政诉讼法》制定之初，学界就已经展开了对于规章，即广义上的行政规范性文件，能否在行政诉讼中进行审查的讨论。崔卓兰在 1996 年发表的《行政规章可诉性之探讨》一文中认为，虽然有观点认为行政规章不具有可诉性，⑤ 但是，基于行政权力本身所固有的扩张性，委托或授予立法权者与实际行使立法权

---

① 参见〔德〕汉斯·J. 沃尔夫、奥托·巴霍夫、罗尔夫·施托贝尔《行政法》（第 2 卷），高家伟译，商务印书馆，2002，第 86 页以下。

② 参见胡建淼《"无效行政行为"制度的追溯与认定标准的完善》，《中国法学》2022 年第 4 期。

③ 参见王留一《论行政立法与行政规范性文件的区分标准》，《政治与法律》2018 年第 6 期。

④ 参见张尚鷟主编《走出低谷的中国行政法学——中国行政法学综述与评价》，中国政法大学出版社，1991，第 428 页。

⑤ 参见熊先觉主编《中国行政法教程》，中国政法大学出版社，1988，第 78 页；张尚鷟主编《走出低谷的中国行政法学——中国行政法学综述与评价》，中国政法大学出版社，1991，第 428 页。

者之间，在制定行政规章的权限、范围、幅度等方面可能出现诸多的不统一，甚至完全背离。行政规章的制定者也往往基于一方一域的管理需要，导致行政规章具有局限性和片面性。所以，虽然立法机关和行政机关内部也有相应的监督方式，但司法监督可以就具体问题展开监督，且具有专业优势，应当将被谓之抽象行政行为的行政规章等，与具体行政行为一并列入我国行政诉讼的审查范围。①

如果仅从语义上来看，"参照"是参考和仿照的意思，既然是参考，法院就势必要对规章进行审查和判断，并最终决定是否参考。因此，学者们普遍认为，应当对行政规范性文件进行审查，存在争议的主要是审查的具体范围。② 刘松山在《违法行政规范性文件之责任追究》一文中提出，从国外的做法和经验来看，对行政规范性文件的审查和处理基本是由法院而非议会负责。通过诉讼对行政规范性文件进行审查具有以下优势：行政相对人直接受违法规范性文件损害，可以在诉讼过程中进行最积极的控诉；法院宽泛的受案范围，可以让各类行政规范性文件引发的纠纷都得到处理；法院具备审查规范性文件是否违法的专业力量；通过诉讼对违法规范性文件进行处理要比通过立法机关进行处理效率更高。基于上述原因，再加上十多年的行政审判实践，除应将规章和其他行政规范性文件纳入司法审查的范围外，还应将行政法规纳入法院审查的范围。当然，法院在对行政法规进行审查时不能越权，只能依据法律而不能依据宪法进行审查，而且要处理好管辖权问题。③

虽然理论上也不乏将行政法规、规章纳入审查范围的声音，但制度层面最终明确被纳入审查范围的仅是狭义上的行政规范性文件，即规章以下的其他规范性文件。④ 在《行政诉讼法》修改后，审查范围已经明确，多数学者们开始侧重审查标准的研究。⑤ 但是，对行政规范性文件司法审查

---

① 参见崔卓兰《行政规章可诉性之探讨》，《法学研究》1996年第1期。

② 参见马怀德《析抽象行政行为纳入诉讼范围之必要性》，《人民检察》2001年第10期；曾祥华、陈仁涛《论对行政立法的司法审查》，《内蒙古社会科学》（汉文版）2005年第4期；等等。

③ 参见刘松山《违法行政规范性文件之责任追究》，《法学研究》2002年第4期。

④ 2014年修改后的《行政诉讼法》第53条规定，公民、法人或者其他组织认为行政行为所依据的国务院部门和地方人民政府及其部门制定的规范性文件不合法，在对行政行为提起诉讼时，可以一并请求对该规范性文件进行审查。前款规定的规范性文件不含规章。

⑤ 参见朱芒《规范性文件的合法性要件——首例附带性司法审查判决书评析》，《法学》2016年第11期；李成《行政规范性文件附带审查进路的司法建构》，《法学家》2018年第2期；等等。

的实际运行状况进行考察同样必要,[①] 余军和张文就对行政规范性文件司法审查权的实效性进行了考察,探究其运行机制。二人提出,在《行政诉讼法》修改前,没有法律上明确的审查依据,可能导致法官缺少行使行政规范性文件司法审查权的主观意愿。虽然在《行政诉讼法》修改后,这一问题得到了解决,但是,过度的科层化和政策实施导向会导致法官普遍形成体制化的行为逻辑和思维方式,这才是法院司法审查能力不足的根本性原因。当作为裁判依据的法律规范处于不明确状态但依据政策性指示可以得出"正确结果"时,法官"下意识"地选择依据政策作出裁判,从而舍弃了略显"烦琐"的法律论证过程,这自然是十分合理的。所以,在完善审查标准的同时,进行宏观层面的司法改革也十分必要。[②] 如果仅从结论来看,余军和张文在进行实效性考察后,所得出的结论也不算出人意表。但就笔者看来,目前多数行政法学者还是倾向于对法律规定进行释义层面的分析,进行实效性考察无疑可以提供一个新的考察视角,从多角度对问题进行分析的做法值得鼓励。

五　行政公益诉讼研究

1989 年《行政诉讼法》第 2 条规定,公民、法人或者其他组织认为行政机关和行政机关工作人员的具体行政行为侵犯其合法权益,有权依照本法向人民法院提起诉讼。2014 年《行政诉讼法》修改时,仅删去其中的"具体"二字,将"具体行政行为"修改为"行政行为"。所以,"民告官"仍然是我国行政诉讼长期以来的基本定位,只有权利受到(具体)行政行为侵害的个体,才能提起行政诉讼。由于多数违法行政行为具有明确的侵害对象,通过这样的制度设计,基本可以达到权利保护的制度预期。但是,还有一些违法行政行为,尤其是一些行政不作为,虽然造成了公共利益的损害,却没有侵害具体的个体权利。比如,某工厂在远郊区县非法排污,附近没有居民,即使行政机关怠于执法,但由于没有符合资格的原

---

① 参见卢超《规范性文件附带审查的司法困境及其枢纽功能》,《比较法研究》2020 年第 3 期。
② 余军、张文:《行政规范性文件司法审查权的实效性考察》,《法学研究》2016 年第 2 期。

告，仍无法通过诉讼对行政行为进行监督，并对公共利益进行维护。

实际上，在1989年《行政诉讼法》颁布以前，就有人关注了这一问题。王桂五认为，检察机关参加行政诉讼应当是有选择的、有重点的，对于以下两类案件，检察机关可以作为原告提起诉讼：①行政侵权行为涉及社会公共利益的案件；②行政侵权行为的后果比较严重，而受害人又放弃诉讼权利而没有起诉的案件。① 通过这样的制度设计，可以避免出现无人符合原告资格，而致使社会公共利益受损的情况。由于1989年的《行政诉讼法》以"民告官"为基本定位，关于行政公益诉讼的讨论在一段时期内也较少。直到2000年左右，学界才重新展开了对于行政公益诉讼的相关讨论。王太高在2002年发表的《论行政公益诉讼》一文中提出，当对于国家机关的违法行为、不当行为或者不行为，即使其还没有使公民、法人的利益遭受现实损害，无法律上直接利害关系的人也可以诉请司法机关对其进行司法审查时，行政机关便不能不增强依法行政的自觉性。相较于具体行政行为而言，抽象行政行为与公共利益的关系更为密切，损害公共利益的可能性也更大。所以，除了具体行政行为外，也应当允许社会中介组织和个人就抽象行政行为提起行政公益诉讼。②

在此后的一段时间里，关于行政公益诉讼的讨论持续进行，而其中讨论热度最高的问题就是，到底应当赋予哪些主体行政公益诉讼的原告资格。有的学者认为，可以将行政公益诉讼的适格原告定位于公民、社会组织以及国家检察机关，③ 也有学者认为应当由检察机关提起行政公益诉讼，④ 还有学者明确提出，检察机关最适合提起行政公益诉讼乃是一大认识误区，只要检察权的法律属性不变，检察机关提起行政公益诉讼而引发的检察权与审判权、行政权之间的矛盾就不可能减少。⑤ 各类观点，莫衷一是。最终，立法选择了由检察机关提起行政公益诉讼的方案，2015年7月1日，第十二届全国人民代表大会常务委员会通过了《关于授权最高人民检察院在部分地区开展公益诉讼试点工作的决定》，授权最高人民检察

① 王桂五：《检察制度与行政诉讼》，《中国法学》1987年第2期。
② 王太高：《论行政公益诉讼》，《法学研究》2002年第5期。
③ 参见黄学贤《行政公益诉讼若干热点问题探讨》，《法学》2005年第10期。
④ 参见姜明安《行政诉讼中的检察监督与行政公益诉讼》，《法学杂志》2006年第2期。
⑤ 参见章志远《行政公益诉讼中的两大认识误区》，《法学研究》2006年第6期。

院在北京等 13 个省、自治区、直辖市开展为期两年的公益诉讼试点工作。2017 年 6 月 27 日，第十二届全国人民代表大会常务委员会第二十八次会议决定对《行政诉讼法》进行修改，第 25 条增加 1 款，作为第 4 款，正式确立了由检察机关提起行政公益诉讼的制度。

在 2017 年《行政诉讼法》修改后，行政公益诉讼再度成为研究热点。刘艺的《构建行政公益诉讼的客观诉讼机制》一文对公益诉讼试点期间的实践情况进行了梳理，认为两年行政公益诉讼试点实践，已经呈现出诸多客观诉讼的特征。后续应当抓住如何更好地通过司法裁判维护客观法律秩序这个关键问题，在受案范围、审理规则、立案程序等方面推动行政公益诉讼制度的精细化构建，从而实现行政公益诉讼制度与客观诉讼机制的融合。① 实际上，在肯定了行政公益诉讼试点期间取得的成果的同时，由检察机关提起行政公益诉讼的制度也存在一些问题。比如，通过刘艺的文章可以发现，由于检察机关的日常工作与行政管理没有直接关联，检察机关事实上很难在履行职责中发现案件线索。此外，检察机关并不了解执法实际情况，其作出的判断可能忽略执法中的诸多因素。在其他学者进行的实证考察中也可以发现，部分检察机关已经存在趋易避难、"柿子专挑软的捏"的情况。② 依笔者愚见，这些问题实际上都不好解决。比如，关于检察机关在行政公益诉讼中趋易避难的问题，一方面，如在环境保护类等办案难度大、专业性强的案件中，检察机关的专业性确有不足；另一方面，在部分关注度高、较为敏感的案件中，检察机关所遇到的阻力可能也大。所以，除了对现行制度进行精细化构建外，可能也要考虑在未来对现行制度进行进一步调整。

结　语

由于我国行政法学的历史并不悠久，所以，无论是将行政诉讼作为行政法学的一个最重要的分支，还是将其与行政法学等量齐观，行政诉讼的学术研究和制度实践的历史沉淀都不算深厚。但是，通过笔者的梳理可以

---

① 参见刘艺《构建行政公益诉讼的客观诉讼机制》，《法学研究》2018 年第 3 期。

② 参见覃慧《检察机关提起行政公益诉讼的实证考察》，《行政法学研究》2019 年第 3 期。

发现，虽然仍有很多未竟的问题，但近 40 年的时间里，从最开始对基本概念的理解都不一致，到主要面向司法实践的应用研究，再到针对具体问题的细致分析，我国行政诉讼的理论研究确实有了明显的发展。在这一过程中，行政诉讼法的研究始终贴近司法实践，特别是 2000 年之后，最高人民法院的公报案例和裁判文书网公开的司法判决，都为学术研究提供了重要的养分。此外，行政诉讼法的研究并没有陷入"拿来主义"，虽然不免要借鉴西方的理论和经验，但研究始终围绕本土的现实问题而展开。总体上，无论是行政诉讼制度研究还是行政诉讼研究，都经历了一个从无到有，再到日趋完善的过程。

在不断发展完善的同时，我国针对行政诉讼的理论研究也不可避免地存在一些问题。在笔者看来，虽然学者们已经开始针对具体问题展开精细化研究，但在某些选题之下，现有研究似乎只是为过去的研究增加了更多的注释。文章的篇幅越来越长，引入的概念越来越多，但实质的学术增量仍然较为有限，许多关键问题仍然需要进一步厘清。就目前的实际情况来看，行政诉讼的理论研究仍然只能跟随在制度研究身后，每每随着制度的变迁，理论研究就要对新的制度进行注解。显然，就行政诉讼法学而言，与理论引领实践恐怕还有不短的距离。此外，除了《行政诉讼法》以外，行政诉讼制度运行的背景和机制也同样具有研究价值。法律解释当然是法学研究的最基本方法，但是，多角度、多元化开展研究工作也非常必要。

行政诉讼是一个很大的研究方向，其中包含许多具体问题。本篇导论并未针对某一问题进行深入阐释，而是尽可能地涉及行政诉讼领域中的具体问题，从而尽量呈现行政诉讼制度和理论的发展历程。但是，面面俱到反而使各个部分都显得颇为粗浅，结果让本篇导论像是一个大杂烩。而且，即便如此，本篇导论也未能涉及行政诉讼中的所有问题，像原告资格、行政协议的审查等都是行政诉讼当中的重要问题，本篇导论均未涉猎。同样，受限于水平问题，部分文章笔者实在不知该如何归类，又或者，《法学研究》刊发的相同、相近选题的论文确实太少，单独成编又略显突兀，这使得《法学研究》上刊发的许多优秀论文成为本书的遗珠。本篇导论存在的诸多问题，笔者必须概括承受，好在，笔者的才疏学浅并不代表本书的整体水平，导论之后的文章才是本书真正的精华。

第一编　早期基础研究

试论我国的行政诉讼[*]

朱维究^{**}

摘　要： 行政诉讼应作广义理解，是指国家行政机关之间，国家行政机关与社会团体、企业事业单位之间，国家行政机关与公民之间，因行政纠纷依法进行的诉讼活动。建立健全行政诉讼法制，是宪法实施的需要，是保证社会安定团结、促进社会主义现代化建设的需要，也是保障人民民主和公民合法权益、实现对行政机关的监督的需要。根据我国有关行政诉讼法律制度的现状，参考各国经验，应该通过行政立法明确责任以减少行政纠纷，按行政管理的性质、内容或部门，分别建立仲裁或裁决制度，制定行政诉讼法，建立具有中国特色的社会主义行政诉讼制度。

关键词： 行政诉讼　行政纠纷　行政诉讼制度

一　什么是行政诉讼

行政诉讼泛指解决国家行政管理引起的纠纷的诉讼活动。对行政诉讼的理解，历来有狭义与广义之分。对行政诉讼作狭义理解的人认为，诉讼是国家司法机关在当事人及其他诉讼参与人的参加下，按照一定的方式和

---

* 本文原载于《法学研究》1984 年第 4 期。

** 朱维究，中国政法大学教授（已退休）。

程序解决具体争议的活动。他们认为，既然行政诉讼也是诉讼，那么只有法院运用司法程序审理行政案件，才能称为行政诉讼。但是，从世界各国解决行政纠纷的具体情况看，由于行政纠纷数量多、范围广、专业性强，而行政纠纷的特点又是其中一方必是行政机关，且有权处理自身的管理活动引起的纠纷，能使这些纠纷更快更方便地得到解决，行政案件在提交法院（不管是普通法院还是行政法院）以前一般都在行政机关内部，由独立的或不独立的机构通过行政程序进行调解、裁决（仲裁），直至一方当事人不服这种处理，才再向法院提起诉讼。有些国家的法律就明确规定，行政案件在提交法院以前必须由行政机关按一定的行政程序进行处理，这种处理从而成为提起行政诉讼必要的前置程序。对行政诉讼作广义的理解，就是将这种由行政机关按行政程序处理行政纠纷的活动也纳入受案范畴。本文所谈的行政诉讼就是指的这种广义的行政诉讼。

根据这样的理解，行政诉讼就是指国家行政机关之间，国家行政机关与社会团体、企业事业单位之间，国家行政机关与公民之间，因行政纠纷依法进行的诉讼活动。首先，这种诉讼活动是行政纠纷引起的。一般来说，纠纷当事人一方必须是国家行政机关或其工作人员；这种诉讼活动必须依据有关行政诉讼法规规定的程序（包括行政程序与司法程序）进行。值得注意的是，基于我国社会主义公有制的经济基础，且行政工作人员都是国家工作人员，加上以往多以行政管理的办法来管理企业、事业单位（现正在进行改革），在企业事业单位之间或企业事业单位与公民之间发生纠纷时，当事人一般都要找行政机关来解决和处理。这样，企业事业单位之间和企业事业单位与公民之间的纠纷，在事实上也就成了我国一种特殊的行政纠纷。

行政纠纷是行政诉讼的前提，是指行政机关或行政工作人员在行政管理过程中，与其他国家机关、企业事业单位、社会团体或公民之间发生的纠纷。根据我国的具体情况，从行政纠纷的内容看，其大致可分为三类。一是在经济行政管理过程中发生的经济行政纠纷。二是人事行政管理引起的人事行政纠纷。这两类纠纷是我国行政纠纷中最常发生的。三是其他行政纠纷，即经济和人事行政纠纷以外的其他各种行政纠纷。从行政纠纷的当事人来看，有国家行政机关或行政工作人员与其他国家机关、企业事业单位和社会团体或其工作人员之间的纠纷，在我国，这是一种公对公的纠纷；也有国家行政机关与公民之间因行政管理而发生的纠纷，这是一种公对私的纠纷。行政诉讼中占相当比重的是公民在其合法权利或利益受到行政机关或其工作人员的违法行为侵害时，依法向国家行政机关或司法机关请求撤销或制止这种不法行为并要求赔偿其所受损失的诉讼。我国行政管理范围广、行政管理活动种类繁多，决定了行政纠纷不可避免地在行政管理的各个领域发生。这种行政纠纷数量极多，内容复杂，必须通过适当的途径和程序予以解决，否则就将引起混乱，使行政管理无法顺利进行。行政纠纷发生的客观必然性决定了行政诉讼的必要性，决定了国家必须有一套合理地解决行政纠纷的行政诉讼制度。

我国行政管理的法制监督是在党的领导下，通过多种渠道，采用多种方式实现的。从渠道看，有各级权力机关的监督、检察机关的监督、审计机关的监督、行政机关内部上下级之间的监督、社会团体和人民群众的监督以及党对行政机关的监督等。从方式看，有行政机关内部的批评与自我批评，有各种会议，有人民群众的来信来访等，其中重要的一环，就是行政诉讼。行政诉讼能够最直接地反映出国家行政机关及其工作人员的行为有无失误、不当或违法之处，对国家、集体或个人造成何种损害，并使这种失误、不当或违法行为及时得到纠正，使这种失误、不当或违法行为造成的损害通过补偿或赔偿的办法得到补救。显然，行政诉讼的这种作用，是行政法制监督必不可少的，是其他行政法制监督形式所不能代替的。它与其他监督的不同点在于，它是通过诉讼的手段来进行行政法制监督。这是一种事后监督。在多数情况下，还是一种自下而上的监督。可以说没有这种监督，或者这种监督体制不健全，那么，国家的行政法制监督制度也就是不完备或不健全的。

二　建立行政诉讼制度的重要意义

当前在我国建立健全行政诉讼制度具有十分重要的现实意义。首先，这是宪法实施的需要。宪法是国家的根本大法，也是行政法的根本法源。宪法规定的某些基本原则，要靠行政法实现，也就是说，行政法是宪法有关行政管理方面根本原则的具体化。《宪法》第27条第2款规定："一切国家机关和国家工作人员必须依靠人民的支持，经常保持同人民的密切联

系，倾听人民的意见和建议，接受人民的监督，努力为人民服务。"《宪
法》第41条又规定，中华人民共和国公民对于任何国家机关和国家工作
人员的违法失职行为，有向有关国家机关提出申诉、控告或者检举的权
利。在所有国家机关中，机构最大、人员最多、管理范围最广，因而同公
民的关系最为密切的是国家行政机关。行政管理失误、不当或违法行为引
起的行政机关、行政工作人员与公民之间的纠纷也较为普遍。问题是，对
于行政机关及其工作人员的不当或违法失职行为，公民向何处去申诉、控
告或检举？宪法规定的"有关国家机关"是什么机关？是行政机关还是司
法机关？哪一类的行政纠纷该向哪一级、哪一部门，通过哪些程序和手续
去寻求解决？对其应该作何处理？也就是说，在我国应该建立什么样的行
政诉讼制度，制定和发布哪些有关行政诉讼的行政管理法规，才能使宪法
的上述原则规定得到具体实施？可见，建立行政诉讼制度，是宪法实施的
重要步骤，也是完备社会主义法制的一项重要措施。

其次，建立行政诉讼制度是调动广大人民群众的积极性、保证社会安
定团结、实现综合治理、促进社会主义现代化建设的需要。行政纠纷是国
家行政管理中不可避免的现象，如果对行政纠纷处理不当或不及时，不但
会影响广大人民群众积极性的发挥，有损行政机关的权威，甚至会激化原
本易于解决的矛盾，使干群关系紧张，以致出现恶性案件，影响社会的安
定团结，不利于四个现代化建设。行政纠纷引起的恶性案件已屡见不鲜，
值得注意。这类案件发生的原因固然复杂，但与我们缺少一套必要的行政
诉讼程序和一个专门的行政诉讼机构来有效地监督行政机关或其下属的企
业事业单位与有关工作人员的不当或违法的行为，并及时处理行政纠纷是
有密切关系的。如果对现有的刑事案件的发生原因作一番调查分析，看看
由行政纠纷转化而来的刑事案件占多大比重，而其本可以在矛盾还没激化
时就经过行政诉讼程序予以解决，不至于发展到犯罪的程度，这是极可发
人深思的！至于行政纠纷未得到适当的及时的解决，而影响了相关人员工
作积极性，延误了"四化"建设的情况，就更多了。其看似无形，其实却
会对我国社会主义建设事业产生很大影响，是不能等闲视之的。

最后，建立行政诉讼制度是保障人民民主和公民合法权益，实现对行
政机关的监督的需要。我国国家行政机关的主要任务之一，是保证人民充
分享有各种民主权利，不断提高人民的物质生活和文化水平，随着社会政

治、经济的发展，国家不仅要不断强化、增加人民的民主权利，不断提高人民的物质生活和文化水平，还要提供必要的保障，使人民的民主权利和经济、文化利益不会受到侵害，并保证其一旦受到侵害，能迅速得到救济。在我国，保障人民权益的途径和方法很多。例如，加强国防以防止外来侵犯；维护安定的社会秩序，以防止各种犯罪活动的危害；等等。还有一个重要的方面，就是行政管理的失误、不当或违法，造成公民民主权利、经济权益受到损害而引起的各种纠纷。从我国实际情况看，这一类问题数量极多，内容也非常复杂，对保障公民合法权益、维护国家安定团结的政治局面、顺利进行社会主义建设的影响都非常大。建立健全的诉讼制度，能保证行政管理不当或违法引起的各种损害人民民主权利和公民经济权益的情况及时得到纠正和补救，使人民的民主权利和公民的经济权益获得充分的保障，同时，也可以实现人民群众通过行政诉讼对行政机关的行为进行广泛的监督。

行政诉讼不仅是国家健全的诉讼制度的组成部分，还是国家健全的行政法制监督的重要组成部分。我国国家行政机关是为人民服务的，国家行政工作人员是人民的公仆，为使国家行政机关及其工作人员能坚持四项基本原则，更好地为人民服务，就必须对国家行政机关及其工作人员的行为实行必要的法制监督。因此，建立一整套中国特色社会主义行政诉讼制度，是我国社会主义法制建设的重要任务之一。随着社会主义民主和法治的加强，逐步建立起完备的行政诉讼制度刻不容缓。

三　我国有关行政诉讼的一些法律规定

从目前的实际情况看，我国是怎样处理行政案件的，或者说，我国法律关于行政诉讼的规定是怎样的呢？一般来说，我国行政纠纷大多由国家行政机关处理，某些行政案件也由法院来处理。处理行政纠纷的手段，通常可分为法院判决与提交法院前由行政机关处理两种方式，后者又可以分为调解与裁决（仲裁）。

调解，是通过说服教育的方法，使纠纷双方当事人互相谅解，在民主协商的基础上使纠纷得到解决。目前我国有三种不同性质的调解。第一种是《宪法》第 111 条第 2 款规定的由人民调解委员会所作的调解，这种对民间纠纷的调解，也称为人民调解。第二种是国家行政机关所作的调解。这种调解，有些是国家授权一定的国家行政机关（如工商行政管理机关）对企业事业单位发生的经济合同纠纷所作的调解，有些则是行政机关在其职权范围内对当事人所作的调解，如上级机关对下级机关与其他单位、公民之间的纠纷所作的调解。这些都叫行政调解。第三种是由人民法院所作的调解，叫司法调解。它又分为两类，第一类是对公民之间发生的民事纠纷所作的调解；第二类是对公民与国家机关、企业事业单位、社会团体之间，或者国家机关、企业事业单位、社会团体之间发生的争议所作的调解。行政诉讼涉及的调解是上述第二种行政调解和第三种中第二类的司法调解。

人民调解制度创始于第二次国内革命战争时期，到了抗日战争时期又有了进一步的发展。从 1941 年到 1949 年，晋察冀边区、陕甘宁边区、晋冀鲁豫边区都发布了一些关于人民调解委员会的指示和法令。新中国成立后，1954 年 3 月 22 日政务院又公布了《人民调解委员会暂行组织通则》。1982 年 3 月 8 日第五届全国人民代表大会常务委员会第二十二次会议通过的《中华人民共和国民事诉讼法（试行）》也对人民调解的组织与任务作了明确规定。但是对于行政调解，长期以来，却始终没有法规作出过统一的规定。

我国对行政裁决与仲裁作比较明确规定的法律法规已有不少，大体可分为两类。第一类是关于行政处分和行政处罚的法规，同时规定了行政裁决制度。如《国务院关于国家行政机关工作人员的奖惩暂行规定》（1957 年）、《中华人民共和国治安管理处罚条例》（1957 年）等都规定了当事人对行政处分和行政处罚不服时，可以提出申诉，由法定行政机关作出裁决。第二类是关于经济行政方面的裁决与仲裁法律法规。这方面的情况比较复杂。有些是针对经济行政处罚，如《中华人民共和国暂行海关法》（1951 年）规定对走私案件处分不服者，可向海关或海关总署申诉，由其裁定。有些是针对经济组织之间的争端，如《中华人民共和国商标法》（1982 年）规定对已注册的商标有争议时，可以申请"商标评审委员会"裁定；《中外合资经营企业劳动管理规定》（1980 年）也明确规定，对于合营企业的劳动争议，可申请省、自治区、直辖市劳动管理部门裁决。在涉外经济方面，由于情况特殊，一般都由法律作出关于申诉程序的明确规定。值得注意的是，近年来，随着我国经济体制改革的深入，经济合同这种法律形式被广泛运用于经济生活的各个领域。采用经济合同这种法律形式有利于避免许多责任不明引起的经济方面的行政纠纷，同时，也为统一研究解决社会主义经济行政纠纷奠定了基础。目前，我国各行各业每年签订的经济合同约 4 亿份。其中根据指令性计划或按照经济行政管理的要求签订的合同数量也相当大。由于各种原因，不履行或不完全履行合同的事件有几十万起，引发极多的经济合同纠纷。为此，1981 年 12 月 13 日第五届全国人民代表大会第四次会议通过的《中华人民共和国经济合同法》专门在第四章中对违反经济合同的责任作了规定，第五章第 48 条还明确规定："经济合同发生纠纷时，当事人应及时协商解决。协商不成时，任何一方均可向国家规定的合同管理机关申请调解或仲裁，也可以直接向人民法院起诉。"根据这一规定，由行政机关调解、仲裁和由法院审理，就成为解决经济合同纠纷的两条主要途径。但是，多年的实践经验证明，对于社会主义经济组织之间的经济合同纠纷，非万不得已当事人是不愿到法院去打官司的，多数当事人愿意请求仲裁机关予以解决，特别是根据指令性计划或按照经济行政管理要求签订的合同更是如此。因为通过仲裁解决争议程序简便、方法灵活、处理及时，又有利于协调当事人之间的关系、加强团结。

1983 年 8 月 22 日，国务院发布了《中华人民共和国经济合同仲裁条例》（以下简称《条例》）。它适用于法人之间的经济合同纠纷，也适用于个体经济户、农村社员同法人之间参照经济合同法签订的各种经济合同引发的纠纷。《条例》是处理经济合同纠纷的程序法规。它总结了我国多年来行之有效的仲裁制度，用法规的形式将其固定下来，并根据新形势下产生的新问题进行了切合实际的规定，是具有我国特色的仲裁程序规范。

《条例》明确规定了"经济合同仲裁机关是国家工商行政管理局和地方各级工商行政管理局设立的经济合同仲裁委员会"。这个委员会是行政执法机关，它依法进行调解、仲裁，其裁决具有法律效力。《条例》规定了仲裁机关的职责、办案应遵循的原则和程序，以及发生法律效力的仲裁文书的执行。这样，经济合同方面的仲裁工作就有了全面统一处理的机构和程序，有利于解决经济合同纠纷，也使当事人进行诉讼有法可依、有章可循。《条例》的颁布和实施，使很大一部分行政纠纷，即经济方面的行政诉讼问题的解决有了法制保障，使仲裁真正成为解决行政诉讼问题的重要手段之一。这对我国建立统一的行政诉讼制度是具有重要意义的。

在我国，还有一部分行政诉讼是由人民法院受理的。《中华人民共和国民事诉讼法（试行）》第 3 条第 2 款规定："法律规定由人民法院审理的行政案件，适用本法规定。"这就是说，法院受理的行政案件，只限于"法律规定由人民法院审理"的那一部分。对于这部分行政案件，法院将根据民事诉讼程序审理。对于法律未明文规定可向人民法院起诉的案件，法院不予受理。自 1971 年以来，国家陆续颁布了十余部有这类规定的法规。如交通部 1971 年 12 月 15 日发布的《海损事故调查和处理规则（试行）》第 5 条第 2 款规定，"涉及外国籍船舶的海损事故，有关当事人还可以在十五天以内经过双方协议提请中国国际贸易促进委员会海事仲裁委员会仲裁，或向中国人民法院起诉"。十一届三中全会以后，我国法律关于处理这类行政案件的程序规定迅速增加。例如《中华人民共和国全国人民代表大会和地方各级人民代表大会选举法》第 25 条、《中华人民共和国外国企业所得税法》第 16 条、《中华人民共和国个人所得税法》第 13 条、《中华人民共和国经济合同法》第 48 条、《中共中央、国务院关于保护森林发展林业若干问题的决定》第 1 条、《国家建设征用土地条例》第 25 条、《中华人民共和国食品卫生法（试行）》第 38 条、《中华人民共和国海洋环境保护法》第 41 条、《工矿产品购销合同条例》第 41 条等，都明文规定了有关行政案件可以由人民法院审理。总之，法院判决是处理行政纠纷的手段之一。

以上就是我国目前解决行政纠纷的法律制度的一个简单轮廓。归纳起来主要是以下四点。

第一，从行政机关进行调解与仲裁方面看，经济行政纠纷方面的法律规定较多，尤其是经济合同纠纷的仲裁，已经建立起全国统一的仲裁制度，我国处理行政纠纷的工作得到大大推进。

第二，对于人事行政纠纷、非经济合同性质的经济行政纠纷和其他行政纠纷，也有部分法律作了规定，主要是有关行政处分或行政处罚的申诉。但是行政纠纷的内容范围显然远比行政处分或行政处罚涉及的范围要大得多，这方面的法律规定却比较少。

第三，除经济合同的仲裁和某些涉外经济的仲裁有专门的程序法外，多数关于行政裁决程序的规定，都分散于各行政实体法之中。

第四，从行政诉讼即行政案件由法院处理的情况看，我国大部分行政案件都不由法院处理，只有少数法律作了由人民法院处理行政案件的规定，其中多是经济方面的。这类规定大多是近年颁布的，这也许是一个方向，表明我国行政诉讼将来可能将由人民法院受理，而不是另建行政法院系统。

四　建立具有中国特色的社会主义行政诉讼制度

行政纠纷的大量存在和这些纠纷对国家政治、经济生活造成的巨大影响，说明在我国建立比较完备的行政诉讼制度已势在必行。根据我国有关行政诉讼法律制度的现状，参考各国经验，笔者试图对建立具有中国特色的行政诉讼制度提出以下几点不成熟的看法。

第一，解决我国各类行政纠纷，从根本上说，应该设法减少引起纠纷的因素。比如，我国行政纠纷有很多是责任不明引起的，因此，通过行政立法明确责任是减少行政纠纷的重要途径之一。例如 1983 年《国务院办公厅关于抓紧进行南水北调东线第一期工程有关工作的通知》指出，"建设大的水利设施，不能因为部门、地区长期争论，影响决策，贻误时机。今后要实行责任制，凡是省与省之间有纠纷的水利工程，水电部要负责制定方案向国务院报告。经国务院批准后，有关部门和地区必须坚决照办"。这一规定就很有利于减少水利方面的纠纷。又如 1981 年发布的《中华人民共和国经济合同法》和 1984 年发布的《工矿产品购销合同条例》，都规定了上级领导机关或业务主管机关具有过错，以致不能履行或不能充分履行合同的，上级领导机关或业务主管机关应当承担违约责任。这些规定必将对减少行政机关过错引起的纠纷起积极作用。当前正在建立的岗位责任制，也将对减少行政纠纷产生深刻的影响。

第二，从我国已经建立的经济合同仲裁制度的经验看，在我国尚未建立起统一的行政诉讼制度时，按行政管理的性质、内容或部门，分别建立仲裁或裁决制度，也许是较能兼顾行政管理的各方面不同特点的有效办法。例如，在经济行政纠纷方面，还可建立有关经济处罚、税务以及经济组织间的权益争议等的仲裁制度；在人事行政纠纷方面，建立人事处分、人事管理纠纷等裁决制度；在其他行政纠纷方面，建立行政处罚、各类行政纠纷的仲裁制度；等等。应当指出，人事行政纠纷和其他行政纠纷在实际生活中的影响绝不小于经济行政纠纷，对于这方面行政裁决制度的建立，也绝不能等闲视之。

第三，诉讼是一种法律制度。制定诉讼法是建立诉讼制度的先决条件。我们要建立行政诉讼制度，必须首先制定行政诉讼法。目前我国多数行政管理法规都将实体法和程序法的规定放在同一法规之中。这种做法的好处是可以一个个落实，但也有缺点：一是比较分散，在具体程序上不易统一，甚至会产生矛盾；二是目前有这类规定的法规还比较少，很多行政纠纷由于没有法规规定，对于其的申诉行为无法可依。这是我国行政诉讼制度中存在的迫切需要解决的问题之一。比较起来，似制定统一的或分类的行政诉讼法仍为较好的办法。

统一的或分类的行政诉讼法，根据我国的具体情况，参考其他国家的经验，似需对下列几点作出明确规定。

其一，在诉讼程序上，行政机关裁决和法院判决两个阶段共同组成统一的诉讼程序。当事人在不服行政机关裁决时，可以向法院申诉。行政机关的裁决，不应也不能完全代替法院判决。当然，由行政机关按行政程序处理行政纠纷，手续简便、解决及时。因此，可以将行政机关对行政纠纷的处理作为行政诉讼的一个阶段，而且是比较重要的阶段。但事实证明，一般来说，行政机关的裁决，特别是不设独立行政纠纷裁决机构的行政机关的裁决，常易受到各种外界因素的干扰，使裁决失于偏颇，而不像法院那样依法独立行使审判权，不受行政机关、社会团体和个人的干涉。同时，法院在执法、适用法律方面也有优于行政机关之处。因此，我国的行政诉讼程序，也应将法院判决作为重要的组成部分，以保证行政纠纷解决的合法性和公正性。我国虽然已有十余个法规规定了某些行政纠纷可由法院处理，主要是经济和涉外方面行政纠纷的解决，当事人可以向法院申诉，但对于大量存在的其他行政纠纷，法院不予受理，只能由行政机关处理。这是我国行政诉讼制度中存在的又一问题。从实际情况看，既然已有十余部法规明确规定有关行政案件可由法院处理，那么，是否可以循此作出统一规定，仿效人民法院内设经济法庭的形式，在人民法院内设行政法庭，专门受理行政案件呢？

其二，在机构上，行政机关解决行政纠纷是不另设机构，由本机关首长或上级机关裁决，还是在本机关内设独立的专管行政纠纷的机构，抑或是在本机关外设独立的裁决机构？这三种办法各有利弊。比较起来，在本机关内设独立的负责处理行政纠纷的机构，既可有专门的机构与人员负责，又可少受干扰，较不设独立机构好。这样可专案专管，并不必另立机关，较在机关外设独立机构更方便。这种机关内的独立裁决机构，可实行双重领导，以便及时取得上级有关指示并避免本机关内可能出现的干扰。

我国各级政府都设有信访机构。它接受人民来信来访，并将情况转告有关单位或报告有关领导，但无权直接处理行政案件。从这一意义上说，信访机构更接近于信息机构，不可能用其代替裁决机构。

其三，在审级上，根据上述诉讼程序和机构设置，可以规定为：行政机关的裁决分为两级，先由本单位的调解和裁决机构进行调解和裁决，不同意裁决的可向上级机关申请调解或向裁决机构申诉。如仍需申诉，则可向与上级调解和裁决机构同级的人民法院的行政法庭提出，实行一级终审。最高人民法院的行政法庭主要负责对特殊行政案件的审理、复查，以及对审判程序的监督。

对机构和审级作出具体的规定，不仅意味着行政纠纷将由法定的机构按法定的程序受理，使行政诉讼渠道畅通，有利于解决纠纷；还规定了申诉只能由一定级别的机构按法定的程序受理，有关人员不得随意越级申诉，这将大大减轻中央和各级领导在处理行政纠纷方面的负担。

其四，行政诉讼法还要对行政诉讼中的一些重要原则作出规定，例如回避制度。仿照民事诉讼法的规定，处理行政案件的工作人员在可能影响案件的公正处理时，应自行回避，当事人也有权用口头或者书面方式申请他们进行回避。从我国实际情况看，这一点是很重要的。

审结案件的期限。行政案件情况错综复杂，规定限期相当困难。但鉴于有些行政案件常常久拖不决，使当事人的合法权益和社会主义"四化"建设受到严重影响，仍有必要根据案件的不同情况作出大致要求。

保障当事人平等地行使诉讼权利。行政案件中有很多是涉及公民个人与行政机关或下级与上级的纠纷，这更需要规定当事人的平等诉讼权利。

辩论制度。在负责处理行政纠纷的机构的主持下，当事人有权就案件事实和争议问题，各自陈述主张，互相反驳和答辩，以维护各自的合法权益。

至于是否实行公开原则，似尚需考虑。因为行政纠纷在性质上与民、刑案件不同，有些可以公开，有些则不宜公开，还是以不作硬性规定为好。

根据行政纠纷的特殊性，行政诉讼法有必要对行政纠纷处理机构的工作人员在纪律方面作出严格规定，使一切工作不认真、严重失职或徇情枉法者都要负法律责任。

行政诉讼法要规定的内容当然很多，这里所说的不过是目前我国解决行政纠纷时问题比较多的几点。

行政机构改革、经济体制改革和人事制度改革，都需要加强行政立法。建立健全我国的行政诉讼制度已被提上日程。这个问题已经引起有关部门和法学界的重视，本文谈的一些不成熟的意见，仅为再次引起法学界同志们的关注与讨论。为了宪法实施，健全社会主义民主与社会主义法制，应当尽快全面、系统地考虑如何建立一套具有我国特色的行政诉讼制度。

论行政诉讼中的司法变更权[*]

江必新[**]

　　摘　要： 司法机关在行政诉讼中能否变更行政机关的裁决，是一个颇具争议的热点问题。从各国行政诉讼立法看，既有赋予审判机关司法变更权的，也有不赋予审判机关司法变更权的。从我国目前行政诉讼的实际情况看，我国应当赋予人民法院司法变更权，并在一些方面对其加以限制。

　　关键词： 行政诉讼　司法变更权　行政裁决

　　在行政诉讼中，司法机关能否变更行政机关的裁决，亦即法院能否作出改变的判决是一个有争议的问题。现就这个问题作初步探讨。

一　司法变更权的可能性

　　从各国行政诉讼的立法来看，确实有些国家在行政诉讼立法中没有赋予审判机关司法变更权，或者对司法变更权作了不同程度的限制。这并不意味着司法变更权在行政诉讼中不可能存在。但也有一些国家的行政诉讼法赋予法院司法变更权。

　　认为司法变更权在行政诉讼中不可能存在的同志的论据是：如果赋予法院司法变更权，就侵犯了行政机关的职权。笔者不同意这种论证。

　　* 　本文原载于《法学研究》1988 年第 6 期。

　　** 　江必新，全国人大宪法和法律委员会副主任委员，原文发表时在最高人民法院工作。

第一，从法治的观点看，行政机关任何权力都来自宪法和法律的授予，或者说，宪法和法律是行政权的渊源。法律将裁决权赋予法院，其即为司法权；赋予行政机关，其则为行政权。如果法律把变更权赋予法院，当然它就成为司法权的一个组成部分，因此，也就谈不上侵犯行政机关的职权。

第二，从变更权的本质看，变更权无非是使行政机关的裁决回到法律上来的一种手段，是对超越法律的行为的一种矫正，它所"侵犯"的是非法行为和越权行为，而绝不是行政机关的职权。因为不能想象立法机关授权行政机关去损害公民的权益，去违犯它所制定的法律。

第三，在行政诉讼中把变更权授予法院并不违犯国际上有关授权的一般法则。我国目前有关变更权的争议主要集中在治安行政案件上。应当指出，在大多数国家的立法中，治安处罚权一般都被赋予司法机关，这些国家或设立专门的治安法院，或将此类违法行为规定为违警罪而由普通法院进行处罚，也就是说治安处罚权本身就属于司法权的范畴。

第四，承认或赋予法院对一定范围的行政决定拥有司法变更权的做法，在国际上比比皆是。美国统一法律委员会 1970 年修正的《美国各州标准行政程序法》第 15 条第 7 款规定："法院可以确认行政机构的裁决或要求行政机构对案件重新进行裁决，法院可以取消或变更行政机构的裁决。"法国有关行政诉讼的法律也规定行政法院对完全管辖权之诉享有变更权。《苏俄民事诉讼法典》第 239 条、《苏联和各加盟共和国行政违法行为立法纲要》第 40 条第 2 款第 4 项都规定了法院的司法变更权，明确规定法院"在对行政违法行为规定责任的规范性文件规定的范围内，变更处罚措施"。

二 司法变更权的必要性

目前，在我国的行政诉讼中，赋予法院司法变更权是十分必要的。笔者认为，人民法院如果没有司法变更权，必须有以下条件。

第一，行政诉讼的目标仅限于保障公民的权益不受侵犯。在这种行政诉讼目标下，法院扮演的是"权利卫士"的角色，在行政诉讼中仅仅行使撤销权，即只要行政机关的行为影响到公民的基本权利，法院即予以撤销，如果行政机关的裁决不影响当事人的实体权利，法院则不多加干涉。

而我国行政诉讼的目标不限于保障公民的合法权益，其根本目的在于保障法律法规的贯彻实施，保障行政机关依法行使职权。其理由有以下几点。①党的十三大报告指出："要制定行政诉讼法，加强对行政工作和行政人员的监察，追究一切行政人员的失职、渎职和其他违法违纪行为。"这里明确指出行政诉讼所要达到的目标是追究行政机关和行政工作人员的"失职、渎职和其他违法违纪行为"，而不仅限于保障公民的权益不受侵犯。②我国的立法实践也突破了行政诉讼仅以保障公民权益不受侵犯为目标的模式，如《治安管理处罚条例》第39条明确规定，被侵害人对行政机关的裁决不服也可以向人民法院起诉。赋予被侵害人起诉权的主要目的在于防止行政机关的失职和渎职行为，即应罚不罚、重错轻罚等行为。③党的十三大报告还指出："国家的政治生活、经济生活和社会生活的各个方面，民主和专政的各个环节，都应做到有法可依，有法必依，执法必严，违法必究。"而我国目前的实际情况是：既有大量侵犯公民权益的行为存在，也有大量的失职和渎职行为存在。而对于大量的失职和渎职行为，目前尚没有一套违法追究的法律规范。行政诉讼法可以而且应当承担这份责任。

如果我国的行政诉讼以保障法律的贯彻实施、促进行政机关依法办事为目标，只有撤销手段就显得不够了。因为对于不作为的行政行为，撤销解决不了什么问题。

第二，必须有切实的法律手段和措施保障行政机关不折不扣地执行法院的判决。如果只有撤销权没有司法变更权，就意味着对行政机关存在瑕疵的行政裁决（包括部分正确、部分错误的行政裁决）都要采取撤销的方式来解决。而撤销仅仅是一种否决，对含有正确因素的行政裁决来说，不是对行政争议的最后解决。法院的这种裁决本身就需要行政机关作出符合法院意图的裁决。而要使行政机关这样做，必须有一套切实的法律措施。例如，美国联邦行政程序法没有规定司法变更权，但该法规定法院可以强制行政机关作出非法拒绝履行或不当延误的行为。为使这一措施得到实现，法律规定了四条保障措施：①法院可以书面裁定美国功绩制保护局的特别法律顾问对拒绝执行法院命令的主要责任官员或职员给予纪律处分；②法院可以按藐视法庭罪处罚负责的职员或负责人；③每个机关必须在每年3月1日或3月1日以前向众议院议长和参议院议长呈交一份有关事项的年度报告；④规定司法部部长督促各行政机关执行法院判决，并就有关情况提供年度报告。

如果没有上述法律保障，只有撤销权没有司法变更权就会带来一些问题，尤其是在民主不健全、法制不完备的国家，在行政机关的裁决被法院撤销之后，行政机关或拒不作出裁决而使争议长期得不到解决，或使原告处于更加不利的境地。

我国目前有关保障法院判决执行的法律措施尚不健全，在这种情况下，如果法院没有司法变更权，行政诉讼就发挥不了应有的作用。

第三，法院依法独立地行使审判权。如果没有司法变更权，法院只有维持和撤销两种裁判手段。在没有充分的司法独立保障（包括政治、经济、社会等方面的保障）的情况下，要法院正确地行使撤销权只是一种良好的愿望。行政审判实践表明，由于外来的干扰和压力，事实上撤销的范围十分小。把含有正确因素的行政裁决撤销，是行政机关想不通的。于是一个个比法官地位高得多的机关要员纷纷要求法院维持原行政裁决。有些法院也就违心地维持含有不正确因素甚至根本错误的裁决。这种情况的出现，与法院没有司法变更权有直接的关系。

第四，人民法院没有司法变更权就意味着必须扩大撤销的范围，否则就无法处理那些含有正确因素的行政裁决。人民法院要撤销裁决必须于法有据，就是说只有在行政裁决与法相悖的情况下才能予以撤销。然而，有些行政活动，尚没有法律规范予以规范；有些法律授予主管机关处罚权，但没有规定处罚幅度、处罚应遵循的原则；等等。在这种情况下，行政机关的裁决即使荒谬，也不会与法相悖。法院如要撤销，就要承担于法无据的风险。如果在行政诉讼法中赋予法院司法变更权，并原则性确定变更的条件和范围，这个问题就比较容易解决。司法变更权就可以弥补实体法律规范的不足。

第五，每个行政机关都应有独立的裁决机构，从而最终解决法院尚未解决的行政争议。不赋予法院司法变更权，则必然要扩大撤销的范围。或者说，必然要使大量的本来可在法院一次性解决的案件重新回到行政机关，让行政机关自己处理。被撤销发回的行政案件，大多是比较复杂的，如果没有专门机构来重新处理，将会使行政争议得不到及时解决。我国目前除少数行政机关有专门的裁决机构以外，绝大多数行政机关尚无专门的裁决机构，在这种情况下，如果行政诉讼程序又把大量的"骨头案件"发回行政机关，行政机关恐怕也会疲于奔命。

上述内容表明，若法院在行政诉讼中没有司法变更权，则必须同时具备以上五个条件。如果不具备上述条件，而又不赋予法院司法变更权，就会使行政诉讼徒有其名。笔者认为，目前我国应当赋予人民法院司法变更权。

三　行使司法变更权的条件及范围

在行政诉讼中赋予法院司法变更权，客观上会对行政权的行使造成一定的影响，也有可能不利于行政机关履行职能，同时也会给法院增加一定的负担。因此，应当对司法变更权的行使进行限制。

笔者认为，对于在行政诉讼中赋予法院的司法变更权，可从以下几个方面加以限制。

第一，法院在作出撤销裁决即足以对当事人进行有效救济的情况下不得适用变更裁决。例如，在有关市政规划的诉讼中，当事人要求撤销市政府有关拆迁的决定，法院撤销这个决定就已对原告人的权利进行了有效救济。法院不应当变更行政机关的裁决，即不应以一个新的市政规划代替市政府原有的规划。

第二，在行政机关的裁决全部正确或全部错误的情况下，或者可明确区分出部分正确部分错误的情况下，法院不得采用变更裁决。就是说，只有当行政机关的裁决有对也有错而必须重新处理时，法院才能行使司法变更权。

第三，在行政争议的解决必须借助于行政机关的管理职权的情况下，法院不得作出变更裁决。例如，有关许可证的行政诉讼，如果法院认为行政机关对原告拒绝颁发许可证是非法的，则法院只能撤销行政机关的裁决，令行政机关在规定的期限内予以颁发许可证，而不能代替行政机关去颁发许可证。

笔者认为，下列情况可适用变更裁决。

（1）行政机关的裁决所认定的事实部分失实。例如，某检疫机构认为某原告的一百匹马患有炭疽病而应当将其全部杀死。法院查明实际上只有五十匹马患有此病，就可变更该检疫机构的裁决。

（2）行政机关的裁决事实清楚但适用法律错误或者定性错误。例如，把复制淫秽录像认定为传播淫秽录像；本应适用《治安管理处罚条例》第22条第1款，而适用了第2款。

（3）适用法律不当。例如，某不满十八岁的少年殴打他人，公安机关给予拘留十五日处罚。这种处罚就属于适用法律不当，因为没有考虑《治安管理处罚条例》第9条规定的从轻处罚的情节，法院可予以变更。

（4）行政机关的裁决超出了法律规定的范围和限度。例如，某行政机关以阻碍国家工作人员依法执行职务为由处罚原告250元，法院即可变更其裁决，将处罚幅度降到法律规定的幅度（200元）以内。

关于司法变更权的范围问题，还有三个问题需要探讨。

第一个问题是法院能否作不利于原告的变更裁决。笔者认为，应当作具体分析。从赋予法院司法变更权的国家和地区的有关规定来看，大体有三种类型：一是规定法院不得作不利原告之变更，例如我国台湾地区现行有关行政诉讼的规定；二是规定只能作"负变更"，即只能作减小对原告处罚幅度的变更裁决，例如苏联的法律；三是在法律上未作明确限制，如《美国各州标准行政程序法》。由于这个问题涉及法律与权益的平衡，如果加重对原告的处罚，就会使那些受到行政决定不利影响的人害怕诉讼，同时也与行政诉讼保障公民权益不受侵害的宗旨不协调。如果对这种情况置之不理，又放纵了违法行为。笔者认为，如果行政相对人或利害关系人没有同时起诉或没有主动申请参加诉讼，人民法院不应当加重对原告的处罚。因为，"民不告官"、"民怕告官"的观念和认识，目前仍然是开展行政诉讼的障碍。各国的司法实践一般都不作不利于原告的变更裁决。

第二个问题是法院能否作不利于第三人的变更裁决。即如果法院审查后认为，行政机关的裁决对同案未起诉的利害关系人处罚偏轻或应当处罚而未予处罚，法院能否追加处罚第三人。笔者认为这要分别情况具体对待。如果原告要求追加处罚利害关系人，并以此为由告发处罚机关，并且情况属实，法院应当指令行政机关追加处罚利害关系人。如果原告只是要求减轻对自己的处罚而不希望追加处罚利害关系人，法院则不应当指令行政机关严厉处罚利害关系人。

第三个问题是法院能否作有利于第三人的变更裁决。如果法院经过审查认为，行政机关对第三人处罚偏重或不应处罚而处罚，那么是否可以变更行政机关的裁决？笔者以为，这个问题取决于法律对审理范围的规定。如果法院有权全案审理，法院就应当在这种情况下改变行政机关的裁决。既然法院已经发现行政机关的裁决有错误，就应当部分撤销或变更行政机关的裁决，以保障公民的权益不受行政行为的侵害。

论行政诉讼受案范围的适用[*]

皮纯协　余凌云[**]

摘　要：司法实践中，审判机关往往不恰当地扩大行政诉讼受案范围，或将应当由行政审判解决的行政争议排除在外。正确适用行政诉讼受案范围，从立法技术角度，要正确认识与掌握行政诉讼法关于受案范围的规定中某些条款的含义及逻辑关系。从行政法角度，要正确理解具体行政行为的基本含义，解决非单纯行政法律关系争议的主管问题和行政机关对具体行政行为不作为的认定问题。

关键词：行政诉讼　受案范围　具体行政行为

一　司法实践中存在的问题及原因探析

行政诉讼受案范围的适用，是指审判机关依法对行政管理相对人请求其审查的有争议的政府行为进行裁量，以确定其是否属于行政诉讼受案范围，进而决定是否受理的活动，是审判机关受理行政案件的必经程序。

目前，在司法实践中，审判机关在行政诉讼受案范围方面的工作往往不尽如人意：一是不恰当地扩大行政诉讼受案范围，把本不属于行政诉讼

* 本文原载于《法学研究》1992 年第 6 期。
** 皮纯协，中国人民大学法学院教授（已故）；余凌云，原文发表时为中国人民大学法律系硕士研究生，现为清华大学法学院教授。

解决的争议也纳入司法审查之列；二是将应当由行政审判解决的行政争议排除在外，从而剥夺了行政管理相对人的合法诉权，在一定程度上造成了社会的不稳定。无论何种情形，都不利于行政诉讼法应有功效的发挥。产生这些问题，原因是多方面的。

第一，国家行政管理活动具有广泛性、复杂性，涉及政治、军事、外交、公安、民政、文教、经济等各个领域。从行政管理的方法看，既可通过制定具有普遍约束力的规范性文件，也可采取具体行政措施来调整社会关系；从行政管理的对象看，行政机关既要处理内部行政事务，又要解决外部行政事务。行政机关在行使行政职权来管理行政事务的过程中难免会与行政管理相对人产生这样或那样的争议，而解决这些争议的途径又是多方面的，可以通过行政复议、行政诉讼乃至政治途径予以处理，并非完全由审判机关依司法方式解决。因此，对于每个诉诸审判机关的争议，审判机关在适用行政诉讼受案范围的规定时，必须首先对争议的性质以及解决争议的途径进行法律识别，这就加大了适用行政诉讼受案范围规定的难度。

第二，在某些争议中，并非仅存在单纯的行政法律关系，而是行政法律关系与民事、经济甚至刑事法律关系交织并存。例如，某地甲、乙两企业签订一份购销合同，但在履行合同过程中发生争议，请求当地工商行政管理局合同仲裁委员会仲裁。经过调查，仲裁委员会认为该合同属完全无效合同，并立即终止仲裁程序，将此案移送工商行政管理局确认。工商行政管理局根据《关于确认和处理无效经济合同的暂行规定》确认该合同完全无效并按有关规定予以处理，而争议双方均对此不服。此案不仅存在经济合同纠纷，而且存在不服工商行政管理局确认行为的行政争议。对此类争议，行政庭是否有权主管呢？对此司法界认识不一，实际处理也大相径庭。这个问题亦是影响正确适用行政诉讼受案范围规定的一大难点。

第三，目前，关于行政诉讼受案范围的法律规定主要是《行政诉讼法》第2条、第11条、第12条。此外，最高人民法院在《关于贯彻执行〈中华人民共和国行政诉讼法〉若干问题的意见（试行）》中亦作了相关司法解释。然而，对于有些问题的规定及解释仍显笼统，不便于各级人民法院在行政审判中实际操作。比如行政机关对具体行政行为的不作为。

第四，适用行政诉讼受案范围规定的关键在于确认引起争议的行为为可诉性具体行政行为。但在行政审判中，常会遇到行为实施主体性质难辨的问题。而行为实施主体是否为行政主体，又是衡量该行为是否为具体行政行为的形式标准之一。如果实施主体的属性不明，那么行为的性质也就无从谈起。之所以会出现这个问题，原因有二。①有些法律、法规对设置在行政机关内的机构性质的规定不甚明确。例如，对于公证处是否属行政机关，《中华人民共和国公证暂行条例》中未予说明。②并非所有隶属于行政机关的机关均为行政机关，或者均可作为行政主体。我国行政机关体系较为庞杂，政府中除各职能部门外，还设有临时机关、派出机关（如区公所、街道办事处等）以及事业单位（如国务院下设新华通讯社），这些机关中有些是行政机关，有些不是；即使是行政机关，也并非都可作为行政主体。

第五，在尚无明确司法解释的情况下，对关于行政诉讼受案范围的法律规定中的某些条文的含义及逻辑关系的理解出现分歧。例如，《行政诉讼法》第 11 条第 1 款第 1、2 项中的"等"字是表示对前述几种情况的总体概括抑或是表示不完全归纳？再如，对许可证、执照的含义和范围究竟应从实质意义上理解，认为凡行政机关依法颁发的赋予行政管理相对人从事某种活动的权利能力或法律资格的法律文件都属于许可证、执照范畴，还是仅从形式意义上认为许可证、执照仅限于法律、法规明文规定的被冠以"许可证、执照"名称的几种情形呢？对法条的不同认识就可能导致不同的司法实践。这也是造成当前行政诉讼受案范围规定适用混乱、偏颇的一个重要因素。

此外，社会上存在的不正之风，行政权对审判权的不恰当干预以及审判人员业务素质还不能完全达到行政审判工作要求等因素也可能在一定程度上影响行政诉讼受案范围规定的正确适用，但本文不准备对此一一论述，而仅就如何正确理解与适用有关行政诉讼受案范围的法律规定作些探讨。

二　正确适用行政诉讼受案范围规定

鉴于存在上述影响行政诉讼受案范围适用的因素，对于如何才能正确适用行政诉讼受案范围规定，笔者认为可从两方面入手。

第一，从立法技术角度，正确认识与掌握《行政诉讼法》关于受案范围的法律规定中某些条款的含义及逻辑关系。从目前行政审判实践所存在的问题来看，有两点值得研究与阐述。

其一，《行政诉讼法》第 11 条第 1 款第 1、2 项中"等"字的功能是什么？是总括前述几种情形、加以停顿，还是表示不完全归纳的省略形式？笔者认为应属后者。这是《行政诉讼法》第 2 条与第 12 条规定逻辑推演的必然结果。《行政诉讼法》第 2 条规定："公民、法人或者其他组织认为行政机关和行政机关工作人员的具体行政行为侵犯其合法权益，有权依照本法向人民法院提起诉讼。"从而概括地将行政诉讼受案范围仅限于具体行政行为这一类。但是，并非所有具体行政行为皆为可诉性具体行政行为。根据《行政诉讼法》第 12 条规定的精神，可诉性具体行政行为应是具体行政行为总集合中排除法律规定由行政机关最终裁决的具体行政行为之后的剩余部分。换句话说，除非法律另有规定，所有具体行政行为均应被纳入司法审查范围。行政处罚与行政强制措施也概莫能外。

其二，怎样理解许可证、执照的含义及范围？司法实践中大致有两种观点。第一种观点认为只能从形式意义上作字面解释，将许可证、执照仅限于法律明文规定的使用相同名称的几种情形，而不能任意扩大解释。至于对行政机关颁发其他类似法律文件的行为不服的，可以适用《行政诉讼法》第 11 条第 1 款第 8 项之规定。第二种观点主张从实质意义上理解，凡行政机关依个人、组织的申请颁发的赋予其从事某种活动的权利能力或法律资格的法律文件均属许可证、执照范畴。理由是，我国许可证制度尚处于健全与完善中，名称的使用还不够规范、统一，诸如许可证、注册、登记、指标、执照等，不一而足。因此，只有从实质意义上理解许可证、执照，才符合我国许可证制度的实际。再者，从立法技术上讲，行政诉讼法也不可能将所有属于许可证制度范畴的名称——列举，这样既烦琐，也实无必要。但是，在适用法条时，则必须根据立法原意进行扩大解释。笔者赞成第二种观点。

第二，从行政法角度理解行政诉讼受案范围，弄清具体行政行为的基本含义，解决若干适用行政诉讼受案范围规定的疑难问题。

其一，正确理解具体行政行为的含义。行政诉讼是以具体行政行为为审查对象的，所有可诉性具体行政行为的总和构成了行政诉讼的受案范围。那么，什么是具体行政行为呢？最高人民法院在《关于贯彻执行〈中华人民共和国行政诉讼法〉若干问题的意见（试行）》中所作的权威解释认为，具体行政行为是国家行政机关和行政机关工作人员、法律法规授权的组织、行政机关委托的组织或者个人在行政管理活动中行使行政职权，针对特定的公民、法人或者其他组织，就特定的具体事项，作出的有关该公民、法人或者其他组织权利义务的单方行为。对此，应注意把握以下几点。

（1）严格区分实施主体与行政主体。实施主体是指具体行政行为的事实上的动作发出者或执行者。它包括行政机关及其工作人员、法律法规授权的组织、行政机关委托的组织或者个人。而行政主体则指具体行政行为的法律上的实施者和法律责任的承担者，可充当行政诉讼被告。其范围主要包括行政机关和法律法规授权的组织。区别二者的意义在于确定适格的行政诉讼被告。在司法实践中，确认行政主体的难点主要集中在对法律未明确其性质而隶属于行政机关系统的机关性质的辨识问题上。笔者认为，对于此类机关的性质，可从实质标准与形式标准两方面全面衡量与判断。从实质标准衡量，就是看该机关在实施行为时运用的是否为行政权力，管理的是否为行政事务。从形式标准衡量，就是看其业务及人事是否隶属行政机关。如果用上述标准衡量得出的结论都是肯定的，那么该机关的性质就是行政机关。

（2）实施具体行政行为的法律依据应当是广义上的法律。即除行政法律法规外，还包括宪法、民法、经济法等其他法律。行政机关依据行政法律规范所实施的具体行政行为如果违背了其他法律，仍属违法行政。

（3）行政职权行使的方式应当包括依法行使职权、超越职权、滥用职权等多种。而并非像实践中某些同志理解的那样，仅限于在其法定职权内行使。

（4）具体行政行为的对象是公民、法人或其他组织。在特定情况下，行政机关也可以成为行政管理的客体。例如，行政机关建设需要用地的，必须向城市规划行政主管部门申请定点，由其核发建设用地规划许可证。具体行政行为的内容是就特定的具体事项作出处理。

（5）具体行政行为的法律后果是对行政管理相对人的权利义务造成了影响。可诉性具体行政行为的认定要求是，该具体行政行为侵犯了行政管理相对人的合法权益，这种侵犯是指具体行政行为已实施终了，对行政管理相对人的实体权利义务作出的最后处置所造成的侵犯。

其二，解决非单纯行政法律关系的争议的主管问题。非单纯行政法律关系的争议是指行政机关依据行政职权对属于民事争议、经济争议或已构成刑事犯罪的同一事实作出处理决定，而与行政管理相对人所发生的行政争议。在此类争议中，基于同一事实却分别形成了行政法律关系和民事、经济或刑事法律关系两类不同性质的法律关系，相应地存在行政争议和民事、经济或刑事争议两种不同性质的争议，而这些争议的解决又必须依据不同性质的法律和诉讼程序进行，这就给审判机关带来了主管上的困惑。如何解决这一问题呢？我们认为可视争议的种类而定。一是对于行政法律关系同刑事法律关系交叉并存的争议，由于这两种争议相互独立，不存在谁以谁的解决为先决条件的牵连关系，因此，可以分别由刑事庭和行政庭主管。例如，对于个体工商户偷、漏税情节严重的，除司法机关应依法追究其刑事责任外，税务机关还要就其偷、漏税部分作出限期追缴税款和罚款的处理决定。如个体工商户对此均不服，就会与司法机关、税务机关分别形成刑事争议和行政争议，而这两类争议的解决可由刑事庭与行政庭分别进行。二是对于行政法律关系和民事、经济法律关系交织重叠的争议的主管，目前，除最高人民法院已就公民、法人或其他组织对人民政府或其主管部门有关土地、破产、森林等资源的所有权或者使用权归属的处理决定不服的争议明确由行政庭主管外，其他的案件如何处理，则尚无明确的法律规定及司法解释。在司法实践中，有的由行政庭主管，有的由民庭或经济庭主管。如何使这类争议的主管更加科学、合理呢？我们认为可以按照争议解决的牵连关系来确定。①如行政争议的先行解决有助于民事、经济争议的解决的，可由行政庭并案审理。②如行政争议的解决有赖于民事、经济争议首先解决的，可由民庭或经济庭主管审理。这样做，有利于案件的及时有效审结，节省人力、物力、财力。

其三，如何认定行政机关对具体行政行为不作为的问题。根据《行政诉讼法》第11条之规定，属于行政诉讼范围的具体行政行为不作为主要包括三种：①行政机关对于符合法定条件的行政管理相对人申请颁发许可证或执照，拒绝颁发或不予答复的；②申请行政机关履行保护人身权、财产权的法定职责，行政机关拒绝履行或不予答复的；③行政机关不依法发给抚恤金的。但要将上述法律规定运用于个案中，就必然会涉及如何认定具体行政行为不作为的问题。

所谓具体行政行为不作为，是指行政机关负有法定职责，却对行政管理相对人的合法申请、要求消极地不行为。对不作为具体行政行为的认定，一般是从其构成条件进行衡量的。根据《行政诉讼法》第 11 条规定的精神，具体行政行为不作为的构成条件有以下几点。

（1）被申请、被要求的行政机关负有为一定行为的法定职责。例如，颁发许可证、执照。

（2）行政管理相对人一方有明确的申请、要求行为。也就是通过书面或口头方式作出了要求行政机关履行职责的意思表示。但在某些特定情况下，虽缺乏明确的申请、要求，也可以构成不作为。例如，执勤的警察发现一群歹徒将一老人的嘴捂住进行殴打却不去救助。

（3）行政机关拒绝履行职责或不予答复。

（4）已过了法定期限。但是，如果行政机关未在法定期限内履行其职责，是因为情况复杂需要较长时间进行调查处理或者遇到了无法履行法定职责的情况，如自然灾害，则不能将其归于不作为。目前，关于行政机关实施具体行政行为的法定期限问题，有些法律作了明确规定，有些则没有。这就给行政审判工作带来了一定困难。怎样计算法定期限呢？我们认为可视不同情况进行认定。①凡法律明确规定具体行政行为期限的，依法律之规定。②虽然法律未规定具体行政行为期限，但行政机关内部有期限规定的，可按内部规定期限处理。③没有任何期限规定的，可按法律中规定期限最长的期限来认定，即三个月。④在某些特定情况下，法定期限就是行政机关拒绝履行职责或不予答复而致使危害结果发生的时间。例如，某执勤警察看到一妇女被流氓侮辱，却置之不理，那么，该妇女被侮辱这一危害结果一发生，公安机关就足以构成不作为。

综上所述，我们仅是从理论上就目前司法实践中存在问题的原因及对策进行了一些粗浅的探讨，而要真正地在实践中解决行政诉讼受案范围的适用问题，还有待最高人民法院作出进一步的司法解释。

行政诉讼证据问题新探[*]

董　皞[**]

　　摘　要：行政诉讼证据的证明对象和内容一般仅限于具体行政行为的合法性问题，具体行政行为作出时未采用的证据不能被用来证明具体行政行为的合法性。行政诉讼证据的运用特点，一般表现为：被告负举证责任；对被告及其诉讼代理人调查收集证据的权利予以限制；人民法院无须全面收集和调查证据。

　　关键词：行政诉讼　行政诉讼证据　举证责任

　　证据问题是诉讼的基本问题之一，行政诉讼性质的特殊性决定了行政诉讼证据具有其自身的特点，但人们在研究和探讨行政诉讼证据问题时，似乎有被告负举证责任倾向，本文试图就行政诉讼证据问题作些展开性研究和探讨，旨在抛砖引玉。

一　行政诉讼证据特点与行政诉讼证据运用特点之区别

　　行政诉讼证据特点是指由具体行政行为决定的，在行政诉讼中表现出来的，反映被诉具体行政行为合法性问题的证据属性。行政诉讼证据的特点表现为以下几点。①证明对象的特殊性。行政诉讼证据的证明对象和内容一般仅限于具体行政行为的合法性问题，所有证据都围绕着具体行政行

　　[*]　本文原载于《法学研究》1993 年第 1 期。

　　[**]　董皞，原文发表时在珠海市中级人民法院行政庭工作，现为北京师范大学特聘教授。

为是否合法而进行。②证明条件的特殊性。行政诉讼中所采用的证据是以该证据在具体行政行为作出之前已被采用为前提条件的，是依据性的证据，它在进入诉讼阶段之前已被作为证据使用。③证明作用的特殊性。在具体行政行为作出时未采用过的证据只能用来证明具体行政行为的违法性，而不能用来证明具体行政行为的合法性，这是行政诉讼证据的单向性，也是证明作用的特殊性。④证据范围的特殊性。行政诉讼的证据范围不仅包括一般的事实，还包括作出具体行政行为所依据的规范性文件。行政机关提供的规范性文件有三类：第一类是作为法院审理依据的法律和法规，第二类是作为法院参照的规章，第三类是规章以下的其他规范性文件。法律和法规是人民法院审理案件的依据，不属证据范围。规章需接受人民法院的审查，如果规章符合法律法规，人民法院予以参照，否则不予参照。规章在这种情况下具有准证据的性质。对于规章以下的规范性文件，人民法院则将其作为证据来对待。它与事实证据不同的是审查标准，事实证据以是否和案件有关联、是否客观存在为标准，而规范性文件则是以是否合法为标准。

行政诉讼证据运用特点是指由行政诉讼证据特点所决定的，在行政诉讼中运用证据时表现出来的，反映行政诉讼证据使用规则的属性。行政诉讼证据运用特点表现在三个方面。①被告负举证责任。这是由行政诉讼证据证明条件的特殊性所决定的，由于行政诉讼证据是行政机关作出具体行政行为时所采纳的证据，如果在行政诉讼中，作为被告的行政机关不能举出作出具体行政行为的证据，则意味着它在作出具体行政行为时证据不足，因而要承担败诉的后果。②对被告及其诉讼代理人调查收集证据权利的限制。这也是由行政诉讼证据证明条件和证据作用的特殊性决定的。行政诉讼证据的证明条件和特点表明，具体行政行为的作出应该是建立在具有充分证据的基础之上，如果允许作出具体行政行为的行政机关，在诉讼程序开始后再进行调查收集证据的工作，这就有可能出现"先裁决，后取证"的情况，也有可能出现违法收集调查证据的情况，使一些本来违法、缺乏证据的行政行为，经过诉讼阶段调查收集证据的修饰，变得合法、证据充分。行政诉讼证据证明作用的特殊性也表明，在诉讼过程中，行政机关即使收集调查到关于具体行政行为合法性的证据，也会由于在作出具体行政行为时并未依据这一证据而使该证据失去证明力。③人民法院无须全面收集和调查证据。这是由行政诉讼证据证明对象和证明条件的特殊性所决定的，也是被告负举证责任的证据运用特点所派生的。行政机关在作出具体行政行为时必须有充分的证据，行政诉讼的证据仅被用来证明具体行政行为的合法性，而且作出具体行政行为的行政机关有向法院提供证据的义务，否则它要承担败诉后果。人民法院的工作重点是审查和分析证据。只要行政机关不能提供主要证据证明其所作的具体行政行为合法，法院即应径直判决其败诉。

二　被告举证责任的范围

《行政诉讼法》第32条明确规定："被告对作出的具体行政行为负有举证责任，应当提供作出该具体行政行为的证据和所依据的规范性文件。"这就是说，在行政诉讼中，被告负举证责任的范围仅限于其所作的具体行政行为。

被告对作出的具体行政行为负有举证责任，是指在行政诉讼中，被告应举出自己作出具体行政行为时所依据的事实和规范性文件，以证明其具体行政行为的合法性，否则就有可能承担败诉后果。其含义有三：①被告要对作出的具体行政行为负举证责任；②被告负举证责任的范围限于具体行政行为是否合法；③在具体行政行为合法性以外的其他问题上仍采取"谁主张，谁举证"的原则。在行政诉讼中，具体行政行为合法性的举证责任只由被告承担，不发生转移。这是因为：①被告作出的具体行政行为应该建立在充分可靠的证据基础之上，否则具体行政行为就是违法的；②被告在证据的收集、鉴定、保存等方面的能力比原告强得多。

"被告在行政诉讼中负有举证责任"的说法是错误的，它是指在行政诉讼中，无论与具体行政行为合法性有关还是无关的一切证据，都应由被告举出，否则被告就要承担败诉后果。如果仅仅属于表述错误则可能使人产生误解，导致不良后果。如果属于理解错误，则在实践中是非常有害的，可能导致一方当事人随意主张权利，影响另一方当事人的权利，并影响诉讼的顺利进行。

三 "谁主张，谁举证"在行政诉讼中的表现

在行政诉讼中，具体行政行为的合法性问题的举证责任应由被告负担，法院一般也只是对被告提供的证据进行审查，而无须主动全面地调查收集证据，这是行政诉讼证据运用的一般特点，但在某些特殊情况下或在有些问题上，仍然需要法院全面调查收集证据，也仍然采用"谁主张，谁举证"的原则。主要表现在下列几个方面。

第一，关于赔偿问题。赔偿问题在本质上属于民事法律关系，解决赔偿问题时自然应遵守民事诉讼的有关原则。在行政诉讼中涉及赔偿问题时，应由主张赔偿权利的一方对其主张的事实列举证据加以证明，另一方需要针对对方提出的主张和根据进行答辩并提出反证。这时，由于赔偿问题上的举证不属于被告负举证责任的范围，对于损害的存在与否以及损害的范围和程度，应当是"谁主张，谁举证"。

第二，关于行政机关否认曾经作出某一具体行政行为的问题。行政机关作出具体行政行为时不制作、不送达决定书，当事人对具体行政行为不服向人民法院起诉，行政机关又否认作出这一具体行政行为时，如果行政机关不肯举证，且也不负举出自己未作出这一具体行政行为证据的责任，而当事人在调查收集证据时会受到很多限制，且所提供的证据的可靠程度也受到一定影响。在这种情况下，人民法院即应该主动全面地收集和调查关于这一具体行政行为是否存在的证据。

第三，关于具体行政行为的适当性或合理性问题。判断行政处罚是否显失公正，有一个以什么标准作参照的问题，也有一个公与不公的比较问题，诸如通常所说的畸轻畸重、同样情况不同对待、不同情况同样对待、反复无常等表现。对这些表现进行比较的证据由谁来提供，是否还是由被告负举证责任，或者由原告提供证据？如果要求被告提供以往作出的同类具体行政行为的情况供法院进行比较，显然是要求被告提供与本案无关的证据，被告完全有理由予以拒绝。如果原告仅以"处罚显失公正"为由提起变更之诉，由于他在收集和调查有关证据时，很难得到积极配合，所以，只能提供某行政机关以往处理同类案件的一些情况或印象。在这种情况下，有关具体行政行为是否显失公正的证据收集和调查，无疑只能由人

民法院主动全面地去收集和调查。因为法院既不能责令行政机关提供与本案无关的其他具体行政行为的证据材料，也不能简单驳回原告诉讼请求。在司法实践中，原告以"处罚显失公正"为由提起变更之诉的，一般发生在两种场合：一种是具体行政行为对基本相同的情况作出的处罚都在法定幅度以内，但对其他当事人处罚轻，而对原告处罚重；另一种是具体行政行为对基本相同的情况作出的处罚，对部分当事人的处罚在法定幅度以内，对部分当事人的处罚在法定幅度以外。第二种场合又有两种情形：一是对原告在法定幅度以内进行处罚，而对其他当事人在法定幅度以下违法减轻或免除处罚；二是对其他当事人在法定幅度以内进行处罚，而对原告在法定幅度以上违法加重处罚。对行政处罚显失公正的证据的调查收集实际上只存在于第一种场合，因为只有在这种场合才存在法定幅度以内的具体行政行为对原告与其他当事人的处罚是否公正的比较问题。在第二种场合第一种情形之下，人民法院只能判决维持原具体行政行为或裁定驳回原告诉讼请求，对行政机关违法减轻或免除处罚的行为给出司法建议；在第二种情形之下，人民法院可以直接判决撤销违法加重处罚的具体行政行为。因此，第二种场合不存在由人民法院主动全面调查收集行政机关具体行政行为显失公正的证据的问题。

四 "在诉讼过程中，被告不得自行向原告和证人收集证据"与"人民法院有权要求当事人提供或者补充证据"的关系

《行政诉讼法》第 33 条规定："在诉讼过程中，被告不得自行向原告和证人收集证据。"第 34 条第 1 款规定："人民法院有权要求当事人提供或者补充证据。"第 34 条中的"当事人"无疑包括原告、被告和第三人。这就出现了第 33 条中"被告不得自行向原告和证人收集证据"与第 34 条中"人民法院有权要求当事人提供或者补充证据"的关系问题。这里所说的关系主要有两个方面：一是被告不得自行收集证据和应要求可以提供或补充证据的关系；二是收集证据与提供或补充证据的关系。问题的实质在于区别究竟是第一个方面还是第二个方面。对于这一问题有两种不同认识：一种意见认为第 33 条和第 34 条的区别在于第一个方面，即认为在诉讼过程中被告不得自行向原告和证人收集证据，但应人民法院要求的，则

可以调查和收集证据，第 34 条只是一个例外规定；另一种意见认为第 33 条和第 34 条的区别在于第二个方面，即对于被告而言，收集证据与提供或补充证据是两个完全不同的概念，收集证据实质上是指重新调查和收集在作出具体行政行为时本未依据的证据，提供或补充证据则是向法院提交在作具体行政行为时曾经所依据的但诉讼中未向法院移送的证据。前者认为在行政诉讼中被告不能重新调查收集证据是相对的，后者则认为在行政诉讼中被告不能重新调查收集证据是绝对的，这完全是由于对这一关系的不同理解所产生的两种截然不同的认识。这两种认识在司法实践中将会造成什么样的后果是可想而知的。

那么，根据行政行为与行政诉讼的属性和特点，或者根据《行政诉讼法》的立法精神，对于《行政诉讼法》第 33 条和第 34 条之间的关系究竟应作何理解？笔者认为应作第二种理解。第一，"先取证，后裁决"是对具体行政行为的基本要求，这个要求既是程序上的要求，也是实体上的要求，只有在证据充分可靠的前提下，具体行政行为才能合法，如果要求诉讼中被告重新调查取证，本身就表明已作出的具体行政行为合法性的证据不足。这种具体行政行为的先天不足也并不因经法院或某个权威机关的认同或认可而消除，也并不存在经法院要求而重新调取的证据即属合法，非经法院要求调取的证据即属违法的问题。因为法院的职责只是审查被告已作出的具体行政行为。第二，具体行政行为合法性的证据是否充分可靠，是法院对具体行政行为合法性进行审查的主要内容之一。证据充分可靠是具体行政行为合法性的基础，没有充分可靠的证据，具体行政行为的合法性就无从谈起。法院审查具体行政行为的合法性，也是审查已经作出的具体行政行为是否合法，如果经法院要求被告即可重新调查取证，且这种重新调查取证也合法的话，那么，一切没有充分可靠证据而作出的具体行政行为，都可以采取"法院要求"这一主观决定客观的形式来重新调查收集所谓的证据而顺利通过合法性审查。在这种情况下，合法性审查名存实亡，毫无意义。第三，被告应法院要求重新调查收集证据所造成的后果是十分不利甚至是有害的。在调查收集的手段上，为了证明自己所作的具体行政行为合法，行政机关的某些工作人员有可能借此机会弄虚作假，甚至刑讯逼供来收集证据，为不法取证开了方便之门。在调查收集的结果方面，即使取得了能够证明已作出的具体行政行为合法的证据，也具有很大的偶然性，或纯属巧合，绝不能够证明在作出具体行政行为时所依据的证据是充分可靠的，因而它对于证明原具体行政行为的合法性缺乏证明力。在调查收集证据的运用上，法院采纳重新调查收集的证据，但法院是无法代替行政机关运用新的证据作出新的具体行政行为的。否则就会混淆行政程序和诉讼程序这两个性质完全不同的程序，使具体行政行为反复、多变。

《行政诉讼法》第 33 条所使用的"收集证据"和第 34 条所使用的"提供或者补充证据"是两个不同的概念。其一，对象不同。《行政诉讼法》明确规定，收集证据的对象是原告和证人，也即向原告和证人收集才被称为收集；提供或补充证据的对象是法院，也即向法院提供或补充证据。其二，前提条件不同。收集证据的前提是行政机关作出具体行政行为时不具备该证据，在诉讼阶段才进行调查提取工作；提供或补充证据的前提是该证据在作出具体行政行为时已作为证据被采纳，在行政诉讼阶段应向法院提交。其三，方式不同。收集证据的方式是按照法律规定的调查收集证据的方式进行，不得有违法收集证据的情形发生；提供或补充证据的方式是将未向法院提交的主要证据向法院提供，或者已经提交主要证据而将一些次要证据向法院补充，提供或补充证据可以且一般应主动作出，也可以应法院要求而作出。

坚持在诉讼过程中被告应法院要求可以重新调查收集证据观点的人认为，在下列情况下法院可以要求被告重新调查取证：具体行政行为有瑕疵；原告在行政程序中未提出而在诉讼程序中提出了反证或新问题。笔者认为，这不是被告可以在诉讼中重新调查收集证据的理由：①如果具体行政行为有瑕疵，只要主要证据充分，不影响具体行政行为整体合法性，法院即应判决维持，但应指出具体行政行为的瑕疵，或提出司法建议；②如果原告能在诉讼中提出反证或新问题，这本身已说明被告在行政程序中收集调查所得的证据不全面，那么，法院的判决只能是撤销具体行政行为，或者在判决中指出其瑕疵。

如果在诉讼过程中，被告获得新的证据，需要对原作出的具体行政行为加以变更或撤销，根据《行政诉讼法》第 51 条规定的精神，其是被允许的，这种对原具体行政行为的变更或撤销属另外的行政程序，所作的改变原具体行政行为的行为实质上也是一个新的具体行政行为。作出一个新的行政程序和新的具体行政行为，行政机关当然有权调查和收集证据，而不存在法院要求其调查收集证据的问题。由于被告改变或撤销了被诉的具体行政行为，原告申请撤诉时，法院要先审查被改变的新的具体行政行为的合法性。在这种情况下，对于行政机关据以改变原具体行政行为的新证据，法院当然认为其是改变后的新的具体行政行为合法性的证据。经法院审查不准许原告撤诉或原告不申请撤诉的，法院应继续审查被诉的原具体行政行为，这时，被告新获得的据以改变原具体行政行为的新证据，自然不能作为被诉的原具体行政行为合法性的证据。

五　法院要求当事人提供或补充证据

《行政诉讼法》第 34 条第 1 款规定："人民法院有权要求当事人提供或者补充证据。"法院在什么情况下可以要求原告或被告提供或补充证据，应根据案件的具体情况加以确定，但法院对原告和被告提供或补充证据的要求是不同的。

（一）法院要求原告提供或补充证据的情况

法院要求原告提供或补充证据一般有下列几种情况。①要求提供具体行政行为存在的证据。一般来说，具体行政行为应采用书面形式，但也有违反程序规则采用了口头形式的，例如罚款没有处罚通知书，甚至不开收据，不开收据往往不仅程序违法，内容也多有违法。如果没有证据证明该行为的存在，实施这一行为的行政工作人员就有可能否认，如果原告举不出这一行为存在的证据，法院也就可能因无法找到立案的证据而不能决定予以立案受理，故法院有权要求原告提供或补充具体行政行为存在的证据，否则，有可能导致法院裁定不予受理。②要求原告提供所主张事实的证据，如果原告举不出任何证据，人民法院也可能裁定不予受理或驳回起诉。③要求提供反驳被告答辩理由的证据。当然原告提不出或不提出反证并不影响人民法院判决撤销或变更具体行政行为，但原告如能提供有力的反驳证据，对于他的诉讼请求的成立和证明具体行政行为的违法将产生重要甚至决定作用。④要求原告对其所主张的赔偿提供证据。原告请求行政机关赔偿的，人民法院有权要求原告举证证明损害事实的发生与存在、损害同具体行政行为之间的因果关系、损害的程度、损害赔偿的依据等。如果原告举不出有关证据，他的主张就不能得到人民法院的支持或判决将无法满足他的赔偿请求。

（二）法院要求被告提供或补充证据的情况

被告提供或补充证据有一个前提条件，即这些证据必须是作出具体行政行为的依据，也即在行政程序中已经采用过的证据，而不是在诉讼阶段重新调查收集到的证据。一般来说，法院要求被告提供或补充证据有下列几种情况。①要求提供实施具体行政行为的证据。②要求提供不作为合法的证据。③要求提供适用法律、法规和其他规范性文件的证据。④要求提供证明具体行政行为属于其职权范围的证据。⑤要求提供证明其他行政行为符合法定程序的证据。与程序有关的证据主要包括记录、通知、送达、回执、签名等。⑥要求提供具体行政行为并未违背法律宗旨的证据。具体行政行为背离法律目的和基本原则即为滥用职权，当有关当事人或人民法院对具体行政行为的目的产生疑问时，人民法院即有权要求被告提供有关的证据，一般包括无以权谋私的证据，无不相关因素影响的证据，无随心所欲、方式违法的证据。⑦要求提供关于行政处罚合理性的证据。

六　行政复议程序中调查收集证据对行政诉讼程序的影响

关于在行政复议阶段作出具体行政行为的行政机关或行政复议机关能否调查收集证据，《行政复议条例》并无规定，那么《行政诉讼法》第33条的规定对行政复议阶段行政机关调查收集证据是否具有影响力或间接约束力？在行政诉讼阶段法院能否以"先裁决，后取证"为理由否定作出具体行政行为的行政机关或行政复议机关补充或调查收集证据？对于这个问题作如下分析。

第一，"先取证，后裁决"是程序法上的一个基本原则，这个原则是存在决定意识规律的基本要求，也是保证行政行为实体合法的基本程序要求，对于这一原则的执行不允许也不应该有任何例外出现，当然在行政复议阶段也不能出现"先裁决，后取证"的情况。

第二，无论是在行政复议阶段还是在行政诉讼阶段，都不能将重新调查收集的证据作为证明正在接受审查的具体行政行为即原作出的具体行行为合法性的证据加以运用，这是"先取证，后裁决"规则的必然要求。在行政复议阶段接受审查的具体行政行为是行政机关原作出的具体行政行为，在行政诉讼阶段接受审查的是被行政复议机关维持的原具体行政行为或被行政复议机关改变后作出的新的具体行政行为。坚持"先取证，后裁决"规则的结果是：在行政复议阶段，作出原具体行政行为的机关不能调查收集新证据；在行政诉讼阶段，被行政复议机关维持的作出原具体行政行为的行政机关，或改变了原具体行政行为的行政复议机关，均不能调查收集新证据。否则，这种审查就变得毫无意义。

第三，行政复议机关在行政复议阶段调查收集证据是必要的、可行的、合法的。既然行政复议机关对原具体行政行为进行全面审查，既然行政复议机关对原具体行政行为可以变更，甚至撤销，如果它还不能行使调查收集证据的权力，那么行政复议既谈不上全面审查，也有可能因无法取证而失去变更或撤销的基础和依据。既然人民法院要审查行政复议机关改变原行政行为之后新作出的具体行政行为，那么，行政复议机关在行政复议阶段可以调查收集证据是毫无疑问的。

第四，人民法院对行政复议机关在行政复议阶段调查收集证据应加以具体分析。在行政复议阶段，行政复议机关调查收集新证据之后可能出现的后果有二：其一，原具体行政行为在证据方面有瑕疵，作出简单维持决定；其二，原具体行政行为主要证据不足，行政复议机关调查收集到新证据，并依据这些证据作出改变决定。根据我国《行政诉讼法》第25条第2款的规定，在第一种情况下，由作出具体行政行为的行政机关作被告，在第二种情况下，由改变原具体行政行为的行政复议机关作被告。这就是说，在两种不同的情形之下，人民法院审查的对象是不同的：前者，人民法院审查的是原具体行政行为；后者，人民法院审查的是行政机关的行政复议决定。这样一来，问题就十分明显了。在第二种情形之下，行政复议机关对原具体行政行为经过全面审查，在重新收集证据的基础上，进行了改变，实质上是作出了一个新的具体行政行为，这是以新证据为基础进行裁决，因而仍然是"先取证，后裁决"，在这里不存在"先裁决，后取证"的问题。在第一种情形之下，情况就不同了，这里有两个问题。其一，行政复议的维持决定从形式上来看是对具体行政行为的肯定，但实际上是否定。既然行政复议机关调查收集到了新的证据，即说明原具体行政行为的证据是不全面的，是一个有瑕疵的具体行政行为。行政复议机关简单予以维持，不指出其瑕疵，是形式和内容相矛盾的行政复议决定。其二，作出原具体行政行为的行政机关作为被告，人民法院只审查原具体行政行为的合法性，对行政复议机关调查收集到的新证据不予采纳，该部分证据不能用作证明被诉的行政机关作出的具体行政行为合法的证据，否则即为"先裁决，后取证"。

第二编　行政行为合法性的司法判断

对违反法定程序的司法审查

——以最高人民法院公布的典型案件（1985—2008）为例[*]

章剑生[**]

摘　要：学理上，对"法定程序"之解释有"法律、法规规定说"、"法律、法规和规章规定说"、"法律、法规、规章和宪法规定说"和"重要程序说"等四种学说，对违反法定程序之行政行为的法律效果，也存在"无效说"、"撤销说"和"区别说"等三种观点。《最高人民法院公报》上公布的有关违反法定程序的典型案件中，判决理由及判决主文与行政诉讼法的规定和学理解释存在较大的差异。结合学理和司法实践，可以认为：法律、法规和规章规定的程序为"法定程序"；在没有"法定程序"情形时，法院可以引入正当程序来辅助判断。认定行政行为违反法定程序之后，法院应当主要考虑"是否损害行政相对人实体法上的合法权益"之因素，区分不同情形分别作出撤销判决、确认判决和驳回诉讼请求判决。

关键词：法定程序　正当程序　行政诉讼

1989 年《行政诉讼法》将具体行政行为"违反法定程序"列为法院作出撤销判决的法定理由之一，对于具有浓厚法律实用主义传统的中国来说，该做法的法治意义非同小可。在同年 10 月全国人大常委会通过的

　＊　本文原载于《法学研究》2009 年第 2 期。

＊＊　章剑生，浙江大学光华法学院教授。

《集会游行示威法》中，行政行为说明理由制度获得了立法确认，这可以看作现代行政程序的法律价值再次获得法律认可的标志。① 1996 年《行政处罚法》第 3 条明确规定，违反法定程序的行政处罚决定无效，它确立的行政处罚听证制度更引人注目。1999 年《行政复议法》将《行政复议条例》规定的撤销被申请的具体行政行为情形之一的"违反法定程序，影响申请人合法权益"，改为被申请的具体行政行为只要"违反法定程序"，复议机关就可以作出撤销或者确认违法的复议决定。这种立法上的变化似乎可以解读为对"法定程序"认识上的一次质变。2004 年国务院在《全面推进依法行政实施纲要》中，将"程序正当"作为依法行政的基本要求之一，进一步提高了"行政程序"在依法行政中的地位。

就现行有效的法律、法规和规章而言，针对行政行为的程序性规范密度并不小，行政行为违反法定程序的法律后果在法律规范上也是相当明确的。但是，在实务中行政行为违反法定程序是不是必然产生这样的法律后果呢？笔者认为答案是否定的。即使是在行政法学理论上，我们也可以看到这样的迟疑："（1）对法律、法规和具有法律效力的规章未作规范的任意性程序，行政机关则具有一定的自由裁量权，行政机关可以根据实际情形和需要选择其认为最适当的程序手续。这种选择只要不违反行政程序的基本原则，即不影响该行为的法律效力。行政相对人如对行政机关这种自由选择的程序有异议，以此要求法院撤销相应的具体行政行为，法院一般不能满足相对人的要求。（2）对行政程序中轻微的瑕疵现象，一般不作违反法定程序处理。如具体行政行为缺少次要证据；能补充的可责令行政机关予以补充，不能补充的提出司法建议。（3）对行政程序混乱，违反法定的、不可改变顺序的，可判决撤销并责令行政机关依正确顺序重新处理。"② 可见，对于违反法定程序的行政行为是否应被撤销或确认违法，在学理上当下法律规范中的规定并未被完全接受。

违反法定程序的行政行为，必须匹配一个以上的法律效果，以此作为一种驱使行政机关遵守法定程序的保障性机制。对于违反实体和程序规定

---

① 《集会游行示威法》第 9 条规定："主管机关接到集会、游行、示威申请书后，应当在申请举行日期的二日前，将许可或者不许可的决定书面通知其负责人。不许可的，应当说明理由。逾期不通知的，视为许可。"

② 罗豪才主编《中国司法审查制度》，北京大学出版社，1993，第 383 页。

的行政行为，在法律效果上是否需要作区别对待，取决于人们对法律程序价值的认知及其认识的水平。不过，一个极其重要的因素必须被纳入考虑范围，那就是行政相对人提起行政诉讼的目的是实体法上权利的实现，还是程序法上权利的满足，或者二者兼而有之。若是二者兼而有之，则二者发生冲突时又当如何选择？另一个不能轻视的因素是，对违反法定程序的行政行为作出处理结论，是引导行政机关重视还是轻视行政程序的价值？如果行政行为违反法定程序并不当然导致行政行为被撤销或者无效，而是给行政机关一个修补行政程序的机会，甚至无关行政行为是否有效，那么"行政便宜主义"是否会使现代行政程序的法律价值在行政行为的补正、转换以及行政诉讼的确认判决之中得不到体现呢？

依法行政原理之下，违反法定程序的行政行为没有生存的合法空间，这个以依法行政原理为前提获得的命题在逻辑上并无问题。但是，这个命题在实务中受到了质疑甚至在一些个案的处理中被否定。对于依法行政原理与承认违反法定程序在法律效果上的紧张关系，我们应当找寻一个怎样的机制予以缓解？本文以最高人民法院公布的典型案件（1985—2008）为例，试图回答上述问题。

一 法律规范分析与学术史梳理

（一）法律规范分析

《行政诉讼法》第 54 条规定，具体行政行为"违反法定程序的"，法院判决撤销或者部分撤销，并可以判决被告重新作出具体行政行为。这是审查"违反法定程序"之标准的基础性规范。此法律规范之内涵可以作如下解读。

1. 程序

"程序，就是行为从起始到终结的长短不等的过程。"[①] 程序由步骤、方式和时空三个要素构成。所谓步骤，即行为的阶段性"单元"，有先后之分，所以步骤必须依顺序进行，否则可能会导致作出的行为在内容上发

---

① 应松年：《论行政程序法》，《中国法学》1990 年第 1 期。

生实质性改变。如《公安机关办理行政案件程序规定》第31条规定："当场处罚，应当按照下列程序实施：（1）向违法行为人表明执法身份，口头告知其拟作出行政处罚的事实、理由、依据及其依法享有的权利；（2）对违法行为人的陈述和申辩，应当充分听取。违法行为人提出的事实、理由或者证据成立的，应当采纳；（3）填写处罚决定书并交付被处罚人；（4）当场收缴罚款的，同时填写罚款收据，交付被处罚人；不当场收缴罚款的，应当告知被处罚人在规定期限内到指定的银行缴纳罚款。"此规定为公安机关当场处罚的四个步骤，在顺序上不可颠倒，否则违反法定程序。

所谓方式，亦可称为形式，即行为表现的载体。正如有的学者认为的："方式是指实施和完成某一行为的方法及行为结果的表现形式，如采用秘密的方式还是公开的方式作出决定，行政行为是以书面的方式还是以口头方式作出等。"[1] 如《行政许可法》第38条规定："申请人的申请符合法定条件、标准的，行政机关应当依法作出准予行政许可的书面决定。"这里的"书面决定"即为行政许可的方式。也有学者认为："行为方式，实际上是除时间期限、步骤、顺序以外的其他程序要素的总称，是一个'兜底'的概念，因此，它所包含的内容和种类较多，凡是纳入不到时间、步骤、顺序中去的程序要素和种类，都可以归入方式之中。"[2] 此说虽有新意，但"方式"毕竟是一个程序的独立要素，而不是一个开放的概念。

所谓时空，即行为的起止时间点与行为作出的空间点。任何行为都发生在一个特定的时间和空间中，离开了特定的时空，行为也就不可能存在。如《行政处罚法》第29条规定："违法行为在二年内未被发现的，不再给予行政处罚。法律另有规定的除外。前款规定的期限，从违法行为发生之日起计算；违法行为有连续或者继续状态的，从行为终了之日起计算。"此条规定了行政机关追溯行政违法行为的起止时间点。又如，《盐业行政执法办法》第26条规定："受送达人不在时，交其同住的成年家属或者所在单位签收；受送达人是法人或者其他组织的，交其收发部门签收。受送达人拒绝签收的，送达人应当邀请有关人员到场，说明情况，在送达回证上记明拒收事由和日期。由送达人、见证人签名或者盖章，把《盐业

---

① 王万华：《行政程序论》，载《行政法论丛》（第3卷），法律出版社，2000。
② 应松年、杨小君：《法定行政程序实证研究——从司法审查角度的分析》，国家行政学院出版社，2005，第242页。

违法案件行政处罚决定书》留在受送达人的住处或者收发部门，即视为送达。"① 这里的"受送达人的住处""收发部门"就是送达程序中的空间点。

2. 法定程序

将程序中的行为步骤、方式及时空要素加以法定化，即为法定程序。依照《立法法》的规定，这里的"法"当限于法律、法规和规章。凡是法律、法规和规章所规定的程序，都是"法定程序"。至于它所规定的程序是羁束性程序还是裁量性程序，与是否被划入"法定程序"的范围没有关联。

"法"的范围是否还可以在法律、法规和规章之外作拓展，在解释上似乎存在较大的困难。首先，由于宪法一直不能作为法院判决引用的依据，② 把宪法置于"法"的范围内，可能与行政诉讼法立法原旨不合。③ 其次，由行政机关自己制定的行政规定（或称为"其他规范性文件"）虽然也规定了许多"行政程序"，但依照《行政诉讼法》第53条，规章在行政诉讼中被置于"参照"地位，更何况法律效力处于规章之下的行政规定。显然，行政规定在当时的立法原旨中并没有获得"法"的地位。再次，法律原则等所谓的"不成文法源"同样也不能解释为这里的"法"。长期以来，我们所持的正统观点是将法源限定于一切制定法，且包含一定级别的国家机关制定的规范性文件，即把法源定位于"由何种国家机关制定或认可，具有何种表现形式或效力等级"的规范性文件。④ 所以，基于规范层面，从法律原则中推导出有关行政行为的程序规则，也难以被归入

---

① 《盐业行政执法办法》（轻工业部令2号）。
② 这是一个规范命题，所以并不当然反映现实状况，因为在当下的司法实践中，法院依照宪法规定作出判决的情形还是存在的。参见王禹编著《中国宪法司法化：案例评析》，北京大学出版社，2005。
③ 1955年《最高人民法院关于在刑事判决中不宜援引宪法作论罪科刑的依据的复函》给新疆省自治区高级人民法院复函："你院（55）刑二字第336号报告收悉。中华人民共和国宪法是我国国家的根本法，也是一切法律的'母法'。刘少奇委员长在关于中华人民共和国宪法草案的报告中指出：'它在我国国家生活的最重要的问题上，规定了什么样的事是合法的，或者是法定必须执行的，又规定了什么样的事是非法的，必须禁止的。'对刑事方面，它并不规定如何论罪科刑的问题，据此，我们同意你院的意见，在刑事判决中，宪法不宜引为论罪科刑的依据。"
④ 张文显主编《法理学》，高等教育出版社、北京大学出版社，1999，第58页。

这里的"法"的范围。

3. 违反法定程序

所谓"违反",依文义解释,是指"不遵守、不符合",① "违反法定程序"是指行政机关作出的行政行为不遵守、不符合法定程序的情形。鉴于《行政诉讼法》第 54 条并未区分法定程序与行政行为实体内容之间是否存在必然关联的情况,我们似乎可以认为,无论二者之间是否存在必然的关联性,行政机关违反法定程序作出的行政行为都必须被撤销。如《行政复议法》第 31 条规定:"行政复议机关应当自受理申请之日起六十日内作出行政复议决定;但是法律规定的行政复议期限少于六十日的除外。"在法律没有特别规定的情况下,假如行政机关在第 61 天作出行政复议决定,依照《行政诉讼法》规定的"违反法定程序"的审查标准,法院只能对其作出撤销判决。

不过,2000 年最高人民法院《关于执行〈中华人民共和国行政诉讼法〉若干问题的解释》(以下简称《若干解释》)似乎在悄悄地改变行政诉讼法关于"违反法定程序"的立法原旨。

(1)《若干解释》第 54 条第 2 款规定:"人民法院以违反法定程序为由,判决撤销被诉具体行政行为的,行政机关重新作出具体行政行为不受行政诉讼法第五十五条规定的限制。"② 按照这一条司法解释,如行政机关未经听证程序对当事人作出吊销许可证的行政处罚决定,经当事人诉请法院,在该行政处罚决定被撤销之后,行政机关可以补办听证程序并仍然可以对当事人作出吊销许可证的行政处罚决定。法院通过当事人提起的行政诉讼实现了监督行政机关依法行政的目的,但当事人在付出相当的时间和金钱之后,并没有得到什么"好处",所谓的"胜诉"对于当事人究竟有多大意义呢?而所谓的"败诉"对于行政机关又有什么样的"惩罚"作用呢?这样的司法解释是否会将行政机关导向"法律程序虚无主义"?这种对"违反法定程序"的认识是否已经偏离了行政诉讼法的原旨?

---

① 中国社会科学院语言研究所词典编辑室编《现代汉语词典》,商务印书馆,2002,第 1308 页。

② 《行政诉讼法》第 55 条规定:"人民法院判决被告重新作出具体行政行为的,被告不得以同一的事实和理由作出与原具体行政行为基本相同的具体行政行为。"

（2）《若干解释》第30条规定："下列证据不能作为认定被诉具体行政行为合法的根据：（一）被告及其诉讼代理人在作出具体行政行为后自行收集的证据；（二）被告严重违反法定程序收集的其他证据。"依照这一条司法解释，行政诉讼法中的"违反法定程序"已经被最高人民法院作了违法程度上的区隔。也就是说，违反法定程序中的"不遵守、不符合"的表现是立体的、分层次的；违反法定程序中的"不遵守、不符合"只有达到"严重"程度时，才能对实体内容产生影响。所以，行政机关严重违反法定程序所收集的证据不能作为认定被诉行政行为合法的根据；如果行政机关是在"非严重"违反法定程序情况下收集的证据，则该证据仍然具有合法性。如果这样的推理成立，那么《若干解释》第30条的规定，正与行政诉讼法确立的"违反法定程序"之审查标准原旨相背离。

（二）学术史梳理

1. "法定程序"之界定

自1990年《行政诉讼法》实施以来，有关界定"法定程序"的学理讨论一直没有停止。对"法定程序"的学理解释，其争议的核心问题是"法"的范围究竟应当如何确定。迄今为止，有关"法定程序"的界定至少有以下几种代表性的观点。

（1）法律、法规规定说。如有学者认为："法律、法规规定了的即为法定程序，行政机关必须遵循，违反了即导致该行为的无效。法律、法规未规定即意味着立法机关（包括行政立法机关）赋予行政执法机关以自由裁量权，行政执法机关可根据当时当地的情况和所要处理的问题的实际情况选择其认为最适当的方式、形式、手续、步骤、顺序、时限实施具体行政行为。"[1] 此观点将"法定程序"的范围严格限于法律、法规，这可能与《行政诉讼法》第52条的规定有关，即法院依据法律、法规审理行政案件。[2] 由于《行政诉讼法》将规章置于"参照"地位，所以在其实施以后

---

[1] 姜明安：《行政诉讼法》，法律出版社，2007，第293页；参见罗豪才、应松年主编《行政诉讼法学》，中国政法大学出版社，1990，第247页。

[2] 《行政诉讼法》第52条规定："人民法院审理行政案件，以法律和行政法规、地方性法规为依据。地方性法规适用于本行政区域内发生的行政案件。人民法院审理民族自治地方的行政案件，并以该民族自治地方的自治条例和单行条例为依据。"

的相当一段时间里，关于规章是否属于"法"的问题一直处于争议状态。①

（2）法律、法规和规章规定说。笔者曾经著文认为，"法定程序"中的"法"除法律、法规外，还应当包括规章。"何种行政程序为法定程序，不应取决于法院对具体行政行为进行合法性审查的依据范围，而是设定行政程序规范的实际效力。我国现阶段大多行政程序均出自规章，且规章在行政权运作中均产生一般意义上的法律约束力。所以，法定行政程序应是法律、法规和规章所设定的行政程序。"② 2000 年《立法法》实施之后，因为规章（部门规章、地方政府规章和军事规章）已被明确为"法"，所以这一观点已经有了法律规范的依据。

（3）法律、法规、规章和宪法规定说。如有学者认为，法定程序中的"法"不仅包括法律、法规和规章等这些具体的法，还应当包括宪法。宪法中有关原则的规定也是法定程序的根据。③ 此观点将宪法也纳入"法定程序"之"法"的范围，对于提升宪法在国家权力结构中的地位是极有意义的。但是，由于宪法解释机制极不发达，且目前基本上仍处于"植物人"式的"睡眠状态"，在没有较为发达的宪法解释机制的情况下，将宪法纳入这里的"法"的范围之实益不宜被高估。

（4）重要程序说。如有学者认为，"法定程序是行政程序中的重要程序，具有不可违背的性质，违反该程序要求的行政行为，足以构成违法并应当予以撤销或者确认违法。法定程序的这种不可违背性，是该程序在法律上的地位和作用所决定的。也正是因为这些地位和作用不仅仅是事实上、客观上的地位和作用。更是法律上的地位和作用，是由法律设定的该项程序内容并赋予了该程序内容法律上的效力，所以，我们称之为法定程序"④。此观点具有补强"法律、法规、规章和宪法规定说"之功能，并支持着法律、法规、规章和宪法规定说。但从内容上看，它的视角与推理的逻辑起点又不同于法律、法规、规章和宪法规定说。二者的不同是，前者是将"法定程序"作行政程序下位概念来解释，与非法定程

---

① 参见刘增棋、李江《行政规章分析》，中国政法大学出版社，1994。
② 章剑生：《论行政程序违法及其司法审查》，《行政法学研究》1996 年第 1 期。
③ 朱芒：《论行政上的"法定程序"——关于法解释学基础的点滴认识》，中国法学会行政法学研究会年会会议论文，哈尔滨，1995。
④ 杨小军：《行政诉讼问题研究及制度改革》，中国人民公安大学出版社，2007，第 483 页。

序相对应。在行政程序中具有重要地位的程序，即为法定程序，反之则为非法定程序。

但是在实务中，如何判定"重要程序"极不容易，所以，重要程序说之缺陷也是明显的。在个案处理中，有时"重要程序"之解释倒可能成为法院基于某种考虑"灵活"作出判决的理由。如在广州贝氏药业有限公司诉国家发展计划委员会药品政府单独定价行为案中，法院认为："国家计委应一些药品生产企业的申请，在进行社会调查、搜集数据及召开专家论证会的基础上，作出了 1492 号通知，确定了 11 种抗感染类药品的单独定价价格，其中包括贝氏公司生产的氧氟沙星药品。该通知在给贝氏公司药品定价的程序问题上，依照《国家计委关于单独定价药品价格制定有关问题的通知》的规定，未进行听证程序不违反法定程序，贝氏公司请求确认其程序违法，本院不予支持。"① 在这里，法院解释听证程序已不是"重要程序"了。又如，《行政处罚法》第 38 条第 2 款规定："对情节复杂或者重大违法行为给予较重的行政处罚，行政机关的负责人应当集体讨论决定。"应当参加集体讨论的行政机关负责人没有参加，是否构成违反"重要程序"呢？这仍有较大的讨论空间。②

2. 违反法定程序之法律效果

当行政机关作出的行政行为被确认违反法定程序之后，该行政行为在法律上的效果究竟如何呢？这在行政法学理论上也是必须要解决的问题，因为它事关法院应当作出何种判决。关于这个问题，当下行政法学界至少有这样几种代表性的观点。

（1）无效说。依照通说，行政行为无效"系指自始无效、当然无效及确定无效"。③ 对于行政行为违反法定程序之法律效果如何，有学者认为："法律、法规规定了的即为法定程序，行政机关必须遵循，违反了即导致

---

① （2002）高行终字第 66 号北京市高级人民法院行政判决书。

② 如在黄国仁诉温州市食品药品监督管理局药品行政处罚一案中，法院认为："温州市食品药品监督管理局在给予黄国仁较重行政处罚之前，未经其负责人集体讨论决定，违反了行政处罚法第 38 条第 2 款的规定，处罚程序违法，原审法院依照《中华人民共和国行政诉讼法》第五十四条第（二）项第 3 目的规定，判决撤销上诉人的行政处罚决定正确，本院应予维持。"温行终字第（2006）222 号浙江省温州市中级人民法院行政判决书。

③ 吴庚：《行政法之理论与实用》，三民书局，2007，第 404 页。

该行为的无效。"① 依照此观点，行政行为违反法定程序属于"重大明显瑕疵"，其违法如同"写在额头上，一望而知"。"无效说"彻底否定了行政行为一经作出即具有存续力等法律效果，对于强化行政机关的程序法制观念不无益处。但是，对违反法定程序的行政行为不分轻重、一律"杀无赦"，似乎有绝对化之倾向。行政处罚法也持这一观点。②

（2）撤销说。此说认为，只要违反法定程序，行政行为就应当被撤销，即使"规范性文件对行政行为程序的规定，同样是行政机关必须遵守的法定程序，行政机关行政行为如果违背这些规范，同样是违反法定程序，应当被法院撤销"。③ 这是"重要程序说"所持的观点。"撤销说"显然承认违反法定程序的行政行为一经作出，在没有被撤销之前有存续力等法律效果。与"无效说"相反，它并不承认违反法定程序的行政行为有可能被认定无效，这似乎又走到了"无效说"反面。

（3）"区别说"。与"无效说""撤销说"根本不同的是，"区别说"以程序违法与实体处理之间不存在必然对应关系为切入点，在实体处理上区别对待程序违法，即对于违反法定程序的行政行为的法律效果不是一概而论的，需要根据具体情况作出区别对待。但是，在"具体情况"这个问题上又有不同的分歧。笔者曾提出，违反法定程序的行政行为如何处理，应当考虑以下两个标准。第一，是否损害了行政相对人的合法权益。如果行政机关作出的行政行为违反法定程序，损害了行政相对人的合法权益，那么法院应当依法判决撤销或者确认违法；反之，法院应当在判决中认定行政行为已构成程序违法，依法判决维持或者驳回诉讼请求，但法院可以通过司法建议给行政机关必要的警示。第二，是否产生了有利于行政相对人的法律后果。如果行政机关作出的行政行为违反法定程序，产生了有利于行政相对人的法律后果，且行政相对人保留这一法律后果并不违反法律、法规和规章的规定，也不损害国家、社会或者其他公民的合法权益，那么法院不应当依法判决撤销或者确认违法。比如复议机关逾期对明显不当的行政处罚作出的减轻处罚幅度的行政复议决定。但是，对这种情况，

---

① 姜明安：《行政诉讼法》，法律出版社，2007，第293页。
② 《行政处罚法》第3条第2款规定："没有法定依据或者不遵守法定程序的，行政处罚无效。"
③ 杨小军：《行政诉讼问题研究及制度改革》，中国人民公安大学出版社，2007，第454页。

法院可以通过司法建议给行政机关必要的警示；反之，法院应当依法判决撤销或者确认违法。① 在本文中笔者仍持这一观点。不过，需要作补正的是，"重大明显且瑕疵"的违反法定程序的行政行为，应当被划入无效行政行为的范畴。

另一种"区别说"观点认为："一个违反法定程序的行政行为的后果，关键要看被违反的程序的价值追求、被违反的程序的重要性和违反程度。其具体标准是：第一，法律出于某种目的规定某一程序被违反，法院必须宣布其无效或予以撤销的，法院必须遵守；第二，违反了某一程序并且因此可能影响行政行为实质内容的具体行政行为，法院应当撤销；第三，不可能对具体行政行为产生任何实质影响的并可以即时补正的程序被违反时，法院不应撤销此种具体行政行为；第四，在上述三种标准基础上，对于个案，法院适当保持司法能动性是必要的。"② 此"区别说"导入了"被违反的程序的价值追求、被违反的程序的重要性和违反程度"之标准，赋予了法官较大的裁量空间，就思考的总体方向而言，这一观点应当说是正确的，但它的可操作性并不强。还有一种"区别说"观点认为："行政程序违法是否导致行政行为无效，要视程序违法的具体情形而定。如果程序违法，实体处理也违法，应撤销行政行为；如果程序违法，实体处理真实，则要区别对待：对于程序违法轻微的，原则上可维持被诉的具体行政行为，但要指出该程序瑕疵，限令行政机关改正。如果程序违法情形严重的，即使实体处理真实，也要予以撤销。"③ 此"区别说"导入了"具体情形"之标准，与"被违反的程序的价值追求、被违反的程序的重要性和

---

① 参见章剑生《论行政程序违法及其司法审查》，《行政法学研究》1996 年第 1 期。

② 朱新力：《司法审查的基准——探索行政诉讼的裁判技术》，法律出版社，2005，第 397 页以下。

③ 张步洪、王万华编著《行政诉讼法律解释与判例述评》，中国法制出版社，2000，第 422 页以下。"区别说"之观点还可以参见王万华《行政程序法研究》，中国法制出版社，2000，第 256 页以下。此"区别说"认为："（1）区分程序违法的情节轻重，根据程序违法对相对人权利影响的程度确定不同法律后果。（2）区分程序对行政决定内容的影响。（3）区分强制性程序和自主性程序。（4）区分内部程序和外部程序。（5）区分羁束行政行为和自由裁量行为。"宋雅芳教授提出的"区别说"是：（1）严重违反行政程序的行政行为无效；（2）一般违反行政程序的行政行为可撤销，这又分为违反法定程序的授益行政行为的撤销和违反法定程序的不利行政行为的撤销两种情形；（3）程序上存在轻微瑕疵的行政行为可补正。参见宋雅芳《行政程序法专题研究》，法律出版社，2006，第 251 页以下。

违反程度"之标准相比而言，赋予了法官更大的裁量空间。如果能够匹配一项良好的裁判理由说明制度，也不失为一种可行的解决问题的方案。

二　法院在典型案例中说了些什么

学者们的观点尽管精彩纷呈，但毕竟是沙盘推演，那么，法院又是如何解释"违反法定程序"的呢？最高人民法院自 1985 年至 2008 年在《最高人民法院公报》上公布的行政法典型案例已有 80 余个。笔者通过检读发现，其中至少有 11 个典型案例与本文所讨论的"违反法定程序"之审查标准有关。① 在这里，笔者拟就这 11 个典型案例提供的法律材料，结合本文前述的法律规范分析与学术史梳理，分析法院在典型案例中关于"违反法定程序"说了些什么。

在阅读了这 11 个典型案例之后，笔者发现，在法院判决的理由之中，违反法定程序的情形是相当具体的，但如果基于学理上的类型化考虑，即以"步骤"、"方式"和"时空"三种类型为法院裁判的依据，恐为时尚早，因为这种理论模型似乎还不能适应变化多端的实务，或者说法官在处理案件时，并不是以先验性的类型化来思考问题，而是以如何简便地解决手中案件为出发点。对这 11 个典型案例中"违反法定程序"的情形可做如下简约分类。

（一）违反"步骤"

违反"步骤"即违反步骤的先后顺序，行政机关在没有进行前一个步骤的情况下即实施后一个步骤，违反法定程序。这是当下行政法学界可以接受的观点。此种情形的案例在这 11 个典型案例中占了 3 个。

案例 1. 陈迎春不服离石县公安局收容审查决定案。法院认为：被告对原告的收容审查，在执行程序上也是违法的。3 月 10 日，被告已决定对原告收容审查，并填写了《收容审查通知书》，可是在执行时不向原告出示，出示的却是公安机关让违反治安管理的人在指定时间到指定场所接受讯问

---

① 需要说明的是，下文案例 4 和案例 6 是因为同一案件中有两种独立的违反法定程序的情形而予以单列，所以，尽管本文案例编号共有 12 个，但实际引用的案例总数是 11 个。

的"传唤证"。被告的上述行政行为，依照《行政诉讼法》第 54 条第 2 项第 3 目的规定，是违反法定程序的。①

案例 2. 平山县劳动就业管理局不服税务行政处理决定案。法院认为：行政机关在作出行政处罚决定前，应当依照《行政处罚法》第 31 条规定，将作出行政处罚决定的事实、理由及法律依据告知当事人，并告知当事人依法享有陈述和申辩、申请行政复议和提起行政诉讼的权利；依照《行政处罚法》第 36 条的规定收集有关证据，依照第 37 条的规定制作调查笔录。这些工作，地税局都没有进行。依照《行政诉讼法》第 54 条第 2 项的规定，该决定应予撤销。②

案例 3. 益民公司诉河南省周口市政府等行政行为违法案。法院认为：根据建设部 272 号文关于对城市供气等"直接关系社会公共利益"的行业实行特许经营，"公开向社会招标选择投资者和经营者"之规定，市政府有权根据招标结果确定城市管网项目的经营者，但在此之前，必须先对周地建城（2000）10 号文依法进行处理。然而，市政府却在未对周地建城（2000）10 号文进行任何处理的情况下，径行作出授予中标人亿星公司城市天然气管网项目经营权的 54 号文的决定，这既违反了法定程序，又损害了益民公司的信赖利益。③

需要说明的是，案例 2 在认定行政机关违背《行政处罚法》规定的程序作出的处罚决定不能成立之后，法院又说："已经查明，该行政处理决定从程序上违法，依法应予撤销，法院无需再就行政执法实体方面的争议继续进行审理。"④ 这种程序违法在获得认定之后即不需要对实体进行审查的审查方式，的确有"创意"，但它受到了学者的质疑："以程序违法为由的撤销判决并没有提示实体方面的司法判断，也就不能保证这种争议不会再次发展为行政诉讼。""日本的判例正在接近这样一种立场：在大前提上，坚持以实体是否合法来决定是否撤销带有程序瑕疵的行政行为；但是

---

① 《中华人民共和国最高人民法院公报全集》（1985—1994 年卷），人民法院出版社，1995，第 790 页。

② 《中华人民共和国最高人民法院公报全集》（1995—1999 年卷），人民法院出版社，2000，第 683 页。

③ 《中华人民共和国最高人民法院公报》（2005 年卷），人民法院出版社，2006，第 379 页。

④ 《中华人民共和国最高人民法院公报全集》（1995—1999 年卷），人民法院出版社，2000，第 683 页。

如果被违反的行政程序是重要的，就把实体审查压缩到最小限度。"① 也就是说，依照日本的经验，在这样的情形下法院对实体还是需要进行审查的，只是"把实体审查压缩到最小限度"。笔者认为，从防止实体争议再引发行政诉讼这一方面看，日本的经验是可取的，案例 2 中的法院审查方法应当被否定。

（二）未引用法律条文

行政机关作出行政行为应当明示法律条文，其功能是既能表示其作出行政行为有法律的授权，行政相对人也可以找到攻击行政行为违法的"靶心"。行政机关作出行政行为未引用法律条文，法院认为构成了违反法定程序，如以下案例。

案例 4. 兰州常德物资开发部不服兰州市人民政府收回土地使用权批复案。法院认为：上诉人常德物资开发部不具有法律规定的应予收回土地使用权的情形。被上诉人市政府的兰政地字（1997）第 42 号批复中，对收回常德开发部土地使用权所适用的法律依据，只笼统提到"根据《中华人民共和国土地管理法》和《甘肃省实施土地管理法办法》的有关规定"，未引出适用的具体条文，违反了法定程序。②

但是，在《最高人民法院公报》公布的 80 余个典型案例中，至少有两个典型案例，行政机关作出行政行为时未引用法律条文，但法院并没有以"违反法定程序"为由作出判决。如在路世伟不服靖远县人民政府行政决定案中（2002 年），法院认为："此外，行政机关的任何具体行政行为，必须以明确的法律规定为依据。被上诉人县政府的靖政发（1999）172 号文件，没有说明作出该具体行政行为的法律依据，属适用法律不当。"③ 在宣懿成等 18 人诉衢州市国土资源局收回土地使用权行政争议案中（2004年），该案的"裁判摘要"称："行政机关在依法实施具体行政行为时，仅说明所依据的法律名称，没有说明依据的具体法律条款，且不能证明其具

---

① 王天华：《程序违法与实体审查——行政诉讼中行政程序违法的法律效果问题的一个侧面》，载罗豪才主编《行政法论丛》（第 9 卷），法律出版社，2006，第 203 页。
② 《中华人民共和国最高人民法院公报》（2000 年卷），人民法院出版社，2003，第 298 页。
③ 《中华人民共和国最高人民法院公报》（2002 年卷），人民法院出版社，2003，第 318 页。

体行政行为符合法律的哪些具体规定，构成违法，应予撤销。"①

案例 4 所涉情形，与宣懿成等 18 人诉衢州市国土资源局收回土地使用权行政争议案基本相同，但法院的判决理由却截然不同。从时间点上看，案例 4 发生于 2000 年，它是在路世伟不服靖远县人民政府行政决定案（2002）和宣懿成等 18 人诉衢州市国土资源局收回土地使用权行政争议案（2004）之前，这是否意味着最高人民法院在这个问题上已改变了原来的态度呢？

（三）未适用法定程序

行政机关作出行政行为时没有适用法定程序，究竟是"没有法律依据"而"适用法律、法规错误"，还是"违反法定程序"，仍有商榷余地。但是，最高人民法院的态度是明确的，即其属于"程序违法"，如以下案例。

案例 5. 再胜源公司诉上海市卫生局行政强制决定案。法院认为：卫生局在作出被诉具体行政行为之前，进行了调查取证，之后亦制作了强制决定书，并送达给再胜源公司，行政程序合法。但卫生局在取缔再胜源公司违法行为的同时，决定对再胜源公司液氮生物容器予以没收，而没收是法律规定的行政处罚措施，卫生局作出没收决定时，必须适用《行政处罚法》规定的处罚程序，卫生局在决定没收再胜源公司液氮生物容器时，没有依法适用处罚程序，虽然该处罚尚未执行，但亦构成程序违法。②

（四）未送达法律文书

行政机关未将法律文书送达给行政相对人，尚未满足行政行为"生效"之要件，未生效的行政行为尚不能构成行政诉讼的客体，这个命题在行政法理论上应该没有多大争议。但是，在行政行为对第三人有效的情况下，行政机关未将法律文书送达给第三人，并不影响该行政行为的生效。最高人民法院认为，"未送达法律文件"属于"违反法定程序"之情形。依照本文所述的法定程序的类型，"未送达法律文件"当属于违反法定程

---

① 《中华人民共和国最高人民法院公报》（2004 年卷），人民法院出版社，2005，第 434 页。
② 《中华人民共和国最高人民法院公报》（2005 年卷），人民法院出版社，2006，第 520 页。

序中的"时空要素",如以下案例。

案例6. 兰州常德物资开发部不服兰州市人民政府收回土地使用权批复案。法院认为:在被上诉人市政府收回上诉人常德开发部的土地使用权之前,市政府的土地管理部门事实上已经将同一宗土地使用权又出让给华欧公司。兰政地字(1997)第43号批复的内容,涉及华欧公司和常德物资开发部双方的利益,市政府至今未给常德开发部送达兰政地字(1997)第43号批复。这些具体行政行为,都违反了法定程序。①

(五) 评估人员不具备法定评估资格等

在行政程序中,当行政机关作出的行政行为涉及技术性、专业性等问题时,需要具有一定资质的人员对这类问题出具结论性的意见,如鉴定结论、财产评估报告等。这些结论性的意见构成了行政机关作出行政行为的证据。因评估人员欠缺法定评估资格,且评估人员在评估中在未对相关资料进行审核等情形下作出"评估报告",当它被行政机关作为作出行政行为的证据时,则该行政行为属于最高人民法院认定的"违反法定程序"的情形,如以下案例。

案例7. 丰浩江等人诉广东省东莞市规划局房屋拆迁行政裁决案。法院认为:由于作出《评估报告》的两位评估人员中有一位不具备法定评估资格,且评估人员既未对委托方房地产开发公司提供的资料进行审核,亦未能依法取证证明其所采纳的租金标准,该行政行为在程序上存在严重违法情形。②

(六) 未达到侵害行政相对人合法权益的程度

对于行政机关作出的行政行为在程序上有轻微瑕疵,是否可以不被归入"违反法定程序"之范围,依照《行政诉讼法》第54条的规定,答案是否定的。但是,最高人民法院却同意这样的观点:如果行政行为在程序上有轻微瑕疵,但没有达到侵害行政相对人合法权益的程度,则不能认定其违反法定程序。在这里,上述有关违反法定程序的法律效果中的"区别

---

① 《中华人民共和国最高人民法院公报》(2000年卷),人民法院出版社,2003,第298页。
② 《中华人民共和国最高人民法院公报》(2004年卷),人民法院出版社,2005,第444页。

说"，似乎可以在实务中得到典型案例的支持，如以下案例。

案例 8. 宜昌市妇幼保健院不服宜昌市工商行政管理局行政处罚决定案。法院认为：被上诉人工商局作为专门的监督检查部门，在对上诉人保健院作出处罚前，进行了立案、调查取证，并送达了处罚告知书，告知了上诉人享有陈述和申辩权，其处罚程序符合法律规定。工商局作出的处罚决定中没有具体载明据以认定保健院违法行为存在的证据名称，其处罚决定书的内容不完备，这是行政行为的轻微瑕疵。工商局的这一行政瑕疵没有达到侵害行政管理相对人合法权益的程度，不影响其处罚决定的有效成立，因此不能认定工商局的行政行为程序违法。①

（七）违反"正当程序"

"正当程序"作为具有规范意义的成文规定，最早见于 2004 年国务院发布的《全面推进依法行政实施纲要》。由于《全面推进依法行政实施纲要》是否具有行政法规之地位尚有争议，所以"遵守正当程序"还不能作为一项法律要求对国家权力产生法律上的约束力。它作为一种法学理论或者法学思想时，所要表达的核心是国家在作出对个人不利的决定之前，必须经过一个最低限度的公正程序。这种最低限度的公正程序有两条规则：听取意见和防止偏见。前者为听证，后者为回避。法定程序应当依据正当程序之要求进行设计，并根据实际需要提高对国家行使权力时的程序要求；当法定程序出现缺失时，正当程序即应弥补该法律漏洞。

由于成文法传统深厚，法院审理行政案件在判决依据上向来都是视国家机关颁行的法律规范为唯一依据，不敢越雷池一步。这一"职业"习惯对于绝大多数法院而言，很少有勇气突破。但是，这一陈规已经被最高人民法院公布的典型案例所打破。在本文所涉的 11 个典型案例中，有 4 个典型案例涉及法院运用"正当程序"之理论，作出了撤销被诉行政行为的判决。如以下案例。

案例 9. 田永诉北京科技大学拒绝颁发毕业证、学位证案。法院认为：按退学处理，涉及被处理者的受教育权利，从充分保障当事人权益

---

① 《中华人民共和国最高人民法院公报》（2001 年卷），人民法院出版社，2003，第 314 页。

的原则出发，作出处理决定的单位应当将该处理决定直接向被处理者本人宣布、送达，允许被处理者本人提出申辩意见。北京科技大学没有照此原则办理，忽视当事人的申辩权利，这样的行政管理行为不具有合法性。①

案例 10. 宋莉莉诉宿迁市建设局房屋拆迁补偿安置裁决案。法院认为：尽管国务院《城市房屋拆迁管理条例》和《江苏省城市房屋拆迁管理条例》对行政拆迁程序没有明确的规定，但行政机关在裁决时应充分保障当事人的合法权利，允许双方当事人对争议问题进行申辩和陈述。但宿迁市建设局在裁决宋莉莉与万兴公司的拆迁纠纷时，未允许宋莉莉对争议问题予以陈述和申辩，有失公正，仅根据万兴公司的申请将万兴公司单方委托的评估公司的评估结果作为行政裁决的依据，违反了《江苏省城市房屋拆迁管理条例》的规定。因此，该行政裁决在程序上违反法律规定，在内容上不具有执行效力，行政机关应重新予以裁决。②

案例 11. 张成银诉徐州市人民政府房屋登记行政复议决定案。法院认为：《行政复议法》虽然没有明确规定行政复议机关必须通知第三人参加复议，但根据正当程序的要求，行政机关在可能作出对他人不利的行政决定时，应当专门听取利害关系人的意见。本案中，徐州市人民政府虽声明采取了电话的方式口头通知张成银参加行政复议，但却无法予以证明，而利害关系人持有异议的，应认定其没有采取适当的方式正式通知当事人参加行政复议，故徐州市人民政府认定张成银自动放弃参加行政复议的理由欠妥。在此情形下，徐州市人民政府未听取利害关系人的意见即作出于其不利的行政复议决定，严重违反法定程序。③

案例 12. 陆廷佐诉上海市闸北区房屋土地管理局房屋拆迁行政裁决纠纷案。法院认为：基于正当程序原理，为保护被拆迁人、房屋承租人的合法权益，被拆房屋的评估报告应当被送达给被拆迁人、房屋承租人，以保障被拆迁人、房屋承租人及时了解被拆房屋的评估结果，对于评估结果有异议的及时提出意见，申请复估。拆迁裁决机关在裁决过程中，应当就被

---

① 《中华人民共和国最高人民法院公报全集》（1995—1999 年卷），人民法院出版社，2000，第 688 页。

② 《中华人民共和国最高人民法院公报》（2004 年卷），人民法院出版社，2005，第 447 页。

③ 《中华人民共和国最高人民法院公报》（2005 年卷），人民法院出版社，2006，第 530 页。

拆房屋评估报告是否送达被拆迁人、房屋承租人的问题进行审查。该裁决主要证据不足，且违反法定程序，依法应予撤销。①

在案例9中，虽然没有提到"正当程序"概念，但从其理由阐述中，我们可以清晰地看到"正当程序"的体现。正如有学者对此评述道："退学处理决定将对学生的一辈子产生长远而严重的影响，牵涉利益至深至巨，并不亚于拘留、大额罚款和责令停产停业。举轻明重，类推比照，给予正式听证似乎都不过分，何况只是一般性地要求送达和听取申辩。"② 而案例10明显受到了案例9的影响，它可以被看作案例9作为典型案例公布之后产生的一种事实上的效力。③ 在案例11、案例12中，法院直接使用了"根据正当程序的要求……"和"基于正当程序原理"等用语，判定被告的行政行为违反法定程序，可谓引人注目。

当然，上述四个有关正当程序的典型案例对于全国各级地方法院是否具有规范意义，我们仍不可抱有过于乐观的态度。"即便是个别法院大胆地迈出了一步，其判案对其他法院来说，也不具有规则性的指导作用，充其量只是在法院之间的经验交流会或者有关经验材料的交换阅读中给其他法院一些启发。"④ 笔者发现，这样的论点是可信的，乔占祥诉铁道部春运期间票价上浮决定案就是讨论这个问题的一个标本。在这个案件中，法院认为：铁路列车旅客票价直接关系群众的切身利益，依照《价格法》第18条的规定，政府在必要时可以实行政府指导价或者政府定价。根据《铁路法》第25条的规定，铁路列车旅客票价调整属于铁道部的法定职责。铁道部上报的实施方案所依据的计价格（1999）1862号文已经国务院批准，其通知是在经过市场调查，召开了价格咨询会，向有权机关上报了具体的实施方案，并得到了批准的情况下作出的，应视为遵守了必要的正当程序。虽然《价格法》第23条规定，"制定关系群众切身利益的公用事业价格、公益性服务价格、自然垄断经营的商品价格等

---

① 《中华人民共和国最高人民法院公报》2007年第8期。

② 何海波：《通过判决发展法律》，载罗豪才主编《行政法论丛》（第3卷），法律出版社，2000，第454页。

③ 《人民法院五年改革纲要》（1999—2003）第14条规定："2000年起，经最高人民法院审判委员会讨论、决定有适用法律问题的典型案件予以公布，供下级法院审判类似案件时参考。"

④ 余凌云：《法院如何发展行政法》，《中国社会科学》2008年第1期。

政府指导价、政府定价，应当建立听会证制度"，但由于铁道部在制定通知时，国家尚未建立规范的价格听证制度，要求铁道部申请价格听证缺乏具体的法规和规章依据。据此，上诉人乔占祥请求认定被上诉人铁道部所作通知程序违法并撤销该具体行政行为理由不足。① 依照"正当程序"之原理，在"铁道部制定通知时，国家尚未建立和制定规范的价格听证制度"的情况下，法院完全可以参考案例 9 所阐发的"正当程序"来作为判决依据，但法院却以上诉人"要求铁道部申请价格听证缺乏具体的法规和规章依据"为由，认定"铁道部所作通知程序违法并撤销该具体行政行为理由不足"。此案也多少可以反映出这样的现状："典型案例"对于地方各级法院的"参考""指导"等所谓的"蝴蝶效应"可能是极为有限的。

三　分析与初步结论

行政法学者的观点和法院个案的裁判，反映出"违反法定程序"的认定令人困惑不已。从以上论述可以看出，学者的观点难定一尊，法院的裁判也无统一标准，迄今为止唯一不变的还是《行政诉讼法》第 54 条之规定。尽管最高人民法院通过司法解释作了某些"静悄悄的革命"，不过，我们还是可以从以上论述中获得一些初步认识。

（一）关于"违反法定程序"的认定

1. "违反法定程序"的规范表述

由于《行政诉讼法》留给我们的立法资料相当匮乏，今天我们难以确定当时立法者写下"违反法定程序"的原旨。《行政诉讼法》规定的立法目的依次序先后有两个：①保护公民、法人和其他组织的合法权益；②维护和监督行政机关依法行使职权。② 解释"违反法定程序"的规范意义，不能离开这两个立法目的，否则，"违反法定程序"的法定意义如同断了线的风筝，无法把握。这里的难处在于，《行政诉讼法》确定的两个立法

---

① （2001）高行终字第 39 号北京市高级人民法院行政判决书。
② 参见《行政诉讼法》第 1 条。

目的常常会处于对峙状态，在实际效果上往往是"按下葫芦浮起瓢"。因此，在这样的情况下，引入利益权衡之原则十分必要。换言之，"违反法定程序"在规范意义上经常是不确定的，它需要在个案中经过利益权衡之后才能确定它的规范意义。所以，由法律规范分析所获得的知识，仍可能在实务的个案处理中因利益权衡原则的介入而走样。

2. 难定一尊的学者观点

众说纷纭的学者观点，是他们基于自己的学术立场对"违反法定程序"之法律规范所进行的分析，有助于加深人们对其的理解，也为法院在裁判时提供一些学理上的指引。学者观点难定一尊并非坏事，它们如同一份精致的菜谱，可供法院（官）在处理个案时依照其需要进行选择。虽然在前述 11 个典型案例中我们没有看到法院（官）公开自己裁判是受到了哪一种观点的学理指引，但这种痕迹还是可循的，如案例 8。至于案例 9 至案例 12 中的"正当程序"，学理指引的痕迹则更为明显。这多少可以说明，除了共同参与学术研讨会外，通过个案裁判这一媒介，学者与法官之间的对话或者互动是存在的，也是可行的。如果法院的裁判文书公布制度再完善一些，如连号而不是选择性地公布法院裁判文书，笔者以为这种对话或者互动将会更加全面、深入。

3. 立场并不一致的法院

法院在司法实践中，似乎并没有以学者提供的法定程序分类为切入点，寻找不同类型的法定程序违反与法律效力之间的某种对接关系。有时，它采用了违反法定程序并不当然损害行政相对人合法权益之规则，在充分考虑相关情形之后分别作出相应的判决，如案例 8；有时，则将某些难以被归入其他撤销判决之标准的情形，划入违反法定程序范围，如案例 4、案例 7。即使在运用"正当程序"之标准时，也表现出若干的差异性。法院这种并不一致的裁判立场，究竟是一种认识论上的问题，还是实务面向的一种"机会主义"做法，的确需要在更多的实证材料基础上才能作出判断。

（二）关于"违反法定程序"的法律效果

对于违反法定程序的行政行为，法院如何呈现它的法律效果，或许更受人关注。在行政诉讼法上，行政行为违反法定程序的法律效果被撤销，可谓"纵令实质正当亦不可取代程序合法"。① 它为行政相对人提供了权利保护的规范基础。正如有学者所说:"法律文本提供了权利生长的可能性,权利增量的实现,很大程度上要通过司法裁判活动来实现。"② 可见,司法裁判对行政相对人权利实现的作用不可轻视。所谓"有救济才有权利"也表达了相同的意义。

1. 重新作出行政行为

在法院以违反法定程序为由撤销被诉行政行为之后,行政机关可以在履行了法定程序之后重新作出行政行为。这在行政诉讼法上没有多大的法律障碍,更何况最高人民法院的《若干解释》还允许在此种情形下行政机关重新作出行政行为,可以不受《行政诉讼法》第 55 条之限制。③ 在被诉行政行为因违反法定程序被撤销之后,允许行政机关基于"同一的事实和理由作出与原具体行政行为基本相同"的行政行为,尽管这种"重作"对于原告来说并没有多大的意义,更多的是对原告的不利。《行政诉讼法》的规定似乎在强调法律程序价值的重要性,但《若干解释》又似乎"稀释"了这种重要性。诚如有学者所说:"一个违反法定程序的行政行为的后果关键要看被违反的程序的价值追求的重要性及其违反程度。"④ 笔者想追问的是,将法律程序的价值视作考虑是否撤销违反法定程序的行政行为的因素,除了强化法律程序观念之作用外,对行政相对人而言,它的意义又是什么呢?

在绝大多数情况下,行政相对人提起行政诉讼并不是为了所谓的"法律程序价值",即使以"违反法定程序"为由提起的行政诉讼,诉讼目的仍然关乎他的实体法权益。羁束性的行政行为违反法定程序,除非法律禁止行政机关重新作出行政行为,否则如果程序严重违法而实体合法,撤销行政行为对于行政相对人来说的确没有多大意义。让行政相对人享受一下法定程序过程,换来一个仍然与原行政行为内容一样的新行政行为。正如有学者所说:"按现行规定,具体行政行为凡是程序违法的,不论轻

---

① 我国台湾地区"司法院"大法官释字第 520 号解释理由书。
② 罗豪才主编《现代行政法制的发展趋势》,法律出版社,2004,第 295 页。
③ 《行政诉讼法》第 55 条规定:"人民法院判决被告重新作出具体行政行为的,被告不得以同一的事实和理由作出与原具体行政行为基本相同的具体行政行为。"
④ 钟瑞友:《对"违反法定行政程序"若干问题的思考》,载罗豪才主编《行政法论丛》(第 9 卷),法律出版社,2006,第 182 页。

重，人民法院应予撤销，撤销后行政机关还可作出完全相同的具体行政行为。这意味着实体合法但程序违法的案件，相对人提起诉讼没有实质意义。"①

2. 法定程序与当事人实体权利

对于所谓的"轻微违反法定程序不损害行政相对人合法权益，所以不需要撤销被诉行政行为"之说，就本质而言，事关是否承认法定程序具有独立价值。当然，承认法定程序具有独立价值，并不意味着所有违反法定程序的行政行为都必须被撤销，因为这种独立的价值有时是可以在利益权量中被舍弃的。在一个并不具有深厚法律程序传统的国家，出现这样的法律现象似乎也是可以被接受的。"行政诉讼法关于对违反法定程序的具体行政行为，人民法院应当判决撤销的规定，是出于严格的法治原则考虑，是纠正实践中长期'重实体、轻程序'做法的一个重要表现。"② 部分学者出于对法治的信仰而表现出来的担忧也是可以理解的，但是，对于着力解决手中案件问题的法院（官）来说，他们可能更关注的是解决问题的有效手段，而不是法学理论。所以，法官在个案中阐发的解决问题的方案，或许是更好的"法学理论"。

的确，"在某些程序及方式上有瑕疵之得撤销行政处分，因其非出于实体上之缺陷，不致影响到人民实质上之权利，且只是在程序或方式上有所不备，并非罹有重大之瑕疵，若遽然将此种瑕疵行政处分撤销，有时反而会损害到人民之信赖利益，影响法律之安定性并妨碍行政效率"。③ 如果不将"违反法定程序"作为撤销行政行为的绝对条件，或者将所谓"轻微违反法定程序"的行政行为附条件地不予撤销，则可能导致行政机关更加轻视行政程序的功能。在我们走向另一个极端时，即违反法定程序的行政行为一律被撤销或无效，相关的问题也会随之出现在我们面前。所以，在这个问题上有时我们似乎陷入了一个两难的窘境。

3. 比较法上的一个例子

德国 1976 年《行政程序法》第 46 条规定："非依第 44 条为无效之行政处分，其成立违反程序、方式或土地管辖规定，而其违反显然不影

---

① 马怀德主编《行政诉讼原理》，法律出版社，2003，第 421 页。

② 林莉红：《行政诉讼法学》，武汉大学出版社，2001，第 201 页。

③ 洪家殷：《论瑕疵行政处分之补正》，《宪政时代》第 12 卷第 3 期。

响实体上决定者，不得仅因之而请求废弃。"对此规定，有学者评介道："上开规定，可谓系调和行政效率与人民基本权利保障，从而也系有效调和司法与行政之对立的有效制度设计。"① 根据这一条的规定，在某种法定条件下，行政行为违反法定程序是不可以被撤销的。"如对该事件不可能有其他决定时"之规定意指羁束行为，羁束行政行为程序违法，当事人不得以程序违法或者地域管辖为由请求撤销。如果笔者的解读没有差错的话，那么，在大陆法系国家中法律程序价值也受到相当程度的尊重，违反法定程序的行政行为是可以不被撤销的。所以，在这里，日本的盐野宏教授这一段话是很值得回味的："如果认为只要实体没有错误就可以的话，便会导致程序上的规制之保障手段失去其存在的意义。如果立足于这种观点的话，违反程序法上所规定的四项主要原则（即告知和听证、文书阅览、理由附记、审查基准的设定与公布），至少应解释为构成撤销事由。"②

4. 法律程序究竟有多么重要

法律程序的重要性已有共识，问题是当下应置法律程序于何种地位。在我们的法律文化传统中，的确存在不重视法律程序的"基因"，所以今天在西方法治理论的影响下，我们也领悟到了法律程序的重要性。"不论结果的公正性如何，程序违法行为能产生一种在当事人和社会公众看来'不公正'的主观感觉，因而可能在社会心理学的层面上造成人们对法律程序制度的不满甚至抵制。"③ 从法律程序的价值层面看，这样的具有普适性的认识并没有多大错误，但是将其置于一个特定的国家或者社会中，它的判断未必能够成立。"程序规定通常用以确保行政处分内容之正确，本身并无绝对之价值。程序上有瑕疵之行政处分，其实质内容如符合法律规定，应无须与内容违法之行政处分，作相同之处理。"④ 在"违反法定程序"的行政行为如何处理的问题上，有学者认为："对程序的严格要求是出于法治原则的考虑。不论行政机关违反法定程序导致何种结果的产生，

① 黄锦堂：《由德国法之发展论我国行政法院之审查密度》，载翁岳生编《行政诉讼论文汇编》（第2辑），我国台湾地区"司法院"印行，1999，第29页。
② 〔日〕盐野宏：《行政法》，杨建顺译，法律出版社，1999，第230页。
③ 王锡锌：《行政过程中相对人程序性权利研究》，《中国法学》2001年第4期。
④ 陈敏：《行政法总论》，新学林出版有限公司，2007，第419页。

人民法院都应判决撤销。"① 此言总体无大错，但是，在实务中却是值得深思的，如本文所引的案例 8。②

（三）本文初步的结论

笔者不否认法律程序除了具有"工具价值"之外，还有自身独立的价值。但是，如同一个人必须先解决温饱问题之后，才有可能去从事其他活动一样，在行政行为"违反法定程序"时，可能首先需要关注的是行政相对人的实体法上的权益是否受到损害。本文的初步结论如下。

1. 认定标准

法律、法规和规章规定的程序为"法定程序"；在没有"法定程序"情形时，可引入正当程序之理论来辅助判断。

2. 判决方式

在认定行政行为违反法定程序之后，法院首先应当考虑"是否损害行政相对人的合法权益"因素，并作出相应的判决。

（1）撤销判决。适用于被诉行政行为违反法定程序，损害行政相对人的合法权益之情形。在是否允许行政机关重作行政行为问题上，如不涉及国家利益、公共利益或者第三人合法权益，法院应附带判决禁止重作。③必要时，法院如果需要提升法律程序的价值，在被诉行政行为违反法定程序，且不损害行政相对人的合法权益时也可适用该判决。

（2）确认判决。适用于被诉行政行为违反法定程序，损害行政相对人的合法权益，但如撤销被诉行政行为，可能损害国家利益、公共利益之情

---

① 林莉红：《行政诉讼法学》，武汉大学出版社，2001，第 201 页。

② 如在黄官清等 37 人诉宁波市国土资源局一案中，法院认为："上诉人对被诉行政许可行为程序上提出的异议成立，但因本案房屋拆迁许可，是在拆迁地块已经浙江省人民政府批准征用，转为建设用地的情况下发生的，涉案地块上的房屋及其他地上附着物被拆迁的事实已经无法逆转，且被拆迁房屋等建筑物之损失可以通过其他途径依法得到补偿，被诉具体行政行为程序不当对被拆迁人的权益不造成实质性的损害。鉴于此，本院认为，该程序问题尚不足以撤销被诉具体行政行为。"（2005）浙行终字第 31 号浙江省高级人民法院行政判决书。

③ 有学者提出的解决方案是："第一，我国实定法提供的解决方案——'当即撤销'+'允许重复'这个大原则的基础上，根据行政程序本身的宗旨和目的对法定程序加以区分，总体上是比较稳妥的、合理的；第二，建议在'当即撤销'+'允许重复'并导入中间判决的判决方式。"王天华：《程序违法与实体审查——行政诉讼中行政程序违法的法律效果问题的一个侧面》，载罗豪才主编《行政法论丛》（第 9 卷），法律出版社，2006。

形。对于被诉行政行为严重违反法定程序致使其无效的，也可适用该判决。

（3）驳回诉讼请求。被诉行政行为违反法定程序，但不能适用撤销判决、确认判决的情形，适用该判决。

行政行为程序瑕疵的指正[*]

杨登峰^{**}

摘　要： 在我国近年的行政诉讼实践中，对于行政行为的一些程序瑕疵，法院大量采用指正的方法加以处理。指正作为司法机关解决行政行为程序瑕疵的一种方法，仅于裁判理由中指出程序瑕疵之所在，但不否定行政行为的合法性，对行政行为效力也不产生任何负面影响。目前法院的指正多以程序瑕疵未影响行政行为实体内容、未侵害利害关系人合法权益等为前提，没有划清指正与轻微程序违法确认之间的界限。本质上，指正是行政行为矫正方法多元化的一种表现，是人民法院在合法性审查权限范围之外对"程序不合理"与"其他行政瑕疵"的积极灵活处理，值得肯定和推广，但不可将构成违法的程序瑕疵纳入指正范围。

关键词： 行政行为　程序瑕疵指正　确认违法

对于违反法定程序的行政行为，现行法明确规定原则上要予以撤销。这一规定始于1989年制定的《行政诉讼法》第54条，后在1999年制定的《行政复议法》第28条和2014年修正的《行政诉讼法》第70条中得到保留。①

---

　*　本文原载于《法学研究》2017年第1期。
　**　杨登峰，南京师范大学法学院教授，南京师范大学中国法治现代化研究院研究员。
　①　《行政诉讼法》（2014年）第70条规定："行政行为有下列情形之一的，人民法院判决撤销或者部分撤销，并可以判决被告重新作出行政行为：……（三）违反法定程序的……"这一规定与1989年《行政诉讼法》第54条和1999年《行政复议法》第28条的规定没有两样。

除了撤销之外，我国现行法还规定了确认违法和补正两种特殊的矫正方法。确认违法意味着，对于轻微的程序违法行政行为，仅指出它的违法性，但维持其效力。确认违法始自《最高人民法院关于执行〈中华人民共和国行政诉讼法〉若干问题的解释》（2000年）第57条第2款的规定，但将轻微的程序违法行为纳入确认违法的适用范围则是《行政诉讼法》修正后的事。《行政诉讼法》（2014年）第74条第1款第2项规定，行政行为程序轻微违法，但对原告权利不产生实际影响的，人民法院判决确认违法，但不撤销行政行为。至于补正，它意味着对于某些轻微的程序违法行政行为，行政主体可于事后补做或重做；补做或重做后，行政行为视为自始合法，不再予以撤销。① 补正在我国法律文件中出现得比较早，但迄今为止，仍然仅规定在一些地方政府制定的"行政程序规定"中。② 考察我国近年来的行政审判实践就会发现，对于某些轻微的程序违法行为或者某些程序瑕疵，人民法院还经常采用一种被称为"指正"的处理方法。这种方法即便在《行政诉讼法》修正之后也仍然被不少行政判决书所采用。③ 指正的特点在于，仅指出行政行为所存在的瑕疵，对其责任却不予任何追究。较确认违法和补正，指正所秉持的审查政策更宽松、更灵活。指正作为一种矫正或救济方法，在我国法律、法规、规章中不曾有过规定，在我国法学领域也少有研究，可以认为是我国法官的发明创造。那么，指正到底为何？其存在与发展的正当性何在？与其他法定的矫正制度特别是轻微程序违法确认之间的关系如何？各自的适用范围多大？如果要使指正有理有据，避免其被泛用、滥用，则必须对这些问题加以研究和明确。

---

① 参见杨登峰《程序违法行政行为的补正》，《法学研究》2009年第6期。

② 补正制度最早规定于《湖南省行政程序规定》第164条。该条规定："具有下列情形之一的，行政执法行为应当予以补正或者更正：（一）未说明理由且事后补充说明理由，当事人、利害关系人没有异议的；（二）文字表述错误或者计算错误的；（三）未载明决定作出日期的；（四）程序上存在其他轻微瑕疵或者遗漏，未侵犯公民、法人或者其他组织合法权利的。"后来《江苏省行政程序规定》第75条、《山东省行政程序规定》第129条和《西安市行政程序规定》第29条也作了类似规定。

③ 在中国裁判文书网上，以"指正"为关键词对2015年5月1日（《行政诉讼法》修正后施行之日）至2016年6月30日裁判的行政判决书进行检索，可以发现有759份判决采用指正的方式来处理相关程序瑕疵（最后检索日期：2016年8月25日）。

一 作为我国人民法院"创造"的指正

很难考察清楚，我国人民法院自何时起在司法裁判文书中使用指正。这是因为，国内目前的裁判文书公开网络平台都没有将 1989 年《行政诉讼法》施行以来全国各地各级人民法院作出的裁判文书悉数上传公开。在这种情况下，本文对于指正的考察和研究只能是针对现已存在的，而不是历史的。本文基本以中国裁判文书网公布的案例为研究范围。

由于中国裁判文书网收录的 2006 年之前的裁判文书非常少，笔者以"指正"为关键词对 2006 年至 2015 年底公布的所有裁判文书进行检索，发现有 4000 多份裁判文书使用了"指正"一词。其中，按法院层级筛选，最高人民法院作出裁判文书 7 份，高级人民法院作出裁判文书 366份，中级人民法院作出裁判文书 2296 份，基层人民法院作出裁判文书1702 份；按案由筛选，刑事案件 81 份，民事案件 1444 份，行政案件2682 份；按裁判年份筛选，2006 年至 2011 年每年不超过 55 份，2012年 118 份，2013 年增至 647 份，2014 年 1712 份，2015 年 1937 份。从这些数字中可以看出三点：第一，指正在行政、民事和刑事裁判文书中都有使用，但在行政裁判文书中使用的比例较高；第二，考虑到中国裁判文书网所公布的裁判文书始于 2000 年，且绝大多数裁判文书是 2013 年后制作公布的，说明指正的使用频率已是非常可观；第三，指正的应用近几年明显增多，这尽管可能与早些年中国裁判文书网收录的裁判文书数量较少有关，但还是可以在一定程度上反映出，指正这种方法被越来越多的法官认可和使用。

综合来看，指正具有以下一般性特征。①指正的主体是人民法院，是人民法院在裁判活动中使用的。②指正的对象主要是公权力主体的公法行为，这些公法行为或者是一审法院的裁判行为，或者是公权力主体参与诉讼的行为，或者是被诉的行政行为。③指正的原因在于，被指正的行为存在一些违法或不当之处，但这些违法或不当情形比较轻微，对涉诉行为的实体方面没有或者不会产生影响。④指正的性质是告诫性而非惩戒性的，其目的在于要求受指正者再次从事其他同类活动时防范类似违法或不当情形的发生。⑤指正的效果是"下不为例"的，即被指正行为的效力不会因指正而受任何影响，被指正的行为瑕疵也依然存在。这既不同于撤销，被撤销的行政行为的各种效力会被溯及既往地消除；也不同于补正，经补正的行政行为的各种瑕疵将不再存在。⑥指正不是一种裁判形式，与撤销判决、变更判决、确认违法或无效判决等不同，它只是作为处理相关事实与法律瑕疵的一种方法，出现在裁判理由中。这些特征反映出，指正已经成为我国法院广泛采用的一种独立的法律矫正方法。

对于行政行为指正的考察，本文同样以中国裁判文书网上公开的案例为限。在中国裁判文书网上以"指正"为关键词对"行政案件"进行检索，2006 年至 2015 年底，总共有 2000 多份行政裁判文书中使用了"指正"一词。其中，2006 年至 2009 年，每年少则 2 份，多则 5 份；2010 年至 2015 年，分别为 16 份、18 份、69 份、485 份、1102 份和 1156 份。从裁判法院来看，最高人民法院裁判的为 2 份，各地高级人民法院裁判的为 313 份，中级人民法院裁判的为 1437 份，基层人民法院裁判的为 930 份。下文在考察上述裁判文书的基础上，尝试从法院指正行政行为的瑕疵类型、特点和理由等方面，对行政行为的指正作理论上的梳理、分析和评判。

二　近年法院所指正的行政行为瑕疵

分析我国法院对指正的使用，可将被指正的行政行为瑕疵归纳为以下几类。

（一）对事实部分非关键要素认定错误的指正

所谓对事实部分非关键要素认定错误的指正，是指行政行为所认定事实的部分内容或要素不正确，但对这些事实内容或要素的错误认定没有或不会对行政行为的实体内容产生影响，法院从而对其予以指正的情形。例如，在"邓志春与福州市公安局晋安分局行政处罚案"①中，被告对原告到北京上访的行为以"扰乱公共场所秩序"为由进行了行政处罚，但其行政处罚决定书将"非正常上访"行为发生地（天安门）认定为"中南海

---

① 见福建省福州市中级人民法院（2015）榕行终字第 370 号行政判决书。

周边"。法院认为，该错误并不影响行政处罚决定的实体内容，遂仅予以指正。在"叶红云与杭州市国土资源局江干分局、杭州市江干区人民政府行政登记案"① 中，原告要求被告对其已被征收和拆除的住宅进行登记，被告决定不予登记，但决定书将原告住宅的位置（机场路以北 C 地块）误认为机场路以北 A 地块。法院认为，申请登记的住宅早已被依法征收且已被拆除，不论是在 C 地块还是在 A 地块，对不予登记决定均不产生影响，不予登记决定并无不当，遂仅予以指正。

（二）对告知、公告错误或不完善的指正

对告知、公告错误或不完善的指正，是指依照法律规定或者正当程序原则之要求，行政机关应将有关事项告知相对人与利害关系人或者予以公告，行政机关虽然履行了告知或公告义务，但告知或公告得不充分、不准确，未达到法定或合理的要求，不过这些瑕疵对利害关系人行使相关程序权利未造成实际影响，或者未影响行政行为的实体内容，从而为法院所指正的情形。例如，在"胡云康与上海市闵行区住房保障和房屋管理局政府信息公开案"② 中，原告要求被告公开一份"批复"。该"批复"由上海市住房保障和房屋管理局制作。被告认为自己不具有公开义务而决定不予公开，并告知原告向上海市闵行区人民政府咨询。法院认为，被告不是公开义务主体，不予公开决定正确；但被告应告知原告向上海市住房保障和房屋管理局申请，却告知原告向上海市闵行区人民政府咨询，"建议和告知有误"，遂予以指正。③ 在"葛其飞、白莹法、胡俊安与亳州市人民政府征收土地案"④ 中，法院认为，被告虽然在原告所在村村委会会议室门口张贴了《土地征收通告》，公示了相关内容，但该征收土地通告未将办理征地补偿的期限、地点等予以公告，内容不完全符合《土地管理法实施条

---

① 见浙江省杭州市江干区人民法院（2015）杭江行初字第 84 号行政判决书。
② 见上海市闵行区人民法院（2015）闵行初字第 75 号行政判决书。
③ 与此案类似的还有"田顺英与杭州市余杭区人民政府政府信息公开案"，见浙江省高级人民法院（2015）浙行终字第 168 号行政判决书。在该案中，被告收到原告政府信息公开申请后，明知原告申请的政府信息的发证机关为杭州市人民政府，登记机关为杭州市国土资源局，却仍告知原告向杭州市人民政府或杭州市国土资源局"咨询"。法院指出，被告的行为不完全符合法律要求，但鉴于该问题并未侵害原告合法权益，遂予以指正。
④ 见安徽省高级人民法院（2015）皖行终字第 00082 号行政判决书。

例》（1998 年）第 25 条第 1 款的规定。① "鉴于该公告行为内容、程序虽有欠缺，但尚未侵犯上诉人实体上的权益"，法院遂仅予以指正。

（三）对理由说明不完备的指正

这种指正包括对事实理由说明不完备的指正和对法律理由说明不完备的指正两种情形。对事实理由说明不完备的指正，是指行政行为有事实根据，但对事实根据的说明有不足之处，法院对此予以指正的情形。例如，在"楼浩强与义乌市人民政府城西街道办事处政府信息公开案"② 中，原告申请公开一份拆迁协调会会议记录。被告以该信息不属于政府信息为由拒绝公开。法院查明，被告虽然开过协调会，但并未形成会议记录。据此，法院指出，被告"认定不属于政府信息实属不当，本院依法予以指正"。③ 在"项葱妹与临海市人民政府行政确认案"④ 中，原告于 1991 年将其 1951 年建的住宅转让给杜桥镇。2014 年，原告向被告提出申请，要求确认置换前的住宅地基为其所有。被告审查后，以"该地块房屋被拆除已有二十多年，且拆迁时双方签订协议并接受补偿安置"为由，决定不予受理。法院认为，被告不予受理决定结论正确，但理由说明不尽明确、充分，遂予以指正。

对法律理由说明不完备的指正，是指行政行为有法律依据且符合法律规定，但行政决定文书在引用法律条款时不到位、不正确，或者引用了已废止的法律，从而被法院指正的情形。例如，在"田顺英与杭州市余杭区人民政府政府信息公开案"⑤ 中，法院指出："被诉告知书在法律援引上仅笼统地依据《中华人民共和国政府信息公开条例》和《杭州市政府信息公

---

① 《土地管理法实施条例》（1998 年）第 25 条第 1 款规定："征用土地方案经依法批准后，由被征用土地所在地的市、县人民政府组织实施，并将批准征地机关、批准文号、征用土地的用途、范围、面积以及征地补偿标准、农业人员安置办法和办理征地补偿的期限等，在被征用土地所在地的乡（镇）、村予以公告。"
② 见浙江省义乌市中级人民法院（2015）金义行初字第 131 号行政判决书。
③ 类似的案例还有"沈凯与北京市通州区食品药品监督管理局等政府信息公开案"，见北京市通州区人民法院（2015）通行初字第 63 号行政判决书。该案判决指出："通州食药局在告知书中认为'立案（不予立案）审批表'不属于政府信息故不予答复，属表述错误，在此予以指正。"
④ 见浙江省高级人民法院（2014）浙行终字第 268 号行政判决书。
⑤ 见浙江省高级人民法院（2015）浙行终字第 168 号行政判决书。

开规定》，并未引用具体法律条款，存在不当。鉴于该存在的问题，并未侵害上诉人的合法权益，本院予以指正。"在"朱国亮与浙江省人民政府土地征收行政复议案"① 中，法院认为，被告根据《中华人民共和国行政复议法实施条例》第 28 条第 3 项的规定，作出驳回原告复议申请的决定正确，应予以维持，但复议机关"援引《中华人民共和国行政复议法实施条例》第 28 条第 1 项的规定不妥，本院予以指正"。在"阮晓宇与杭州市人民政府政府信息公开案"② 中，法院指出，被告在政府信息公开告知书中"提及的《杭州市拆除违法建筑实施办法》已于 2007 年 12 月 30 日废止，但被告仍然援引其作为答复依据，显属不当。但该瑕疵尚不足以导致撤销案涉信息公开告知书的后果，在此予以指正"。

（四）对未履行程序释明义务的指正

这种情形是指，按照法律或者事理，行政机关应就程序进行之状况向利害关系人予以说明却未说明，从而被法院指正。例如，在"韩雪、韩红侠与安徽省国土资源厅行政不作为案"③ 中，原告请求被告对第三人违法行为予以查处。被告接到申请后，将申请转交宿州市国土资源局处理，但未将转交情况反馈给原告。法院认为，根据相关法律规定，被告将该申请移送给有权机关处理是合法的，④ 但被告"一直未将此情况向韩雪、韩红侠说明，显属不当，予以指正"。在"颜庆福与宁波市江北区人民政府庄桥街道办事处政府信息公开案"⑤ 中，原告向被告申请公开某住宅的"拆迁赔偿评估报告"，被告如期回复并附上了《宁波市房屋拆迁集体土地非住宅用房价格评估报告》，原告认为被告答非所问。法院认为，被告在未查到与原告申请报告名称完全一致的报告的情况下，向其提供内容最为接近的评估报告符合常理，"故该做法并无不妥，但被告应在告知书中向原

---

① 见浙江省高级人民法院（2013）浙行终字第 126 号行政判决书。
② 见浙江省高级人民法院（2015）浙行终字第 113 号行政判决书。
③ 见安徽省合肥高新技术产业开发区人民法院（2015）合高新行初字第 00043 号行政判决书。
④ 根据《安徽省土地监察条例》第 18 条的规定，被告对原告申请查处的事宜没有管辖权。此外，《土地违法案件查处办法》第 15 条规定，土地管理部门受理的举报案件，发现不属于自己管辖的，应当向举报人说明，同时将举报函或者笔录移送给有权处理的机关。
⑤ 见浙江省宁波市江北区人民法院（2015）甬北行初字第 58 号行政判决书。

告说明上述情况，本院在此予以指正"。①

（五） 对未就中间程序性决定出具或送达法律文书的指正

行政机关在行政过程中作出一些程序性行为，却不出具或送达相应的法律文书，是被法院指正的又一种常见情形。例如，在"姚庆与广东省渔政总队闸坡大队不服管理处罚案"② 中，被告在针对原告使用电网非法捕鱼的行为进行调查时，扣押了原告的非法捕鱼工具却未出具扣押物品清单。法院认为，被告未出具扣押物品清单，确有不当之处，但被告出具的现场勘验笔录和照片可以证明扣押物品真实存在，对行政处罚决定的合法性不产生影响，遂予以指正。在"泉州煜德铸造有限公司诉南安市人力资源和社会保障局劳动和社会保障行政确认案"③ 中，被告收到第三人工伤认定申请后，仅向申请人送达了《工伤认定申请受理决定书》，却未向原告（用工单位）送达。法院认为，被告"未按照《工伤认定办法》第 8 条第 2 款的规定发出《工伤认定申请受理决定书》，程序存在瑕疵，但不影响其作出工伤认定结论的正确性，对此瑕疵本院予以指正"。

（六） 对超过法定期限履行法定义务的指正

这种情形也可分为两类：一是对中间行政行为超过法定期限的指正；二是对终局行政行为超过法定期限的指正。前者如"安徽省公路桥梁工程有限公司诉泉州市人力资源和社会保障局社会保障行政确认案"④。在该案中，法院认为："被告作出的《关于对廖章军工伤认定决定》事实清楚，证据充分，程序合法，适用法律法规正确。原告的诉讼理由缺乏事实和法律依据，本院不予支持。被告在第三人提出工伤申请后，未能在法定时间内受理，应予指正，但不影响本案的工伤认定。"据此，法院判决驳回原

---

① 类似的案例，如"许壁华与合肥市瑶海区人民政府房屋征收案"，见安徽省高级人民法院（2014）皖行终字第 00008 号行政判决书。该案法院就相关事宜指出："对原告所主张之土地征收，瑶海区政府的解释虽能成立，但其在征收决定中没有载明，征收过程中亦没有向被征收人详细说明征收涉及的长江东路改造等内容，工作不够严谨细致，行为确有不妥，本院依法予以指正。瑶海区政府应尽快依法妥善解决好上诉人许壁华被征房屋的补偿安置问题，行政行为亦应更加公开透明，充分保障相对人的知情权。"
② 见广东省高级人民法院（2014）粤高法行终字第 973 号行政判决书。
③ 见福建省泉州市中级人民法院（2015）泉行终字第 125 号行政判决书。
④ 见福建省泉州市中级人民法院（2015）泉行终字第 136 号行政判决书。

告的诉讼请求。后者如 "林木祥与闽侯县上街镇人民政府政府信息公开案"①。本案原告向被告申请公开有关政府信息，被告于 2014 年 6 月 10 日收到书面申请，于 2014 年 7 月 15 日将所申请信息在网上公开，并给出书面反馈意见。根据《政府信息公开条例》（2007 年）第 24 条②的规定，被告的答复超过了法定的期限。对此，法院指出，被告 "未及时予以答复，程序上存在瑕疵，本院予以指正"，同时判决驳回原告诉讼请求。

（七）对超期送达行政决定书的指正

这种情形与上一种相似，它的特点在于行政机关如期作出了行政行为，但超过法定的送达期限送达行政决定书，法院往往对此予以指正。例如，在 "李源与佛山市住房和城乡建设管理局城乡建设行政管理——房屋拆迁管理案"③ 中，法院指出，被告于 2012 年 7 月 20 日作出房屋拆迁补偿行政裁决书，"虽然作出裁决的时间未超过 30 日，但直至 2014 年 10 月 10 日才将该裁决书送达上诉人，存在程序上的不当，应予指正，但上述问题并不影响拆迁行政裁决结果的正确性，且以此为由撤销该行政裁决并责令重新作出已无必要，也不符合行政效率原则"。在 "马松良与义乌市社会保险管理处养老金缴纳案"④ 中，法院认为，被告就补缴养老金事宜对原告所作的答复，"并无不当，但其 2015 年 5 月 8 日作出的答复，直至 2015 年 8 月 10 日才送达给原告，系瑕疵，本院予以指正"。

（八）对行为方式不符合要求的指正

这种情形是指，法律或者当事人对行政行为的方式有特别规定或要求，而行政行为不符合法定的或当事人要求的方式，法院予以指正。例如，在 "傅文荣与义乌市人民政府江东街道办事处政府信息公开案"⑤ 中，

---

① 见福建省闽侯县人民法院（2014）侯行初字第 62 号行政判决书。

② 该条规定："行政机关收到政府信息公开申请，能够当场答复的，应当当场予以答复。行政机关不能当场答复的，应当自收到申请之日起 15 个工作日内予以答复；如需延长答复期限的，应当经政府信息公开工作机构负责人同意，并告知申请人，延长答复的期限最长不得超过 15 个工作日。"

③ 见广东省佛山市中级人民法院（2015）佛中法行终字第 240 号行政判决书。

④ 见浙江省义乌市人民法院（2015）金义行初字第 128 号行政判决书。

⑤ 见浙江省义乌市人民法院（2015）金义行初字第 158 号行政判决书。

法院认为："原告已在被告处查阅了相关资料且进行了拍照，故原告认为被告拒不公开，与事实不符，但被告通过安排原告查阅相关资料的方式向原告提供相关信息，不符合原告要求获取信息的方式，被告的行为存在瑕疵，本院依法予以指正。"在"刘红梅与重庆市公安局行政复议案"① 中，被告作出行政复议申请不予受理决定书后，委托北部新区公安分局送达，后者受托后又通过国内挂号信方式向原告邮寄上述决定书。法院认为，被告的其他行为并无不当，但委托送达存在一定瑕疵，遂在判决驳回原告诉讼请求的同时对被告的行为予以指正。②

（九）对行政文书中技术性错误的指正

技术性错误是与法律不相干的瑕疵，其表现形态主要有书写错误、计算错误、逻辑错误、语法错误等。法院对这类瑕疵予以指正的案例比较多。例如，在"周宝珠与闽侯县国土资源局土地登记案"③ 中，被告在作出的不予更正决定书中，将"侯集建（94）字第101008号"误写成"侯集用（93）字第101008号"，法院就此予以指正。在"田荣辉等与西安市国土资源局长安分局政府信息公开案"④ 中，被告在政府信息公开告知书中，将"2005年"误写为"2011年"。法院认为，由于原告已获取所申请的信息，被告在告知书中的笔误并未对原告产生实际影响，也未侵犯其知情权和监督权，遂对该瑕疵仅予以指正。

（十）对其他程序瑕疵的指正

除了上述案例较多的九类指正情形外，还有一系列案例较少但值得关注的被指正的程序瑕疵。①对行政文书反映的程序颠倒的指正。在"福清市江阴镇屿礁村村民委员会与福清市人民政府行政登记、行政批准案"⑤ 中，案涉《国有土地使用证》的填发时间为1994年11月1日，而《土地登记审批表》的登记日期是1995年2月8日，这表明被告审批在后，颁证

---

① 见重庆市第一中级人民法院（2015）渝一中法行终字第00515号行政判决书。
② 与此案相同的还有"吴定邦与重庆市公安局行政撤销、行政受理案"，见重庆市第一中级人民法院（2015）渝一中法行终字第00505号行政判决书。
③ 见福建省闽侯县人民法院（2015）侯行初字第33号行政判决书。
④ 见陕西省西安市长安区人民法院（2015）长安行初字第000237号行政判决书。
⑤ 见福建省福清市人民法院（2015）融行初字第5号行政判决书。

在前。法院调查后认为："原告关于福清市国土资源局填发时间在被告土
地登记日期之前等意见成立，该程序存在瑕疵。但应当指出的是被告颁证
行为并未损害原告的合法权益，故该程序上的瑕疵并不足以导致被诉土地
使用证被撤销，本院在此予以指正。"②对程序合并与中间程序缺省的指
正。在"张志军与北京市丰台区人民政府政府信息公开案"① 中，被告收
到原告的信息公开申请后，未出具登记回执，直至作出信息公开告知书
时，才将登记回执连同告知书一起送达原告。法院在判决驳回原告诉讼请
求的同时指出："丰台区政府收到张志军的信息公开申请后未及时出具登
记回执，而将登记回执与被诉告知书一并送达张志军，确有不妥，丰台区
政府在今后的工作中应加以注意。"此外，还有一些程序瑕疵也被法院指
正，由于篇幅有限，在此不再一一予以说明。

三　指正的基本特征和前提条件

进一步分析、归纳上述案例的裁判理由等内容，笔者发现，法院对行
政行为程序瑕疵的指正具有一些基本特征，且以一定条件为前提。

（一）法院指正行政行为程序瑕疵的基本特征

法院指正行政行为程序瑕疵的特征可概括为五个方面。

第一，被指正的情形基本属于程序瑕疵。行政行为一般由实体与程序
两部分要素构成，相应地，行政行为所具有的违法、不当等瑕疵形态也就
可以划分为这两类。在上文提到的被指正的情形中，除了非关键性事实认
定错误和技术性错误不能算作纯粹的程序瑕疵之外，其他都属于程序瑕
疵。不过，非关键性事实认定错误与技术性错误也不属于实体违法的范
畴，在很大程度上与程序瑕疵有着相关性和相似性。

第二，被指正的程序瑕疵都没有对行政行为的实体内容造成影响，或
者未影响利害关系人的合法权益。依据程序对实体结果或利害关系人权益
的影响，可将程序瑕疵分为影响实体内容或利害关系人合法权益的瑕疵与

---

① 见北京市第四中级人民法院（2015）四中行初字第 104 号行政判决书、北京市高级人民
法院（2015）高行终字第 2159 号行政判决书。

未影响实体内容或利害关系人合法权益的瑕疵两类。在被指正的情形中，有些瑕疵与行政行为的实体内容没有直接联系或者联系不紧密，从而不大可能对行政行为的实体内容产生影响，例如告知或公告的不完善、未履行程序释明义务、超过法定期限履行法定义务、超期送达行政决定书、行为方式不符合要求、技术性错误等。有些瑕疵虽然与行政行为的实体内容有一定关联，但在具体案件情节中，没有对行政行为的实体内容产生影响，如非关键性事实认定错误。虽然事实认定错误通常会导致行政行为实体内容错误，进而影响利害关系人的实体权益，但在上文提到的"叶红云与杭州市国土资源局江干分局、杭州市江干区人民政府行政登记案"中，申请登记的住宅早已被依法征收且已被拆除，登记的客体已经不存在，不论涉案宅基地的具体位置是在 A 地块还是在 C 地块，都不会影响不予登记的结论。

第三，被指正的程序瑕疵对于行政机关而言大多属于义务性程序，与正当程序原则有一定关联性。按照程序的权利义务内容与属性，可将行政程序分为两类。第一类是为规范行政主体的行政行为设定的程序，如告知、回避、听证、说明理由、送达、救济权利告示等。这类程序为行政主体设定程序义务，赋予行政相对人程序权利。第二类是为规范利害关系人有序参与行政程序而设定的程序，如提出申请、提供资料、遵循期限、缴纳费用等。这类程序为利害关系人设定程序义务，赋予行政主体程序权力。第一类程序受正当程序原则约束，旨在规范、制约行政权的正当行使，是程序法治的主要内容；第二类程序则不然，其主要目的在于便利行政程序的开展，是行政效率的程序落实。对比本文所列案件可见，对行政主体而言，绝大多数被指正的程序瑕疵都属于义务性的，是受正当程序原则约束的，如告知或者公告的不完善、理由说明不充足、未履行程序释明义务、超过法定期限履行法定义务等。这类程序不完全受制于成文法的明确规定，具有较大的裁量空间。

第四，被指正的程序瑕疵大多不属于正当程序原则要求的基本程序，而属于基本程序的辅助程序或者组成要素，对程序的正当性未造成实质性损害。依据程序之间的关联性，程序可分为两个层次：一是基本程序，二是基本程序的辅助程序或组成要素。正当程序原则所要求的程序，如告知、听证、回避、说明理由、公开、送达、救济权利告知等，都是系列程序的组合，包含诸多辅助程序或者组成要素。就其中最简单的告知而言，即包括告知的时间、地点、方式、内容等。相应地，程序瑕疵也就可分为"基本程序瑕疵"与"辅助程序或程序组成要素瑕疵"。以告知为例，如果根本没有告知，就属于基本程序瑕疵，但如果只是告知的时间太早或者太晚，告知的内容不够全面或者不够明确，就属于辅助程序或程序组成要素瑕疵。从目前的案例来看，指正的程序瑕疵多属于辅助程序或程序组成要素瑕疵。

第五，为简明起见，本文在列举各种被指正的情形时，没有逐一列述各个案件的判决结果。但是，由于上述被指正的行政行为，除了被指正的程序瑕疵之外，无其他可致无效或撤销、变更的违法或不当情形，因此，指正一般在维持判决和驳回判决中应用。这也是指正的一个基本特征。

（二）法院指正行政行为程序瑕疵的前提条件

总体上，法院对行政行为程序瑕疵的指正以下列条件为前提。

第一，行政行为实体内容未受影响。这不仅是被指正程序瑕疵的一个特征，更是法院据以指正的重要根据。如前所述，有许多程序瑕疵与实体内容关联不大，本来就不可能对行政行为的实体内容产生影响。而在可能产生影响的程序瑕疵中，"对行政行为的实体内容未造成影响"是指正的一个重要理由。

第二，利害关系人合法权益未受影响。这与行政行为实体内容不受影响有很大的相似性和关联性——实体内容错误往往会侵害利害关系人合法权益，但二者的价值取向不同。前者考虑的是权利保护问题，后者考虑的是行为合法性问题。从考察的案例来看，法院据以指正的理由更多地被表述为未对原告的合法权益造成损害。当然，所谓的权益主要指的是实体权益，但又不限于实体权益，未侵害程序权益也是指正的一个理由。①

第三，利害关系人对程序瑕疵予以认可或谅解。在考察的范围内，原告对行政行为的程序瑕疵没有异议或者表示谅解，也是比较常见的理由之一。这主要出现在不符合前两个前提条件的案件中。有些程序瑕疵虽然会

---

① 例如，在"宁波市绿顺集团股份有限公司与宁波市住房和城乡建设委员会行政登记案"中，法院指出："被上诉人作出被诉不予登记决定，虽未告知上诉人诉权和起诉期限，但并未影响上诉人行使救济的权利，原审法院对此已予指正，本院予以确认。"见浙江省宁波市中级人民法院（2015）浙甬行终字第161号行政判决书。

给利害关系人的实体权益带来一定影响，但利害关系人对该程序瑕疵带来的结果表示认可或者没有异议，如果采取其他矫正方法反而不利于利害关系人之权益保障，法院会以原告对程序瑕疵之认可或谅解为由予以指正。

第四，不足以采用撤销的矫正方法。这一理由意味着，根据程序瑕疵的危害程度，行政机关尚不足以采取其他救济方法，或者采取其他矫正方法不符合行政效率原则等行政法律原则。这方面的案例总体不多。例如，在前引"阮晓宇与杭州市人民政府政府信息公开案"中，《杭州市拆除违法建筑实施办法》已于 2007 年 12 月 30 日废止，但被告仍然援引该办法作为答复依据，其行为显属不当。法院认为："该瑕疵尚不足以导致撤销案涉信息公开告知书的后果，在此予以指正。"

上述四个条件，法院在进行指正时，因案情不同，有的案件仅依据其一，有的则依据更多。

四　对程序瑕疵予以指正的正当性

若单就积极方面看，指正作为程序瑕疵的一种矫正手段，具有一定的正当性。对此，可从以下几个方面加以评析。

（一）程序瑕疵的多样性及法律后果的多元化

程序瑕疵可根据程序的重要性、对实体内容的危害性以及程序的法律性质等多项标准进行划分。我国法学界历来主张对不同的程序瑕疵应施以不同的法律后果，只不过各自的立足点或侧重点有所差异。

具体而言，有的学者立足于程序与实体之间的关联性以及程序违法的程度。如张步洪、王万华主张："如果程序违法，实体处理也违法，应撤销行政行为；如果程序违法，实体处理真实，则要区别对待。对于程序违法轻微的，原则上可维持被诉的具体行政行为，但要指出该程序瑕疵，限令行政机关改正。如果程序违法情形严重的，即使实体处理真实，也要予以撤销。"[1] 有的学者立足于程序的价值及重要性。如朱新力主张："一个

---

[1]　张步洪、王万华编著《行政诉讼法律解释与判例述评》，中国法制出版社，2000，第 422 页以下。

违反法定程序的行政行为的后果，关键要看被违反的程序的价值追求、被违反的程序的重要性和违反程度。其具体标准是：第一，法律出于某种目的规定某一程序被违反，法院必须宣布其无效或予以撤销的，法院必须遵守。第二，违反了某一程序并且因此可能影响行政行为实质内容的具体行政行为，法院应当撤销。第三，不可能对具体行政行为产生任何实质影响的并可以即时补正的程序被违反时，法院不应撤销此种具体行政行为。第四，在上述三种标准基础上，对于个案，法院适当保持司法能动性是必要的。"① 有的学者立足于程序对利害关系人权益的影响。如章剑生主张违反法定程序的行政行为的处理应当考虑以下两个标准："第一，是否损害了行政相对人的合法权益。如果行政机关作出的行政行为违反法定程序，损害了行政相对人的合法权益，那么法院应当依法判决撤销或者确认违法；反之，法院应当在判决中认定行政行为已构成程序违法，依法判决维持或者驳回诉讼请求，但法院可以通过司法建议给行政机关必要的警示。第二，是否产生了有利于行政相对人的法律后果。如果行政机关作出的行政行为的违反法定程序，产生了有利于行政相对人的法律后果，且行政相对人保留这一法律后果也并不违反法律、法规和规章的规定，也不损害国家、社会或者其他公民的合法权益，那么法院不应当依法判决撤销或者确认违法。"②

较不加区别地赋予不同程序瑕疵同一法律后果的方法，法律后果的多元主义更加科学和公正。本质上，法律后果不仅是对行政行为的一种效力评价和矫正，也是对行政主体过错的一种惩戒，是赋予行政机关的一种法律责任。作为一种评价和矫正，其不仅要遵循行政合法原则，还要兼顾和平衡行政效率等其他原则，不可将行政合法原则绝对化、极端化，不可矫枉过正。作为一种惩戒或法律责任，其应当遵循过罚相当和平等原则。过罚相当原则要求，对于过错的处罚力度应当与过错的严重性与危害性相对应；平等原则要求，"相同的要同等对待，不同的要区别对待"。按照这些要求，势必要根据行政行为违法的情形和危害性来选择不同的法律责任。其结果是，对不同的程序瑕疵不能赋予同样的后果，只有对不同瑕疵形态

---

① 朱新力：《司法审查的基准——探索行政诉讼的裁判技术》，法律出版社，2005，第397页以下。

② 章剑生：《对违反法定程序的司法审查——以最高人民法院公布的典型案件（1985—2008）为例》，《法学研究》2009年第2期，第155页。

赋予不同的法律后果才符合公正和科学的要求。

正因为程序瑕疵后果多元化的主张更加公正和科学，这一观点已经在国内外行政立法和行政审判实践中得到贯彻和落实。自 20 世纪中期以来，诸多西方国家和地区已经通过立法或判例确立了对不同违法情形采取不同处理方法的多元矫正制度。这些制度包括确认无效、撤销、补正甚至不予追究等。德国行政程序法的相关规定是这方面的典型。我国也不例外，1989 年《行政诉讼法》就已经初步体现了法律后果的多元化倾向。修正后的《行政诉讼法》更是在撤销和变更判决的基础上，增加了确认无效、确认违法以及驳回诉讼请求等多种判决形式，再次肯定并发展了多元主义。从这一背景来看，我国法院对指正的创新与采用，应该是对行政行为矫正方法多元化的进一步实践和探索。

（二）程序瑕疵后果的多元化与程序本位主义的契合性

对指正以及整个程序违法后果的多元化而言，最易受到的攻击来自程序本位主义。程序本位主义可能认为，以行政行为的实体内容未受影响或者利害关系人的权益未受侵害等为条件，对程序违法或其他瑕疵采用补正、指正等矫正方法，是对程序违法现象的姑息与迁就，是程序工具主义思想在作祟，与程序本位主义背道而驰。

简单地看，指正的确具有程序工具主义的外在特色。程序工具主义认为，法律程序只是用以实现某种外在目的的手段或工具，也只有在能实现相关目的时它才具有存在的意义和价值。这种外在目的首先是程序所为之服务的实体法。从国内学者的研究和介绍来看，边沁是程序工具主义支持者的典型。他依据功利主义原理提出，立法者制定法律的主要目标在于对破坏"最大多数人幸福"的人进行惩罚和威胁，即有效地进行社会控制。为此，首先必须制定实体法，通过对社会成员明确的令行禁止和惩罚来控制社会关系。但实体法不能保证自身的实施，立法者必须在实体法之外颁布一种实现或者维护实体法的次级或依附性法律。这种附属性法律就是程序法，它只能通过确保实体法的有效实施来间接完成社会控制的任务。实体法唯一正当的目的是最大限度地提升大多数社会成员的幸福，而程序法唯一正当的目的是最大限度地实现实体法。因此，评价程序法优良的唯一标准，就是最大限度地实现实体法的目的。相对于实体法而言，法律程序只是工具性的，它除了作为实现实体法的手段而有价值外，本身并没有任何意义。[①] 如果站在这种立场上来评价程序违法或者其他程序瑕疵，不仅是轻微的程序瑕疵，即便是较为严重的程序违法，只要没有影响行政行为的实体内容，或者没有侵害利害关系人的实体权益，便都是无足轻重从而可以忽略不计的。

程序本位主义则认为，法律程序本身具备一些独立于服务于实体法等外在目的的内在价值，而不只是实现某种外在目的的手段。萨默斯可被视为这种学说的代表。他认为，法律程序可能具有两个方面的价值，即维护实体法的价值和程序内在的价值。相比而言，后者更重要，它是程序理论的核心和基石。程序的内在价值具有三个特点：第一，这种价值能够通过法律程序得到实现；第二，这种价值是在法律程序运作过程中实现的，而不是在最终结果中实现的；第三，这种价值能够使法律程序更易为人们所接受，而不论对程序结果是否产生影响以及产生怎样的影响。按照这个标准，在萨默斯看来，程序的内在价值主要包括参与性统治、程序正当性、程序和平性、人道性及尊重个人的尊严与个人隐私、协同性（意见一致性）、程序公平性、程序合法性、程序理性、及时性和终结性。[②] 可以看出，萨默斯不仅强调法律程序可以实现一个好的结果，更为重要的是，通过程序的运行，可以展示和实现程序法自身所包含的其他价值。如果站在这种立场上来考虑程序瑕疵的法律后果，则即便程序违法或者程序瑕疵没有影响行政行为的实体内容或损害利害关系人的实体权益，也不能全然对其置若罔闻或者视而不见，单纯的"下不为例"的矫正方法就可能不再妥当。

不过，从指正与法律工具主义的相似性并不能必然地推出二者之间的内在关联。首先，我国人民法院现今秉持的程序理念已不再是工具主义。尽管我国传统法律文化以"重实体轻程序"为特色，但受西方法治文化的影响，正当程序理念已深入人心。即便不能说我国司法机关现已完全秉持程序本位主义的价值观，至少也可以肯定地说，对于法律程序的独立价

---

① 参见雷磊《法律程序为什么重要？反思现代社会中程序与法治的关系》，《中外法学》2014 年第 2 期，第 323 页。

② Robert Summers，"Evaluating and Improving Legal Process a Plea for 'Process Values'，" in his *The Jurisprudrisprudence of Law's Form and Substance*，Ashgate Press，2000，p. 103，转引自雷磊《法律程序为什么重要？反思现代社会中程序与法治的关系》，《中外法学》2014 年第 2 期，第 324 页。

值，我国司法机关已有了深刻认识。本文由于讨论的需要，所列举的都是我国人民法院对程序瑕疵予以指正的案例，但在我国人民法院的裁判文书中，对未影响实体内容、未侵害利害关系人合法权益的程序违法行政行为予以撤销的案例也比比皆是，如最高人民法院《中国行政审判案例》上列出的"潘龙泉诉新沂市公安局治安行政处罚案"①、"临清市鲁信面粉有限公司诉山东省人民政府行政复议决定案"②、"邱正吉等诉厦门市规划局行政许可案"③、"四川省南充市顺庆区源艺装饰厂广告部诉四川省南充市顺庆区安全生产监督管理局安全生产行政处罚案"④。尤其值得关注的是指导案例6号之"黄泽富等诉四川省成都市金堂县工商行政管理局行政处罚案"⑤。这个案件更是从指导案例的高度，标志性地宣示了我国法院所坚持的程序本位主义立场。因此，可以说，我国人民法院已不再无视程序的内在品质和独立价值。在这种情形下，简单地将指正归因于法律工具主义是说不过去的。

其次，指正与程序本位主义之间并没有决然的对立性。在坚持程序本位主义的同时，必须注意和认识以下两点。第一，程序和程序价值是两个不同的概念。程序是程序价值的载体，程序价值依靠程序的运行来实现，但并不是所有的程序都体现或者实现程序的独立价值。如前所述，程序可分为两个层次，一是基本程序，二是基本程序的辅助程序或组成要素。程序的独立价值往往要通过一个基本程序来实现，欠缺基本程序就无法实现该基本程序所保障的独立价值，但若一个基本程序在运行过程中欠缺某个

---

① 见江苏省新沂市人民法院（2007）新行初字第11号判决书、江苏省徐州市中级人民法院（2008）徐行终字第170号判决书。最高人民法院行政审判庭编《中国行政审判案例》（第4卷），中国法制出版社，2012，第125页以下。

② 见山东省济南市中级人民法院（2010）济行初字第85号行政判决、山东省高级人民法院（2011）鲁行终字第40号行政裁定。最高人民法院行政审判庭编《中国行政审判案例》（第4卷），中国法制出版社，2012，第131页以下。

③ 见福建省厦门市中级人民法院（2008）厦行初字第6号判决书。最高人民法院行政审判庭编《中国行政审判案例》（第3卷），中国法制出版社，2013，第122页以下。

④ 见四川省南充市顺庆区人民法院（2010）顺行初字第1号行政判决书、四川省南充市中级人民法院（2010）南行终字第36号行政判决书。最高人民法院行政审判庭编《中国行政审判案例》（第2卷），中国法制出版社，2011，第204页以下。

⑤ 见成都市中级人民法院（2006）成行终字第228号，2006年9月28日判决；指导案例6号，最高人民法院审判委员会讨论通过，2012年4月9日发布。另见《中华人民共和国最高人民法院公报》2012年第12期；《人民法院报》2012年4月14日，第4版。

辅助程序或组成要素，或者辅助程序或组成要素有所不足，该基本程序所保障的独立价值未必就不能实现。如送达听证通知书的方式存在问题，但所有人都因通知如期参加了听证，问题归问题，利害关系人的程序参与权还是实现了。于此情形，即便行政行为的辅助程序或程序组成要素存在瑕疵或有所不足，也不会损害程序的独立价值或内在价值。第二，程序价值、程序权利并不占据恒定的、绝对的优先保护地位。任何法律价值、法律权利都不享有永恒地、绝对地优先于其他法律价值、法律权利的地位。特定法律价值与法律权利的保护通常需要在个案斟酌中加以平衡。这一原则或规律，即便对于法的实体价值或者公民的实体法权益，也不例外。因此，程序即便具有独立的内在价值，即便属于利害关系人的一种独立权益，那也不意味着这种程序权益或者程序价值要在任何情况下不打折扣地得到保护。当某种程序价值或者程序权益与其他法律价值或者法律权益相冲突时，根据个案情况加以权衡并对其加以限制也是必要的。对那些不具有独立内在价值的辅助程序或者程序组成要素而言，就更是如此。

总之，只要程序瑕疵未危及程序的独立内在价值，对它的宽容和迁就就与程序工具主义挂不上钩。

（三）法院的合法与合理性审查权限为指正预留了空间

除了以上两点，指正的出现还与我国人民法院享有的司法审查权限有紧密关系。对于我国人民法院享有的司法审查权限的考察可从两个方面来进行：一是合法性审查与合理性审查的关系；二是实体合理性审查与程序合理性审查的关系。后者以前者为基础。就合法性审查与合理性审查的关系而言，我国行政法学界大致有两种看法。一种观点认为，人民法院主要对行政行为的合法性进行审查，对行政行为的合理性的审查则局限在非常有限的范围内。例如，应松年等认为，我国行政诉讼法采用的是"合法性审查为原则，合理性审查为例外"的原则，即原则上法院只应审查行政行为的合法性而不应审查其合理性，但在滥用职权、显失公正等例外情形下，也可以对合理性进行审查。[①] 另一种观点认为，我国法院对行政行为的审查只限于合法性审查，滥用职权、显失公正等虽然与裁量的合理性相

---

① 参见应松年主编《行政诉讼法学》，中国政法大学出版社，1999，第59页以下。

关联，但实际上仍属于违法审查的范围。例如，胡建淼认为，滥用职权与显失公正是同一问题的两个方面，前者着眼于主体和行为，后者着眼于行为结果，都属于行政主体不当行使裁量权且达到一定程度的违法行为。①这两种观点其实都认可人民法院对行政裁量合理性的审查，只是对司法干预行政的程度认识有异，对滥用职权和显失公正的定性不同。

即便是承认人民法院对行政裁量合理性享有审查权，依然存在这种审查是仅指实体裁量合理性还是包括程序裁量合理性的问题。《行政诉讼法》虽然明确规定，行政行为违反法定程序的，要予以撤销，但对于程序不合理的行政行为的处理却只字未提。基于这一法律现状，行政法学界也有不同意见。有学者主张，法院只能对行政程序进行合法性审查，不能进行合理性审查。他们认为，合理性审查是以司法权取代行政权，会导致司法裁量权的滥用，降低司法的可预期程度，并耗费国家成本，增加当事人负担，抑制行政机关主观能动性。② 另一种观点则认为，程序合理性审查也应当是司法审查的重要内容之一。比如，江必新认为，确保程序裁量的正当性是正当程序原则和程序规则的基本要求，是行政主体的法律义务；在技术上，对程序裁量的正当性判断也较实体裁量简单；如果仅就合法性进行审查，程序法缺失，就等于无的放矢。因此，对程序的合理性进行审查是滥用职权与显失公正定性的题中应有之义。③ 比较两种意见，并站在程序法治的立场上来看，将程序裁量的合理性纳入司法审查范围更具有合理性，但须以构成滥用职权或显失公正为限。

上述讨论表明，我国人民法院对于行政行为的审查虽然包括实体与程序两个方面，但须以行政行为违法或行政裁量存在滥用职权或者显失公正情形为司法干预行政的基本条件，即便是修正后的《行政诉讼法》对这一基本原则也没有些许改变。《行政诉讼法》（2014 年）第 70 条关于撤销要件的规定、第 74 条关于确认违法要件的规定、第 75 条关于确认无效要件的规定、第 77 条关于变更要件的规定，都被限定在违法或者明显不当的范

---

① 胡建淼：《行政法学》，法律出版社，2015，第 658 页以下。

② 参见卜晓虹《行政合理原则在行政诉讼中之实然状况与应然构造——论司法审查对行政自由裁量的有限监控》，《法律适用》2006 年第 Z1 期；崔卓兰、刘福元《论行政自由裁量权的内部控制》，《中国法学》2009 年第 4 期。

③ 参见江必新《行政程序正当性的司法审查》，《中国社会科学》2012 年第 7 期，第 126 页以下。

围之内。虽然在确认违法要件部分提到了"程序轻微违法"，但其依然属于违法的范畴。在这种情形下，"违法"、"滥用职权"以及"明显不当"等概念的界定就成为采用撤销、确认违法等矫正方法的筛选器。从学界的已有研究来看，并非任何行政瑕疵都可被纳入违法或者滥用职权、明显不当的范围。[①]　就本文所列举的诸多被指正的瑕疵而言，至少有相当一部分是难以达到相关研究所认可的标准的。

　　既然司法审查权限以行政行为违法或者行政裁量滥用职权、明显不当为边界，而各种各样的行政瑕疵又不能悉数归入其中，则其他非违法或滥用职权、明显不当的行政瑕疵，就只能被排除在司法审查的基本内容或任务之外，对其不能用现行《行政诉讼法》规定的矫正手段加以矫正。而一些认真负责的法官，出于法律职业的责任和良知，又不能对这些行政瑕疵视而不见，在这种情形下，予以指正也就算是一种"没有办法的办法"了。由此可见，指正作为我国司法实践的创造，是符合法的正义性要求的，与程序本位主义立场相契合，未超越现行《行政诉讼法》赋予人民法院的审查权限。它不但不是人民法院对于程序瑕疵的宽容和迁就，在一定程度上反而是人民法院积极地行使司法审查权的表现，值得肯定和推广。

五　指正与轻微程序违法确认的界限

　　当然，指正也存在一些必须直面的问题，最为关键的是它与轻微程序违法确认之间的界限。

（一）指正与轻微程序违法确认应恪守的边界

　　基于法院指正的情形与确认违法的情形存在交叠之处的现实，欲划清指正与确认违法之间的界限，只能按照前文的思路，在对程序"问题"进行分类的基础上，确定撤销和确认违法的程序"问题"情形，从而为指正留出存在的余地。

---

① 相关讨论参见章剑生《对违反法定程序的司法审查——以最高人民法院公布的典型案件（1985—2008）为例》，《法学研究》2009年第2期；江必新《行政程序正当性的司法审查》，《中国社会科学》2012年第7期；何海波《论行政行为"明显不当"》，《法学研究》2016年第3期。

　　总体上，按属性和严重程度，程序"问题"可分为违法、不合理和其他瑕疵三类。所谓"违法"，应指行政程序违反成文法规定的程序、正当程序原则以及程序法定原则的现象。从《行政诉讼法》的规定来看，程序违法按与实体结果之间的关联性，可再分为影响当事人权益和未影响当事人权益两类，后者还可分为严重和轻微两个层次。所谓"不合理"，是指程序裁量不符合平等原则或者比例原则的现象，如时限过长或过短、地点场合不适宜、措施不妥当等。不过，这里仅指一般不合理，如果程序裁量不合理达到滥用职权或者明显不当的程度，则应划入程序违法的范畴。所谓"其他瑕疵"，则指不能归入违法和不合理的瑕疵形态，如行政文书中文字拼写错误、数字计算错误、语法逻辑错误等技术性错误等。这些问题或者不属于"法"的范畴，或者不属于严格的行政程序范畴，自然不能纳入程序违法或者不合理的范围。由于行政诉讼仅审查行政行为是否合法，撤销判决和确认违法判决仅适用于违法的行政行为，不能适用于程序不合理和有其他程序瑕疵的行政行为。因此，程序不合理和有其他程序瑕疵这类缺乏法定矫正手段的程序问题，就可成为指正的对象。由此可见，"程序是否违法"应当成为确认违法判决与指正之适用范围界限。为简明起见，可将上述程序问题形态及其矫正手段图示如下：

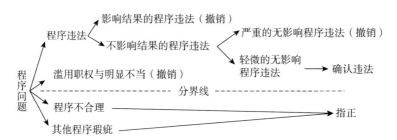

　　上述界分意味着，程序瑕疵未影响行政行为的实体内容、未影响利害关系人的权利、权利人予以认可和谅解等并非指正的根本特征和前提。指正的根本特征和前提应当是程序瑕疵尚不构成违法，或者说，程序裁量权之行使尚达不到滥用职权或明显不当的程度。

（二）轻微程序违法与程序不合理、其他程序瑕疵的界分

　　明确了以"程序是否违法"为指正与确认违法的界限，实践的关键就在于判断一个具体的程序"问题"是否达到违法的程度。然而，对其的把

握非易事，尤其是在对未影响当事人权益的轻微程序违法与程序不合理以及其他程序瑕疵的把握方面。

前文已经指出，程序可分为基本程序与基本程序的辅助程序或组成要素两个层次。行政行为违反了法定的基本程序应属于违法，这没有问题；有问题的是，如果基本程序的辅助程序存在瑕疵或欠缺基本程序的某些组成要素，是否还属于程序违法。例如，《政府信息公开条例》第 21 条规定，行政机关收到政府信息公开申请后，对"依法不属于本行政机关公开或者该政府信息不存在的，应当告知申请人，对能够确定该政府信息的公开机关的，应当告知申请人该行政机关的名称、联系方式"。在前引"胡云康与上海市闵行区住房保障和房屋管理局政府信息公开案"中，被告行政机关不是公开义务机关，本应告知申请人向上海市住房保障和房屋管理局申请，却告知其向上海市闵行区人民政府咨询。在这里，行政机关不是未告知，而是认识错误导致告知的行政机关不正确。这是否达到违法的程度呢？

再如，根据正当程序原则之要求，行政机关在作出对相对人不利的行政行为时应说明事实、法律等理由，说明理由要充分、具体、明确。在前引"项葱妹与临海市人民政府行政确认案"中，对于原告要求确认二十多年前已经被置换给他人的住宅为其所有的请求，行政机关以"该地块房屋被拆除已有二十多年，且拆迁时双方签订协议并接受补偿安置"为由，决定不予受理。法院认为，被告不予受理决定结论正确，但该理由说明不尽明确、充分。在这里行政机关不是没有说明理由，而是说明理由不尽明确、充分，那这种瑕疵是否达到违法的程度呢？

可以看出，给程序违法特别是轻微程序违法确立一个精准的判断标准，是本文不可能完成的任务。这里只能确定一个大致的标准：如果基本程序的辅助程序或者组成要素所存在的瑕疵没有对基本程序造成实质性损害，基本程序的立法目的已经实现，则该辅助程序或者组成要素所存在的瑕疵就不构成违法。是否构成实质性损害，要在个案中根据案情、具体问题具体分析地进行权衡。例如，在前引"邓志春与福州市公安局晋安分局行政处罚案"中，被告对原告到北京上访的行为以"扰乱公共场所秩序"为由进行行政处罚，但其处罚决定书误将"非正常上访"行为发生地（天安门）认定为"中南海周边"。该行政行为的法律事实要件是"扰乱公共场所秩序"。不论是天安门还是中南海周边，都属于公共场所，且在普通民众心目中差别不大，故这一瑕疵不会影响行政行为的实体内容，也不会影响相对人的正当程序权利，就算不上违法。不过，在前引"田顺英与杭州市余杭区人民政府政府信息公开案"中，行政机关作出的政府信息公开告知书仅笼统地引用《政府信息公开条例》和《杭州市政府信息公开规定》，没有说明具体引用的法律条款，虽未侵害申请人的实体权益，但这一行为实质上没有说明法律理由，有悖于《政府信息公开条例》第21条"属于不予公开范围的，应当告知申请人并说明理由"的规定，已达到违法的程度。

上面所谈是程序违法的判断，没有直接提及滥用职权与明显不当的界定问题。由于在前文的论述中，仍将滥用职权与明显不当归入程序违法的范畴，且上述一些案例其实涉及的本就是程序裁量问题，因此，上述意见对于滥用职权和明显不当之界定也是适用的。确定了程序违法的判断标准，它与程序不合理以及其他程序瑕疵的分界也就大致清楚了。

（三）几种为法院所指正但应确认为违法的程序瑕疵

依据以上分界及其判断标准，反观我国法院指正的各种瑕疵，以下几种情形是应重新考虑的。

第一，超过法定期限作出行政行为或送达行政决定文书。我国一系列法律文件对行政行为的作出期限和行政行为作出后的送达期限作了强制性规定。例如，《行政许可法》（2003年）第42条规定："除可以当场作出行政许可决定的外，行政机关应当自受理行政许可申请之日起二十日内作出行政许可决定。二十日内不能作出决定的，经本行政机关负责人批准，可以延长十日，并应当将延长期限的理由告知申请人。"《行政许可法》第44条规定："行政机关作出准予行政许可的决定，应当自作出决定之日起十日内向申请人颁发、送达行政许可证件，或者加贴标签、加盖检验、检测、检疫印章。"《行政处罚法》（2009年）第40条规定："行政处罚决定书应当在宣告后当场交付当事人；当事人不在场的，行政机关应当在七日内依照民事诉讼法的有关规定，将行政处罚决定书送达当事人。"法律对行政行为的作出和送达期限进行严格规定，其目的不外乎提高行政效率，使社会秩序尽快得到恢复，使受害人的权益尽快得到维护，降低社会交易的制度成本。因此，超过法定期限作出行政行为或送达行政文书属于违法的范畴，法院对超过法定期限作出行政行为或送达行政决定仅予以指正是不妥的。

第二，程序顺序的颠倒或合并。法律规定的程序顺序反映着人类对客观事物的认识规律或者事件发展的时序规律。其中，有些是可以合并或颠倒的，有些则不宜合并或颠倒。对于不宜合并或颠倒的程序，若合并或颠倒，会造成程序明显不当。这时，就应确认其违法。例如，《土地登记规则》（1995 年）第 6 条规定："土地登记依照下列程序进行：（一）土地登记申请；（二）地籍调查；（三）权属审核；（四）注册登记；（五）颁发或者更换土地证书。"这个顺序就反映了土地登记程序的内在时序规律，是不宜颠倒的。在前引"福清市江阴镇屿礁村村民委员会与福清市人民政府行政登记、行政批准案"中，《国有土地使用证》的填发时间为 1994 年 11 月 1 日，而《土地登记审批表》的登记日期是 1995 年 2 月 8 日，这表明审批在后、颁证在前，违背了《土地登记规则》关于登记的程序顺序，明显不合常理，法院对此予以指正并不妥当。不过，在前引"张志军与北京市丰台区人民政府政府信息公开案"中，将登记回执与告知书一并送达申请人，如果从收到信息公开申请到作出公开决定之间的时间不长，即便有所不妥，但尚未损及程序正义，对其予以指正还是可以的。

第三，行政行为方式不符合法律规定。行政行为的方式有些是法定的，有些是行政机关或当事人自定的。法律特别规定了行为方式，自有立法者的特殊考虑，采用其他方法通常难以维护法律保护的利益，因此，对于行政行为方式不符合法律规定的，应当认定其为违法。例如，《政府信息公开条例》第 26 条规定："行政机关依申请公开政府信息，应当按照申请人要求的形式予以提供；无法按照申请人要求的形式提供的，可以通过安排申请人查阅相关资料、提供复制件或者其他适当形式提供。"这里要求"应当按照申请人要求的形式予以提供"，是为了更好地保障申请人的知情权，从这个意义上讲，按照申请人要求的形式提供信息，是行政机关的一种法定义务。如果行政机关在可以按照申请人要求的形式提供信息的情况下，通过安排申请人查阅相关资料的方式提供相关信息，等于将自己的法定义务转移给了申请人，是与法律相悖的。前引"傅文荣与义乌市人民政府江东街道办事处政府信息公开案"反映的正是这种情况。对这种程序瑕疵，仅予以指正并不妥当。不过，在法律对行为方式没有明确规定的情形下，即便方式有些瑕疵，只要没有实质性地损害行为的目的，对其予以指正也是可以的。

第四，援引法律条款不具体、不全面或张冠李戴。行政行为援引法律条文属于行政行为说明法律理由的范畴。相应地，行政行为援引法律条款不具体、不全面或张冠李戴，便属于说明法律理由不具体、不充分或说明错误，但它又不同于"未说明理由"。因此，对这种瑕疵的处理应视案情而定。如果引用法律条文不具体、不全面或张冠李戴的瑕疵在本质上达到了"未说明法律理由"的程度，实质性地影响了程序的正当性，则应将其排除在指正范围之外。在前引"田顺英与杭州市余杭区人民政府政府信息公开案"中，行政行为仅说明以《政府信息公开条例》和《杭州市政府信息公开规定》为法律依据，未说明引用的具体法律条款，太过笼统，等于没有说明理由，法院对其予以指正便不妥。不过，如果行政行为在引用必要的法律依据之外，画蛇添足地引用了不该引用的法律条文，对说明理由没有造成实质性影响，对其予以指正还是可行的。

应该说，在近年法院指正的案件中，不宜指正却被指正的可能还不止以上情形，对于这一问题还需要展开进一步的研究。

有关行政滥用职权的内涵
及其表现的学理探讨[*]

胡建淼[**]

摘　要：行政滥用职权实质上是一种行政自由裁量权的滥用。滥用职权与显失公正是同一问题的两个方面，滥用职权是从主体和行为着眼，显失公正则是从结果着眼。不正当行使权力且造成显失公正后果的，属于行政滥用职权违法。不正当行使权力但尚未造成显失公正后果的，属于行政不当。

关键词：行政滥用职权　自由裁量权　显失公正

行政主体的具体行政行为存在滥用职权[①]情形，即行政滥用职权，已被我国的立法和行政法理确定为行政违法行为之一，从而成为行政审判机关和行政复议机关分别依据《行政诉讼法》和《行政复议条例》予以撤销的对象。但由于我国的立法至今没有对"行政滥用职权"的内涵作出解释，亦未对其表现作出列举，我国目前的行政法理因尚不成熟而不能弥补前者的不足，这致使行政审判人员和行政复议人员难以认定行政滥用职权行为，从而影响我国行政审判权和行政复议权的准确行使。为此，本文对行政滥用职权作学理上的探讨，以向同人讨教。

---

[*] 本文原载于《法学研究》1992 年第 3 期。

[**] 胡建淼，原文发表时在杭州大学法律系工作，现为中共中央党校（国家行政学院）专家工作室教授。

[①] 行政滥用职权并不只发生于具体行政行为之中，亦可存在于抽象行政行为中。但鉴于构成人民法院或行政复议机关撤销对象的滥用职权仅限于具体行政行为范围，本文亦在该范围内探讨。

一　行政滥用职权内涵的界定

行政滥用职权（abuse of power）在国外的行政法（学）中颇受重视。英国、美国、法国、德国和日本等不少国家，无不把它列为行政救济和司法控制的对象。然而，各国行政法对于行政滥用职权，不仅在表述上不甚统一①，还在认定标准上存在差异。英国行政法拥有两大基本原则，即越权无效和自然公正，行政机关违反它们，则分别构成越权和违反自然公正这两类行政违法，而权力滥用是越权的一种形式②。美国行政法把滥用职权限定为滥用自由裁量权③，而滥用自由裁量权是指"不合理地行使"该权力④。在法国，权力滥用是指行政主体行使权力，违背法律的目的⑤。德国行政法亦持同样的主张⑥。联合国行政法庭在沙贝尔一案中把权力的滥用表述为"武断、歧视或带有不当动机"。⑦ 国外权威性法学词典《布莱克法律词典》对"权力的滥用"定义如下："以违反法律为目的而行使自己拥有的权力。权力的不适当行使。它区别于越权行使法律并没有赋予他的权力。"⑧

综合国外立法、判例和学理对行政滥用职权内涵的认定，透过其差异的表象，不难发现其相对的同一性：行政滥用职权是指在权限范围内不适当行使权力而违背法律所设定目的的行为。

在国内，国家的立法虽确定了行政滥用职权的存在，但尚未对其内涵作出解释。在实际生活中，人们常常把行政机关及其工作人员违法行使职权指控为"滥用职权"。这显然把"滥用职权"的范围错误地扩大至"行政违法"。在中国的理论界，学者们并没有犯上述错误，而且在初涉行政滥用职权这一理论问题时就基本上达成对其内涵确定的共识：行政滥用职权是指行

① 如英国和法国称"权力滥用"，美国称"滥用自由裁量权"，日本则称"滥用裁量"。
② 参见 H. Wade, *Administrative Law*, 1982；De Smith, *Judicial Review of Administrative Law*, 1984。
③ 见《美国法典》第五编第七章第 706 条。
④ 〔美〕伯纳德·施瓦茨：《行政法》，徐炳译，群众出版社，1986，第 571 页。
⑤ 参见王名扬《法国行政法》，中国政法大学出版社，1989，第 664—671 页。
⑥ 依据 1960 年 1 月 21 日公布的德国《行政法院法》第 114 条。
⑦ 参见江必新《行政诉讼问题研究》，中国人民公安大学出版社，1989，第 271 页。
⑧ Black's Law Dictionary by Henry Campbell Black, Fifth Edition, 1979, p. 11.

政主体在权限范围内不正当行使行政权力，而违背法定目的的具体行政行为。如胡康生主编的《行政诉讼法释义》写道："行政机关滥用职权，是指行政机关作出的具体行政行为虽然在其权限范围以内，但行政机关不正当地行使职权，不符合法律授予这种权力的目的。"① 这种目前具有代表性的观点所揭示的行政滥用职权的内涵包含了三项内容：①行政滥用职权以遵守法定权限为前提；②行政滥用职权以不正当行使权力为特征；③行政滥用职权以违背法定目的为结果。

可是，当我们循此观点和思路继续探微时，不免产生一种理论上的困惑。对于以上内涵的第一点无异议之处。但对于第二点，即行政滥用职权以"不正当行使权力"为特征的理解和解释，就颇感棘手了。如果"不正当行使权力"是指"不合法行使权力"，那么势必导致行政滥用职权同除超越职权以外的任何一种行政违法（如主要证据不足、适用法律法规错误、违反法定程序等）相混同。如果把"不正当行使权力"理解为"不合理行使权力"，那又出现了三个方面的困难：①行政滥用职权的性质由此而被列为行政不当，而不是行政违法，这违背行政法理；②人民法院在行政诉讼中对行政滥用职权的控制体现为合理性审查，从而与行政诉讼合法性审查原则相抵触；③行政滥用职权只能发生在行政自由裁量权范围之内，这便与《行政诉讼法》和《行政复议条例》所确定的"滥用职权"的字面范围不相一致。对于行政滥用职权内涵的第三点可作这样的理解：在羁束行政行为中，行为人不会面临行为是否正当的问题。只有在自由裁量行为中，行为人由于在法律许可范围内作行为选择时，有责任考虑哪一种选择更符合立法者的意图和法律目的，才会面临行使职权是否正当的问题。

到此，我们朦胧地觉得：行政滥用职权似乎与行政自由裁量权有着一种内在的联系，如果不解开这个"斯芬克斯之谜"，就无法准确地认识行政滥用职权的内涵与特征，从而也无法把握行政滥用职权的各种表现。

---

① 胡康生主编《行政诉讼法释义》，北京师范学院出版社，1989，第92页。此外，持同类观点的有黄杰主编《行政诉讼法释论》，中国人民公安大学出版社，1989；黄曙海主编《行政复议条例讲座》，中国人民公安大学出版社，1991；马原主编《行政诉讼知识文库》，北京师范学院出版社，1991。

二 行政滥用职权与行政自由裁量权

行政自由裁量权伴随着行政职权而存在，同时又是行政职权的组成部分。自由裁量权与行政职权之间有着高度联系，以致国外有学者说："自由裁量权是行政权的核心。"①

对于作为行政权核心的自由裁量权，国外代表性的解释是："指行政官员和行政机关拥有的从可能的作为和不作为中做选择的自由权。"② 我国第一次对这一概念作专门解释的，是 1983 年高等学校法学试用教材《行政法概要》。它把自由裁量权作为行政措施的一种类别："凡法律没有详细规定，行政机关在处理具体事件时，可以依照自己的判断采取适当的方法的，是自由裁量的行政措施。"而后的众多解释基本没有超出以上解释范围。③ 可见，国内外的学理观点，对行政自由裁量权的含义作了相同的归纳：行政自由裁量权，是行政职权的一种，指在法律无详细规定的条件下，行政主体可以依据事实，凭自己的判断，在职权范围内作出适当行为的权力。

那么，行政滥用职权是只存在于自由裁量权的滥用上，还是应包括裁量权以外行政职权的滥用，这是本文要探讨的问题。

在国外，英国和法国虽至今还没有明显地在滥用权力和滥用裁量权之间画上等号，但其所列滥用权力的具体表现几乎全是滥用裁量权的表现。此外许多国家，已明确认为滥用权力就是指滥用自由裁量权。④ 而这种观点正与 20 世纪以后形成的"新滥用权力理论"相吻合。⑤ 我国学者对滥用

---

① 〔美〕伯纳德·施瓦茨：《行政法》，徐炳译，群众出版社，1986，第 566 页。

② 〔美〕伯纳德·施瓦茨：《行政法》，徐炳译，群众出版社，1986，第 567 页。美国《布莱克法律词典》、英国《牛津法律大辞典》和日本杉村章三郎和山内一夫主编的《行政法辞典》等的解释与其相同。

③ 如魏海波等主编的《行政管理学简明辞典》，江苏人民出版社，1986。

④ 美国 1946 年《联邦行政程序法》第 706 条把"滥用自由裁量权"同"其他不合法行为"相提并论，而在"其他不合法行为"中没有"滥用权力"的席位。日本 1962 年的《行政案件诉讼法》第 30 条也表明了这种立场，裁量权的违法限于裁量权的超越和滥用：滥用权力实质上是滥用裁量权。德国 1960 年《行政法院法》第 114 条和 1978 年《行政程序法》第 40 条以及行政法院判例亦持同样的主张。

⑤ 见刘明波主编《国外行政监察理论与实践》，山东人民出版社，1990，第 74—79 页。

权力和滥用自由裁量权之间的关系，主要有两种观点：一是认为，行政滥用职权并不只限于滥用自由裁量权，因此不能在二者之间画等号①；二是认为，行政滥用职权就是滥用自由裁量权②。持后一观点者占绝对优势③。

从语义逻辑上讲，第一种观点是站得住脚的：既然行政职权不限于自由裁量权，那么滥用职权也就不限于滥用自由裁量权了。况且我国《行政诉讼法》和《行政复议条例》上的提法亦是"滥用职权"，而非"滥用自由裁量权"。但是，世界上大多国家，以及国内越来越多的学者，把行政滥用职权限定为滥用自由裁量权，绝不是一种无理性的巧合。因为这是解答前文中提到的在理解行政滥用职权时遇到的种种困惑的唯一出路。

考察历史不难发现，只有在法院对行政的司法控制从羁束行政行为扩大到自由裁量行为时，"滥用权力"这一概念才始出现。在 20 世纪 50 年代以前，司法监督的原则是：行政机关的一切行政行为都受司法审查，除非是行使自由裁量权。④ 当时的理论基础是：违法只能存在于其他行政行为中，自由裁量权的行使不会发生违法问题。到了 20 世纪后半期，司法监督的原则则改为：行政机关的自由裁量权不受干涉，但滥用职权的除外。⑤ 原因在于这时的基本观念业已改变，人们认为自由裁量权的滥用也是一种违法。这两个"但书"的转换表明了当代司法控制范围的扩大，同时也使"滥用权力"这一违法行为被确认。因此，若割断滥用权力同滥用自由裁量权之间的天然联系，行政滥用职权将成为无本之木。

对于行政主体的行政行为固然可作多种分类，但羁束行政行为与自由裁量行为的分类是最基本的一种，因为人们习惯于把行政法的两大基本原则即合法性原则和合理性原则分别与这两种行为相对应。其实，这样做只

---

① 罗豪才主编的《行政法学》（中国政法大学出版社，1989）一书认为："滥用权力的范围比较广，包括滥用自由裁量权等行为。"

② 如《中华人民共和国行政诉讼法讲话》（中国财政经济出版社，1989）一书指出，"所谓滥用职权是指行政机关滥用自由裁量权的行为"。

③ 持这种观点的还有黄杰、李道民主编《行政审判实践与研究》，中国法制出版社，1991；罗豪才主编《行政审判问题研究》，北京大学出版社，1990；江必新《行政诉讼问题研究》，中国人民公安大学出版社，1989；等等。

④ 如美国 1948 年《联邦行政程序法》第 701 条第 1 款第 2 项规定，司法审查不适用于"法律授权行政机关自行决定的行政行为"，20 世纪后半期，出于需要，美国法官对此作了扩大解释，国会的这一规定并不意味着法院对行政机关滥用权力无权控制。

⑤ 如德国 1960 年《行政法院法》第 114 条、日本 1962 年《行政案件诉讼法》第 30 条等。

对了一半。由于法律对羁束行政行为规定得详细明确，行为人实施该行为时只得严格依法办事，不存在自由选择的空间，因而只发生是否合法的问题，无是否合理正当之说。因此，羁束行政行为不会导致滥用职权，除非改变滥用职权的内涵。对于另一半，即认为对于自由裁量权只适用合理性审查，这种观念在 20 世纪后半期业已被抛弃。人们已认识到：行政自由裁量权的行使，不仅可能导致行政不当，还可能导致行政违法。行使自由裁量权违法包括两种情况：自由裁量权的超越和自由裁量权的滥用。对于前者，中外法律都为其安排了滥用权力以外的某种违法的"归宿"。① 由此看来，行政滥用职权不属于自由裁量权以外的其他行政职权违法，而且并不包括自由裁量权本身的所有违法。行政滥用职权实质上是一种行政自由裁量权的滥用，而且是自由裁量权限范围内的一种行使裁量权的违法。笔者进一步认为：通常用来限定滥用职权的一个前提性条件即"权限范围内"，这是人们长期以来的误会，实质上应指"自由裁量权限范围内"。

至此，我们可以把"行政滥用职权"的内涵确定为：行政滥用职权，即滥用行政自由裁量权，系指行政主体在自由裁量权限范围内不正当行使行政权力的违法行为。这一定义主要反映了以下三个特征。

第一，行政滥用职权发生在自由裁量权限范围内。超越这一权限，便构成其他类违法。这不仅同行政越权相区别，而且也划清了行政滥用职权同"适用法律、法规错误"、"违反法定程序"等其他类违法之间的界限。

第二，行政滥用职权表现为不正当地行使权力（如不正当的迟延）。顺便指出，笔者不认为背离法定目的是行政滥用职权的一个特征，而认为这只是滥用职权的一种表现。

第三，行政滥用职权是一种行政违法行为，而不是行政不当行为。把自由裁量权的滥用看成违法，这是世界各国的通常做法。我国《行政诉讼法》和《行政复议条例》也表明了这种立场。因此，人民法院通过行政诉讼控制行政滥用职权与行政诉讼合法性审查原则并不矛盾。

---

① 如法国把此归为"无权限"的违法，中国的行政审判实践依据《行政诉讼法》第 54 条并针对具体情况将其并于"适用法律、法规错误"或"超越职权"的其他类违法之中。

三　行政滥用职权的表现

国外对行政滥用职权表现的讨论远早于中国。在英国，权力滥用被归纳为三种情况：①不符合法律规定的目的；②不相关的考虑；③不合理的决定。[①] 美国学者认为滥用自由裁量权有六种情形：①不正当的目的；②错误的和不相干的原因；③错误的法律或事实依据；④遗忘了其他有关事项；⑤不作为或迟延；⑥背离了既定的判例或习惯。[②] 法国行政法把权力滥用归结为三种现象：①行政主体行使权力的目的不是出于公共利益，而是出于私人利益或所属团体的利益；②行政主体的行为虽然符合公共利益，但不符合法律授予这种权力的特别目的；③不按法律要求适用程序，如用司法程序代替行政程序。[③] 德国行政法认为有下列情形之一的，构成滥用自由裁量权：①违反合理性原则；②不正确的目的；③不相关的因素；④违反客观性；⑤违反平等对待原则。[④] 日本行政法认为裁量权的滥用主要表现有三：①事实的误认；②目的的违反和动机不正；③违反比例原则和平等原则。[⑤]

世界各国行政法对于行政滥用职权表现的解释，不少已被中国学者接受，但也有不少现象不符合中国的法和理。[⑥]

近几年，国内学者所归纳的行政滥用职权的内容多种多样。主要有：①出于不正当的目的；②出于不善良的动机；③行为客观上与法定目的不一致；④考虑了不应考虑的因素；⑤没有考虑应该考虑的因素；⑥不应有的疏忽；⑦不正确的认定；⑧违反客观规律性；⑨不适当的迟延；⑩故意不作为；⑪不寻常的背离；⑫违反公平对待；⑬不一致的解释；⑭反复无

---

① 参见王名扬《英国行政法》，中国政法大学出版社，1987，第 171—172 页。
② 参见〔美〕伯纳德·施瓦茨《行政法》，徐炳译，群众出版社，1989，第 571 页。
③ 参见王名扬《法国行政法》，中国政法大学出版社，1986，第 664—665 页。
④ 参见〔印度〕M. P. 赛夫《德国行政法——普通法的分析》中译本，五云图书出版公司，1991，第 211—232 页。
⑤ 参见〔日〕南博方等《行政法》，1981 年日文版；〔日〕南博方《日本行政法》中译本，中国人民大学出版社，1988，第 37—38 页。
⑥ 例如，日本行政法所认定的"事实上的误认"，在中国是作为"主要证据不足"而不是"滥用职权"予以对待的；美国行政法所揭示的"错误的法律依据"，在中国被归类于"适用法律、法规错误"，而不是"滥用职权"。

常；⑮不合理的决定；⑯违背一般公正观念；⑰不得体的方式；⑱显失公正的行政处罚；⑲根据不充分、不客观；⑳与自由裁量权行使无内在必然联系；㉑不当授权；㉒程序滥用。①

依笔者之见，我国作为行政复议和行政诉讼撤销对象之一的行政滥用职权的表现，主要有下列六种。

第一，因受不正当动机和目的支配，行为背离法定目的和利益。这种行为有两个构成条件。①主观上有不正当的动机和目的。如出于个人恶意、偏见、歧视、报复，为个人或小集团谋私利，等等。②客观上其行为造成了背离法定目的和利益的结果。如果行为人只存在不正当的动机和目的，但行为的结果恰好符合法定目的和理由，这便不属于行政滥用职权。法国的行政法院也作同样处理。②

第二，不合法考虑致使行为结果失去准确性。这种表现同样须具备两项条件。①行为人有不合法考虑的事实。这既表现为没有考虑法律规定应该考虑的因素，如情节和态度，也表现为考虑了法律不要求考虑的因素，如处罚时考虑家庭出身等。②行为的结果失去了准确性，如处罚结果畸重畸轻。

第三，任意无常，违反同一性和平等性。国外把这叫作"不遵循既成的先例和惯例的行为"。行政机关的行政行为具有公共行政性，因而必须是可预见的、连续的和平等对待的，否则亦是对自由裁量权的滥用。

第四，强人所难，违背客观性。这里是指，行政主体所作行政行为要求相对人履行一种客观上无法履行的义务。

第五，不正当的迟延或不作为。如果法律明文规定了作出行政行为的期限，但行政主体在法定期限内拒不作出行为，或延至法定期限以外作出行为，对此应区别不同情况，依《行政诉讼法》的规定将其划归于"违反

---

① 主要涉及资料：《中华人民共和国行政诉讼法讲话》，中国财政经济出版社，1989；柴发邦《行政诉讼法教程》，中国人民公安大学出版社，1990；黄杰主编《行政诉讼法释论》，中国人民公安大学出版社，1989；马原主编《行政诉讼知识文库》，北京师范学院出版社，1991；张焕光、胡建淼《行政法学原理》，劳动人事出版社，1989；罗豪才主编《行政审判问题研究》，北京大学出版社，1990；胡建淼主编《行政复议知识手册》，人民出版社，1991；黄杰、李道民主编《行政审判实践与研究》，中国法制出版社，1991；江必新《行政诉讼问题研究》，中国人民公安大学出版社，1989；陈国光、夏桂英《略论行政自由裁量权的滥用及其控制》，《中国监察》1990 年第 4 期。

② 参见 G. Peiser, Contentieuxadministratif, 1979。

法定程序"或"不履行法定职责"的违法类别之中。但如果法律没有明文规定作出行政行为的期限，或规定了一定的行为幅度，致使行政主体享有自由裁量权，而且在自由裁量权限范围内，行政主体有不正当的迟延或不作为，这便属于行政滥用职权。

第六，不正当的步骤和方式。这是一种程序上的滥用职权。它同滥用职权以外的"违反法定程序"这类违法的区别正在于，它发生在自由裁量权限范围之内。在行为的步骤和方式可选择的条件下，行政主体在实施行政行为时采用了不适当的步骤和方式，致使相对人的合法权益受到损害，这便是程序上的滥用职权。

以上所列表现，尚未穷尽所有行政滥用职权的现象。对于已被国内学者提出但还未得到最终解决的理论问题，即《行政诉讼法》第一次提到的"显失公正"，是否属于行政滥用职权的一种表现，如果回答是否定的，那么它们之间又是一种什么关系？

四　行政滥用职权与显失公正

"显失公正"是我国《行政诉讼法》首次提出的，但《行政诉讼法》本身及有关的法律解释都没有对其含义作出说明。我国学理上的解释不多，且不统一。各种语义词典的解释又把它局限于"明显偏私"的含义之中。但从《行政诉讼法》的立法精神和条文含义上分析，把"显失公正"解释为"明显不适当、不合理"或许更接近事物的本质。

近年来，国内学者对行政滥用职权和显失公正的分别研究，已初步呈现出它们二者之间的联系。但遗憾的是，目前对这种"联系"的认识尚停留在把显失公正看成滥用职权的一种表现上[1]。当我们在接受这种观念时，马上又陷入以下的困境之中。

---

① 如黄杰、李道民主编的《行政审判实践与研究》（中国法制出版社，1991，第226页），把"显失公正的处罚"列为滥用职权的表现之一；江必新在《行政诉讼问题研究》（中国人民公安大学出版社，1989，第272页）中认为"滥用职权"的范围远远大于"显失公正"的范围。

首先，显失公正的表现与滥用职权的表现部分重合，"反复无常"① 就是一例。如果显失公正本身就是滥用职权的一种表现，那么它就不应同滥用职权的其他表现重合。

其次，从行政法理上说，受行政法控制的行政瑕疵包括行政违法和行政不当。而行政不当是指自由裁量权限范围内的不适当行为。但滥用职权和显失公正都是指自由裁量权限范围内不正当（不适当）的行为，这实际上囊括了所有的行政不当行为。而行政滥用职权（包括显失公正）又属于违法，而不是不当。这样，与行政违法相并列的行政不当就没有存在的空间了，作为行政法基本原则之一的合理性原则也必失去存在的意义。

或许可以这样解释：滥用职权虽都表现为对裁量权的不公正行使，但只有达到"明显"的程度才属于"显失公正"的行为。这种解释亦难以成立。按《行政诉讼法》规定，人民法院对于滥用职权的行政行为应予撤销，对于显失公正的处罚才可以变更。如果对一般性不公正的滥用职权行为适用撤销判决，而对明显不公正的处罚却适用变更判决，这显然是司法控制上的轻重颠倒，与《行政诉讼法》的立法精神相悖。

如何才能使理论自圆其说？唯一的出路在于，证实显失公正与滥用职权之间的等同关系。

笔者认为，滥用职权与显失公正是同一问题的两个方面，或者说是对同一事物的不同角度的表述。滥用职权是从主体和行为着眼，显失公正则是从行为结果着眼。行政滥用职权实际上是行政主体不正当行使权力而造成显失公正之结果的行为。如果行政主体行为虽有不当，但尚未造成显失公正之结果，那么便不属滥用职权违法，而是行政不当。只有这样理解，才能摆脱以上的理论困境。

由是，我们在前文中所揭示的行政滥用职权的六大表现，同时也是显失公正的表现。按理说，由于《行政诉讼法》第54条第（二）项规定对于滥用职权的具体行政行为应判决撤销，而滥用职权实质上就是不正当行使裁量权而造成显失公正的违法行为，所以显失公正的违法亦应一律被判决撤销。但问题在于，有的滥用职权行为不宜或无法撤销，需要适用司法

---

① 罗豪才、应松年主编的《行政诉讼法学》（中国政法大学出版社，1990），把"反复无常"既作为滥用职权的表现，也作为显失公正的表现。

变更，同时又应考虑司法权和行政权的分工，禁止以司法权代替行政权。所以《行政诉讼法》第 54 条第（四）项又规定："行政处罚显失公正的，可以判决变更。"这矛盾吗？笔者以为不然。理由有二：①第 54 条第（四）项规定的判决变更所适用的范围并不包括所有滥用职权行为，它只限于显失公正的处罚，即滥用处罚裁量权；②第 54 条第（二）项规定的"判决撤销"属于义务，第（四）项规定"可以判决变更"则属于权力。"可以"两字意味着法院可以判决变更，也可以不判决变更而判决撤销。

至此，对"行政滥用职权"的定义需要再次予以修正。行政滥用职权，即滥用行政自由裁量权，是指行政主体在自由裁量权限范围内不正当行使权力导致显失公正的行政违法行为。随之，对其原有的三大特征也必须增补如下：行政滥用职权是指不正当行使权力造成了显失公正的后果。不正当行使权力但尚未造成显失公正后果的，不作滥用职权论。这一特征，使行政滥用职权违法同行政不当相区别。

行政滥用职权的新定义[*]

朱新力[**]

摘　要：滥用职权是一个包括所有违反合理性原则的自由裁量行为的总概念，显失公正只是从自由裁量行为结果上进行判断而获得的滥用职权违法的一种表现形式，它与滥用职权相并列，并有部分重叠。滥用职权在各国立法中没有明确的定义，结合中国实际，滥用职权即滥用自由裁量权，是指行政主体及其工作人员在职务权限范围内违反行政合理性原则的自由裁量行为。

关键词：滥用职权　自由裁量权　显失公正　行政合理性原则

自《行政诉讼法》颁布以来，理论界一直在讨论行政滥用职权[①]的内涵和表现形式。但是，至今立法并未对此作出明确界定，而理论上的争论却进入了割据状态。笔者将通过本文解释和分析产生这种现象的缘由，进而对滥用职权作出新的定义。

一　现有的观点及其缺陷

就理论研究领域，近年来关于滥用职权内涵及其表现形式的争论主要

---

[*]　本文原载于《法学研究》1994 年第 3 期。

[**]　朱新力，原文发表时在杭州大学法律系工作，现为浙江省高级人民法院副院长。

[①]　以下简称为滥用职权。滥用职权是一种在抽象行政行为和具体行政行为中均可能出现的违法形式，因为论证的需要，本文囿于讨论具体行政行为中的滥用职权，但是文章最后部分获得的新定义及其表现形式却可以涵盖所有行政行为中滥用职权的情形。

有以下四种学说。

1. 违背法定目的说

该说认为，滥用职权是指行政机关行使职权背离法律、法规的目的，背离法律的基本原则。它主要有以权谋私、武断专横、反复无常、具体行政行为的方式方法违法和故意拖延五种表现形式。[①] 这是早几年在理论界颇受推崇的理论解释，在它的影响下，围绕"法定目的"，学者们提出了许多比较接近的观点：有的把滥用职权定义为行政机关行使权力不是出于社会公共利益的考虑或者不符合法律授予这种权力的目的；有的认为滥用职权是行政机关作出的具体行政行为虽在其权限范围之内，但行政机关不正当地行使权力，不符合法律授予这种权力的目的；也有的把滥用职权定义为没有考虑应该考虑的因素或者考虑了不应该考虑的因素。[②] 由于判断具体行政行为目的存在困难，以及此说内涵存在的狭隘性，不久该说逐渐被学者否定。

2. 显失公正说

此说将滥用职权定义为行政主体在自由裁量权权限范围内不正当行使权力导致显失公正的行政违法行为。其主要表现有六类，即受不正当动机和目的支配致使行为背离法定目的和利益、不合法考虑致使行为结果失去准确性、任意无常违反同一性和平等性、强人所难违背客观性、不正当的迟延或不作为、不正当的步骤和方式。[③] 与前说相比，显失公正说体现了以下优点：第一，把滥用职权确认为一种自由裁量权权限范围内的违法，保证了滥用职权外延的明确性；第二，"不正当行使权力"的提法表明滥用职权不一定是出于主观故意，行政行为人由于主观过失而不正当行使自由裁量权的行为也同样构成滥用职权；第三，它克服了违背法定目的说具体操作上的困难，以行政行为结果是否显失公正为标准更具有可操作性。显失公正说以不正当行使自由裁量权和客观结果显失公正为两项不可或缺的标准来界定滥用职权的内涵，同样也有范围过窄之嫌。

[①] 参见罗豪才、应松年主编《行政诉讼法学》，中国政法大学出版社，1990，第250—251页。

[②] 参见张尚鷟主编《走出低谷的中国行政法学——中国行政法学综述与评价》，中国政法大学出版社，1991，第534—535页。

[③] 参见胡建淼《有关行政滥用职权的内涵及其表现的学理探讨》，《法学研究》1992年第3期。

3. 综合说

该说认为，合理性是自由裁量权运行中应遵循的原则，在确认自由裁量与防止行政专制之间，现代国家常用"法律精神"来规范自由裁量权。这种要求具体到司法上一般演变成对行为动机、目的、事实基础和实质内容的要求，因此具有不正当的动机（目的）、不相关的考虑或不合理内容的行政决定就是滥用自由裁量权的决定，属于滥用职权。与前两说相比，这一理论似乎比较全面，它以"法律精神"为标准，使滥用职权的内涵有了更丰富的内容，但是它没有回答滥用职权是否只发生在自由裁量范围之内，而且它也没有回答非行政决定领域是否存在滥用职权的问题。①

4. 列举说

该说认为，滥用职权是一个弹性极大的概念，它在各个国家及一国内不同时期有不同的内涵，至今没有一个国家对它作出过精确描述。为此，根据世界各国惯例、法治国家应遵循的基本准则和我国具体行政状况，我国滥用职权的概念应包含以下十部分内容：不正当的目的、不善良的动机、不相关的考虑、不应有的疏忽、不正确的认定、不适当的迟延、不寻常的背离、不一致的解释、不合理的决定、不得体的方式。这是至今对滥用职权表现形式最详细的列举，但是用它来代替滥用职权的内涵并不科学，因为难定义并不等于无法定义，否则，我们又如何防止司法自由裁量权因滥用而无理干涉行政自由裁量权。②

二　产生分歧的缘由

要对上述观点作更透彻的评价，关键是找出问题的根源，否则，哪一种观点都有其合理性。笔者以为，以上分歧主要源于以下几点。

第一，如何正确理解行政自由裁量权是认识滥用职权的基础。③ 以往的理论多数把自由裁量权定义为行政机关及其工作人员在法律无详细规定的情况下，依据事实，根据立法目的和公正合理原则，在职权范围内作出适当

---

① 罗豪才主编《行政法学》，中国政法大学出版社，1989，第43—44页。
② 参见江必新《行政诉讼问题研究》，中国人民公安大学出版社，1989，第270—276页。
③ 滥用职权只发生在行政自由裁量权领域的论断已成为我国理论界和立法的共识，其详细理由可参见胡建森《有关行政滥用职权的内涵及其表现的学理探讨》一文。

行政行为的权力。这种理解把自由裁量权局限在行政机关作出行政行为的范围内，实际上大大缩小了我国立法授予行政机关自由裁量权的广度。从理论和立法上分析，我国自由裁量权应该是行政主体在法定权限范围内就行为条件、行为秩序、作出行为与否和作出何种行为方面作合理选择的权力。其具体内容包括以下四点。①法律要件确认上的自由裁量权。由于语言本身的缺陷和世界事物的复杂性，成文法国家的立法无法避免在法律条文的要件部位运用不确定的法律概念，比如"价格不合理上涨"、"若不违反公共利益"、"情节严重"等。在实际的行政行为中对这些不确定法律概念的解释，意味着行政主体在法律要件确认领域享有自由裁量权，因为解释本身即包含一定度或量之内的合理认识权。① ②行为程序选择上的自由裁量权。程序是指进行某一行为的方式、步骤和时限。在行政法律规范对行政行为的方式、步骤、时限未作明确规定，规定过于笼统或规定了可供选择的方式、步骤、时限时，行政主体在职权范围内选择合理的方式、步骤、时限的权力就是行为程序选择上的自由裁量权。③是否行为的自由裁量权。立法常常用"可以"、"或者"等模棱两可的语言授予行政主体及其工作人员从可能的作为和不作为中作合理选择的权力。例如，《土地管理法》第17条规定："开发国有荒山、荒地、滩涂用于农、林、牧、渔业生产的，由县级以上人民政府批准，可以确定给开发单位使用。"这里的"可以"就是立法授予县级以上人民政府决定是否把荒山等国有土地发给开发单位使用的自由裁量权。④法定种类和法定幅度内选择的自由裁量权。比如，根据《集会游行示威法》第28条的规定，申请人未获许可即举行集会、游行、示威活动的，公安机关可以对其负责人和直接责任人员处以警告或15日以下拘留。如果某公民违反该规定，公安机关即可在警告和拘留两种法定处罚种类间选择一种处罚；如果选择拘留，公安机关则可在1日以上、15日以下的法定幅度内作拘留处罚。

上述自由裁量权的内涵及内容表明：基于自由裁量权的内容可完整列举，滥用职权的具体表现能够穷尽；基于自由裁量权内容的多维性，仅以违反法定目的或仅以结果显失公正为滥用职权的全部内容显然失之过窄。

---

① 翁岳生在《论"不确定法律概念"与行政裁量之关系》（原载《台湾社会科学论丛》第20辑）一文中认为，对不确定法律概念的解释只是一种认识过程，而不是裁量行为，笔者对此不敢苟同。

第二，寻找立法意图是认识滥用职权的关键。我国《行政诉讼法》在第54条规定了七大类具体行政行为的违法理由，它们是主要证据不足，适用法律、法规错误，违反法定程序，超越职权，滥用职权，行政不作为（包括行政主体不履行或拖延履行法定职责）和（行政处罚）显失公正。这七类违法理由的前三类与自由裁量权无关，后四类与自由裁量权紧密相连。在它们中间，超越职权与滥用职权界限十分明确，超越职权、行政不作为和显失公正之间的界限也非常清楚，唯有滥用职权与行政不作为、显失公正之间无法严格区分。解决这一问题的重要途径之一就是对滥用职权的内涵作立法意图上的分析。综观目前理论，人们普遍认为，滥用职权是自由裁量权权限范围内的一种违法形式，行政不作为属羁束行政行为领域内的违法形式，而显失公正则是与滥用职权相并列或相交叉的另一种自由裁量权权限范围内的独立违法。笔者认为，上述理解是对行政诉讼法立法精神的曲解。事实上，滥用职权是一个包括所有违反合理性原则的自由裁量行为的总概念；显失公正只是从自由裁量行为结果上进行判断的滥用职权违法的一种表现形式，是第二层次的滥用职权；行政不作为则是一种横跨羁束行政权和自由裁量行政权领域的违法形式，它与滥用职权相并列并有部分重叠。理由如下。

首先，现代行政法学原则包括行政必须合法、行政必须合理两项内容，我国《行政诉讼法》第5条关于"人民法院审理行政案件，对具体行政行为是否合法进行审查"的规定正是这一原则的立法表现，它赋予人民法院对行政主体的具体行政行为进行深度、全面监控的权力，无论是行政主体直接违背法律的违法行为，还是行政主体在自由裁量权权限范围内背离立法精神、显系缺乏合理性的违法行为，人民法院均有权予以撤销或部分撤销。而滥用职权一词正是行政诉讼法用以概括行政主体在职务权限内的自由裁量行为显系缺乏合理性的违法形式的法定用语，其他违法行为的法定用语从形式和实质两方面都无法完成这种概括。有人认为，行政主体在自由裁量权权限范围内显系缺乏合理性的行为不构成违法，仅属行政不当，这种观念是固守早期机械行政法治原则（无法律即无行政，合法即符合法条字面含义）的必然结果，它已落后于时代的要求和行政法治原则的新发展。

其次，行政不作为是指行政主体依法必须履行法定职责或应当履行法定职责但没有履行的情形。这种违法与滥用职权的部分重叠表现为自由裁量权范围内行政主体应该为而不为达到了严重不合理的程度。行政诉讼法之所以出现这种违法形式部分重叠的规定，实际上是立法技术上的无奈，同时这种规定也因不同司法控制手段的需要而具有重要意义。《行政诉讼法》第 54 条单列第 3 项规定"被告不履行或者拖延履行法定职责的，判决其在一定期限内履行"说明，对行政不作为人民法院可以作出强制履行判决。这意味着，对于同属滥用职权的行政不作为，人民法院也可以作出强制履行判决，因为对于行政不作为而言，撤销或部分撤销的司法手段无实际意义。

最后，《行政诉讼法》第 54 条第 4 项关于"行政处罚显失公正的，可以判决变更"的规定完全是为了赋予法院不同司法控制手段。这一规定意味着，对显失公正的行政处罚，人民法院既可以判决撤销或部分撤销，也可以直接作出变更判决；对其他种类的滥用职权，包括非行政处罚行为中的显失公正，人民法院只能作出全部或部分撤销的判决。立法之所以未对滥用职权作第二层次的全面列举是因为"法律规范的作者，不论是法学家或立法者，不应该走的更远去努力规定细节"①。把显失公正理解成与滥用职权相并列或交叉的同等级违法形式明显违背行政诉讼法的宗旨——平等地保护公民、法人或其他组织的合法权益，平等地维护和监督行政机关依法行使职权。因为这种观点必然造成同属显失公正的行政处罚和非行政处罚行为受到不平等的司法待遇。

第三，应科学地借鉴国外理论来解释中国的滥用职权。大陆法系和普通法系都存在滥用职权的违法形式，尽管概念表述上不甚一致，但自由裁量权已被用于达成非法目的，或根据不适当的动机和错误的信念行使自由裁量权，或在行使自由裁量权时考虑了不相关的因素等，且成了各国滥用自由裁量权的典型形式。但是典型形式的吻合并不代表各国立法、判例和学理对滥用职权内涵的相同理解。在美国，学者把滥用职权归结为六种情形，即不正当的目的、错误的和不相干的原因、错误的法律或事实根据、遗忘了其他有关事项、不作为或迟延、背离了既定的判例或习惯。② 在法

---

① 〔法〕勒内·达维德：《当代主要法律体系》，漆竹生译，上海译文出版社，1984，第 90 页。
② 参见〔美〕伯纳德·施瓦茨《行政法》，徐炳译，群众出版社，1986，第 567 页。

国，滥用职权主要包括三项内容：行政主体行使权力不是出于公共利益的考虑，而是为了私人利益或所属团体利益；行政主体的行为虽然符合公共利益但不符合法律授予其这种权力的特别目的；不按法律要求适用程序，如用司法程序代替行政程序。① 在日本，滥用职权被称为裁量滥用，它指违背授予裁量的法规目的的情况，包括事实的误认、目的的违反和动机不当、违反比例原则和平等原则。② 在英国，权力滥用被归为广义的越权，根据法院的判例，它主要包括不符合法律规定的目的、不相关的考虑、不合理的决定三种情况。③ 在德国，滥用自由裁量权是指行政机关故意地实施一种违法行为，或行政机关错误地不接受为自由裁量权行使而规定的内部限制。像违反合理性原则、不正确的目的、不相关的因素、违背客观性和违反平等对待原则都是滥用职权的表现形式。④ 以上几个国家滥用职权的内涵及其表现形式不能完全照搬为我国所用，因为各国都有自己的归类标准和方法。比如，中国"适用法律、法规错误"的违法类型并非滥用职权的形式，但它在美国却以"错误的法律根据"成为滥用职权的一种情形。再如，美国"错误的事实根据"和日本"事实上的误认"均被归入滥用职权的范畴，但在中国它却属于"主要证据不足"的违法类型。从更广泛意义上观察，各国滥用职权表现形式和内涵的差别并不说明各国学理、立法和判例对不同的违反合理性原则的自由裁量行为作不同的司法对待，几乎所有国家都把滥用职权表现形式之外的违反合理性原则的自由裁量行为安排在其他违法行政行为中予以司法审查。同时各国关于滥用职权的文字表述上类似的表现形式常应国情之别而被注入不同的内涵。

　　以上介绍表明，滥用职权在各国立法中没有明确的定义，学理和判例上对滥用职权内涵及表现形式的总结非常值得我们借鉴，但是，不考虑中国实际的照搬和全盘否定都不是科学的态度。

---

① 参见王名扬《法国行政法》，中国政法大学出版社，1988，第664—665页。
② 参见〔日〕南博方等《行政法》，1981年日文版；〔日〕南博方《日本行政法》，杨建顺、周作彩译，中国人民大学出版社，1988，第37—38页；〔日〕和田英夫《现代行政法》，倪健民、潘世圣译，中国广播电视出版社，1993，第189页。
③ 参见王名扬《英国行政法》，中国政法大学出版社，1987，第170—172页。
④ 参见〔印度〕M. P. 赛夫《德国行政法——普通法的分析》，五南图书出版有限公司，1991，第206页。

三　滥用职权的新定义

通过以上分析，笔者对滥用职权作如下新定义：滥用职权，即滥用自由裁量权，是指行政主体及其工作人员在职务权限范围内违反行政合理性原则的自由裁量行为。其特点表现为：第一，滥用职权是一种违法的行政行为。第二，滥用职权只发生在自由裁量权权限范围内。第三，滥用职权是违反行政合理性原则的自由裁量行为。轻微的不合理、一般的不当不发生对行政合理性原则的违反，这种行为属行政不当，不构成滥用职权。①第四，滥用职权是发生在自由裁量权权限范围内违反行政合理性原则的行为的总概念。

根据自由裁量行为发生的总过程，我们可以把滥用职权的具体内容概括为以下五种情形。

1. 背离法定目的

它指行政主体的行政行为从客观上分析不符合法律、法规授权的目的。具体包括：①行政行为人为了私人利益（如恶意报复、歧视等）或所属小集团的利益而使行为目的与法定目的不一致；②行政行为人考虑了不相关的因素或不考虑相关因素而导致行为目的与法定目的的不一致；③行政行为人行使权力的目的虽符合公共利益，但不符合法律授予其这项权力的特别目的。这是一种以法定目的为判断标准的滥用职权类别，与那些只有出于不良动机和目的的自由裁量行为才属于滥用职权的论点不同，它不仅包括行政行为人恶意行使自由裁量权的违法，还包括主观企图上并无不轨，但疏忽、过于自信甚至出于善良动机而导致行为目的与法定目的不一致的违法行政行为。

2. 对不确定法律概念解释的严重不当

对不确定法律概念的解释必须符合所属法律文件的精神和价值目的，符合社会公认的基本准则，因此以下三种情形均不可取：①对不确定法律概念作任意扩大或缩小的解释；②对不确定法律概念解释的前后不一致；

---

① 见王汉斌1989年3月28日在七届全国人大二次会议上所作的《关于〈中华人民共和国行政诉讼法（草案）〉说明》。

③对不确定法律概念的解释违背已有的规范性行政文件对此概念所作的政策性的解释。行政主体对不确定法律概念的解释直接违背已有的法律、法规、行政解释和司法解释对此概念的解释情形，不属于滥用职权违法，而是一种越权行为。

3. 行政不作为

这种滥用职权行为有四个构成要件：①行政主体对是否行使权力享有自由裁量权；②在某种法定情况达到一定程度时，行政主体应该（不是必须）行使权力；③行政主体拒绝行使该权力或因疏忽、误解等而没有行使该权力，不可能行使自由裁量权情况下的不作为不构成滥用职权；④拒绝或怠于行使自由裁量权显系缺乏合理性。

4. 不正当的程序

程序分为法定和意定两种，行政主体违反法定程序的行政行为属"违反法定程序"的违法种类。只有在程序领域享有自由裁量权的情况下，才会发生不正当的程序违法。通常包括如下情形：①严重失当的步骤，包括必要步骤的省略、必经步骤的颠倒、恣意增加步骤等；②非常不得体的方式；③毫无理由的故意拖延或疏忽等造成实际拖延达到了严重不合理的程度；④选择一种司法程序代替行政程序。

5. 行为结果的显失公正

未超越法定权限范围的自由裁量行为从结果上看明显不合理、不公正的违法称为显失公正。由于对显失公正的判断无法找到确切的量和精确的比例，所以，法官进行显失公正判断的活动实际上是粗略估计的。为保障法院判决的公正，笔者认为，法官应以行政合理性原则为基本标准，这一原则包含可行性原则、平衡原则、平等对待原则、惯例原则、遵守非法律的行政规范性文件原则。①

以上五大表现形式是对滥用职权第二层次多角度、全方位的描述，其中部分表现形式可能发生重叠，比如某一违反法定目的的滥用职权行为，其结果也可能是显失公正的。这种重叠并不表明上述种类划分的非科学性，相反，正是多角度保证了滥用职权表现形式列举的全面性。也正是全方位，法院在实际操作中才能掌握更多的分析武器而对自由裁量行为作出

---

① 参见拙著《行政处罚显失公正确认标准研究》，《行政法学研究》1993年第1期。

滥用职权与否的鉴别。

滥用职权五类表现形式并非法院实际司法判决的理由，我国行政诉讼法对滥用职权没有作第二层次的全面列举，这意味着立法赋予法院在滥用职权的判断方面极大的司法自由裁量权。为了避免走向万能的法官和全能的司法权的极端，法官在这种判断上应自我克制，可以根据公正理念，对客观上违背法定目的但结果并不显失公正的自由裁量行为作合法行政行为看待，拒绝将仅有不正当的程序但结果并不显失公正的自由裁量行为归入滥用职权，这样做的合理性和合法性还有待探讨，但对当今中国法官来说，他们更需要的是充分行使司法自由裁量权，摆脱滥用职权狭隘解释的束缚。

司法审查中的滥用职权标准

——以最高人民法院公报案例为观察对象[*]

周佑勇^{**}

摘 要：考察最高人民法院公报上有关行政机关滥用职权的司法案例，可以发现其存在两种裁判逻辑。分离型裁判逻辑立足于形式违法性审查，根据"职权"或"滥用"单一要素进行判断，使得任何违法行使职权的行政行为都可能构成滥用职权。结合型裁判逻辑立足于实质违法性审查，认为构成滥用职权必须具备"职权"与"滥用"双重要素，滥用职权的实质是偏离法律目的行使裁量权。分离型裁判中的滥用职权与日常用语更为接近，结合型裁判中的滥用职权更符合行政诉讼法的立法精神。"滥用"的主观过错难以认定，影响了滥用职权标准的司法适用性。应以功能主义立场取代规则中心主义，借助均衡性的法律原则与功能性的自我规制技术，化解"滥用"之主观动机认定难的问题。

关键词：滥用职权 司法审查 行政裁量 功能主义 裁量基准

引 言

当"绝对的和无约束的自由裁量权的观点受到否定"，^① 行政裁量便不

＊ 本文原载于《法学研究》2020 年第 1 期。

＊＊ 周佑勇，中共中央党校（国家行政学院）政治与法律教研部教授。

① 〔英〕威廉·韦德：《行政法》，徐炳等译，中国大百科全书出版社，1997，第 68 页。

再是司法审查的禁区。法治并非要消除现代政府广泛而又多样的裁量权，而是要实现对裁量权的有效控制，对这类看似毫无界限的权力加以约束。法院审查行政裁量，不仅应当认识到所有的权力均受法律限制，也应当"确定那些限制，以在行政效率与对公民的法律保护之间作出最为适当的平衡"①。为实现这种平衡，无论是大陆法系还是普通法系国家，都以裁量瑕疵理论为基础，单独构建了以滥用裁量权与逾越裁量权为主要判断标准的行政裁量司法审查体系。譬如，美国的《联邦行政程序法》（2011 年修改）第 706 条明确规定，复审法院可以撤销"独断专横、反复无常、滥用自由裁量权"的行政行为。德国《行政法院法》（2012 年修改）第 114 条规定，"法律授权行政机关决定的（事项），行政法院应当审查裁量决定是否超越法定界限、符合法定裁量目的，以及拒绝作出行政行为或不作为是否违法"。日本的《行政事件诉讼法》（2015 年修改）第 30 条规定，"有关行政机关的裁量处分，限于超越裁量权范围或滥用裁量权时，法院得以撤销"。

　　与上述国家的立法类似，我国《行政诉讼法》自出台以来，便明确规定法院可以撤销行政机关"滥用职权"的行政行为。《行政诉讼法》2014年修改时，吸收了"对于行政机关明显不合理的行政行为，没有规定人民法院可以判决撤销，不利于解决行政争议"的建议，② 新增行政行为"明显不当"的审查标准。自此，我国的行政诉讼"堂而皇之地进入合理性审查的时代"③。不过，不同于那些单独构建行政裁量司法审查标准体系的国家或地区，我国《行政诉讼法》并未就"滥用职权"、"明显不当"与行政裁量司法审查标准的对应关系作出明确规定，而是将其与"主要证据不足"、"适用法律、法规错误"、"违反法定程序"、"超越职权"等其他标准并列规定，导致行政裁量司法审查标准模糊不清。有学者认为，"滥用职权"的司法适用应当仅限于行政裁量领域。④ 也有学者指出，从文义上理解，"滥用职权"中的"职权"既包括裁量权，也包括羁束权；滥用职

---

① 〔英〕威廉·韦德：《行政法》，徐炳等译，中国大百科全书出版社，1997，第 55 页。
② 《全国人民代表大会法律委员会关于〈中华人民共和国行政诉讼法修正案（草案）〉修改情况的汇报》，载全国人大常委会法制工作委员会行政法室编著《行政诉讼法修改前后条文对照表》，人民法院出版社，2014，第 116 页。
③ 何海波：《论行政行为"明显不当"》，《法学研究》2016 年第 3 期，第 73 页。
④ 参见袁杰主编《中华人民共和国行政诉讼法解读》，中国法制出版社，2014，第 197 页。

权的情形并不限于滥用裁量权，还应包括滥用羁束权。① 模糊的立法规定和多元化的学说解释极易导致司法适用的混乱。实践中，法院要么将滥用职权标准与其他审查标准交叉混用，要么将其隐匿于其他审查标准中，有时甚至以其他标准取而代之。

到目前为止，针对我国滥用职权审查标准的模糊性难题，最高人民法院并未出台相关司法解释，也未公布可资参照的指导性案例。权威立场的沉默，进一步加剧了相关司法适用的波动和混乱。在《行政诉讼法》于2014年新增明显不当标准后，厘清滥用职权标准的内涵与外延，规范其司法适用显得尤为重要。为此，本文以《最高人民法院公报》（以下简称"公报"）相关案例为观察对象，通过分析司法认定滥用职权的裁判逻辑、滥用职权标准的构成条件和适用技术，尝试为滥用职权标准在司法审查中的适用探索一条更为清晰的路径。

一　滥用职权标准的司法裁判逻辑

经检索发现，截至2019年10月，公报共刊登了7个以"滥用职权"为由认定行政行为违法的案例。② 从总体上看，这7个案例中的前3个案例与后4个案例，分别呈现了两种不同的裁判逻辑。

（一）分离型裁判逻辑

所谓分离型裁判逻辑，是指法院凭借"滥用"或"职权"中的单一要素，尤其是"滥用"这一要素，直接认定行政机关构成滥用职权。在公报

---

① 参见姚锐敏《关于行政滥用职权的范围和性质的探讨》，《华中师范大学学报》（人文社会科学版）2000年第5期，第115页。

② 这些案例分别是：1993年第1期的"谢培新诉永和乡人民政府违法要求履行义务案"（简称"谢培新案"）；1996年第1期的"黄梅县振华建材物资总公司不服黄石市公安局扣押财产及侵犯企业财产权行政上诉案"（简称"黄梅县振华公司案"）；2002年第3期的"路世伟不服靖远县人民政府行政决定案"（简称"路世伟案"）；2003年第3期的"王丽萍诉中牟县交通局行政赔偿纠纷案"（简称"王丽萍案"）；2015年第2期的"定安城东建筑装修工程公司与海南省定安县人民政府、第三人中国农业银行定安支行收回国有土地使用权及撤销土地证案"（简称"定安城东案"）；2017年第2期的"刘云务诉山西省太原市公安局交通警察支队晋源一大队道路交通管理行政强制案"（简称"刘云务案"）；2017年第11期的"崔龙书诉丰县人民政府行政允诺案"（简称"崔龙书案"）。

1993 年刊登的"谢培新案"中，法院仅以行政机关存在非法意图判定被告构成滥用职权。该案中，原告谢培新对被告永和乡人民政府要求其承担生产、服务性服务费的行为不服，向法院提起诉讼。法院查明，根据《农民承担费用和劳务管理条例》和《四川省农民负担管理条例》，农民每年向农村集体经济组织上交集体提留和统筹费的总额，以乡（镇）为单位计算，不得超过上一年农民人均纯收入的 5%。原告 1992 年共计应负担94.50 元（人均应负担 18.90 元），但被告向原告提取各类费用达 192.06 元（人均 38.41 元），占上一年人均纯收入的 10%。因此，被告向原告收取的费用"超过原告全家应负担费用的一倍"。法院认为，该行为违反了国务院相关条例和四川省相关条例规定的"取之有度、总额控制、定项限额的原则"，具有任意性和随意性，且有的费用收取项目还存在"重复提取"与"强行摊派"等违法情形，判定被告既构成超越职权又构成滥用职权。在该案中，被告超出法律规定的范围向原告收取费用，本身已经构成超越职权，① 具有明显的违法性。法院同时基于该行为存在任意性、随意性以及重复提取和强行摊派的主观恶意，构成对"法律原则/目的的违反"，判定该行为构成滥用职权。很明显，法院将行政机关的主观动机作为认定滥用职权的充分条件，认为只要行政机关出现了动机偏移，便构成滥用职权，② 即便行政机关的行为已经明显超越职权。

与"谢培新案"一样，在公报 1996 年刊登的"黄梅县振华公司案"中，法院亦采用了"滥用"与"职权"相分离的裁判逻辑来认定滥用职权，且这种裁判逻辑表现得更为彻底。该案中，法院将行政机关的"非法意图"提到了更为核心的位置。该案的一审法院查明，黄石市公安局所扣钢材所有权关系明确，在"有关证据足以证明与其所称犯罪嫌疑人无关"的情况下，认定黄石公安局强制扣押财产的行为违法。与此同时，一审法院还查明，被告在扣押钢材期间，向原告施加压力，并在其办公地点主持原告与无经济合同关系的浙江省瑞安市生产资料服务公司签订违背原告真实意愿的合同，强迫原告用其合法财产偿还他人所欠债务，由此认定黄石

---

① 行政机关超过法律规定幅度或范围作出的行政行为，构成超越职权。参见金伟峰《论行政超越职权及其确认和处理》，《行政法学研究》1996 年第 4 期，第 2 页。

② 参见陈天昊《行政诉讼中"滥用职权"条款之法教义学解读》，《西南科技大学学报》（哲学社会科学版）2011 年第 6 期，第 10 页。

市公安局存在以侦查之名干涉经济活动的非法意图，构成滥用职权。① 在该案中，一审法院并未释明被告公安局是否享有干预经济活动的权力，仅通过公安局存在非法干预经济活动的主观动机，便判定其构成滥用职权。在公报 2002 年刊登的"路世伟案"中，法院则是在未确认行政机关是否存在不正当乃至非法之主观目的的情况下，以"不属于自己管的事"、"县政府无权用这种于法无据的独特关系去影响他人，去为他人设定新的权利义务，去妨碍他人的合法权益"为由，认定行政机关既超越职权又滥用职权。很明显，"路世伟案"的裁判逻辑并未涉及对"滥用"要素的考量，法院仅仅根据行政机关"无职权"之事由，就判定其构成滥用职权。

（二）结合型裁判逻辑

无论是"谢培新案"、"黄梅县振华公司案"，还是"路世伟案"，法院其实都是从"职权违法"或"主观意图违法"的外部视角认定滥用职权。被法院判定构成滥用职权的行政行为本身就具有明显的形式违法性。然而，从公报 2003 年刊登的"王丽萍案"开始，法官将注意力转向行政裁量内部的合理性问题。随之而来的变化是，具有形式合法性的裁量权成为恒定的"职权"要素，法院只需判定何种因素构成裁量权的滥用即可，构成滥用职权要满足"职权"与"滥用"的双重属性，此种裁判逻辑即所谓结合型裁判逻辑。

在"王丽萍案"中，原告王丽萍因未交养路费而上路，被被告中牟县交通局强制扣车。原告车辆装有生猪，且天气炎热，原告请求先把生猪卸下再扣车，被告对此置之不理，仍然强制扣车，生猪因未能得到及时处理而死亡。法院认为，县交通局工作人员不考虑该财产的安全，"不满足合理、适当行政的要求，是滥用职权"。在本案中，双方争议的焦点并不是被告扣车的权限问题，不是原告是否已交养路费的事实证据问题，也不是

---

① 需要说明的是，在一审的裁判理由中，法院并没有对黄石市公安局的行为构成滥用职权直接进行说理，而是笼统地以《行政诉讼法》（1989 年）第 54 条第 2 项第 5 目为由，判定黄石公安局的行为违法。学界多认为，该案中法院所说的滥用职权，指的就是黄石市公安局"以侦查之名干涉经济活动"这一行为。参见朱思懿《"滥用职权"的行政法释义建构》，《政治与法律》2017 年第 5 期，第 116 页。

被告扣车适用的法律依据是否正确以及程序是否违法问题，而是被告执行扣车行为的合理性。针对被告应如何扣押车辆，法律未作明确具体的规定，意味着在具体执行扣车的过程中，行政机关有选择和裁量的余地。而行政机关在执行扣车时，未考虑相关因素，给相对人造成了损失，因此构成裁量权滥用。[①] 与前述分离型裁判逻辑不同，"王丽萍案"中的扣车行为明显属于被告行政机关行使裁量权的职权行为，只是在裁量权行使过程中，中牟县交通局的执法人员存在"无论暂扣车辆的决定是否合法，被告县交通局的工作人员在准备执行这个决定时，都应该知道在炎热的天气下，运输途中的生猪不宜受到挤压，更不宜在路上久留"的主观过错，导致行政行为不合理，构成了裁量权滥用。法院是在审查裁量权的基础上，通过认定行政机关存在主观过错，判定行政机关滥用了裁量权，构成滥用职权。"王丽萍案"中的"主观过错"与"谢培新案"中的"强行摊派"、"重复提取"和"黄梅县振华公司案"中的"干预经济活动"所具有的"非法意图"不同。法院未再强调行政机关主观意图的非法性，只要行政机关在行使裁量权的过程中存在主观过错，导致裁量决定明显不合理，即可构成滥用职权。

在公报 2015 年以后刊登的三个案例中，结合型裁判逻辑得到了进一步体现。"定安城东案"系经最高人民法院提审的案件。提审法院认为，被申请人海南省定安县人民政府在作出收回国有土地使用权的决定后，应该要求再审申请人定安城东建筑装修工程公司持有关证明文件到土地管理部门申请注销土地登记，而不是以申请人当初申请土地登记时未填写土地用途为由，作出撤销土地证的决定。法院认定，"当初未填写土地用途并非城东公司的原因，本可以补正方式解决，县政府却以此为由撤销城东公司合法持有的国有土地使用证，属于滥用行政职权"。在"刘云务案"中，法院认为，晋源交警一大队在扣留车辆后，应依照相关法律的规定，分别作出相应处理。在刘云务已经提供有关证明的情况下，晋源交警一大队"既不返还机动车，又不及时主动调查核实车辆相关来历证明，也不要求刘云务提供相应担保并解除扣留措施"，而是"反复要求刘云务提供客观

[①] 行政机关在行使裁量权的过程中未考虑相关因素，或考虑了不相关的因素，构成裁量权滥用。参见刘鑫桢《论裁量处分与不确定法律概念》，五南图书出版有限公司，2005，第59页。

上已无法提供的其他合法来历证明，滥用了法律法规赋予的职权"。在"崔龙书案"中，法院判定，丰县人民政府作出的丰委发（2001）23 号《关于印发丰县招商引资优惠政策的通知》（简称"23 号通知"）对原告崔龙书构成了行政允诺。丰县人民政府拒绝履行允诺义务，构成滥用职权。法院首先认为，基于保护公共利益的需要，在行政允诺的订立和履行过程中，"赋予行政主体在解除和变更中的相应的优益权固然必要"，但行政主体不能滥用此种优益权，且"在行政允诺关键内容的解释上，同样应当限制行政主体在无其他证据佐证的情况下，任意行使解释权"。由于丰县政府所属工作部门丰县发改委是在丰县政府涉诉后才对 23 号通知所作承诺进行限缩性解释的，法院认定丰县发改委"有为丰县政府推卸应负义务之嫌疑"，丰县政府以此为由拒绝履行允诺义务，构成对优益权的滥用。

二 滥用职权标准的司法适用立场

在具体适用行政诉讼法上的滥用职权标准时，公报公布的案例呈现分离型与结合型两种不同的裁判逻辑。尽管二者追求的效果一致，但在界定滥用职权的内涵与外延时，对滥用职权的适用范畴、认定条件、司法价值取向等，又有明显不同的认识。面对司法适用立场的分歧，在我国行政诉讼法的审查标准体系下，究竟应该如何适用滥用职权标准？

（一）滥用职权标准的适用范畴与认定条件

按照分离型裁判逻辑，是否构成滥用职权可以通过单一的"职权"或"滥用"要素进行判定，滥用职权标准的适用范畴具有极大的开放性。一方面，依单一的"职权"要素，无论行政机关有无"滥用"之主观意图，任何无职权或超越职权的行政行为，都可以同时被认定为滥用职权，如前述"路世伟案"。另一方面，依单一的"滥用"要素，即便行政机关无职权或超越职权，任何具有"滥用"意图的行政行为，也都可以被认定为滥用职权，如前述"谢培新案"。同时，以"滥用"为要素，对于行政机关具有何种职权，在所不问。只要发现了"滥用"之主观意图，便可认定为滥用职权。"黄梅县振华公司案"可以说是行政机关以权谋私、违法介入私人间经济活动的典型,① 但该案中的"权"其实是一种羁束权,即对于可否将他人间的经济纠纷纳入自身受案范围,公安机关依法没有任何裁量空间,其职权是羁束性的。② 可见,按照分离型裁判逻辑,滥用职权的构成是可以脱离"职权"要素的,其所谓职权之"权"既可以是裁量权也可以是羁束权;滥用职权既包括滥用裁量权,也包括滥用羁束权。此种逻辑下,对立法目的或原则的审查,并非由滥用裁量权审查标准独揽。尽管针对羁束行政行为的审查,法院可基于法律对行政行为职权范围、条件、方式与程序等方面的明确规定直接作出判定,不会也不需要借助抽象的法律目的去证成合法性;事实却与之相反,"这种目的不明示,使一些腐败的行政权力有了可乘之机,暗含的法律目的更易被歪曲和违反"③。实践中,行政机关完全可以借助严格执法之名,过度或胡乱地使用法律授予的职权。此时,行政机关适用羁束行政法律规范的目的,不在于为完成行政任务而进行行政管理,而在于借由羁束行政法律规范的外壳实现其与立法目的无关的不当意图。④ 申言之,羁束行政同样可能构成职权的滥用。尤其是,羁束行政在违法的同时,也时常具有明显的非法意图。按照分离型裁判逻辑,行政裁量权领域存在滥用职权自不待言,对于羁束行政来说,由于行政职权的单方性、强制性和执行性特点,亦应承认存在因违反法律目的而构成滥用职权的情形。⑤

与分离型裁判逻辑不同,结合型裁判逻辑是将"职权"与"滥用"两个要素结合起来加以分析,滥用职权审查标准的适用范围受到严格的条件限制。按照此种裁判逻辑,滥用职权仅指在行政职权范围内发生的行为,因其内容与法律、法规设定该职权的用意或目的相去甚远,产生了"滥用"之后果,构成滥用职权。⑥ 从外在形态上观察,构成滥用职权之行为

---

① 参见刘敬怀、何平、阎军《王汉斌谈〈行政诉讼法〉》,《瞭望周刊》1988 年第 49 期,第 4 页。

② 参见章剑生《现代行政法基本理论》(上卷),法律出版社,2014,第 459 页。

③ 彭云业、张慧平:《行政滥用职权之正确界定》,《山西大学学报》(哲学社会科学版) 2001 年第 3 期,第 70 页。

④ 参见高逸凡、雷庚《羁束行政行为中滥用职权的表现及规制》,《河北科技大学学报》 (社会科学版) 2018 年第 4 期,第 46 页。

⑤ 参见江必新主编《新行政诉讼法专题讲座》,中国法制出版社,2014,第 263 页。

⑥ 参见马原主编《行政诉讼知识文库》,北京师范学院出版社,1991,第 193 页以下。

本身并不存在明显的形式违法，① 只是存在"滥用"，导致裁量决定的作出过程或结果出现明显的不合理。这意味着，滥用职权必须是自由裁量的行政行为，羁束权限的行政行为不发生"滥用职权的问题"②。只有在行政裁量领域，行为人在其权限范围内才有选择的余地，并有责任考量何种选择更符合立法意图或法律目的，才会存在行为正当与否的问题，并有可能构成滥用职权。③ 相比于行政裁量，因羁束行政的法律规定详细明确，行政机关实施该行为只能严格依法行政，不存在自由选择的幅度或余地，只会发生合法性争议，不存在行为是否合理或正当之说。正如王名扬所指出的，有关羁束权限的行政行为，行政机关只能按照法律规定作出，没有选择其他决定的可能；只要行政决定的内容符合法律规定，"即使具有权力滥用要素，法院不因此而撤销这个决定"④。可见，对于合法的羁束行政行为而言，即便行政机关在行为时存在非法意图，也不会导致该行为违法，法院不能因此撤销该行为。违法的羁束行政行为必然是客观上违反了法律规定。如果法律已经作出明确规定，基于行政机关存在非法目的而认定行政行为违法，其实没有任何意义，因为无论如何，行政机关都必须作出同样的行为。⑤ 如果行政机关无职权或超越职权，即便存在"滥用"之意图，亦非滥用职权，而仅构成超越职权，⑥ 因为其不满足"职权范围内"这一要求。抑或它们自身就存在形式违法，无论主观上是否有非法意图。如果行政机关在其职权范围内作出决定，但无"滥用"之情形，依然无法构成滥用职权。

由于"滥用"具有强烈的主观性，按照结合型裁判逻辑，滥用职权的构成还需要行政机关在实施行政行为时存在主观故意，这是滥用职权与其

---

① 参见傅思明《中国司法审查制度》，中国民主法制出版社，2002，第122页以下。

② 万猛：《论判决撤销滥用职权的具体行政行为》，载黄杰、李道民主编《行政审判实践与研究》，中国法制出版社，1991，第223页。

③ 参见胡建淼《有关行政滥用职权的内涵及其表现的学理探讨》，《法学研究》1992年第3期，第11页。

④ 王名扬：《法国行政法》，中国政法大学出版社，1988，第694页。

⑤ 参见 Jean-Marie Auby, The Abuse of Power in French Administrative Law, 18 *Am. J. Comp. L.* 559 (1970)。

⑥ 对于干涉"不属于自己管的事"这种无权限的行为，我国通说将其归入"超越职权"的范围。参见罗豪才主编《中国司法审查制度》，北京大学出版社，1993，第389页。

他违法或不当行政行为的主要差别。① 如果行政行为因内容不合理、不适当而违背法律法规的目的或精神，是由其他因素而非行政机关工作人员主观上的故意所引起，那就不属于滥用职权。② 这在前述 4 个涉及职权滥用的公报案例中，都有明显的体现。"王丽萍案"中，执行人员对财产损害有"明知"；"定安城东案"中，"本可以补正方式解决，县政府却以此为由撤销城东公司合法持有的国有土地使用证"；"刘云务案"中，晋源交警反复要求原告刘云务提供客观上无法提供的材料；"崔龙书案"中，丰县发改委"为推卸义务而作出限缩解释"。

（二）司法适用的价值取向

两种裁判逻辑在滥用职权审查标准适用范畴与认定条件上的分歧，在很大程度上源于二者在司法审查价值取向上的差异。分离型裁判逻辑遵循形式合法性审查的价值取向，回避对行政行为的实质合理性审查。③ 形式合法性审查的倡导者立足于古典权力配置理论，他们或按照议会主权与法的支配之要求，将行政机关视为传送带，借助严格的"禁止授予立法权原则"，从源头上消除行政裁量的生长空间④；或按照权力分立原则，认为行政权是被概括授予的，并借助法律保留原则，将行政权从法的严格拘束中解放出来⑤。因此，裁量是行政权为实现国家目的与公益而具有的固有属性，司法权作为异质权力，无权涉足行政裁量内部的自由意志领地。"行政机关在法律、法规规定的范围内作出的具体行政行为是否适当，原则上由行政复议处理，人民法院不能代替行政机关作出决定。"⑥

---

① 参见关保英《论行政滥用职权》，《中国法学》2005 年第 2 期，第 61 页。
② 参见袁明圣《对滥用职权与显失公正行为的司法审查》，《法律科学》1996 年第 6 期，第 19 页。
③ 我国 1989 年《行政诉讼法》第 5 条规定，人民法院审理行政案件，对具体行政行为的合法性进行审查；《最高人民法院关于执行〈中华人民共和国行政诉讼法〉若干问题的解释》第 56 条规定，被诉具体行政行为合法但存在合理性问题的，人民法院应当判决驳回原告的诉讼请求。
④ 例如，戴雪主张人民只受法律治理，否定行政法的存在，遑论行政自由裁量。参见〔英〕戴雪《英宪精义》，雷宾南译，中国法制出版社，2016，第 267 页。
⑤ 迈耶就曾强调，法律保留不是对执行权的新的限制，正相反，其是对执行权的扩张。参见〔德〕奥托·迈耶《德国行政法》，刘飞译，商务印书馆，2013，第 76 页。
⑥ 王汉斌：《关于〈中华人民共和国行政诉讼法（草案）〉的说明》，《最高人民法院公报》1989 年第 2 期，第 11 页。

　　如果违法仅仅表现为形式违法，对滥用职权，就只能借助行政行为职权违法或主观意图违法等外部的合法性进行判定，否则就会涉及行政行为内部的合理性问题。此时，即便法院将主观意图的"滥用"作为判断标准，基于"滥用"所作出的行政行为也会在客观上具有违法性，否则就属于合理性问题而不应受法院审查。当构成滥用职权的行为本身已属客观违法，法院对行政机关主观意图的判定就更像是一种补强措施。形式违法下的滥用职权，同日常用语中"胡乱地或者过度地使用"非常接近。① 正因如此，"谢培新案"中的"超越职权"、"路世伟案"中的"无职权"，以及"黄梅县振华公司案"中的"违反法律规定"的行政行为，才都被认定为滥用职权。甚至行政机关存在事实认定错误、法律适用错误，或者程序违法等违法情形，也都可以被认定为滥用职权。② 从这个角度看，受到司法审查的行政行为，并不是因为行政行为构成了滥用职权而被判定为违法，而是因行政机关本身违法行使职权，而被认定为滥用职权。分离型裁判逻辑下的滥用职权，只能算作其他各项审查标准的兜底概念或上位概念，③ 统摄或补充其他各项司法审查标准。但是，将行政机关各种违法行使职权的行为都指控为滥用职权，显然是把"滥用职权"的范围错误扩大到整个"行政违法"，④ 在某种程度上消除了滥用职权审查标准的独立性。

　　随着时代的发展，那种立足于国家与社会、权力与自由相分离且对立的单一化社会，正逐渐转变为多元化的社会。一方面，经济发展的不平衡导致公民中间出现了利益分化，政府的"主要工作是取得平衡，需要令整个由动力元素组成的社会达致平衡"。⑤ 另一方面，在基本人权观与依法行政原理普及的情况下，裁量的本质是为了实现国家目的而作出的必要考

① 中国社会科学院语言研究所词典编辑室编《现代汉语词典》，商务印书馆，2005，第812页。
② 从日常用语的理解出发认定滥用职权的思路，在我国司法实务中并不少见。参见施立栋《被滥用的"滥用职权"——行政判决中滥用职权审查标准的语义扩张及其成因》，《政治与法律》2015年第1期，第98页。
③ 参见蔡维专《对行政诉讼法中明显不当标准的思考》，《人民司法（应用）》2016年第16期，第87页；施立栋《被滥用的"滥用职权"——行政判决中滥用职权审查标准的语义扩张及其成因》，《政治与法律》2015年第1期，第98页。
④ 参见胡建森《行政法学》，法律出版社，2015，第658页。
⑤ 〔葡〕苏乐治：《行政法》，冯文庄译，法律出版社，2014，第298页。

虑，这是裁量能够成为行政固有手段的前提。① 立法机关制定的法律是行政行为的根据，行政机关并不享有独立于宪法或法律的任何权力。过去那种独立于法律且完全排除法院审查的行政裁量，变成了受到法律限制的行政裁量。由于法律规定存在模糊性，行政机关在法律规定的范围内享有一定的裁量权，但裁量权的行使仍要限于法律授予的范围，且必须符合法律授权的目的。法律目的构成行政裁量的内部界限，若行政机关没有遵守裁量的规范目的，则构成裁量权滥用。② 结合型裁判逻辑首先将滥用职权限定在行使裁量权的范围内，然后审查裁量权的行使是否符合法律目的，以此确认行政行为是否违法。不同于分离型裁判逻辑，结合型裁判逻辑的出发点是对行政裁量的实质违法进行审查。

（三）作为实质性审查标准的"滥用职权"与"明显不当"

按照结合型裁判逻辑，"滥用职权"是对裁量权进行实质性审查的标准。我国《行政诉讼法》2014 年增加了"明显不当"的审查标准，将其与"滥用职权"并列作为撤销行政行为的理由，表明滥用裁量权的表现已不仅限于"滥用职权"，还包括"明显不当"。这两项标准有必要合理分工，以便发挥各自独立的审查功能，防止标准的交叉、重叠或者虚置。

从法理上讲，行政机关未遵守裁量规范之目的，既可能表现为行政机关故意实施违法行为，也可能表现为行政机关错误地不遵守为裁量权行使设定的内部法律限制。滥用裁量权既可以是客观上的明显不当，也可以是主观上的滥用权力③，将"滥用"限定在行政机关的主观层面，并不能涵盖不合理行使裁量权的全部情形④。为确保各项审查标准在体系上的逻辑融洽与分工上的明确，"滥用职权"仅应被理解为主观方面的审查标准，⑤

---

① 参见〔日〕田村悦一《自由裁量及其界限》，李哲范译，中国政法大学出版社，2016，第 10 页。

② 参见〔德〕哈特穆特·毛雷尔《行政法学总论》，高家伟译，法律出版社，2000，第 130 页。

③ 参见〔印〕M. P. 赛夫《德国行政法——普通法的分析》，周伟译，山东人民出版社，2006，第 155 页。

④ 参见沈岿《行政诉讼确立"裁量明显不当"标准之议》，《法商研究》2004 年第 4 期，第 34 页。

⑤ 参见史笔、曹晟《新〈行政诉讼法〉中行政行为"明显不当"的审查与判断》，《法律适用》2016 年第 8 期，第 24 页。

主要用于审查行政机关具有主观恶性的行政行为，而"明显不当"主要用于审查客观不当的行政行为，如未考虑相关因素或违反一般法律原则等情形。①

滥用职权应被界定为一种具有严重主观过错的行政行为。② 所谓主观过错，主要是指行政主体明知其行为的结果违背或偏离法律法规的目的、原则，出于对个人利益或单位利益的考量，假公济私、以权谋私。③ 所谓滥用职权，即行政机关明知自己的行为违反法律规定、与立法目的或法律原则相冲突，但基于非正当目的，依然实施法律所禁止的行为，典型的表现如"通过表面合法的手段达到非法的目的或意图"。④ 与之不同，"明显不当"并不要求行政机关主观上存在过错，而仅从行政行为在外观上存在不当进行判定，适用于那些主观意图无法判定或主观上并无过错的情形。行政行为明显不当，通常是指行政机关及其工作人员实施的行政行为虽然没有违反法律的禁止性规定，但明显不合情理或不符合公正要求。其常见表现有：显失公允、受不相关因素影响、不符合惯例、不符合传统、违背公众意志等。⑤ 在公报2018年第5期上刊登的"陈超诉济南市城市公共客运管理服务中心客运管理行政处罚案"中，面对原告无证从事网约车运输这一行为，法院一方面承认被告行政机关主张的原告未取得运营证属于无证经营的违法行为，应该给予处罚；另一方面又认为，"当一种新生事物在满足社会需求、促进创新创业方面起到积极推动作用时，对其所带来的社会危害的评判不仅要遵从现行法律法规的规定，亦应充分考虑是否符合社会公众感受"。陈超通过网络约车软件从事道路运输经营的行为，属于社会危害性较小、符合一般社会认知的行为。行政机关对其作出较重处罚，有违比例原则，构成明显不当。不同于"王丽萍案"中的"明知"，也有别于"刘云务案"中的"反复"，本案的裁判依据并非被告作出行政

---

① 参见王东伟《行政裁量行为的合理性审查研究》，《北京理工大学学报》（社会科学版）2018年第6期，第147页。
② 参见全国人大常委会法制工作委员会行政法室编著《〈中华人民共和国行政诉讼法〉解读与适用》，法律出版社，2015，第158页。
③ 参见黄杰主编《〈中华人民共和国行政诉讼法〉诠释》，人民法院出版社，1994，第182页。
④ 崔巍：《滥用职权违法形态探》，《人民司法》1994年第7期，第35页。
⑤ 参见马怀德主编《新编中华人民共和国行政诉讼法释义》，中国法制出版社，2014，第331页。

处罚时的善恶动机，而是被告在执法过程中，未考量原告行为之社会危害性这一客观不当的行为。

总之，在实质性审查的基础上，"滥用职权"与"明显不当"分别承担了行政裁量合理性审查中主观与客观两个层面的审查任务。对比其他成文法国家，我国的滥用职权审查标准与法国的权力滥用审查标准更为接近。在法国，对权力滥用的审查标准，不仅要求起诉者出示说明理由的证据，还要求其揭露所指控行政行为的"真实意图"。[①] 我国的明显不当审查标准，与德国《行政法院法》（2012 年修改）所规定的裁量权滥用在客观层面上的审查标准更为接近。在德国，行政机关在客观上违反法定目的的行为亦被包括在滥用裁量权的范围内，"即使无恶意，仍不影响裁量行为违法性质发生"[②]。

三　滥用职权标准的司法审查技术

破解滥用职权标准的司法适用难题，不仅需要统一立场、明确滥用职权作为行政裁量实质性审查标准的功能定位，更重要的是确定一条合理可行的技术途径，使对滥用职权这一带有鲜明主观色彩的行为的审查标准客观化，从而解决主观动机认定难的问题，增强滥用职权审查标准的可适用性。

（一）滥用职权标准的司法适用困境

自 2003 年"王丽萍案"被刊登以来，公报上再未出现通过分离型裁判逻辑判定滥用职权的案例，即便是有关 2014 年《行政诉讼法》修正前的显失公正标准的司法适用亦是如此。[③] 在某种程度上可以认为，最高人民法院已经认识到，如果将滥用职权标准作为其他审查标准的上位概念，

---

① 参见〔法〕让·里韦罗、让·瓦利纳《法国行政法》，鲁仁译，商务印书馆，2008，第812 页。
② 翁岳生：《行政法与现代法治国家》，中亨有限公司，1982，第 55 页。
③ 在公报 2013 年第 10 期公布的"苏州鼎盛食品公司不服苏州市工商局商标侵权行政处罚案"中，法院也是以行政机关在行使裁量权的过程中未考虑相关因素为由，判定行政处罚显失公正。

任何违法行使职权的行政行为都有可能构成滥用职权。对于滥用职权的此种认识，符合日常用语上的理解，但并不符合现行行政诉讼法的立法精神。滥用职权的构成必须满足"职权范围内"与"主观过错"双重标准。然而，即便最高人民法院开始转向对裁量权行使进行实质审查的司法立场，作为主观审查标准的"滥用职权"，在司法实践中仍旧面临着适用困境。

首先，法院泛化适用滥用职权标准的情形在司法实践中仍旧常见。譬如，在"曾庆华等诉汉寿县人民政府土地行政处理案"中，① 法院认定，"太子庙国土所在曾庆华不具备申请涉案集体土地使用权资格，且申请报批程序严重违法的情况下，径行为其填发涉案土地证书，属于滥用职权的行为"。在该案中，法院明显将"违反法律规定"和"程序违法"的行政行为也认定为滥用职权。而在"周训洪与镇雄县牛场镇人民政府城乡建设行政管理案"中，② 与"路世伟案"的裁判逻辑一样，法院认为，被告镇雄县牛场镇人民政府"不具有对本案进行行政处罚及行政强拆的法定职权，其作出的被诉行政行为及实施的行政强拆行为，属超越职权和滥用职权的行政行为"。

其次，与泛化适用形成鲜明对照的是，相比于其他几项审查标准，滥用职权审查标准在司法实践中的适用比例很低。该状况自 1989 年《行政诉讼法》实施以来一直存在，③ 即便是 2014 年《行政诉讼法》修正后，亦无明显改观。笔者对 2015 年 5 月 1 日至 2019 年 10 月 1 日法院适用滥用职权条款的情况进行了统计，验证了上述结论。以"滥用职权"为关键词在中国裁判文书网上进行检索，共收集到相关案例 1613 则，但行政裁判文书总数为 277535 篇，前者所占比重不及 0.6%。其中还包括诸多泛化适用滥用职权标准的司法裁判。对于此种现象，有学者分析认为，受

---

① 湖南省高级人民法院（2016）湘行终 819 号行政判决书。
② 云南省镇雄县人民法院（2018）云 0627 行初 72 号行政判决书。
③ 针对《行政诉讼法》2014 年修改前的数据，已有学者进行了统计分析。参见沈岿《行政诉讼确立"裁量明显不当"标准之义》，《法商研究》2004 年第 4 期，第 30 页以下；李哲范《论行政裁量权的司法控制——〈行政诉讼法〉第 5 条、第 54 条之解读》，《法制与社会发展》2012 年第 6 期，第 67 页；郑春燕《"隐匿"司法审查下的行政裁量观及其修正——以〈最高人民法院公报〉中的相关案例为样本的分析》，《法商研究》2013 年第 1 期，第 61 页。

日常用语的影响，"滥用"容易被执法者视作一项主观恶评。① 法官因之避讳适用该项审查标准，多以其他审查标准替代，导致滥用职权标准逐渐被弃之不用。

笔者认为，滥用职权标准的司法适用之所以存在困难，主要原因可能有以下几点。其一，滥用职权标准的内涵与外延至今未明确。公报案例呈现出的两种裁判逻辑，对于司法适用依然具有指导性。其二，从整个审查标准体系来看，法院判定滥用职权时考虑的一些因素，如"目的不适当""不相关考虑"等，不仅彼此相互交叉渗透，而且与管辖权、适用法律错误也存在重叠。② 此种情况下，如果最终裁判效果一致，法院可以根据其审查偏好，灵活选择适用不同的审查标准。相比于"违反法律"、"程序违法"、"超越职权"等客观层面的外部形式审查标准，滥用职权标准明显难以获得法官青睐。"只要有可能，法官喜欢适用其他的理由，特别是违法这一理由"③，因为外部形式性审查标准更加客观和明确。其三，"法是人的行为的一种秩序"④，从严格意义上讲，"人的意志或意思只有外化为行动并对身外之世界（对象）产生影响，它才能成为法律调整（指引、评价、约束或保护）的对象"⑤。要通过确认主观意图的不正当性认定滥用职权，就必须回到客观的行为状态上。现实中，对于违反目的、错误考虑等裁量瑕疵进行主观性审查，往往极其困难。行政机关根本不会提供那些表明其行为动机或目的存在瑕疵的资料，原告方的主张也多只是揣测，法官认定行政机关动机目的存在瑕疵绝非易事。⑥ 同时，一个行政决定的背后可能同时存在几个目的，只要其中一个目的合法，便足以使这个决定成立，法院在判定其是否构成滥用职权时无须考虑其他目的，除非权力滥用

---

① 参见郑春燕《论"行政裁量理由明显不当"标准——走出行政裁量主观性审查的困境》，《国家行政学院学报》2007 年第 4 期，第 79 页。

② 参见 G. D. S. Taylor, Judicial Review of Improper Purposes and Irrelevant Considerations, 35 Cambridge *Law Journal* 273（1976）。

③ 〔法〕古斯塔夫·佩泽尔：《法国行政法》，廖坤明、周洁译，国家行政学院出版社，2002，第 304 页。

④ 〔奥〕凯尔森：《法与国家的一般理论》，沈宗灵译，商务印书馆，2013，第 29 页。

⑤ 张文显主编《法理学》，高等教育出版社，2003，第 124 页。

⑥ 参见〔日〕田村悦一《自由裁量及其界限》，李哲范译，中国政法大学出版社，2016，第 43 页。

是作出该决定的主要理由。①

实际上，由于长期受规则中心主义法理观念的禁锢，法官在司法审查中普遍固守严格规则的审查进路，总是希望找到一种具体明确的客观规则来作为审查标准，以之代替"滥用职权"的主观性审查。有学者曾通过实证研究发现，由于滥用职权审查标准存在较强的主观性和模糊性，法院经常采取一种转换型审查策略，即在对行政裁量进行司法审查时，倾向于使用已经被法律制度具体化、客观化的外部形式合法性审查标准，如"主要证据不足""适用法律、法规错误""违反法定程序""超越职权"等，以此代替"滥用职权"，寻求标准上的确定性。② 譬如，在"尹建庭不服株洲市教育局限制聘用案"中，③ 株洲市教育局仅仅因为尹建庭言语失当，就要求所有学校都不得聘用尹建庭，这明显违反比例原则，涉嫌滥用职权。但法院回避了"滥用职权"的审查路径，采用了转换型审查策略，即从教师聘任制度入手，审查被告教育局是否有权干预，进而得出被告"超越职权"的结论。④

当前司法实践中的转换型审查策略，体现出的仍是一种典型的规则中心主义思维模式。即便对裁量权进行司法审查，也试图通过适用法律规则实现对行政裁量的规则之治。但是，主观取向的滥用职权审查标准对于行政裁量的司法控制始终有着非常重要的制衡价值。无论是对滥用职权标准的泛化适用，还是将之隐匿甚至弃而不用，最终都将掏空这项审查标准的实质内核。前者将滥用职权等同于违法，几乎否定了滥用职权标准的特殊性；而滥用职权标准一旦被隐匿或弃而不用，这项审查标准就更加难以发挥应有功能。

（二）滥用职权标准的客观化审查技术

无论是泛化适用还是弃之不用，法院实际上都是在借助其他审查标准

---

① 参见王名扬《法国行政法》，中国政法大学出版社，1988，第694页以下。

② 参见沈岿《行政诉讼确立"裁量明显不当"标准之议》，《法商研究》2004年第4期，第34页。

③ 参见罗晟海《株洲中院判决市教育局"限制聘用一案"撤销违法决定》，https://www.chinacourt.org/article/detail/2002/08/id/10762.shtml，2019年12月27日最后访问。

④ 参见余凌云《对行政机关滥用职权的司法审查——从若干判案看法院审理的偏好与问题》，《中国法学》2008年第1期，第29页。

判案。滥用职权标准在司法实践中遭遇的困境，在某种程度上也反映了那种努力通过适用法律规则来限制和控制行政裁量权的"规则之治"的效果是有限的。[①] 规则中心主义认为，"依照形式的、以来源为导向的标准来确定有效性的体制，远比依照模糊不清的、以内容为导向的标准来确定有效性的体制，诸如'实质性正式程序'等，运作得更确定、更具有可预测性"。[②] 但事实上，这种要么适用要么不适用的规则模式，难以应对民众社会中多元化的利益诉求。斯图尔特曾强调，将政府权力控制在制定法规定的范围内，确保一种最低限度的形式正义，已不再是衡量行政行为合法有效与否的充分标准。"多元主义者对行政机关在自由裁量的政策选择过程中所出现的偏见的诊断，要求行政官员还必须广泛考虑各种各样相关的利益，这些利益会因为可能的不同政策选择而受到不同的影响。"[③] 相反，如果能从规则中心主义模式中解脱出来，"我们也许能够去建立一种对我们错综复杂的实践更为真实的模式"[④]。在当前追求矛盾的统一性而非斗争性，[⑤] 以求实现利益均衡的时代，行政裁量是必要的，对其进行限制也是必要的。借助裁量技术，可以既体现法律的抽象性，又满足个案的适合性。因此，行政裁量既需要法律边界，也需要司法控制，[⑥] 更需要选择一种相对于规则主义的功能主义立场。[⑦] 站在功能主义的立场上，为确保法律的灵活性，实现个案正义，法官应当熟练运用原则和功能性的解释方法。[⑧] 通过功能主义进路实现裁量权的司法制衡，需要从"规则之治"转

[①] 参见 Keith Hawkinsd. , *The Uses of Discretion* （Oxford：Clarendon Press, 1992）, p. 290。

[②] 〔英〕罗伯特·萨莫斯：《形式法治理论》，钱弘道译，载夏勇主编《公法》（第 2 卷），法律出版社，2000，第 110 页。

[③] 〔美〕理查德·B. 斯图尔特：《美国行政法的重构》，沈岿译，商务印书馆，2011，第 138 页。

[④] 〔美〕罗纳德·德沃金：《认真对待权利》，信春鹰、吴玉章译，中国大百科全书出版社，1998，第 68 页。

[⑤] 参见刘艳红《实质刑法观》，中国人民大学出版社，2019，第 68 页。

[⑥] 参见 Martina Kunnecke, *Tradition and Change in Administrative Law：An Anglo-German Comparison* （Berlin：Springer, 2007）, p. 133。

[⑦] 参见〔英〕马丁·洛克林《公法与政治理论》，郑戈译，商务印书馆，2013，第 86 页。

[⑧] 参见 Bartosz Wojciechowski & Marek Zirk-Sadowski, Justification as the Limitation of the Discretionary Power of the Admin-istrative Judge, in Leszek Leszczynski& Adam Szot （eds.）, *Discretionary Power of Public Administration：Ihs Scope and Control* （Frankfurt：Peter Lang Edition, 2017）, p. 140。

向"原则之治",从外部的法律控制转向内部的自我规制。① 对滥用职权的司法审查,应当充分借助均衡性的法律原则审查技术与功能性的自我规制技术,以寻求相对客观化的审查标准。

第一,均衡性的法律原则审查技术。与单纯解释和适用法律规则的审查技术不同,法律原则审查技术是将两相对立的利益进行对比衡量。前者注重法律的权威,关注法律规则的效力来源,将法律规则视为法律结论的全部依据。面对兼具多样性与灵活性的行政裁量,规则审查技术惯于将裁量问题转换为事实问题或法律问题,以消除司法审查依据的不明确性。后者更看重不同理由之间的辩解,关注理由的说服力与不同利益间的均衡。即便是事实证据或法律依据,也只是论证理由的一个方面,而非全部。从法律原则的均衡审查技术来看,法官借助转换型策略,将裁量问题转换为事实或法律问题,的确可以获得较为明确的评判依据。尤其当法律对相关因素规定得很清晰、很明确时,从法律适用的角度进行审查是可以奏效的。但是,"对于默示的相关因素的审查,法律适用的审查技术却未必能够用得上"②,因为裁量问题与法律或事实问题并非互不相关,而系彼此相互指引、交相呼应。只有经过这种彼此间往返交互的参照作用,才有可能探索或寻找出它们的具体内涵。③

在涉及裁量权滥用的公报案例中,有两个案例,法院明显是以法律原则为认定滥用职权的重要基准。在"崔龙书案"中,被告行政机关未履行行政允诺,法院径直认为其行为违反了诚实信用原则,构成对行政优益权的滥用。不过,法院借助法律原则,对行政裁量权的行使提出了更为细致、客观之要求的,则是"刘云务案"。在该案中,就如何适用 2003 年《道路交通安全法》第 96 条第 2 款"当事人提供相应的合法证明或者补办相应手续的,应当及时退还机动车"这一法律规定,一审法院、二审法院与再审法院站在了截然不同的裁判立场上。在原告刘云务提供了由山西吕梁东风汽车技术服务站出具的更换发动机缸体的相关证明后,一审法院认

---

① 参见周佑勇《行政裁量治理研究:一种功能主义的立场》,法律出版社,2008,第 216 页以下。
② 余凌云:《行政自由裁量论》,中国人民公安大学出版社,2005,第 109 页。
③ 参见赖恒盈《行政裁量通说理论之检讨与行政裁量义务论》,《月旦法学杂志》总第 219 期,2013,第 114 页。

为，刘云务提供的材料不符合规定要求，认定交警不退还机动车的行为不违法；二审法院认为，刘云务提供的相关证明虽然不符合规定，交警不退还机动车于法有据，但交警"一直没有调查，也未及时作出处理，行为不当"。针对同一情形，再审法院提出，"如认为刘云务已经提供相应的合法证明，则应及时返还机动车；如对刘云务所提供的机动车来历证明仍有疑问，则应尽快调查核实；如认为刘云务需要补办相应手续，也应依法明确告知补办手续的具体方式方法并依法提供必要的协助"。据此，在刘云务提供了相关证明材料后，即便该材料不符合规定，晋源交警"既不调查核实又长期扣留涉案车辆"，其行为明显不合理，构成了滥用职权。再审法院之所以会作如此细致的考量，实际上是借助了比例原则，[①] "通过对决策者必须达到的平衡进行评估，而不仅仅审查决定的合理性"[②]。

第二，功能性的自我规制技术。如果说法律原则的均衡审查技术在一定程度上弱化了法律规则的绝对权威，将后者仅仅作为法律论证的起点，甚至是各种法律理由中的一个，那么，以法律原则为效力载体，通过自我规制的方式控制裁量权的技术所产生的裁量基准（基于行政权）与指导案例（基于司法权），也可以成为认定裁量权滥用的客观基准。裁量基准与指导案例都是公权力机关进行内部自我约束的方式。行政机关通过裁量基准以规则化的形式制定出裁量权行使的具体判断选择标准，法院则通过发布有关裁量权审查方面的指导案例，以"裁判要旨"的形式抽象出一套可以作为滥用职权审查标准的一般适用规则，以实现同等情况同等处理。借助平等原则、行政自我约束原则与信赖保护原则等原则，裁量基准与指导案例获得了一种"应该适用"的法律效力。[③] 这种效力仅仅表现为适用上的而非法律位阶上的效力。一方面，它们不同于法律规则，因不具备法律

[①] 再审法院在裁判理由中强调，建设服务型政府，要求行政机关既要严格执法以维护社会管理秩序，又要兼顾相对人的实际情况。在足以实现行政目的的前提下，应尽量减少对相对人权益的损害，不能给当事人造成不必要的损失。参见最高人民法院（2016）最高法行再5号行政判决书。

[②] 参见 Martina Kunnecke, *Tradition and Change in Administrative Law：An Anglo-German Comparison* (Berlin：Springer, 2007), p. 133。Kunnecke 书, 第102页。

[③] 《最高人民法院关于案例指导工作的规定》第7条规定，最高人民法院发布的指导性案例，各级人民法院审判类似案例时应当参照；《最高人民法院关于适用〈中华人民共和国行政诉讼法〉的解释》第149条规定，人民法院经审查认为行政行为所依据的规范性文件合法的，应当作为认定行政行为合法的依据。

的直接授权而无法产生直接的法律约束力，一旦与法律规则相冲突，裁量基准与指导案例则自始无效。另一方面，与个案裁判过程中的证据或事实理由不同，裁量基准与指导案例具有普遍性与典型性，二者的形成往往要经过复杂的制定程序，具备一定的制度性权威。但是，在适用逻辑上，裁量基准或指导案例又有着优先于法律规则的适用力。① 对裁量基准或指导案例的违反，只可能因为当事人的处境在事实上与制定该规定的人不同，才会被证明是正当的。② 因此，若行政机关或法院无正当理由对其不予适用，便有可能构成裁量权滥用或违法。当然，同等情况同等对待，也意味着不同情况应不同对待。如果实践中出现了与裁量基准或指导案例不同的情况，则行政机关或法院僵化适用裁量基准或指导案例，便是对裁量目的的违反。只不过，此时"个别情况对裁量基准的否定并非裁量基准效力的一般性否定，而只是表现为基于正当理由脱逸裁量基准适用的例外情形"。③

　　裁量基准或指导案例可以说是抽象的法律规范与具体的个案事实进行沟通的桥梁。通过自我规制技术，行政过程或裁判过程被完整地呈现出来，如此一来，"复杂的、阶段性的行政过程整体的合法性全面成为诉讼焦点"。④ 传统意义上那种单纯适用法律规则的裁判技术，变为确认裁量基准或指导案例是否合法、是否应该适用裁量基准或指导案例，以及如何适用裁量基准或指导案例的复杂裁判技术。自我规制技术对裁量权的控制，立足于公权机关在对裁量基准或指导案例进行反复适用时所需的正当理由的信息概念——一种包含了对公权力机关所作决定以及在决定过程中所反映的动机进行评价的反馈机制。⑤ 因此，裁量权是否被滥用，尤其滥用职

---

① 参见周佑勇、周乐军《论裁量基准效力的相对性及其选择适用》，《行政法学研究》2018年第 2 期，第 9 页。

② 参见 Note, Violations by Agencies of Their Own Regulations, *87 Harvard Law Review 633* (1974)。

③ 周佑勇：《裁量基准个别情况考量的司法审查》，《安徽大学学报》（哲学社会科学版）2019 年第 5 期，第 108 页。

④ 〔日〕原田尚彦：《诉的利益》，石龙潭译，中国政法大学出版社，2014，第 180 页。

⑤ 参见 Iwona RzucidloGrochowska, The Role of Judicial Opinion in Controlling the Discretionary Power in Public Administra-tion, 载 Bartosz Wojciechowski & Marek Zirk-Sadowski, Justification as the Limitation of the Discretionary Power of the Admin-istrative Judge, in Leszek Leszczynski & Adam Szot（eds.）, *Discretionary Power of Public Administration：Ihs Scope and Control*, Frank-furt：Peter Lang Edition, 2017, 第 157 页。

权所要求的主观动机，便可以通过审查裁量基准或指导案例适用的客观化过程表现出来，这在很大程度上突破了主观动机认定难的困境。也可以说，裁量基准或指导案例本身就是一种对偏离立法目的进行认定的客观基准。正如美国联邦最高法院在一则判决书中强调的"行政机关的裁量权在一开始并没有限制，如果它宣布并遵循—通过规则或者已经结案的裁量程序—调整其行使裁量权的一项规则，不合理地偏离这项政策（与公认的对该政策的变化正好相对），其行为就可能构成行政程序法规定意义上的武断、恣意或者滥用裁量权，从而必须被推翻"①。

结　语

在语义层面，滥用职权标准具有宽泛的适用场域，但在法律体系与立法目的层面，滥用职权标准又对应着独立的审查内容与严格的适用界限。如果说，"法律终止之处乃裁量起始之所，而裁量之运用既可能是仁行，亦可能是暴政"②，那么，借助作为行政裁量司法审查标准的滥用职权，通过对行政机关及其执法人员的主观动机进行审查，可以极大促进"仁行"而抑制"暴政"。任何作出决定的过程，一旦存在自由选择的余地，决定者主观动机的正当性乃至合法性必定会在该决定作出的过程以及结果上显现出来。因此，主观动机的正当性是行政裁量权合理行使的必要条件，"滥用职权"由此成为行政裁量司法审查的基本标准。不过，相比于其他客观取向的审查标准而言，主观取向的滥用职权标准因对主观动机认定的敏感性与隐蔽性，难以受到司法者的青睐。随着过程导向的功能主义审查技术的兴起，借助均衡性的法律原则与功能性的自我规制技术，滥用职权标准的主观性内容亦能得以客观化，从而滥用职权标准的司法适用性得以提高。

① 〔美〕理查德·J.皮尔斯：《行政法》（第3卷），苏苗罕译，中国人民大学出版社，2016，第1243页。
② 〔美〕肯尼斯·卡尔普·戴维斯：《裁量正义——一项初步的研究》，毕洪海译，商务印书馆，2009，第1页。

论行政行为"明显不当"[*]

何海波^{**}

摘　要：2014 年行政诉讼法修改增加了"明显不当"这一审查根据，法院对行政裁量合理性的审查由此得到立法确认。行政诉讼法总则维持了合法性审查的表述，体现了"实质合法"的观念，在此意义上，行政行为明显不当也属于违法。为维护司法审查根据之间的和谐，明显不当根据的适用范围最好限于对行政行为处理方式的裁量；滥用职权根据则回归原位，限于行政机关违背法律目的、恶意行使权力的情形。行政行为是否"不当"，应当依据法定考虑因素、行政法原则、执法指南等相对客观的标准作出判断，执法者不能放弃其根据具体情境作出裁量的义务。裁量不当是否"明显"，应当以一个通情达理、了解情况的人为标准来判断，要注意给行政机关充足的裁量空间。法院在承担起监督行政职责的同时，也要给行政裁量应有的尊让。

关键词：行政诉讼　审查标准　明显不当　合理性审查　实质合法

2014 年行政诉讼法修改，增加了一项"明显不当"司法审查根据，法院对行政行为合理性问题的审查由此得到立法确认。由此，一系列的问题接踵而来：行政行为"明显不当"属于违法吗？行政程序、事实认定和适用条件的问

＊　本文原载于《法学研究》2016 年第 3 期。

＊＊　何海波，清华大学法学院教授。

题都可以适用这个根据吗？当与不当、是否明显，又凭什么来判断？这些问题，有些涉及理论说法，有些涉及实践做法，还有些二者均涉及。

法院对行政行为合理性的审查不是一个新问题。行政诉讼法修改之前，学者们就在"行政裁量的法律控制"、① "司法裁量的限度"、② "司法审查强度"、③ "合理性审查"④ 等标题下，作过不少讨论。但是，由于当时法律对合理性审查没有全面、明确的规定，许多研究只是纸上谈兵，很可能与现行立法难以对应。而在行政诉讼法修改后，学界对上述问题还少有阐述。本文的讨论希望能够减少理解上的分歧和操作中的参差。

一 "明显不当"与合法性审查

长期以来，法院应不应、能不能审查行政行为的合理性，是困扰立法机关和司法机关的一个重大难题。随着对这个问题达成共识，"明显不当"根据与合法性审查是什么关系，成为一个新的纠结点。

（一）合理性与合法性纠结的来源

合法性与合理性的关系本是一个法理学的问题，行政法学者讨论这个问题，是因为它涉及如何理解行政诉讼法所规定的合法性审查原则。行政

---

① 参见余凌云《行政自由裁量论》，中国人民公安大学出版社，2013；周佑勇《行政裁量治理研究：一种功能主义的立场》，法律出版社，2008；郑春燕《现代行政中的裁量及其规制》，法律出版社，2015。

② 参见朱维究、陈少琼《司法裁量权与我国司法审查监督的范围》，《行政法学研究》1997年第4期；沈岿《论行政诉讼中的司法自由裁量权》，载罗豪才主编《行政法论丛》（第1卷），法律出版社，1998；张旭勇《论司法裁量权的成因》，《浙江省政法管理干部学院学报》2000年第4期。

③ 参见杨伟东《行政行为司法审查强度研究——行政审判权纵向范围分析》，中国人民大学出版社，2003；蒋红珍、王茜《比例原则审查强度的类型化操作——以欧盟法判决为解读文本》，《政法论坛》2009年第1期；王贵松《论行政裁量的司法审查强度》，《法商研究》2012年第4期。

④ 参见张东煜《论行政审判中的合理性审查问题》，《法学评论》1993年第3期；蔡伟《对合法性审查原则的再审视——兼论对行政行为的合理性审查》，《宁夏社会科学》2005年第6期；卜晓虹《行政合理性原则在行政诉讼中之实然状况与应然构造——论司法审查对行政自由裁量的有限监控》，《法律适用》2006年第1期；谭炜杰《行政合理性原则审查强度之类型化——基于行政诉讼典型案例的解析与整合》，《法律适用》2014年第12期。

诉讼法的修改加剧了存在已久的理论困惑：法院对行政行为明显不当的审查是合理性审查还是合法性审查，抑或二者兼具？

对于原先行政诉讼法总则所规定的合法性审查，一些学者认为，我国行政诉讼法采用"合法性审查为原则，合理性审查为例外"，即原则上法院只应审查行政行为的合法性而不应审查其合理性，但在滥用职权、显失公正等例外情形下，也可以对其合理性进行审查。① 另有学者则断言，我国法院对行政行为的审查只限于合法性审查，但合法性审查原则包含对严重不合理的审查，也就是说不合理达到一定程度亦可构成违法。② 不同说法背后，是两种不同的合法性概念，即"形式合法"和"实质合法"。

按照形式合法的概念，合法仅仅是符合法律、法规、规章等制定法所确立的规则。而按照实质合法的观点，除了符合法律、法规、规章的规定，还要符合行政法原则、行政先例、公共道德等其他渊源所表达的法律准则。打个比方，形式合法的概念把法律、法规等制定法看成一个构筑行为规范的法律框框，框框之内，行政机关可自由裁量而不受限制，于是就有了"合法不合理"的问题。实质合法的概念则强调框框之内还有细格，行政机关越出这些细格也属违法。据此，合理不合理的问题也属于合法性的范畴。

两种合法性观念的差异，可能是立场上的，也可能是用词上的。就立场而言，有些人可能认为，法院完全不应当对行政裁量的合理性进行审查；有些人可能认为，法院可以对行政裁量的合理性进行审查（至少是有限的审查）。就用词来说，一些人认为，法院对行政裁量合理性的审查也是合法性问题，即"严重不合理的裁量也是违法"；一些人认为，法院对行政裁量合理性的审查无关合法性问题，合理性是合理性，合法性是合法性。同样的情况出现在对国家赔偿法违法归责原则的理解上。有个别学者认为，行政机关只要不违反法律、法规的规定，就不构成违法，无须承担赔偿责任；③ 但更多学者认为，行政机关在存在滥用职权等情形时，应当

---

① 应松年主编《行政诉讼法学》，中国政法大学出版社，1999，第59页以下。
② 崔卓兰：《论显失公正行政处罚的不合法》，《法学研究》1990年第6期，第18页以下；姜明安：《行政诉讼法学》，北京大学出版社，1993，第70页以下；胡建淼：《行政法学》，法律出版社，1999，第77页。
③ 参见肖峋《试论人民法院审查具体行政行为合法性的原则》，《中国法学》1989年第4期，第33页；肖峋《中华人民共和国国家赔偿法的理论与实用指南》，中国民主法制出版社，1994，第90页以下。

承担赔偿责任。讨论中的麻烦在于，不同的人可能持有不同的立场，而持同样立场的人又可能使用不同的语词。所以，我们的讨论既要确定立场，又要澄清概念。

（二）合理性审查进入行政诉讼

法院能否审查行政行为的合理性，在 1989 年行政诉讼法制定时就有争论。争论的结果是，对行政行为是否适当"基本不管"。[①] 也就是说，法院原则上不对行政行为的合理性进行审查，但如果行政机关滥用职权，则法院可以撤销行政行为，行政处罚显失公正法院可以变更行政行为。这给了法院有限的审查权力。实践中，法院在这两个标准下，对行政行为的合理性进行一定的审查。然而，由于法律欠缺明确规定，法院普遍存在"不敢审"、"不愿审"的情况。行政裁量是司法审查的重要方面，合理性审查的欠缺妨碍了行政争议公正、有效的解决。

学术界对于合理性审查的必要性作了大量的论证。学者们指出，行政裁量作为立法留给行政的一种选择自由，不是绝对的。它不是行政机关自由驰骋的天空，也不是司法审查不能涉足的禁区。法治并不排斥行政裁量，但反对不受限制的裁量。在实践中，司法审查逐渐进入了行政裁量领域，诚实信用、理性适度、平等无欺、正当程序等原则成为法律对行政的一般要求。正因如此，学者们抛弃了"行政自由裁量"这个曾经被广泛使用的概念，代之较为中性的"行政裁量"。

在行政诉讼法修改时，法律界对于强化法院对行政裁量的审查具有高度共识。学术界起草的多个版本的行政诉讼法修改建议稿中，无一例外地扩大了法院对合理性问题的审查范围。[②] 如果说行政法学界在行政诉讼法修改过程中曾经达成一些共识，那么这就是为数不多的共识之一。在此

[①] 参见胡康生《〈行政诉讼法〉立法过程中的若干问题》，载最高人民法院行政诉讼法培训班《行政诉讼法专题讲座》，人民法院出版社，1989，第 41 页。

[②] 参见马怀德主编《司法改革与行政诉讼制度的完善——〈行政诉讼法〉修改建议稿及理由说明书》，中国政法大学出版社，2004，第 93 页以下；胡建淼主编《行政诉讼法修改研究——〈中华人民共和国行政诉讼法〉法条建议及理由》，浙江大学出版社，2007，第 17 页；杨小君《行政诉讼问题研究与制度改革》，中国人民公安大学出版社，2007，第 732 页；莫于川主编《建设法治政府需要司法更给力：行政诉讼法修改问题研究及专家建议稿》，清华大学出版社，2014，第 297 页；何海波等《理想的行政诉讼法——〈中华人民共和国行政诉讼法〉学者建议稿》，《行政法学研究》2014 年第 2 期，第 14 页以下。

背景下，把"明显不当"审查标准写入法律没有遇到很大困难，尽管也谈不上一帆风顺。事实上，行政诉讼法修改草案第一次审议稿没有规定"明显不当"的审查根据，各方对此反应强烈。全国人大法律委员会报告说："有些地方、法院、专家学者和社会公众提出，现行行政诉讼法规定人民法院只能对具体行政行为是否合法进行审查，对于行政机关明显不合理的行政行为，没有规定人民法院可以判决撤销，不利于解决行政争议。"[①] 于是，行政诉讼法修改草案第二次审议稿在法院可以判决撤销行政行为的情形中，增加了"明显不当"一项；在法院可以判决变更行政行为的情形中，"显失公正"的措辞也被统一为"明显不当"。这一改之后再无波澜，直到草案通过。

法院可以对行政裁量的合理性进行审查，从此毫无疑问。一些原来根据"滥用职权"标准不能获得支持的结论，现在有可能在"明显不当"的标准下获得支持；一些原来因为无法对行政裁量进行实质性审查而用其他理由撤销行政行为的判决做法，现在可能径直用"明显不当"的根据予以撤销。行政诉讼进入合理性审查的时代。

（三）形式合法与实质合法之辨

一旦将"明显不当"确定为司法审查根据，它与合法性审查的关系就只是一个说法问题、一个语词使用的策略问题。但是，这种说法之争不是毫无意义的，因为它涉及语词使用习惯的保持问题，也涉及理论周延的问题。

不得不承认，形式合法意义上的合法性概念有观念的基础，也有立法的依据。一些行政法学教科书把合法性和合理性相提并论，将其共同作为行政法的基本原则，即是在这样的意义上理解的。[②] 国务院《全面推进依法行政实施纲要》关于依法行政基本要求的表述既有"合法行政"又有"合理行政"，承袭的就是这样的思路。在立法上，行政复议法关于防止和纠正"违法的或者不当的"具体行政行为（还有对具体行政行为"是否合

---

① 《全国人民代表大会法律委员会关于〈中华人民共和国行政诉讼法修正案（草案）〉修改情况的汇报》，2014 年 8 月 25 日。

② 参见罗豪才主编《行政法学》，中国政法大学出版社，1989，第 34 页以下；胡建淼《行政法学》，法律出版社，2015，第 37 页以下；叶必丰《行政法与行政诉讼法》，高等教育出版社，2015，第 34 页以下。

法与适当"进行审查），也是在这样的意义上使用的。① 行政诉讼法对这个问题虽然没有明确规定，但最高人民法院的一些司法解释在不经意间也采用了这个格式。例如，有司法解释称，被诉具体行政行为"合法但存在合理性问题的"，法院应当判决驳回原告的诉讼请求。② 综上，合法性与合理性的二元分立存在强大的传统支撑。

尽管如此，在司法审查日益深入的今天，合法性与合理性的二元分立面临内在的紧张，需要重新构造。合法性与合理性的问题本来是以法律（在我国主要是指立法）是否明确规定来界分的。但是，由于法律渊源的内容和形式都趋泛化，合法性与合理性的区分界限日益模糊。首先，法律设定的要件和处理方式往往留下了裁量的空间，尤其是，大量立法设定了原则性条款，这些条款本身包含着对合理性的要求。例如，行政处罚法要求，"设定和实施行政处罚必须以事实为依据，与违法行为的事实、性质、情节以及社会危害程度相当"，对于过罚不相当的处罚，合法性与合理性在此出现了重叠。区分合法性与合理性的更大挑战，来自行政法渊源的扩展。最初，行政诉讼法规定以法律、法规为行政审判的依据，连规章也只是处于参照地位。但实际上，规范性文件作为判断行政行为合法性的根据得到有条件的承认，并被广泛地适用。③ 接着，行政法一般原则作为法源的地位，得到了越来越广泛的肯定；再接着，行政惯例和司法判例的作用也越来越得到重视；甚至，法律学说、公共政策、比较法等作为法律渊源的观点，也被人提出。④ 虽然对这些材料能否作为法律渊源还有不同看法，

---

① 《行政复议法》第1条规定，制定该法的目的是防止和纠正"违法的或者不当的"具体行政行为。第3条规定，行政复议机关负责审查申请行政复议的具体行政行为"是否合法与适当"。第28条规定，复议机关可以撤销、变更或者确认具体行政行为违法的情形包括"具体行政行为明显不当的"。需要指出，上述措辞早在1990年《行政复议条例》中就有了。

② 参见《最高人民法院关于执行〈中华人民共和国行政诉讼法〉若干问题的解释》第56条第2项。

③ 《最高人民法院关于执行〈中华人民共和国行政诉讼法〉若干问题的解释》第62条第2款规定："人民法院审理行政案件，可以在裁判文书中引用合法有效的规章及其他规范性文件。"

④ 参见朱新力《论行政法的不成文法源》，《行政法学研究》2002年第1期，第33页以下；应松年、何海波《我国行政法的渊源：反思与重述》，载浙江大学公法与比较研究所编《公法研究》（第2辑），商务印书馆，2004，第1页以下；应松年主编《当代中国行政法》，中国方正出版社，2005，第14页以下；章剑生《现代行政法总论》，法律出版社，2014，第58页以下；章志远《行政法学总论》，北京大学出版社，2014，第38页以下。

但基本的趋势是，行政法的渊源变得越来越多样、越来越开放。相应地，对行政行为合法性的审查步步收紧，留给行政机关自由裁量的余地越来越小。合理性审查的概念并未消失，但它指涉的范围在很大程度上已经被合法性审查所覆盖。

在这个过程中，理论界开始重新思考合法性与合理性的关系。一些学者把合理性原则置于合法性原则的框架内来讨论。实际上，最早讨论合理性原则的学者就把它看成行政法治原则的一部分，"合理性原则实际上是合法（性）原则的引申，是合法性原则在自由裁量问题上的进一步要求"；"违反一般法律原则也属对合法性原则的破坏，因而其行为也可能被宣布为完全无效或部分无效"。① 一些学者借鉴域外的理论，认为"所有的行政裁量都是法律授权的结果，根本不存在不受法律拘束的裁量"，主张从根本上取消裁量二元论。② 笔者也曾在文章中提出，在司法审查的语境下，评价行政行为只有合法与否这一个准绳，由此，笔者提出了统合传统意义上合法、合宪、合理的"实质合法"概念。③

在实质合法的意义上使用合法性审查的原则，可能会带来一些理解上的困难，但其好处是明显的。它反映了司法审查介入行政裁量领域的现实，反映了依法行政原则的深化。它有利于行政机关重塑观念，认真对待并努力遵循合理的行政准则。而且，将"合法"与"不合法"作为法律系统的基本符号，就像将"0"和"1"作为计算机语言的基本符号，简单划一，使用便利。合理性审查的概念自有其用处，并将继续存在。然而，在理论上，司法审查已经完全可以并且适合用合法性审查来概括了。这一理论观点上的转变，只等立法确认。

（四）行政诉讼立法采取的观点

前述理论主张的分歧，主要在于语词使用的方式。立法虽然不能消除诸如此类的争论，但它对语词使用方式的选择是具有权威性的。行政诉讼

---

① 参见罗豪才主编《行政法学》，中国政法大学出版社，1989，第42页以下。
② 参见杨建顺《行政裁量的运作及其监督》，《法学研究》2004年第1期；王天华《从裁量二元论到裁量一元论》，《行政法学研究》2006年第1期；王贵松《行政裁量权收缩之要件分析——以危险防止型行政为中心》，《法学评论》2009年第3期。
③ 参见何海波《实质法治：寻求行政判决的合法性》，法律出版社，2009，第163页以下。

法的修改过程显示，立法没有沿用合法性与合理性二元分立的观点，而是接受了"实质合法"的观念。

行政诉讼法的修改，增加了行政行为"明显不当"这一审查标准，但保留了法院对行政行为"是否合法"进行审查这一表述。全国人大法工委为行政诉讼法所写的解释读本称：行政诉讼法修改"在坚持合法性审查原则的前提下，对合法性原则的内涵作了扩大解释"，将明显不当的行政行为也视作违法行为。[①] 可以看出，一方面，立法者鼓励法院对行政裁量的合理性进行适度的审查；另一方面，立法者在合法性审查的概念上坚守了实质合法的观点，合理性审查也被纳入合法性审查的范畴。立法语言并不妨碍我们在讨论中继续使用"合理性审查"的说法。但如果说到二者的关系，那么，合理性审查就不再是合法性审查之外的东西了。简而言之，明显不当也是违法。

二 明显不当根据的适用范围

在一些法律文书中，"明显不当"可能被适用于广泛的场合，包括事实认定明显不当、法律适用明显不当、行政程序明显不当、处理方式明显不当等，这些说法本身也许都没有问题，问题在于不同的审查根据如何实现衔接。行政诉讼法规定的审查根据不是一个，而是六个，在"明显不当"之外，还有"主要证据不足"、"适用法律法规错误"、"违反法定程序"等。在多个司法审查根据并存的情况下，对任何一个审查根据的解释都需要照顾体系的和谐，确保不同审查根据既有区分又能相互衔接，不能指望一个明显不当"包打天下"，更不应让这个"新来者"把原有的体系冲击得七零八落。

（一）基于实体裁量的明显不当

作为一个法律术语，"明显不当"应当有它特定、精确的适用范围。一个基本的理解是，明显不当是基于行政裁量而言的。如果法律规定的处

---

① 参见信春鹰主编《中华人民共和国行政诉讼法释义》，法律出版社，2014，第20页；袁杰主编《中华人民共和国行政诉讼法解读》，中国法制出版社，2014，第21页。

理方式不包含裁量空间，就谈不上明显不当。鉴于事实认定、法律适用、行政程序、管辖权限都有相应的审查标准，"明显不当"最好被理解为一项针对行政行为实体裁量问题的审查标准。也就是说，法律规定多种可能的处理方式，行政机关享有裁量选择的空间，行政机关在这个裁量选择的空间内明显处理不当。下面笔者进行详细阐述。

在逻辑上，每一个司法审查根据既包含一定的对象，即什么问题；又包含一定的尺度，即行政行为是否合格。笔者把前者称为"审查要素"，把后者称为"审查标准"。从行政行为合法性审查的角度出发，一项行政法律规范包含若干要素：哪个机关、基于什么事实、根据什么程序、针对什么情形、作出什么处理。相应地，司法审查的要素也可以分解为行政主体及其管辖权、事实和证据、行政程序、适用条件和处理结果几个方面。对于各个要素，审查的标准则包括合法（形式上的合法性）、合理和合宪。在我国行政诉讼实践中，合宪性一般不是被考虑的因素，审查标准主要是合法与合理的问题。对审查要素的区分主要是基于逻辑，对审查标准的确定主要是价值判断。①

从立法史来看，我国行政诉讼法所规定的几个审查根据不是一次成形的，而是出于实际需要陆续添加的。它实在算不上语言清晰、逻辑连贯的典范。② 尽管如此，在20多年的实践中，人们已经对它形成了一个大体确定的理解。对明显不当这一审查根据的理解，既要符合司法审查根据的体系逻辑，也应当尊重对审查根据的习惯理解。

根据前述合法与合理的区分，明显不当的审查根据是针对行政裁量而言的。相应地，行政机关超越法定职权、错误适用法律，就谈不上明显不当。在日常语言里，可能把什么样的违法情形都说成"不当"或者"明显不当"；特别是，把一个超越职权、适用错误的行为轻描淡写地说成"不当"，可能有助于减少行政机关的抵触情绪。但是，这样做在法律语言中肯定是不合适的，因为它破坏了体系的严整性。在法律史上，也曾有过某一个审查根据在一段时间内无限扩张的情况，例如英国法曾经把"超越职

---

① 参见何海波《行政行为的合法要件——兼议行政行为司法审查根据的重构》，《中国法学》2009年第4期，第65页以下。

② 参见何海波《行政行为的合法要件——兼议行政行为司法审查根据的重构》，《中国法学》2009年第4期，第61页。

权"扩展为统括一切的司法审查原则，① 但这些都只是特定情势下的策略行为，是以牺牲法律的整体和谐为代价的，不足为训。

确认明显不当属于合理性审查，接下来的问题是，它是针对什么具体审查要素的审查？泛泛地理解，任何具体情境中的选择自由都可能被认为是裁量，事实问题、法律适用问题、程序问题都包含着裁量。所以，理论上，明显不当根据似乎可以针对任何审查要素。但不得不考虑的是，我国学界对某些概念已经形成了稳定的理解。

第一，事实认定问题需要依靠证据来查清，而"主要证据不足"这一审查根据已经包含了事实认定错误、没有证据或者证据不充分等各种情况。所以，在事实认定问题上不再适用明显不当这一根据。

第二，法律适用问题比较吊诡。按照正统的法律理论，法律适用只有正确与错误之分，没有妥当与否之说，一旦被认定法律适用错误，那么行政行为必定违法，没有商量的余地。② 如果按照上述理论，不确定法律概念的解释也只有对错之分，没有裁量余地，因而也就没有"明显不当"的适用空间了。然而，这样一种观念受到很多批评。越来越多的学者和法官愿意接受不确定法律概念的解释也是裁量、行政行为的适用条件也包含裁量的观点。③ 特别是在行政许可、确认等领域，立法所设定的适用条件有时非常宽泛，案件争议往往集中在法律适用条件的解释上。在此种情况下，简单地斥责行政行为"适用法律法规错误"难服人心，适用"明显不当"似乎更为妥当。究竟未来情况如何，还有待于法律界共同观念的发展。

第三，在对"违反法定程序"的理解上，目前还存在一定分歧。行政行为虽不违反前述法律、法规、规章的明确规定，却违反正当程序原则。该种行政行为属于违反法定程序呢，还是行政行为明显不当呢？对这个问

① 参见何海波《"越权无效"是行政法的基本原则吗？——英国学界一场未息的争论》，《中外法学》2005 年第 4 期，第 489 页以下。
② 这种正统的法律理论在甘露诉暨南大学开除学籍案中发挥到了极致。在该案中，法院认定甘露在课程作业中抄袭他人论文属于《普通高等学校学生管理规定》第 54 条所说的"作弊"而不属于该条所说的"抄袭"，被告的开除决定因而属适用法律法规错误，应予撤销；至于开除处理是否轻重失当，则在所不问。参见最高人民法院（2011）行提字第 12 号行政判决书。
③ 参见郑春燕《取决于行政任务的不确定法律概念定性——再问行政裁量概念的界定》，《浙江大学学报》（人文社会科学版）2007 年第 3 期；王贵松《行政裁量的内在构造》，《法学家》2009 年第 2 期。

题，理论界向来有不同看法。1989 年行政诉讼法制定之时和实施之初，对违反法定程序的理解比较狭窄，基本上局限于法律、法规、规章的明确规定。后来实践中，在法律、法规、规章对行政程序没有明确规定的情况下，法官们也可能认为行政行为违反正当程序原则的要求，而予以撤销。法官们撤销行政行为的根据多是"违反法定程序"。所以，在行政诉讼法修改之前，扩大"违反法定程序"的内涵，使之包容行政程序裁量的要求，已经成为一种相当明显的趋势和相当广泛的共识。① 行政诉讼法增加"明显不当"根据，似乎也无意改变业已形成的理解。在此情况下，维持原有趋势和理解，即扩大"违反法定程序"的内涵使之包含正当程序原则的要求，应当是一种比较稳妥的做法。相应地，"明显不当"可以不适用于行政程序问题。

在排除了事实认定、法律适用、行政程序等审查要素后，明显不当审查根据的适用范围就很清楚了：它只适用于行政实体处理的裁量。在目前观念下，主要是行政处理方式的裁量，今后也可能扩展至法律适用条件的裁量。

（二）明显不当与滥用职权的区别

另一个与行政裁量有关的审查根据是滥用职权。行政诉讼法增加明显不当审查根据后，出现了"滥用职权"与"明显不当"并列的局面。为厘清二者关系，需要重新讨论滥用职权的含义。

滥用职权的审查根据从行政诉讼法制定时起就确立了，但对其含义却有很大的分歧，实践中的做法也很混乱。② 多数学者倾向于从主客观两个方面来考察，认为在行政裁量权限范围内恣意行使权力造成显失公正的，才构成滥用职权。③ 大体来说，这种理解符合滥用职权一词的平常含义，

---

① 参见何海波《司法判决中的正当程序原则》，《法学研究》2009 年第 1 期；章剑生《对违反法定程序的司法审查——以最高人民法院公布的典型案件（1985—2008）为例》，《法学研究》2009 年第 2 期；孟凡壮《论正当程序原则在行政审判中的适用——基于 75 份运用正当程序原则的行政诉讼判决书的分析》，《行政法学研究》2014 年第 4 期。

② 对相关实践的观察，参见施立栋《被滥用的"滥用职权"——行政判决中滥用职权审查标准的语义扩张及其成因》，《政治与法律》2015 年第 1 期。

③ 参见胡建淼《有关行政滥用职权的内涵及其表现的学理探讨》，《法学研究》1992 年第 3 期，第 11 页；罗豪才主编《中国司法审查制度》，北京大学出版社，1993，第 414 页以下；关保英《论行政滥用职权》，《中国法学》2005 年第 2 期，第 61 页；姜明安主编《行政法与行政诉讼法》，北京大学出版社、高等教育出版社，2011，第 525 页。

也比较符合立法之初的想法。从司法审查实践来看,法院对滥用职权根据的使用相当谨慎,也相当有限,基本上是与行政人员的恶意联系在一起。① 但是,至少在理论的层面上,对滥用职权的理解有泛化的倾向。一些学者则认为无须强调主观恶意,凡行政机关及其工作人员在裁量权限范围内违反行政合理性原则的,都属滥用职权;② 甚至行政机关滥用程序裁量权力,也构成滥用职权。③ 这种理解在当时有利于克服法院对行政行为合理性问题审查依据的不足,符合司法审查的实际需要。

在行政诉讼法增加"明显不当"的审查根据后,司法审查配备了更强大的武器。在此情况下,对行政裁量合理性的审查,一般可以放在"明显不当"的标准下进行;"滥用职权"则可以回归原位,限于行政机关违背法律目的、恶意行使权力的情形。也就是说,在新的审查根据体系下,滥用职权应当包含主观恶意。只是,这里的"恶意"不应当被过于狭隘地理解:行政机关出于不正当动机行使权力,是恶意;极端轻率任性、不负责任的行为,也属于恶意。

按照上述理解,滥用职权的情形主要有徇私枉法、打击报复、反复无常、任性专横等。下面分别结合案例予以简单说明。①徇私枉法。房管局从本单位职工利益出发分配住房,给年老多病的夫妇分的是相距遥远、交通不便的两套房子,而且是没有电梯的五六层高的房子;而原来答应分给他们的两套房子,则被分给了房管局自己的工作人员。④ ②打击报复。因原告虚假举报执勤交警酒后执法,被告对其给予罚款 200 元的处罚;后又重新裁决,给予原告治安拘留 10 日的处罚;原告申请复议后,被告在相同

---

① 参见沈岿《行政诉讼确立"裁量明显不当"标准之议》,《法商研究》2004 年第 4 期;余凌云《对行政机关滥用职权的司法审查——从若干判案看法院审理的偏好与问题》,《中国法学》2008 年第 1 期;郑春燕《"隐匿"司法审查下的行政裁量观及其修正——以〈最高人民法院公报〉中的相关案例为样本的分析》,《法商研究》2013 年第 1 期;何海波《行政行为的合法要件——兼议行政行为司法审查根据的重构》,《中国法学》2009 年第 4 期。

② 参见朱新力《行政滥用职权的新定义》,《法学研究》1994 年第 3 期,第 34 页以下。

③ 参见马原主编《行政诉讼知识文库》,北京师范学院出版社,1990,第 190 页;罗豪才主编《中国司法审查制度》,北京大学出版社,1993,第 383 页;江必新《行政程序正当性的司法审查》,《中国社会科学》2012 年第 7 期,第 128 页以下。

④ 参见岳志强等《具体行政行为释论及其合法性审查 100 例》,法律出版社,1992,第 193 页以下。被告在诉讼期间纠正其决定,马文虎撤诉。

的事实基础上，对原告改处 15 日拘留。① ③反复无常。原告因为教育局注销其办学许可证而提起诉讼，在诉讼中，教育局撤销其决定，原告撤诉。不料，教育局次日又重新作出注销办学许可证的通知。② ④任性专横。行政机关应当审慎行使行政权力，周全考虑行政执法的目的和后果。完全不考虑实际后果，不顾及当事人死活，没有十分必要却一意孤行，也构成滥用职权。③ 行政机关在毫无证据的情况下，任意采取行政强制措施或者行政处罚，也可能构成滥用职权。④ 在一些案件中，公安机关利用刑事侦查手段违法插手经济纠纷，也被法院判定为滥用职权。⑤

滥用职权作为行政行为违法的情形之一，依法应被撤销或者部分撤销。虽然行政诉讼法对滥用职权的后果再无特别规定，但如果按照上述理解，那么，滥用职权还可能引发一系列的后果。首先，滥用职权的行政行为多数属于"重大且明显违法情形"，原告可以申请确认行政行为无效。其次，对滥用职权作出的行政行为，法院在判决撤销或者确认无效后，一般不再判决行政机关重新作出行政行为。最后，对于滥用职权作出的行政行为，法院不但应当撤销或者确认无效，还应当追究行政机关的主管人员、直接责任人员的法律责任。这些也都是滥用职权区别于明显不当的地方。

（三）适用明显不当根据的主要情形

厘清了明显不当根据在规范上的适用范围，接下来要问的是，实践中它会出现在哪些领域呢？根据司法实践经验，明显不当根据比较常见的适

---

① 见焦志刚诉和平公安分局治安管理处罚决定行政纠纷案，《最高人民法院公报》2006 年第 10 期。法院判决的理由是，行政机关违背了"行政机关不得因当事人申辩而加重处罚"的规定。
② 见张振隆诉徐州市教育局注销社会办学许可证案，江苏省高级人民法院（2003）苏行终字第 47 号行政判决书。
③ 见王丽萍诉中牟县交通局行政赔偿案，《最高人民法院公报》2003 年第 3 期。
④ 见刘冰诉江苏省沛县公安局行政赔偿案，载最高人民法院中国应用法学研究所编《人民法院案例选》（第 33 辑），人民法院出版社，2001，第 437 页。在该案中，公安局在没有证据的情况下，以"卖淫"为由对刘冰传唤关押，后又以"流氓"为由对其收容审查，非法限制人身自由 42 天。
⑤ 见黄梅县振华建材物资总公司不服黄石市公安局扣押财产及侵犯企业财产权行政上诉案，《最高人民法院公报》1996 年第 1 期。

用场合，是行政处罚、行政给付、行政征收、行政裁决等。

（1）行政处罚。在我国绝大多数立法中，对违法行为的处罚方式包含多个种类和不同幅度。如果处罚结果明显畸轻畸重，就构成明显不当。明显不当与原先行政诉讼法所规定的"显失公正"相比，措辞虽有变化，实质并无不同。

（2）行政给付。行政机关给予资助、补助、补偿、奖励等，多数没有确定和统一的标准，而有方式和金额的选择。在孙阳兵诉深圳市市场监督管理局龙岗分局行政奖励案中，原告孙阳兵举报食品安全违法并要求奖励，被告仅给孙阳兵一封表扬信。由于相关法规、规章均未规定奖励的具体标准，是否需要给予举报人奖金取决于主管部门的裁量。①

（3）行政征收。行政机关税收征收、费用收取、海关估价等，往往也涉及裁量，特别是金额上的裁量。肇庆外贸公司诉肇庆海关海关估价行政纠纷案，就是一例。②

（4）行政裁决。行政裁决包含多种处理方式，自然就有当与不当的区别。

（5）行政强制和行政救助。行政机关采取行政强制或者救助措施，在手段的选择上存在一定的裁量，也有当与不当的区别。《最高人民法院公报》同期刊登的王丽萍诉中牟县交通局案和陈宁诉庄河市公安局案，可为代表。③

前面列举的只是常见的适用情形，并不排除其他存在行政裁量因而可能适用明显不当的情形。例如，行政机关对特定事实的鉴别、确认、证明也包含裁量，尽管对于这些行为是否可诉目前还有争议。④ 在行政许可、行政确认案件中，由于适用条件法定，一般不存在当与不当的问题，但如果涉及不确定概念的解释，明显不当根据也可能会被援引。法院对规范性文件合法性的审查，目前尚无明确标准，今后也不妨考虑以明显不当为标准。

---

① 见深圳市中级人民法院（2014）深中法行终字第425号行政判决书。深圳市中级法院二审判决认为，被告给予孙阳兵表扬的奖励并无不当。
② 见《最高人民法院公报》2006年第5期。
③ 见《最高人民法院公报》2003年第3期。相关评论参见王伟《执法机关严重违反比例原则暂扣车辆给当事人造成损失的应当承担赔偿责任》，载最高人民法院行政审判庭编《中国行政审判指导案例》（第1卷），中国法制出版社，2010，第89页以下；蒋红珍《比例原则在"陈宁案"中的适用》，《交大法学》2014年第2期。
④ 相关讨论参见何海波《行政诉讼法》，法律出版社，2016，第143页以下。

三　"当"与"不当"的评判标准

与明显不当的法律属性、适用范围相比，评判标准是一个更加核心也更加棘手的问题。如何把握"明显不当"根据的评判标准，将成为司法审查的新课题。

（一）为什么要有评判标准

与行政裁量一样，司法判决也包含着广泛的裁量。事实上，哪里有行政裁量，哪里就有司法裁量。例如，一个违法建筑是否影响城市景观？拆除多少才算合适？对于诸如此类的问题，法官可以将比例原则作为衡量的尺度。但问题是，行政机关什么样的考虑是正当的？达到什么程度才算实现行政目的？手段和目的又怎么样才是相称的？

从终极意义上，裁量意味着难有一个清楚的界限、一个唯一的结论。但是，对于一个行政行为是否适当，不同的人有不同的意见，不同的机关有不同的判断。在实践中，一审法院认为适当，二审法院认为不当，或者情况反过来，都是可能的。例如，对于同一物业管理区域划分，一审法院认为合理，二审法院却认为不合理；① 临时占据人行通道停放机动车，一审法院认为应当维持行政机关的处罚，二审法院却认为情节显著轻微，可以免除处罚。② 由于这种选择上的主观性，司法判决合法性难免遭到质疑。

法官必须对其裁量决定说明理由，这不但是推动依法行政的需要，也是维护司法审查自身合法性的需要。法院要想切实担负起监督行政活动、促进依法行政的责任，必须告诉行政机关应当遵守的规则是什么。除了解释成文的法律、告诉行政机关法条的含义，法官还要在法条空白的地方，告诉行政机关必须遵循的底线。司法裁量不说明理由，行政机关就可能不明就里，从而不利于改进行政执法。不但如此，法院审问行政行为的合法性，当事人和

---

① 见黄金成等25人诉成都市武侯区房管局划分物业管理区域行政纠纷案，《最高人民法院公报》2005年第6期。

② 许强诉济南市交通警察支队市中区大队行政处罚案，济南市中级人民法院（2010）济行终字第271号行政判决书。一个可资对比的案例，见马某跃诉济南市交通警察支队某某大队行政处罚案，济南市市中区人民法院（2010）市行初字第109号行政判决书。

社会同样审问司法裁量的合法性。所以，法官不能光说一声"本院认为明显不当"就直接下判，而必须给出说法：其凭什么认为行政行为构成明显不当。没有一个相对客观的标准，司法裁量难以摆脱人们对其滥用的指责。

要强调的是，司法裁量标准的客观性是相对的。裁量标准在不同的政治社会下有不同的价值尺度，在不同法律传统中还有不同的表述方式。不管什么样的说法，它们只是提供了一个可以商讨的根据。法院需要遵循一定的外在标准，但又不能被这些外在标准所束缚而失去公正的灵魂。

（二） 几种主要的评判方法

评价行政行为当与不当是个复杂的课题，复杂就复杂在多样的理论表述。就理论表述来说，不同国家有不同的术语，相互之间既有重叠也有特色。例如，英国法比较看重行政机关的考虑因素，美国法强调平等对待，德国法则有以比例原则笼而统之的倾向。我国的行政法学兼收并蓄英美法德日诸国理论，理论话语向来杂陈，似乎不必拘泥于某国学说。而不管哪种理论，首先应当涵盖评判行政行为适当性的多种考虑因素，其次应当保持理论体系的明晰。抓住一点不及其余（如只讲平等不讲其他）自然不行，把某一个原则（如比例原则）无限拉伸，也不行。合理性的考虑因素没有"万能尺子"，最好的办法是对各种考虑因素进行适当归类，分而述之。

结合我国的实践经验，评判行政行为合理性的考虑因素大体上可以归为以下几个方面，即行政机关行使裁量权力时没有考虑相关因素或者考虑了不相关的因素，没有遵循业已形成的裁量基准、行政先例或者法律原则，以致处理结果有失公正。下面分述之。

1. 没有考虑依法应当考虑的因素

行政机关没有考虑应当考虑的因素，或者相反，考虑了不应当考虑的因素，都可能导致行政处理结果明显不当。由此，对行政处理结果的审查往往转化为对行政判断过程的审查。

法律对于行政处理的方式，有的规定了具体的处理办法，有的只有笼统的意思表示，有的完全没有指明。法律规定了行政处理应当考虑的因素，行政机关没有考虑，导致行政决定有失公正的，属于不正当行使权力。例如，《物业管理条例》第9条第2款规定，"物业管理区域的划分应当考虑物业的共用设施设备、建筑物规模、社区建设等因素"。房管局不能以证据证明它对物业管理区域的划分考虑了共用设施设备的权属、使用与维护等因素，就是不当。①

法律没有明确规定考量因素的，法院还可能通过解释法律条文来探寻立法者的意图。在一些情况下，通过类比相似法条，举重明轻、举轻明重，也能够帮助法院理解立法者的意图。例如，原告无证驾驶的行为发生在从自家一处大棚至另一处大棚之间的乡间道路，其社会危害性与《道路交通安全法》第99条所列的其他几种可以拘留的行为相比显著轻微。被告对原告处15日拘留，这与被告认定的原告违法事实及本案的情节、社会危害程度不相称。该处罚决定明显不当。②

法律条文完全没有规定处理意见，也不等于行政机关可以任意处理。在受到社会广泛关注的唐慧诉永州市劳动教养管理委员会行政赔偿案中，唐慧对于周军辉等人强迫自己未成年女儿卖淫一案的刑事判决不服，持续上访、闹访。被告以"扰乱社会秩序"为由，对唐慧处以劳动教养18个月（实际执行了8天）。湖南省高级人民法院二审判决认为，唐慧的行为具有违法性，但永州市劳教委没有综合考虑唐慧及其家人的特殊情况，对唐慧实施了劳动教养，"处理方式明显不当"。③

2. 处理方式违反比例原则

在法律条文"沉默"的地方，法律原则也可以"开口说话"，帮助判断行政裁量的合法性。其中，比例原则是规范行政裁量的一个重要的指导原则。在黑龙江汇丰实业发展有限公司诉哈尔滨市规划局行政处罚案中，最高人民法院判决认为，行政处罚决定应以达到行政执法目的和目标为限，尽可

---

① 见黄金成等25人诉成都市武侯区房管局划分物业管理区域行政纠纷案，《最高人民法院公报》2005年第6期。

② 见姜福英诉辽宁省庄河市公安局行政处罚案，大连市中级人民法院（2014）大行终字第202号行政判决书。《道路交通安全法》第99条规定可以并处拘留的情形包括：1. 未取得机动车驾驶证、机动车驾驶证被吊销或者机动车驾驶证被暂扣期间驾驶机动车的；2. 造成交通事故后逃逸，尚不构成犯罪的；3. 强迫机动车驾驶人违反道路交通安全法律、法规和机动车安全驾驶要求驾驶机动车，造成交通事故，尚不构成犯罪的；4. 违反交通管制的规定强行通行，不听劝阻的；5. 故意损毁、移动、涂改交通设施，造成危害后果，尚不构成犯罪的；6. 非法拦截、扣留机动车辆，不听劝阻，造成交通严重阻塞或者较大财产损失的。

③ 见湖南省高级人民法院（2013）湘高法行终字第26号行政赔偿判决书。相关报道参见柴会群、邵克《"永州幼女被迫卖淫案"再调查唐慧赢了，法治赢了没?》，"南方周末"客户端，http://www.infzm.com/content/93029/，2016年5月17日访问。

能使相对人的权益遭受最小的侵害。被告处罚决定不必要地增加了原告的损失，显失公正。① 在苏州鼎盛食品公司不服苏州市工商局商标侵权行政处罚案中，法院不但要求行政处罚遵循过罚相当原则，还提出了行政机关行使裁量权力时应当考虑的具体因素。江苏省高级人民法院二审判决认为，原告主观上无过错，侵权性质、行为和情节显著轻微，尚未造成实际危害后果，责令其停止侵权行为即足以实现保护注册商标专用权以及保障消费者和相关公众利益的执法目的。被告并处 50 万元罚款实无必要，明显不当。②

3. 没有正当理由区别对待

平等原则在司法中的适用，似乎还没有引起足够的重视。但是，同类情况同样对待，是法律的一个基本要求，也是衡量是否公平、公正的一个基本方法。不管是对于同一案件的各方当事人还是对于同类案件的当事人，没有正当理由的区别对待，就构成明显不当。

在实践中，有关平等原则的争议最多出现在各方当事人具有竞争关系的场合。在广州贝氏药业有限公司诉国家发展计划委员会药品定价案中，被告对原告等生产的抗感染药品予以单独定价。原告认为，同类药品在质量、安全性、疗效、治疗周期等方面都相同，也都没有获得专利，被告对同类药品的定价却相差如此之大，明显有悖公正原则。③

在存在利益冲突或者相应"对家"的场合，行政机关的选择性执法也容易使人们对执法公平产生怀疑。例如，原告与第三人互殴，各致对方轻微伤，被告对第三人罚款 100 元，而对原告处以拘留 15 日。法院认为，原告与第三人的违法严重程度相同，但被告对二者的处罚轻重悬殊，该处罚决定显失公正。④ 但如果原告与第三人不存在利益冲突，法院可能不会把选择性执

---

① 见最高人民法院（1999）行终字第 20 号行政判决书，法公布（2000）第 5 号。

② 见《最高人民法院公报》2013 年第 10 期。在该案中，原告鼎盛食品公司使用了与第三人东华公司的注册商标近似的商标，被告责令鼎盛食品公司停止侵权行为，并处罚款 50 万元。法院认为，被告的处罚未考虑以下事实：第一，在第三人注册商标核准之前，原告就进行了相应的包装设计并委托生产；第二，第三人商标核准注册才两个月，尚未将其投入市场，原告就被查处；第三，原告并未对使用该标识的月饼进行广泛宣传。

③ 北京市高级人民法院（2002）高行终字第 66 号行政判决书。北京市高级人民法院二审判决认为，"虽然国家计委在确定同类药品差价时考虑的一些因素缺乏根据，但尚不构成滥用职权"。在行政诉讼法修改、增加"明显不当"的审查标准以后，法院对此类案件的态度可能不同。

④ 王钦民诉新疆精河县公安局行政处罚案，载最高人民法院中国应用法学研究所编《人民法院案例选（1992—1999 年合订本）·行政卷》，中国法制出版社，2000，第 145 页以下。

法作为显失公正的因素。例如，公安机关以原告嫖宿为由，对其处 15 日行政拘留，后又决定收容教育 2 年，而对嫖宿对象李某仅处 15 日拘留和罚款。法院认为，原告所受收容教育与李某所受行政处罚无可比性。[①]

即使当事人之间不存在利益冲突或者相关利益，行政机关在以往同类案件中的处理方式，也可以作为衡量行政行为是否合理的因素。如果行政机关在以往的处理中已经形成稳定的惯例，那么，这些事实在衡量行政行为合理性的过程中将会更有力量。例如，依据《烟草专卖法实施条例》的规定，无准运证运输烟草专卖品的，处以烟草价值 20%—50% 的罚款。法院认为，行政机关在作出处罚决定时，应当考虑以前和近期对同种情况违法行为给予处罚的程度，做到同责同罚。原告与 9 名案外人都属无证运输卷烟，情况相似，被告处罚幅度却相差较大，显失公正。[②] 这一判决精神要求，行政机关在行政活动中参考先例，至少不能无视过去的实践。

4. 违背业已形成的裁量准则

在法律没有明确规定的情况下，行政机关也可能通过制定裁量基准、形成行政惯例、宣布处理政策，形成一套比较稳定的处理模式。一套稳定的处理模式有助于限制行政过程中的考量因素，降低与当事人讨价还价的成本，抵御各种人为干扰。至少在通常情况下，它使行政过程更加简单，更有效率，也更显公平。而处理模式一旦形成，就会给人一种期待，相信并要求行政机关遵循这种模式行事。在此情况下，现有的处理模式就构成行政裁量的准则。行政机关没有正当理由违背裁量准则，即构成违法。

但如果确有正当理由的，行政机关可以在执法过程中逸脱上级行政机关以规范性文件形式设定的裁量基准、宣示的政策倾向，或者偏离行政机关在以往案件中形成的惯例、先例。在周文明诉云南省文山县交警大队行政处罚案中，周文明因超速驾驶被处以 200 元罚款。依据《道路交通安全法》，对这种情况应处 20—200 元罚款。但是，根据云南省公安厅《云南省道路交通安全违法行为处罚标准暂行规定》的要求，超速未达 50% 的，

---

① 彭树球诉厦门市公安局湖里分局收容教育案，厦门市湖里区人民法院（2007）湖行初字第 6 号行政判决书。二审维持原判。

② 王忠生等诉云南省安宁市烟草专卖局行政处罚案，昆明市中级人民法院（2001）昆行终字第 36 号行政判决书。

处罚款50—100元。一审法院认为交警处罚不符合省厅规定，改处罚款80元。被告上诉称，文山县交通事故的主要原因就是超速驾驶，执法中一直对超速驾驶予以重罚。二审法院认可该理由，判决维持原处罚决定。[①] 二审判决的精神得到多数学者的认同。[②]

（三）执法机关不得放弃裁量

法律赋予行政机关裁量权力，也要求行政机关根据具体情形斟酌处理。裁量不单是权力，也是责任。为了维护个案公正，在某些特殊情况下偏离裁量基准，不仅是被允许的，还是必须的。

如果行政机关不考虑任何具体情形作"一刀切"的规定，这样的规定往往是不完美、不合适的；执法机关不考虑任何具体情形而"一风吹"地执行行政决定，这样的做法僵硬刻板，严重偏离公正的准则，也是对其裁量职责的怠惰履行。例如，高等学校为了严肃考试纪律，规定考试作弊的"一律按退学处理"。这样的规定没有区别各种作弊的不同情节，既有失公允，也没有给学生悔改机会，"一棍子打死"，失之过严。[③] 又如，外地来京贩卖蔬菜的菜农，每天清晨驾驶轻型货车出门，在同一地点105次违反禁行标志。公安交通部门依照每次违法罚款100元的标准，对其处以罚款10500元。该处罚没有考虑本案的具体情形，机械地依据相关规定，对原告简单地累计处罚，有失公正。[④]

[①] 云南省文山壮族苗族自治州中级人民法院（2008）文行终字第3号行政判决书。相关报道见陈娟《云南省公安厅红头文件引争议》，《人民日报》2008年4月2日，第15版。

[②] 参见王天华《裁量基准与个别情况考虑义务：周文明诉文山交警不按"红头文件"处罚案评析》，《交大法学》2011年第1期。更多讨论参见周佑勇《裁量基准的正当性问题研究》，《中国法学》2007年第6期；余凌云《游走在规范与僵化之间：对金华行政裁量基准实践的思考》，《清华法学》2008年第3期；王锡锌《自由裁量权基准：技术的创新还是误用》，《法学研究》2008年第5期。

[③] 见田永诉北京科技大学案，《最高人民法院公报》1999年第4期。北京市海淀区法院一审判决以校规"对考试作弊的处理方法明显重于《普通高等学校学生管理规定》第12条的规定"为由，决定不予适用。

[④] 杜宝良诉北京市公安局公安交通管理局西城交通支队西单队"105张罚单"案，见王乃彬《"同一地点违章百余次被罚万元"事件引发争议》，《法制日报》2005年6月6日，第5版；张旭《北京"万元罚单"当事人杜宝良撤诉》，《法制日报》2005年7月29日，第4版。《道路交通安全法》第90条规定，机动车驾驶人违反道路交通安全法律、法规关于道路通行规定的，处警告或者20—200元罚款；北京市公安部门的处罚标准是，违反限制通行规定的处100元罚款。

行政裁量所依据的准则即使原来是合理的，但如果随着形势变化变得有悖公正，执法机关应当考虑变通处理。在陈山河与洛阳市人民政府、洛阳中房地产有限责任公司行政赔偿案中，被告组建的指挥部于2002年8月对原告房屋违法实施拆迁，一、二审法院判决被告参照洛阳市1997年公布的拆迁安置补偿标准对原告予以赔偿。最高人民法院裁定认为，在被拆迁人未及时获得合理补偿安置而房屋价格明显上涨的情况下，按5年前的标准向原告支付拆迁补偿安置款，对原告陈山河"明显有失公平"。① 规范性文件不能成为执法机关无视社会公正、逃避裁量义务的挡箭牌。

四　重申司法对行政的尊让

前面所讲的几种考量因素的引入，为法院审查行政裁量行为提供了一个相对客观的标准。然而，它没有回答一个问题：行政裁量行为不适当到什么程度才算"明显不当"，法院才可以干预？这个问题恐怕是实践中最难拿捏的。

（一）为什么要强调"明显"不当

从逻辑上讲，"明显不当"的评判包含两个阶段的推理过程：第一，行政裁量是不适当的；第二，不适当达到明显的程度。前者涉及评判方法，即该从哪些方面去考虑行政行为的适当性；后者涉及评判尺度，即如何掌握司法审查的具体界限。虽然在实际思维过程中，可以将这两个问题合在一起来谈，但在逻辑上作区分不是没有意义的。实际上，它已经成为我国司法审查的一种鲜明路径。

立法强调明显不当，是要求法院节制自己的审查权力。从行政行为司法审查的角度来说，行政机关对行政裁量问题的判断是"一次判断"，而司法机关则是"二次判断"。在实际操作中，法院不可能给予行政机关的裁量百分之百的尊重，否则就没有必要建立司法审查了；但法院也不可能时时处处以自己的观点代替行政机关的判断，否则就没有必要设立行政机关了。正是意识到司法审查的限度，防止其过分干预行政裁量，立法才使

① 最高人民法院（2014）行监字第148号行政裁定书，《最高人民法院公报》2015年第4期。

用了"明显不当"的措辞。

明显不当的要求，意味着司法机关应当给予行政裁量必要的尊让。[①]面对一些公说公有理、婆说婆有理的事情，法院应当听从和维持行政机关的决定。司法机关的尊让不但体现了法院对行政机关尊敬、重视的态度，也强调了法院对自身权力的克制。

法院对行政裁量给予适度的尊让，不但是司法和行政两个系统职能分工的需要，也是司法审查获取合法性的策略。现代行政涉及大量技术性和政策性的问题，需要借助行政机关的知识、经验和技能来解决。例如，涉及博士学位论文评审的，法官的知识基本上不足以回答它是否达到博士学位论文的水准；面对会计规则的丛林，法院也很难判断一家上市公司财务资料所反映的利润是否客观真实；山林土地所有权纠纷往往纠集着复杂的历史和现实问题，法院也很难根据既定的规则作出判决。在这些情况下，司法权力过分的张扬不但于事无补，反而可能危及自身的合法性。

（二）是否"明显"谁说了算

行政行为是否明显不当，归根结底当然是由法官来判断的。但是，法官在判断的时候，是根据什么呢？对此有两个可能的哲学维度：一是法官求问于自己内心，并凭借他对人情世故的理解作出回答；二是法官求问于旁人，并根据旁人的看法作出判断。求问于自己的，需要法官高超的智慧，一如德沃金笔下智慧无边的赫拉克勒斯。然而，它的问题是，法官不能担保自己的想法必定合理。而求问别人，通过与别人的交流来验证自己的想法，常常更为可行。从终极意义上，不是法官的个人冥思，而是法律共同体的共识担保了司法判决的正确。[②]

就行政行为的司法审查来说，有一个特殊的问题：法官应该征询行政执法者的意见，或者行政相对人的意见，还是征询更广大的公众的意见？同一问题让不同的群体来回答，答案常常是不一样的。行政执法者容易对

---

① "尊让"一词移用自古汉语。例如，"夫人必知礼，然后恭敬，恭敬然后尊让，尊让然后少长贵贱不相逾越"（《管子·五辅》）；"尊让絜敬也者，君子之所以相接也"（《礼记·乡饮酒义》）；"恭俭尊让者，礼之为也"（《淮南子·泰族训》）。它在当代法学中的含义，与英文的 deference 可以大体对译。

② 参见何海波《实质法治：寻求行政判决的合法性》，法律出版社，2009，第361页以下。

执法中存在的问题熟视无睹，行政相对人容易夸大执法中存在的问题，一般的公众对相关的问题可能并不了解。一个通情达理、了解情况的人，大概是最理想的形象了。通情达理，是指他中立客观，能够摆脱利益的纠葛和视野的偏颇；了解情况，是假定他处在执法者的位置，拥有执法者所拥有的信息。然而在现实生活中，这样一个理想的人可能是不容易找到的：不是没有这样的人，而是没法确定"他"就是这样的人。

既然绝对公允可靠的人难以找到，不妨把问题交给一个广大的群体：特定社会下的公众。想知道某家餐馆的菜好吃不好吃，可以去问大众点评网，因为众多普通消费者看法的汇总比单个专家的观点更为可靠。对于行政行为是否明显不当，同样可以听取广大公众的意见。陆煜章诉上海市工商行政管理局企业名称驳回通知案涉及企业登记条件的适当性（而不是我们重点讨论的处理方式的适当性），但法院在该案中提供的评判方法仍有参考价值。原告于 2003 年 4 月向被告提出企业名称预登记申请，要求将"上海资本家竞争力顾问有限公司"作为开办公司的名称。被告认为，将"资本家"一词用于企业字号违反《企业名称登记管理规定》，有损社会公共利益并且可能造成公众误解，因此不予核准。法院认为，由于"资本家"一词具有特定政治含义，不为社会主流所接受，如果被告对其核准使用，必将引起众多人的反对或反感。被告出于社会公众接受程度的考虑作出上述决定，不构成滥用自由裁量权。[1] 在涉及伦理问题上，应当考虑的因素可能变得微妙，行政机关和法院都可能面临艰难的选择。例如，第三人盗窃摩托车后，在驾驶途中冲入道路坑槽内造成一死一伤，事故责任该如何承担？[2] 在这类案件中，"法律上的因果关系"的认定难免包含着主观的价值判断。而衡量主观价值判断正误最好的也是最后的标准，恐怕还是社会公众的普遍认同。所谓"公道自在人心"，在这种场合是适用的。

在一些专业技术领域，判断行政行为是否"明显"不当，不能以一般外行人的眼光来衡量，而应将其委托给专家进行。在知识产权领域，法院早就确立了"所属领域普通技术人员"的标准。最高人民法院在精工爱普生株式会社诉国家知识产权局专利复审委员会专利无效案中认为，只要通过综合原

---

① 上海市第一中级人民法院（2003）沪一中行终字第 194 号行政判决书。
② 福建省德化县盖德建筑工程公司诉德化县公安局交通警察大队道路交通事故责任认定案，福建省泉州市中级人民法院（2004）泉行终字第 111 号行政判决书。

说明书及其附图和权利要求书能够直接、明确地推导出来，并且所推导的内容对于所属领域普通技术人员是显而易见的，就可认定该内容属于申请专利保护的范围。① 类似地，在许文庆诉国家知识产权局专利复审委员会专利无效案中，最高人民法院认为，权利要求书中有些语言表述确实不够清楚，但所属技术领域的技术人员通过仔细阅读说明书，是可以克服这些缺陷的。被告仅凭一些语言表述不够清楚即宣告专利权无效，并不合适。②

（三）要多明显才够"明显"

一旦我们把是否明显的判断交给一个广泛的群体，问题就变成：在这个群体内需要获得多大的共识，才能算是明显的？在这个问题上，我们不妨拿美国法上的重新审理标准、英国法上的温斯伯里原则和大陆法上的比例原则作一个比较，看看中国法上的"明显不当"处在什么位置。

1. 重新审理标准并不适合中国

针对不同的事项，美国行政法设定了不同的审查标准。这里要讨论的是一个严格的审查标准，即重新审理标准。③ 按照这一标准，法院无须考虑行政机关的意见，完全基于自己对该问题的判断作出裁决。这类似于只要行政行为"不适当"，法院就可以推翻重做。这样的审查标准显然不适用于我国法院对一般行政行为的审查。在美国，重新审理标准的适用范围也非常有限。

2. 温斯伯里原则也不适合中国

在讨论行政裁量的审查时，英国的温斯伯里不合理性原则经常被我国学者提起。作为英国现代行政法的基石之一，该原则始于1947年的温斯伯里案件。该案的主要争议点是，温斯伯里市政委员会关于"15岁以下的孩子（在星期日）不能进入任何娱乐场所，无论是否有成年人陪同"的规定是否合法。根据当时的《星期日娱乐法》，电影院可以在星期日营业，但地方行政当局在发放放映许可证时，可以附加它"认为适当"的条件。从字面上解释，这一规定符合《星期日娱乐法》。而且，当时英国各地对放

---

① 见《最高人民法院公报》2014年第7期。
② 见《最高人民法院公报》2006年第2期。判决书附带指出，"本院不愿意见到更多的以此种理由宣告专利权无效的趋向，有关各方应当尽心协力提高专利申请授权水平"。
③ 参见王名扬《美国行政法》，中国法制出版社，1995，第694页以下。

映电影作类似限制的也不止温斯伯里这一个地方，一些家长也赞成这样的规定。留给法院决定的问题是该附加条件是否合理，要不要干预。①

上诉法院审理该案的格林勋爵认可了市政委员会的规定。他没有从正面论证市政委员会的决定是合理的，而是从反面为审查行政行为的合理性设置了一道门槛。判决书对这个标准有不同的表述，其中最经典的表述就是，"行政决定是如此的不合理，以至于在任何一个通情达理的机构都不会作出"的情形下，法院才能干预行政决定。② 几十年后，迪普洛克法官把它重新表述为，行政决定"严重违背常理或者公认的道德标准，任何一个通情达理的人在面对该问题时都不会作出那样的决定"。③ 请注意，二者都用了非常绝对的措辞——"任何"。与汉语日常语言中宽泛含混的"不合理"不同，温斯伯里原则意义上的不合理是用来指称非常极端的行为，是不合"理性"（irrational）的行为。行政机关很容易就能够跨过这道门槛，法院因行政机关违反温斯伯里原则而撤销行政行为是罕见的现象。④

温斯伯里原则只能出现在重程序、轻实体的英国。即使在英国，它也反映了那个时代普遍流行的司法消极主义态度，而不是司法创造的精神。⑤ 它赋予了行政机关在实体裁量上近乎绝对的权力，行政机关的决定——哪怕是错误的决定——也不受任何法院的质疑。我国一些学者把它作为法院对行政裁量的严格审查，实属误解。几十年后，在司法审查勃兴的背景下，英国出现"超温斯伯里原则"的审查标准，甚至逐步接纳了欧陆国家的比例原则，那是后话。

温斯伯里原则不能代表我国行政诉讼法上的合理性审查。曾有法院声称："司法对自由裁量行政行为的合法性审查只有一个标准，即自由裁量权是否被滥用并达到令正常人无法容忍的程度。"⑥ 这段话透着一股熟悉的

---

① *Associated Provincial Picture Houses Ltd. v. WednesburyCorporation*，1 KB 223（1948）.

② 同上引案例，第 234 页。

③ *Council of Civil Service Unions v. Minister for the Civil Service AC 374*，at 410（1985）.

④ 英国大法官爱尔文勋爵注意到，虽然律师和法官频频引用温斯伯里原则，但直到 20 世纪 90 年代中期"基于温斯伯里不合理性原则挑战行政行为的，很少成功"；那些原告胜诉的判决，主要是根据不相关考虑、不合法或程序不适当等审查标准。Lord Irvinr，Judges and Decision-Makers：The Theory and Practice of Wednesbury Review，（1996）Public Law 59，at 67.

⑤ J. Griffith，Judicial Politics since 1920：A Chronicle，Blackwell，1993，pp. 52 – 61.

⑥ 陆煜章诉上海市工商行政管理局企业名称驳回通知案，上海市第一中级人民法院（2003）沪一中行终字第 194 号行政判决书。

温斯伯里气息。如果它曾经是正确的，那么，在行政诉讼法增加了"明显不当"的标准后，它已经过时了。

3. 比例原则

那么，大陆法上的比例原则又怎么样呢？比例原则要求，行政手段对于行政目的的实现是适合的、必要的和相称的。虽然具体表述并不完全统一，但很显然，这一原则对行政机关的要求比英国的温斯伯里原则要严格得多。英国法院在很长一段时间里拒绝接受比例原则，就是因为他们意识到了两个原则之间存在审查尺度上的明显差距。[①] 当然，法院在运用比例原则时，可能根据不同的案件类型，对行政裁量进行不同强度的审查。[②]这使比例原则成为一把有弹性的尺子，但没有改变比例原则在适当性审查上更加深入的基本事实。

自从比例原则引入我国学界后，论者似乎想当然地认为我们应当接受它，其中也包括我本人。问题是，比例原则与我国行政诉讼法中"明显不当"的审查标准是否契合？当我们欢呼最高人民法院在黑龙江汇丰实业发展有限公司诉哈尔滨市规划局行政处罚案中运用比例原则时，我们是否想过，该判决所使用的"最小侵害"原则比当时行政诉讼法所规定的"显失公正"至少在字面上更加严格呢？不要忘了，"明显不当"中有"明显"两个字。抛弃了"明显"两个字的比例原则，就不符合中国的法律。现有多数文献对比例原则的讨论缺少一个清晰的维度：尊让。缺少尊让意识的比例原则，有可能导致司法过分干预行政。

笔者不是反对比例原则，而是认为应当对它作一些界定。在这方面，我国台湾地区行政程序方面的规定较为明确和合理：行政机关"采取之方法所造成之损害不得与欲达成目的之利益显失均衡"。[③] "显失均衡"的措辞，非常接近我国行政诉讼法上的"显失公正"和"明显不当"。此外，

---

① 在一个开除同性恋军人的案件中，法官并不认同国防部提出的"同性恋损害军队士气和战斗力"的说法，并暗示如果适用比例原则，则开除决定应被撤销；但他们最终还是维持了开除决定，因为当时的英国法尚未接纳比例原则。参见 R. v. Ministry of Defense, ex parte Smith QB 517 (1996)。

② 参见蒋红珍、王茜《比例原则审查强度的类型化操作——以欧盟法判决为解读文本》，《政法论坛》2009 年第 1 期。

③ 该"法"第 7 条规定，"行政行为，应依下列原则为之：一、采取之方法应有助于目的之达成。二、有多种同样能达成目的之方法时，应选择对人民权益损害最少者。三、采取之方法所造成之损害不得与欲达成目的之利益显失均衡"。

我国也有法官在适用比例原则时提到，行政行为"严重违反比例原则"，从而构成违法。① 如果说我国台湾地区是在比例原则的定义中对明显性进行限定，那么，后一说法是在比例原则的定义之外加上明显性的限定，两者同样表达了司法审查应有的克制态度。差异的表述说明比例原则的概念有待厘清和统一，更提醒人们引入比例原则时应当注意中国的本土情境。

综上所述，是否接纳比例原则，在很大程度上取决于比例原则自身的定义。如果采取我国台湾地区"行政程序法"的定义，比例原则似乎可以直接引入；否则，就只有"严重违反比例原则"，才构成违法。不管采取何种说法，我们要清楚，是"明显不当"标准而不是任何外来理论构筑了我国法院与行政机关的边界。对法院来说，既要对行政行为的合理性进行审查，又要对行政裁量予以足够的尊让，避免以自己的判断代替行政机关的判断。至于具体尺度的拿捏，还得法官在具体情境中进行判断。

---

① 参见《最高人民法院公报》2003 年第 3 期。相关评论参见王伟《执法机关严重违反比例原则暂扣车辆给当事人造成损失的应当承担赔偿责任》，载最高人民法院行政审判庭编《中国行政审判指导案例》（第 1 卷），中国法制出版社，2010，第 89 页。

最高人民法院关于无效行政行为的探索[*]

叶必丰[**]

摘　要：最高人民法院从司法审查引出对无效行政行为制度的探索，虽没有使用"自始没有任何法律效力"和"无效"等概念，却在民事诉讼领域形成了有关基础行为的构成要件，在对行政行为的司法审查中形成了重大明显瑕疵的类型化和明显性判断标准，并形成了排除具有重大明显瑕疵行政行为公定力、相对人拘束力和司法强制执行力的无效行政行为制度雏形，为我国今后立法积累了丰富的素材。从最高人民法院的探索轨迹及其重大明显瑕疵的类型化，可以发现无效行政行为规则的鲜明中国特色、司法的制度生成意义和生成机制。

关键词：无效行政行为　重大明显瑕疵　最高人民法院

引　言

关于无效行政行为，[①] 我国行政法教科书都有论述，[②] 也有专著系统研

---

[*]　本文原载于《法学研究》2013 年第 6 期。

[**]　叶必丰，上海交通大学法学院教授。侯丹华、何海波、肖军、徐涛、刘羿、韩思阳和李泠烨等同人，对本文第一稿提出了宝贵的建议；2012 年 11 月，在南开大学举行的判例沙龙上，章剑生教授贡献了五条评论意见，肖泽晟、顾大松及其他多位学者也贡献了智慧，在此一并致以衷心感谢。

[①]　无效行政行为是就具体行政行为而言的，并不针对抽象行政行为、双方行政行为和行政事实行为。在"具体行政行为"前加上"无效"、"重大明显瑕疵"等，不够简洁顺畅。在本文中，除了引用外，以"行政行为"指代"具体行政行为"。

[②]　参见罗豪才主编《行政法学》，北京大学出版社，1996，第 132 页以下；姜明安主编《行政法与行政诉讼法》，北京大学出版社、高等教育出版社，2011，第 204 页以下。

究，① 可以说已有较充分的学说积累。但这些学说主要不是对我国制度的解析，而往往把外国学说当作"共同法学"和法律理念加以推行，既具有"情感法学"的成分又充满争议。②

无效行政行为是需要由行政程序法加以规定的重要制度。我国立法并未建立起统一的无效行政行为制度，仅有个别疑似无效行政行为的碎片式条款。③ 可喜的探索是，现在已有多个地方开展了行政程序立法，建立了本地方的无效行政行为制度。④ 地方的先行先试，无疑将推动国家无效行政行为制度的建立。但目前地方的无效行政行为制度主要系借鉴国外经验建立，且几乎没有进入法院的视野，并未在司法裁判中得以验证。

无效行政行为虽然并未在我国立法上完成制度性建构，但在司法上有大量实践。当事人在民事、刑事和行政诉讼中的争议，逼迫法院对无效行政行为加以回应。有关无效行政行为个案的反复实践，各类案例的指导或示范，推动了多项司法解释的出台，提供了各项无效行政行为的可验证、可重复的规则。当然，司法对无效行政行为的实践是渐进的，"创新不是大张旗鼓地进行的"，⑤ 表现为一个漫长的过程，有必要运用法社会学上的描述性研究方法，"对事实上在司法上实践过的东西"进行描述。⑥ 司法也只能形成基于特定情境的分散性规则，有必要运用逻辑归纳法予以整合和定位。

本文对无效行政行为的描述和归纳对象，限于最高人民法院的态度。第一，最高人民法院的司法解释。为了说明最高人民法院司法解释的背景和内容，也将引用主持或参与制定司法解释的人作出的说明、论证性文献。第二，最高人民法院指导案例、《最高人民法院公报》公布的典型案例。指导

---

① 参见金伟峰《无效行政行为研究》，法律出版社，2005。

② 参见叶必丰《论行政行为的公定力》，《法学研究》1997 年第 5 期；沈岿《法治和良知自由——行政行为无效理论及其实践之探索》，《中外法学》2001 年第 4 期；何海波《公民对行政违法行为的藐视》，《中国法学》2011 年第 6 期。

③ 如《专利法》第 45 条、《土地管理法》第 78 条第 1 款、《公务员法》第 101 条、《行政处罚法》第 3 条第 2 款等。

④ 如《湖南省行政程序规定》第 161 条、《辽宁省行政执法程序规定》第 66 条第 1 款、《山东省行政程序规定》第 132 条第 1 款等。

⑤ 〔美〕卡尔·N. 卢埃林：《普通法传统》，陈绪刚等译，中国政法大学出版社，2002，第 311 页。

⑥ 〔奥〕埃利希：《法社会学原理》，舒国滢译，中国大百科全书出版社，2009，第 475 页。

案例系指根据《最高人民法院关于案例指导工作的规定》遴选和公布的各级法院审判类似案例时应当参照的案例。典型案例系指"经最高人民法院审判委员会反复推敲、字斟句酌"精选而在《最高人民法院公报》上公布的案例。① 第三，最高人民法院参考案例，即最高人民法院各业务庭遴选、编辑和出版的审判案例。第四，最高人民法院终审的其他案例。其中，指导案例、典型案例和参考案例尽管并非都由最高人民法院裁判，但经最高人民法院或业务庭遴选、公布或出版，已经超出了地方意义，反映和体现了最高人民法院的态度。本文基本上不使用学者有关无效行政行为学说的研究性文献，除个别情形外也基本不使用地方法院的司法政策和裁判文书。

　　基于所引用案例较多，为阅读的流畅性和处理之方便，本文对案例名称予以缩略。案例缩略名一般由原告（起诉人）名加检索项构成。原告为自然人但有多个的，用"等"说明；原告为法人或其他组织的，提炼容易记忆的关键词。检索项即方括号部分，"最"系最高人民法院，"指"系指导案例，"典"系《最高人民法院公报》公布的典型案例，"参"系最高人民法院各业务庭所编写、发布的参考案例；"民"、"刑"、"行"分别指民事案例、刑事案例、行政案例。最高人民法院指导案例检索项的数字，系指导案例编号；最高人民法院典型案例检索项的数字，系《最高人民法院公报》发布时间；最高人民法院参考案例检索项的数字一般为案例编号，无编号的为裁判文书案号；最高人民法院终审案例和地方法院案例检索项的数字，系裁判文书案号。

一　对行政行为公定力的排除

　　根据湖南泰和案［最参行第45号］裁判要旨理由，公定力系指行政行为一经作出，即被推定为有效而"要求所有机关、组织和个人予以尊重"的法律效力。罗伦富案［最典行2002-5］判决较充分地阐发了行政行为的公定力，即行政行为对作出机关以外机关的拘束力。这在德国行政法上，也就是行政行为的构成要件效力，是指"行政行为应当受到其他国

---

① 最高人民法院公报编辑部编《最高人民法院公报典型案例全集（1985.1—1999.2）》，警官教育出版社，1999，"前言"第1页。

家机关的尊重，并且作为其决定的既定'事实要件'采用"。① 这里的
"尊重"，表现为行政行为对作出机关以外所有机关的拘束效力，② 但"无
效的行政行为没有要件效力"。③

（一）公定力之基础行为的构成要件

行政行为的公定力，以该行政行为构成另一法律行为的基础行为或前
提要件为条件。如果该行政行为并非另一法律行为的实施要件，则不存在
拘束性或公定力问题。民事诉讼所要解决的是民事争议而不是行政争议，
审查行政行为的合法性并不是民事诉讼的任务，大庆振富案［最典民
2007-4］和交通勘察案［最参（2009）民二终字第99号］判决对此就有
专门论证。但是，行政行为又经常与民事诉讼发生密切关联，到底什么样
的关联行政行为才能构成民事裁判的基础行为？对此，最高人民法院很早
就在民事诉讼中开始了探索。

1. 实质性行政行为

绿谷案［最典民2004-7］判决把行政行为区分为实质性行政行为和
形式性行政行为。该判决从司法权与行政权分工的角度指出，"实质性的
行政行为，如本案所涉的审批行为，是我国法律赋予有关行政主管部门的
特有的权力"行为；形式性行政行为，是备案、登记等程序性行政行为。
早些时候审理的郑某案［最参民房第1号］和后来的深圳蒲公堂案［最参
（2007）民二终字第32号］、贵州捷安案［最参（2009）民二终字第3号］
等判决都一致指出，行政机关的登记类行政行为即形式性行政行为，是指
没有直接决定实体法律关系存在与否的非设权性行为，是宣示性登记，只
具有登记事项的公示效力、证据效力和对抗善意第三人的效力。由此看
来，绿谷案［最典民2004-7］判决所称的实质性行政行为，是指行政机
关运用行政权创设实体行政法关系的行为；形式性行政行为是指，行政机
关运用行政权确认或宣示法律事实或法律关系（多为民事法律关系）的行
为。这一区分不同于德国行政法学上有关实体行政行为和形式行政行为的

---

① 〔德〕哈特穆特·毛雷尔：《行政法学总论》，高家伟译，法律出版社，2000，第268页
以下。
② 参见赵宏《法治国下的行政行为存续力》，法律出版社，2007，第81页。
③ 〔德〕哈特穆特·毛雷尔：《行政法学总论》，高家伟译，法律出版社，2000，第269页。

区分，而类似于德国行政法学上形成性行政行为和确认性行政行为的区分。① 但是，绿谷案［最典民 2004 - 7］判决的上述区分不是为了下定义，而是为了确定法院在民事诉讼中对行政行为的审查范围。它指出，对形式性行政行为，"人民法院可以通过民事诉讼的判决结果直接或间接地"作出变更；对实质性行政行为，法院"不能通过民事诉讼程序和作出民事判决予以变更。即使审批不当，也只能通过行政复议程序或者行政诉讼程序予以纠正"。所谓"通过民事诉讼的判决结果直接或间接地"作出变更，并非审查和判决变更该形式性行政行为，它是指法院对该形式性行政行为所确认或宣示的法律事实或法律关系予以实质性审查，根据当事人的举证和质辩而不是根据该形式性行政行为的确认或宣示对民事争议作出判决。根据贵州捷安案［最参（2009）民二终字第 3 号］和中国信达案［最参（2005）民二终字第 164 号］等的实质性审查，形式性行政行为的权利人具有按该行为推定的权利，争议该权利的当事人必须有足够的证据才能获得法院的支持。因此，绿谷案［最典民 2004 - 7］判决不是基于行政行为的瑕疵及其程度而对形式性行政行为民事裁判拘束力的排除，而是对民事裁判基础行为要件的确立，即民事裁判只以实质性行政行为而不以形式性行政行为为基础行为。这一判决已成为我国民事诉讼实践的普遍认识，② 也与行政审判法官的认识相一致。③

2. 对案件事实和法律效果的涵摄

实质性行政行为作为民事裁判的基础行为，还必须以该行为涵摄了案件事实和法律效果为构成要件。宁夏君信案［最参（2004）民二终字第 260 号］裁判摘要指出："如果该审计报告未能直接、充分地证明案件争议的事实，不能单独作为定案的依据。"成都春来案［最参（2009）民提字第 60 号］判决认为，所提举工商行政处罚决定书能证明当事人的行为违法，但不能证明当事人所有权关系。行政行为不能涵摄案件事实和法律效果的，即使系实质性行政行为，也不能成为民事裁判的基础行为。并且，

---

① 参见〔德〕汉斯·J. 沃尔夫等《行政法》（第 2 卷），高家伟译，商务印书馆，2002，第 42 页、第 48 页以下。

② 参见黄贤华《股权纠纷关联行政争议案件的司法困境及出路》，《法律适用》2011 年第 7 期；许福庆《行政行为与民事判决效力冲突及解决》，《法律适用》2009 年第 5 期。

③ 参见江必新《论行政争议的实质性解决》，《人民司法·应用》2012 年第 19 期。

根据宁夏君信案［最参（2004）民二终字第 260 号］判决，实质性行政行为不以其理由而以其结论为限度对民事裁判发生拘束力。民事诉讼上的这一发展，恰与德国法相契合。①

3. 法律规范的强制性规定

1999 年，最高人民法院关于合同法的司法解释第 10 条规定："当事人超越经营范围订立合同，人民法院不因此认定合同无效。但违反国家限制经营、特许经营以及法律、行政法规禁止经营规定的除外。"② 2002 年，最高人民法院关于审理商标民事纠纷的司法解释第 22 条第 1 款规定："人民法院在审理商标纠纷案件中，根据当事人的请求和案件的具体情况，可以对涉及的注册商标是否驰名依法作出认定。"第 3 款规定："当事人对曾经被行政主管机关或者人民法院认定的驰名商标请求保护的，对方当事人对涉及的商标驰名不持异议，人民法院不再审查。提出异议的，人民法院依照商标法第十四条的规定审查。"③ 山西黄翰案［最参（2006）民二终字第 19 号］和浙江中光案［最参（2004）民二终字第 143 号］裁判摘要指出，民事法律行为不以法律规范强制规定的行政行为为依据的，不发生法律效力；法律规范没有强制性要求的，则不影响效力。这些司法解释和裁判都表明，民事裁判以行政行为为基础行为，不仅取决于实质性行政行为及其对案件事实和法律效果的涵摄，还取决于法律规范的强制性规定。只有法律规范强制性规定民事裁判以实质性行政行为为基础行为时，才符合构成要件。根据武汉瑞通案［最参（2009）民二终字第 140 号］判决，强制性规定在法条上的语义，典型的表现是"必须"、"不得"，即命令性和禁止性条款。这一要件也与德国法相一致。④

4. 当事人的约定

2001 年最高人民法院的司法解释指出："审计是国家对建设单位的一种行政监督，不影响建设单位与承建单位的合同效力。建设工程承包合同案件应以当事人的约定作为法院判决的依据。只有在合同明确约定以审计

① 参见赵宏《法治国下的目的性创设——德国行政行为理论与制度实践研究》，法律出版社，2012，第 306 页以下。
② 《最高人民法院关于适用〈中华人民共和国合同法〉若干问题的解释（一）》。
③ 《最高人民法院关于审理商标民事纠纷案件适用法律若干问题的解释》。
④ 参见赵宏《法治国下的目的性创设——德国行政行为理论与制度实践研究》，法律出版社，2012，第 307 页。

结论作为结算依据或者合同约定不明确、合同约定无效的情况下，才能将审计结论作为判决的依据。"① 也就是说，能够涵摄案件事实和法律效果的实质性行政行为，如果没有法律规范的强制性规定，但是有当事人双方的约定，可以作为民事裁判的基础行为。

通过上述探索，最高人民法院确立了能够涵摄案件事实和法律效果的实质性行政行为，如果有法律规范的强制性规定或者当事人双方的约定，则可以作为民事裁判基础行为的判断标准。这一判断标准，除实质性行政行为要件与行政诉讼实践有冲突外，② 对行政行为在其他场合是否构成另一法律行为的基础行为，具有借鉴意义。

（二）民事诉讼、刑事诉讼对公定力的排除

在行政行为构成民事裁判的基础行为的情况下，最高人民法院承认该行政行为对相关民事裁判的拘束力，认可该行政行为的判断。③ 嘉和泰案［最典民 2008 - 3］和苏州广程案［最参（2009）民二终字第 15 号］裁判摘要都指出，行政行为应当作为法院认定合同是否有效的依据。但最高人民法院排除了某些行政行为对民事裁判的拘束力。1988 年，最高人民法院关于民法通则的司法解释第 49 条规定："个人合伙或者个体工商户，虽经工商行政管理部门错误地登记为集体所有制的企业，但实际为个人合伙或者个体工商户的，应当按个人合伙或者个体工商户对待。"④ 1994 年，最高人民法院的司法解释指出："人民法院在审理案件中，对虽然领取了《企业法人营业执照》，但实际上并不具备企业法人资格的企业，应当依据已查明的事实，提请核准登记该企业法人的工商行政管理部门吊销其《企业法人营业执照》。工商行政管理部门不予吊销的，人民法院在审理案件中对该企业的法人资格可不予认定。"⑤ 最高人民法院在 2001 年的一部司

---

① 参见《最高人民法院关于建设工程承包合同案件中双方当事人已确认的工程决算价款与审计部门审计的工程决算价款不一致时如何适用法律问题的电话答复意见》。
② 参见《最高人民法院关于审理房屋登记案件若干问题的规定》；赵大光等《〈关于审理房屋登记案件若干问题的规定〉的理解与适用》，《人民司法·应用》2010 年第 23 期。
③ 参见《大庆市振富房地产开发有限公司与大庆市人民政府债务纠纷案》，《最高人民法院公报》2007 年第 4 期；最高人民法院民二庭《最高人民法院商事审判指导案例（公司卷）》，中国法制出版社，2011，第 167 页。
④ 《最高人民法院关于贯彻执行〈中华人民共和国民法通则〉若干问题的意见（试行）》。
⑤ 《最高人民法院关于企业开办的企业被撤销或者歇业后民事责任承担问题的批复》。

法解释中，再次肯定了上述规则。① 上述司法解释中的自行认定和"可不予认定"等，就是对该行政行为公定力的排除。能排除行政行为公定力的原因，只能是该行政行为存在重大明显瑕疵而无效。深圳三九案［最典民2003-4］中法院审理发现，作为基础行为的行政许可证虚假、不具有真实性，遂不予采信。最高人民法院在民事裁判中并没有明确指出"错误"、"不符合条件"等是否属于重大明显瑕疵，但最高人民法院法官的工作研究论文中作出了明确的肯定性判断。② 当然，最高人民法院排除某些行政行为对民事裁判的拘束力，仍在探索之中，还没有建立整体完全统一、前后始终一致的规则。③

行政行为对刑事裁判也具有拘束力。江世田等案［最参刑第205号］判决认为，被告人聚众以暴力手段抢回被依法查扣的制假设备，构成妨害公务罪。但是，刑事诉讼中也排除了某些行政行为的拘束力。刘起山等案［最典刑1994-2］判决表明，法院对基于走私、收受贿赂而实施的行政行为不予认可。王艳案［最参刑第419号］判决表明，被告人以欺诈手段获取的结婚证，不拘束法院对重婚罪的认定。

（三）行政诉讼对公定力的排除

行政行为对行政裁判具有拘束力。赵立新案［最参行第12号］裁判要旨指出："企业的经济性质，应以发生法律效力的《企业法人营业执照》为准。因此，人民法院确定企业经济的性质，应当根据企业在工商行政管理机关注册登记的具有法律效力的《企业法人营业执照》上所确定的企业经济性质为准。"该裁判要旨理由进一步说明，即使企业法人营业执照存在瑕疵，法院也"只能依照法律规定的登记文本来确定"。但是，最高人民法院却排除了某些行政行为的拘束力。

---

① 《最高人民法院关于审理军队、武警部队、政法机关移交、撤销企业和与党政机关脱钩企业相关纠纷案件若干问题的规定》第3条规定："被开办企业虽然领取了企业法人营业执照，但投入的资金未达到《中华人民共和国企业法人登记管理条例实施细则》第十五条第（七）项规定数额的，或者不具备企业法人其他条件的，应当认定其不具备法人资格，其民事责任由开办单位承担。"
② 参见江必新《论行政争议的实质性解决》，《人民司法·应用》2012年第19期。
③ 参见羊琴《企业设立登记行为的性质及其在民事诉讼中的效力》，《人民司法·应用》2011年第9期。

沈希贤等案［最典行 2004－3］被诉建设许可证，系以计划部门的批准行为为基础行为。该基础行为缺乏实施要件即环境部门批准的环境影响报告书，存在瑕疵。限于受案范围和起诉期限制度，审理法院通过对不确定法律概念即"有关批准文件"的解释，把基础行为的要件作为颁发被诉建设许可证的共同要件，① 通过推翻被诉建设许可证实现了推翻有瑕疵基础行为的目的，表明了法院不受重大明显瑕疵行政行为拘束的态度，实现了行政争议的实质性解决。②

2009 年，《最高人民法院关于审理行政许可案件若干问题的规定》（以下简称"最高人民法院行政许可法解释"）第 7 条统一规定：在行政许可案件中，作为被诉行政许可行为基础的其他行政决定或者文书存在重大明显瑕疵的，法院不予认可。这一司法解释清晰而明确地宣布，法院不受无效行政行为的拘束，无效行政行为不具有公定力。这样，在被诉行政行为的基础行为不符合或不具备要件而导致该基础行为无效时，法院就不需要再把基础行为的要件作为被诉行为的共同要件。

2011 年公布的俞国华案［最参行第 51 号］裁判要旨指出："复议机关未依行政复议法规定的申请复议期限受理案件并作出复议决定，不拘束人民法院对行政案件起诉期限的认定。利害关系人即使在收到复议决定书之日起 15 日内起诉，经审查若属逾期起诉且无正当理由，应当不予受理或者驳回起诉。"这一裁判要旨不仅再次表明最高人民法院排除某些行政行为公定力的态度，而且明确表达了"不受拘束"的意思。这与最高人民法院在此前的司法解释和判决中有关"不予认定"、"不予认可"和"尊重"等相比，更为准确地表达了公定力即对其他机关拘束力的规则。

除行政诉讼对公定力的排除外，最高人民法院还表达了在强制执行审查中排除法定行政行为公定力的态度，认为房屋征收与补偿的非诉执行审查系一种无效审查，审查内容包括"作为征收补偿决定前提的征收决定是否明显缺乏事实依据和法律、法规依据，是否严重违反法定程序，明显超越职权以及明显违反行政目的"。③

---

① 参见朱芒《"行政行为违法性继承"的表现及其范围——从个案判决与成文法规范关系角度的探讨》，《中国法学》2010 年第 3 期。

② 参见江必新《论行政争议的实质性解决》，《人民司法·应用》2012 年第 19 期。

③ 杨临萍等：《关于房屋征收与补偿条例非诉执行的若干思考》，《法律适用》2012 年第 1 期。

（四）不拘束其他行政行为的指示

行政行为构成另一行政行为基础行为的，则对该另一行政行为具有拘束力。根据《行政许可法》第 41 条的规定和国务院法制办的解释,[①] 许可证持有人在许可机关辖区外从事所许可行为，无须再申领许可。洋浦大源案［最（2003）行终字第 2 号］终审判决认为，被告省林业局对原告根据工商营业执照所核定的经营范围从事木材经营活动实施处罚，违反信赖保护原则，构成违法。信赖保护与授益行政行为的实质确定力，是一个问题的两个方面。[②] 它是否与授益行政行为的公定力也构成一个问题的两个方面，有待论证，但可以肯定的是，最高人民法院强烈要求被告省林业局应尊重工商营业执照的态度。

最高人民法院行政许可法解释第 7 条规定，作为被诉行政许可行为基础的其他行政决定或者文书存在重大明显瑕疵的，法院不予认可。这一规定的直接意义，当然是法院拒绝受法定行政行为拘束的制度化。它的间接意义则是，法院通过否定以具有法定违法情形行政行为为基础的行政许可行为，指示行政许可机关在行政许可中拒绝受该类行政行为的拘束。对此，此前的沈希贤等案［最典行 2004 - 3］判决就有较明确的要求。法院认为，"被告规划委员会在审批该项目的《建设工程规划许可证》时，应当审查第三人是否已取得了环境影响报告书"。换句话说，这就是要求被告审查基础行为是否存在重大明显瑕疵，拒绝受存在重大明显瑕疵基础行为的拘束。因此，具有法定情形的行政行为不能拘束其他行政行为的实施。

二　对其他法律效力予以排除的态度

根据湖南泰和案［最参行第 45 号］裁判要旨理由，行政行为除了公定力以外，还具有确定力、拘束力和执行力。

---

① 参见《国务院法制办公室对〈关于提请解释《中华人民共和国行政许可法》有关适用问题的函〉的复函》。

② 参见［德］哈特穆特·毛雷尔《行政法学总论》，高家伟译，法律出版社，2000，第 277 页；王贵松《行政信赖保护论》，山东人民出版社，2007，第 194 页。

（一）对强制执行力的排除

在德国，"行政执行是指行政机关通过专门的行政程序强制公民或者其他法律主体履行公法义务"，"行政机关享有相对于债务人的特权，即可以自己设定执行的根据并且自己执行，无须申请法院"。① 也就是说，德国的行政强制执行与我国行政机关申请法院强制执行不同。但是，无论行政行为由谁执行，都存在无效行政行为是否执行问题。对此，德国行政法的态度是"行政行为无效的，不得执行"。② "无效行政行为自始不产生预期的法律效果。没有法律效果和约束力，公民不必服从，行政机关不得执行。任何人在任何时间都可以主张其无效。"③ 在我国，根据湖南泰和案［最参行第 45 号］裁判要旨理由，通过相应的行为依法实现行政行为所设定的权利义务，即行政行为的执行力。那么，我国最高人民法院是否认可无效行政行为的强制执行力？

早在 1985 年，《最高人民法院关于人民法院依法执行行政机关的行政处罚决定应用何种法律文书的问题的批复》（以下简称"最高人民法院应用法律文书批复"）就规定，行政机关申请法院强制执行的，法院"如果发现处罚决定确有错误，则不予执行，并通知主管行政机关"。这一司法解释的背景是，1982 年《民事诉讼法（试行）》第 3 条第 2 款规定"法律规定由人民法院审理的行政案件，适用本法规定"之后，立法上出现了"诉讼—执行"条款，即当事人对行政处罚不服的可在法定期限内向法院起诉，逾期不起诉又不执行的可由行政机关申请法院强制执行。在 1982 年前，法律中几乎看不到这类条款，如《环境保护法（试行）》和《森林法（试行）》都未规定这类条款。《民事诉讼法（试行）》后的《海洋环境保护法》和《森林法》，则都规定了这一条款，但法院对行政处罚的强制执行程序，并没有法律规定。于是，最高人民法院基于司法实践的需要，根据《民事诉讼法（试行）》第 170 条有关执行员应当"了解案情"的规定，作出了对被执行行政行为进行司法审查的解释。

---

① 〔德〕汉斯·J. 沃尔夫等：《行政法》第 2 卷，高家伟译，商务印书馆，2002，第 42 页、第 291 页。

② 〔德〕汉斯·J. 沃尔夫等：《行政法》第 2 卷，高家伟译，商务印书馆，2002，第 312 页。

③ 〔德〕哈特穆特·毛雷尔：《行政法学总论》，高家伟译，法律出版社，2000，第 253 页。

1991 年，基于实践中"不予执行"已被扩大到行政处罚以外行政行为的经验，① 以及行政诉讼法的制定和实施，《最高人民法院关于贯彻执行〈中华人民共和国行政诉讼法〉若干问题的意见（试行）》（以下简称"最高人民法院贯彻行政诉讼法意见"）第 85 条规定："如果人民法院发现据以执行的法律文书确有错误，经院长批准，不予执行，并将申请材料退回行政机关。"在当时，作出上述规定主要是司法审查的需要，但在理由上却已经有无效行政行为学说的支持。最高人民法院法官江必新在 1989 年结合行政诉讼法的起草指出，现实中存在当事人不敢告行政机关的情况，但行政行为的无效不取决于相对人的态度和诉讼时效是否已过。"行政行为确属无效或部分无效的，可以在行政机关申请人民法院强制执行时，要求行政机关撤销或变更其决定。如果行政机关拒绝撤销或变更，可不予执行。"②

2000 年的《最高人民法院关于执行〈中华人民共和国行政诉讼法〉若干问题的解释》（以下简称"最高人民法院行政诉讼法解释"）第 95 条规定，行政行为具有法定违法情形的，法院裁定不准予执行。这一规定是对《行政诉讼法》第 66 条行政机关申请法院强制执行条款的解释，依据是《行政诉讼法》第 5 条行政行为的合法性审查条款。它的目的是实现司法审查，在功能上却已与无效行政行为不具有强制执行力原理相契合。最高人民法院法官认为，它是区别于行政行为合法性审查制度的无效审查制度，③ 是对大陆法系无效行政行为制度的借鉴。④ 同时，在起草者主观态度上，裁定不准予执行制度是作为司法审查制度组成部分加以考虑的。最高人民法院行政诉讼法解释规定"是否准予强制执行作出裁定"的核心内容是，"法院应当'对具体行政行为的合法性进行审查'。其重要意义是，明确了法院对具体行政行为合法性审查原则的适用范围，更加符合行政诉讼法的立法精神"。⑤ 把被执行行政行为纳入司法审查的正当性理由，是无效

---

① 甘文：《行政诉讼法司法解释之评论——理由、观点与问题》，中国法制出版社，2000，第 178 页。
② 江必新：《行政诉讼问题研究》，中国人民公安大学出版社，1989，第 219 页。
③ 杨临萍等：《关于房屋征收与补偿条例非诉执行的若干思考》，《法律适用》2012 年第 1 期。
④ 参见江必新《司法解释对行政法学理论的发展》，《中国法学》2001 年第 4 期。
⑤ 甘文：《行政诉讼法司法解释之评论——理由、观点与问题》，中国法制出版社，2000，第 222 页。

行政行为学说。"行政机关作出的具体行政行为，是否当然具有强制执行力，是一个有争论的问题。根据传统的公定力理论，行政机关的行政行为一经作出即被假设具有法律效力，对相对人具有约束力。……而现代很多国家的行政法理论已经对公定力理论作了修正。美国的执行诉讼制度及相关的理论便是一个典型的例子。"① 因此可以说，最高人民法院行政诉讼法解释已经建立起对法定行政行为排除强制执行力的制度。

2011 年的《行政强制法》第 58 条，作了类似最高人民法院行政诉讼法解释第 95 条的规定，即法院发现申请强制执行的行政行为具有法定违法情形的，"在作出裁定前可以听取被执行人和行政机关的意见"，并可裁定不予执行。这就以法律的形式确认了司法解释建立的，对法定行政行为排除强制执行力的"无效审查"制度。"从行政强制法第 57 条和第 58 条的关系来看，人民法院非诉强制执行也只能采取无效性审查标准。……在仅仅只能'书面审查'和'7 日内'就必须作出执行裁定的情况下，人民法院根本就不具备进行合法性、合理性，甚至可执行性审查的条件，只能按照无效性标准对明显违法的具体行政行为进行审查。"② 但是，该法没有把排除强制执行力的行政行为的范围进一步发展和扩大到行政机关的强制执行，而仍将其限定在申请法院强制执行的范围内，仍具有司法审查的性质。

2011 年，《最高人民法院关于坚决防止土地征收、房屋拆迁强制执行引发恶性事件的紧急通知》强调在执行中应坚持公正、中立的司法审查，指示执行法院不得强制执行特定的房屋征收补偿决定。2012 年出台的《最高人民法院关于办理申请人民法院强制执行国有土地上房屋征收补偿决定案件若干问题的规定》（以下简称"执行房屋征收补偿决定规定"）第 6 条，吸收了上述紧急通知的内容，贯彻了最高人民法院行政诉讼法解释和行政强制法关于法定行政行为不具有强制执行力的制度。③ 对此，早在该司法解释发布前，最高人民法院法官就根据最高人民法院行政诉讼法解释

---

① 甘文：《行政诉讼法司法解释之评论——理由、观点与问题》，中国法制出版社，2000，第 178 页以下。

② 参见杨临萍等《关于房屋征收与补偿条例非诉执行的若干思考》，《法律适用》2012 年第 1 期。

③ 参见张先明《强化非诉执行司法审查维护人民群众合法权益——最高人民法院行政审判庭负责人答记者问》，《人民法院报》2012 年 4 月 10 日，第 2 版。

和行政强制法非诉强制执行的规定认为，对房屋征收补偿决定的非诉强制执行应坚持无效性审查制度。"鉴于我国房屋征收与补偿的非诉执行不仅是一个法律问题，更是一个涉及社会稳定的大局问题。国有土地上房屋征收非诉强制执行的无效性审查标准有其特殊内容。"① 他们认为，首要的内容就是审查房屋征收补偿决定是否具有无效情形。

对法定行政行为强制执行力的排除，是最高人民法院在探索强化司法审查中发展起来的，是在行政行为各法律效力制度中率先予以探索并取得成效的领域，并已积极寻求无效行政行为学说的支持。行政行为的司法强制执行，已经是行政行为的最后环节。在学理上，没有强制执行力的行政行为也就没有其他法律效力。但基于司法审查的局限性，排除强制执行力除了与行政行为的法定违法情形已建立起逻辑联系外，与行政行为的其他法律效力之间的逻辑联系仍缺乏制度建设。

（二）对确定力的谨慎态度

1. 形式确定力的排除未获实质性进展

在德国，形式存续力是指行政行为的不可诉请撤销性。"行政行为的不可诉请撤销性意味着根据实体法的规定，相对人不能或不能再以常规的救济途径对于行政行为中规范的内容诉请撤销。而此处的'常规的救济途径'专指行政复议与行政诉讼。"② 法定国家机关根据监督权进行的撤销，不具有可撤销性，也不属于形式存续力的任务。无效行政行为不具有形式存续力，不受救济期限的限制。③ 德国的形式存续力，在我国被称为形式确定力，指复议期限或诉讼期限届满，当事人不得向复议机关或法院主张撤销或变更。最高人民法院对无效行政行为是否具有形式确定力持谨慎态度。

行政复议法和行政诉讼法没有对无效行政行为的行政复议申请期限和行政诉讼起诉期限作出特别规定，最高人民法院行政诉讼法解释所规定的

---

① 参见杨临萍等《关于房屋征收与补偿条例非诉执行的若干思考》，《法律适用》2012 年第 1 期。
② 参见赵宏《法治国下的行政行为存续力》，法律出版社，2007，第 48 页。
③ 参见赵宏《法治国下的行政行为存续力》，法律出版社，2007，第 48 页、第 50 页以下。

确认无效判决也不是针对无效行政行为的判决。^① 同时，我国当前社会形势严峻，对形式确定力的排除不利于对社会稳定的维护。^② 基于上述法的安定性背景，最高人民法院在是否排除某些行政行为的形式确定力问题上并未贸然探索，反而坚持行政行为原则上都具有形式确定力的态度。坑贝元案［最参行第 46 号］和俞国华案［最参行第 51 号］判决都认为，相对人在救济期限届满后请求救济，复议机关或法院予以受理的，属于错误受理，法院应予纠正。

基于最高人民法院行政诉讼法解释中有关裁定是否准予执行的规定，各地法院在实践中纷纷采用了听证的方式。其中，江苏省高级人民法院还于 2009 年制定了《关于非诉行政执行案件听证审查若干问题的规定（试行）》，详细规定了听证原则、听证的范围和听证参与人，以及听证的告知、申请、通知和撤回。其第 3 条明确规定："本规定所称听证，是指人民法院对行政机关或具体行政行为确定的权利人申请强制执行的具体行政行为，在作出是否准予强制执行裁定前，为了查清案件事实，审查执行依据，依照本规定听取当事人陈述、申辩和质证的活动。"此类文件在其他地方也有。^③ 正是在这些司法实践的基础上，《行政强制法》第 58 条规定了法院的听取意见制度，裁定期限、说明理由和送达制度，以及裁定不予执行的异议制度。这种非诉执行的听证审查制度已俨然成为行政诉讼的简化版，非诉执行裁定书也与行政诉讼裁判文书相差无几。^④ 上述执行审查，都是法院在起诉期限届满后对申请执行的行政行为的审查。基于上述观察，如果把相对人不履行无效行政行为赋予的义务当作"置之不理"，把法院对行政机关申请执行审查当作无效行政行为的确认诉讼，那么也许可以说我国无效行政行为排除形式确定力的制度获得了初步的发展。

---

① 参见蔡小雪《行政确认判决的适用》，《人民司法》2001 年第 11 期。

② 参见黄新波《行政机关撤销登记事项应遵循正当行政程序原则》，《人民司法·案例》2010 年第 6 期；坑贝元案［最参行第 46 号］裁判要旨理由，见最高人民法院行政庭编《中国行政审判案例》（第 2 卷），中国法制出版社，2011，第 38 页。

③ 参见《福建省高级人民法院关于审查非诉执行行政案件的若干规定（试行）》、《广东省法院办理执行非诉具体行政行为案件办法（试行）》和《湖南省高级人民法院关于审查和执行非诉行政执行案件的若干规定》等。

④ 参见广东省增城市人民法院（2008）增法非诉行执审字第 25 号行政执行裁定书。

2. 实质确定力的排除已释放出空间

在德国，实质存续力是指行政行为的作出机关不得撤销、废止或变更行政行为。① 无效行政行为不具有实质存续力。德国行政法上的实质存续力，对应到我国行政法上，就是行政行为的实质确定力。

最高人民法院认可行政行为的实质确定力。焦志刚案〔最典行 2006 - 10〕裁判摘要指出："依法作出的行政处罚决定一旦生效，其法律效力不仅及于行政相对人，也及于行政机关，不能随意被撤销。已经生效的行政处罚决定如果随意被撤销，不利于社会秩序的恢复和稳定。"

但是，最高人民法院并不主张行政行为的绝对实质确定力。2003 年的司法解释指出："房地产管理机关可以撤销错误的注销抵押登记行为。"② 焦志刚案〔最典行 2006 - 10〕裁判摘要也指出："错误的治安管理行政处罚决定只能依照法定程序纠正。"根据坑贝元案〔最参行第 46 号〕裁判要旨理由，这种纠正，不是通过行政复议和行政诉讼进行，而应该是行政行为作出机关的"自我纠错"。在此，最高人民法院虽然还没有把"自我纠错"与法定违法情形联系起来，却在坚持法的安定性原则的同时，为实现依法行政和排除法定行政行为的实质确定力留下了空间。

当然，对无效行政行为是否具有实质确定力问题，似乎还无法梳理出最高人民法院是否已经具有清晰的思路。在《关于行政诉讼撤诉若干问题的规定》的条文中，很难发现有关无效行政行为的规定。起草者针对第 2 条规定的撤诉条件指出："如果行政行为在诉讼中被发现是具有重大明显违法的无效行政行为，则不存在和解的条件。因为无效的行政行为自始就不产生法律效力，相对人无需服从，不存在处分的基础。……不存在适用和解程序的空间。但是，如果相对人因无效行政行为受到损失，在诉讼中双方可就有关赔偿的问题达成和解。"③ 由此看来，行政机关不能改变所作无效行政行为并与原告达成撤诉的和解协议，而只能由法院裁判。这似乎模糊了对无效行政行为实质确定力的排除。

---

① 参见〔德〕哈特穆特·毛雷尔《行政法学总论》，高家伟译，法律出版社，2000，第 268 页。
② 《最高人民法院关于房地产管理机关能否撤销错误的注销抵押登记行为问题的批复》。
③ 段小京：《〈关于行政诉讼撤诉若干问题的规定〉的理解与适用》，《人民司法·应用》2008 年第 3 期。

(三) 对相对人拘束力的排除

德国行政法上并没有独立的行政行为拘束力之说，而是被包含于行政行为的实质确定力中，即行政行为对作出机关和相对人双方的约束力。① 根据湖南泰和案〔最参行第 45 号〕，"拘束力"是行政行为的一种独立法律效力，指行政行为"约束和限制"作出机关和相对人行为的效力。

最高人民法院支持行政行为的拘束力。2004 年的司法解释指出："违反森林法的规定，在林木采伐许可证规定的地点以外，采伐本单位或者本人所有的森林或者其他林木的，除农村居民采伐自留地和房前屋后个人所有的零星林木以外，属于《最高人民法院关于审理破坏森林资源刑事案件具体应用法律若干问题的解释》第五条第一款第（一）项'未经林业行政主管部门及法律规定的其他主管部门批准并核发林木采伐许可证'规定的情形，数量较大的，应当依照刑法第三百四十五条第二款的规定，以滥伐林木罪定罪处罚。"②

但法定行政行为强制执行力的排除制度，其实也是对行政行为拘束相对人效力的排除制度。一方面，相对人对行政行为不申请复议、不起诉又不履行义务，即"置之不理"；另一方面，法院对行政机关申请强制执行的行政行为，发现存在法定情形的，则裁定不准予执行。也就是说，具有法定情形的行政行为不能拘束相对人。

2008 年施行的《关于行政诉讼撤诉若干问题的规定》第 2 条规定，"被告改变被诉具体行政行为，原告申请撤诉，符合下列条件的，人民法院应当裁定准许"。能代表最高人民法院态度的相关说明指出："无效的行政行为自始就不产生法律效力，相对人无需服从，不存在处分的基础。"③这一制度设计并未与不可诉请撤销性相联系，并非排除无效行政行为的形式确定力制度，却鲜明地表达了无效行政行为对相对人不具拘束力的态度。

---

① 参见〔德〕哈特穆特·毛雷尔《行政法学总论》，高家伟译，法律出版社，2000，第268 页。
② 《最高人民法院关于在林木采伐许可证规定的地点以外采伐本单位或者本人所有的森林或者其他林木的行为如何适用法律问题的批复》。
③ 参见段小京《〈关于行政诉讼撤诉若干问题的规定〉的理解与适用》，《人民司法·应用》2008 年第 3 期。

尽管最高人民法院对无效行政行为是否可以拘束作出机关的态度模糊，但对相对人已失去拘束力的行政行为是否继续拘束作出机关已无关紧要了。

三 排除法律效力的情形和标准

（一）排除法律效力的情形

1997 年德国《行政程序法》第 44 条第 1 款概括规定："行政行为具有严重瑕疵，该瑕疵按所考虑的一切情况明智判断属明显者，行政行为无效。"该条第 2 款列举规定了绝对无效瑕疵的类型，第 3 款列举规定了不属于重大明显瑕疵的类型。[1] 那么，我国最高人民法院排除行政行为法律效力的情形是什么或有哪些呢？

1. 排除强制执行力的法定情形

1985 年的最高人民法院应用法律文书批复规定，法院不予强制执行行政处罚决定的法定情形是"处罚决定确有错误"。其中的"错误"，就是瑕疵或违法。它并没有区分行政行为的瑕疵程度及瑕疵类型，可能因为当时司法审查经验还没有累积到一定程度，我国还没有制定行政诉讼法。1991 年的最高人民法院贯彻行政诉讼法意见第 85 条没有参照《行政诉讼法》第 54 条规定的违法情形，反而沿袭上述司法解释，也"并未对何谓确有错误作出规定"。[2] 但基于这是对行政诉讼法的解释，可以合理推断，法院仍会以该法第 54 条规定的违法情形为参照，把握对"错误"的归类及程度裁量。

2000 年的最高人民法院行政诉讼法解释第 95 条规定："被申请执行的具体行政行为有下列情形之一的，人民法院应当裁定不准予执行：（一）明显缺乏事实根据的；（二）明显缺乏法律依据的；（三）其他明显违法并损害被执行人合法权益的。"《行政诉讼法》第 54 条第 2 项规定的判决撤销或者部分撤销行政行为的法定情形是，主要证据不足，适用法律、法规错

---

① 应松年主编《外国行政程序法汇编》，中国法制出版社，1999，第 180 页。
② 甘文：《行政诉讼法司法解释之评论——理由、观点与问题》，中国法制出版社，2000，第 221 页。

误，违反法定程序，超越职权，以及滥用职权。二者相比，最高人民法院行政诉讼法解释第 95 条规定的法定情形，有明显性标准的限定，且把违反法定程序、超越职权和滥用职权纳入明显缺乏法律依据。① 至于"明显违法并损害被执行人合法权益的"情形，则有赖于司法裁量。② 前文述及，在上述制度设计时已经有无效行政行为学说的支持，因此，行政行为不得被强制执行的无效瑕疵即重大明显瑕疵制度，已经初步确立。2011 年《行政强制法》第 58 条第 1 款采纳了上述法定情形。该款规定："人民法院发现有下列情形之一的，在作出裁定前可以听取被执行人和行政机关的意见：（一）明显缺乏事实根据的；（二）明显缺乏法律、法规依据的；（三）其他明显违法并损害被执行人合法权益的。"

2012 年的执行房屋征收补偿决定规定第 6 条第 1 款，除了继续把明显缺乏事实根据和明显缺乏法律依据作为不予执行的法定情形外，还规定了五种不予执行的法定情形："超越职权"，"明显不符合公平补偿原则，严重损害被执行人合法权益，或者使被执行人基本生活、生产经营条件没有保障"，"明显违反行政目的，严重损害公共利益"，"严重违反法定程序或者正当程序"，以及"法律、法规、规章等规定的其他不宜强制执行的情形"。其中，从明显缺乏法律依据中分离出了违反法定程序、超越职权和滥用职权，把违反法定程序扩大和完善为"严重违反法定程序或者正当程序"，③ 将滥用职权区分为"明显不符合公平补偿原则，严重损害被执行人合法权益，或者使被执行人基本生活、生产经营条件没有保障"和"明显违反行政目的，严重损害公共利益"。这就吸收了 2011 年《最高人民法院关于坚决防止土地征收、房屋拆迁强制执行引发恶性事件的紧急通知》有关"补偿安置不到位或具体行政行为虽然合法但确有明显不合理及不宜执行"的情形。并且，该条规定取消了最高人民法院行政诉讼法解释第 95 条和《行政强制法》第 58 条第 1 款所规定的有关法定情形下的司法裁量

---

① 参见甘文《行政诉讼法司法解释之评论——理由、观点与问题》，中国法制出版社，2000，第 223 页。

② 在实践中，法院虽然引用最高人民法院行政诉讼法解释第 95 条的规定作出不准予执行裁定，但瑕疵的归类仍多参照《行政诉讼法》第 54 条第 2 项的规定。参见李柏延等《对经法院裁定不准予执行的非诉卫生行政处罚案件的评析》，《中国卫生监督杂志》2002 年第 2 期。

③ 参见张先明《强化非诉执行司法审查维护人民群众合法权益——最高人民法院行政审判庭负责人答记者问》，《人民法院报》2012 年 4 月 10 日，第 2 版。

权，规定了"法律、法规、规章等规定的其他不宜强制执行的情形"。在最高人民法院看来，《土地管理法》第 78 条[1]和《行政处罚法》第 3 条所规定的"无效",[2] 都属于这一类。[3] 这样，不予执行的法定情形得以细化，法定情形不限于违法还包括严重不合理，不限于实体还包括严重违反程序，把原来是否无效存疑的条款发展成了无效规则。最高人民法院之所以列明上述细化法定情形、扩大法定情形范围及限缩司法裁量权规定，是因为："征收补偿问题复杂多样，目前法律、法规和司法解释规定的审查标准往往比较原则、笼统、分散，有必要综合汇总并结合新情况、新问题及行政立法及政策的最新成果，使之具体化并一目了然；在严格审查标准的同时给予法官必要的裁量权，坚决防止滥用强制手段和'形式合法、实质不合法'现象的发生。"[4] 至于把严重违反正当程序纳入法定情形，从而扩大不予强制执行的法定情形范围，也有充分的法律依据。[5]

现在有一种改革建议是，仅规定裁定准予或不准予执行，以及规定无效行政行为转为执行诉讼，而不规定行政行为的重大明显瑕疵情形。[6] 如果按这一改革建议，则最高人民法院行政诉讼法解释关于重大明显瑕疵行政行为不具有行政强制执行效力的制度将完全瓦解。并且，将使裁定不准予执行丧失正当性基础。在行政程序法尚未制定、无效行政行为制度尚未建立的情况下，无效行政行为的执行诉讼也难以操作。

2. 排除公定力的法定情形

2009 年的最高人民法院行政许可法解释第 7 条规定："作为被诉行政许可行为基础的其他行政决定或者文书存在以下情形之一的，人民法院不

---

[1] 该条规定："无权批准征收、使用土地的单位或者个人非法批准占用土地的，超越批准权限非法批准占用土地的，不按照土地利用总体规划确定的用途批准用地的，或者违反法律规定的程序批准占用、征收土地的，其批准文件无效……"

[2] 该条第 2 款规定："没有法定依据或者不遵守法定程序的，行政处罚无效。"

[3] 参见段小京《〈关于行政诉讼撤诉若干问题的规定〉的理解与适用》,《人民司法·应用》2008 年第 3 期。

[4] 赵大光等：《〈关于办理申请人民法院强制执行国有土地上房屋征收补偿决定案件若干问题的规定〉的理解与适用》,《人民司法·应用》2012 年第 11 期。

[5] 参见赵大光等《〈关于办理申请人民法院强制执行国有土地上房屋征收补偿决定案件若干问题的规定〉的理解与适用》,《人民司法·应用》2012 年第 11 期。

[6] 参见马怀德主编《司法改革与行政诉讼制度的完善——〈行政诉讼法〉修改建议稿及理由说明书》,中国政法大学出版社，2004，第 420 页以下。

予认可：（一）明显缺乏事实根据；（二）明显缺乏法律依据；（三）超越职权；（四）其他重大明显违法情形。"这一司法解释具有以下重要意义。

（1）明确规定了对基础行为的审查标准。起草者指出："所谓关联行政行为指的是作为行政许可基础的行政行为。比如饭店的营业许可就需要以卫生许可和消防许可等行政行为为基础。关联行政行为在行政许可领域是大量存在的，堪称行政许可与其他行政行为相区别的重要特点之一，因此，对关联行政行为如何审查或者说审查到什么程度，就成为一个带有普遍性的问题。我们认为，对关联行政行为的审查程度应当低于对被诉行政行为的合法性审查，具体可以参照《若干解释》第95条之规定，即非诉执行案件中，对申请执行的具体行政行为的审查。"① 对行政许可基础行为的审查之所以能够借鉴强制执行审查，是因为行政许可基础行为和申请强制执行的行政行为都是已发生形式确定力的行政行为，除非它具有重大明显瑕疵。

（2）排除公定力与排除强制执行力的法定情形实现了统一。如上所述，这些法定违法情形也系借鉴最高人民法院行政诉讼法解释第95条而作的规定，排除公定力的法定情形与法律和司法解释中排除执行力的法定情形一致。"超越职权"只是从"明显缺乏法律、法规依据"中分离了出来，"其他重大明显违法情形"只是比"其他明显违法并损害被执行人合法权益"更为概括。

（3）整合并正式确立了"重大明显瑕疵"制度。该条第4项规定了"其他重大明显违法情形"。"违法情形"即瑕疵的中国化表达，"其他"重大明显瑕疵则表明前三项规定中虽没有"重大"两字但都属于重大明显瑕疵。并且，该条系借鉴最高人民法院行政诉讼法解释第95条而作的规定，因而就意味着是对被排除法律效力行政行为存在法定违法情形探索的一次总结，确认了排除强制执行力的法定情形也都属于明显重大瑕疵。

（4）为其他领域个案中重大明显瑕疵的认定提供了参照系。排除公定力的司法探索，还表现在民事、刑事和行政个案中。在这些个案中，未经法定机关批准、未遵循法定期限而获得诉权是不是重大明显瑕疵并不明晰，甚至在司法解释中不具备企业法人资格的营业执照是否属于重大明显

---

① 参见赵大光等《最高人民法院〈关于审理行政许可案件若干问题的规定〉之解读》，《法律适用》2010年第4期。

瑕疵也不是很清晰。最高人民法院行政许可法解释第 7 条的规定,尽管不能适用于行政许可案件以外的案件,但为其他领域个案中重大明显瑕疵的认定提供了参照系。

这样,最高人民法院通过统一和整合重大明显瑕疵,打通了排除公定力与排除强制执行力间的关节,促进了无效行政行为分散性规则的整合。

(二) 瑕疵的重大明显性标准

在德国,瑕疵"所谓特别严重,是指具有这种瑕疵的行政行为不符合有关宪法原则或者法律制度的基本观念"。[1] 瑕疵的明显性标准则主要为:第一,这种明显性不是从行政主体内部来观察的,而是社会外部可以观察到的。第二,这种明显性既不取决于关系人即行政主体和相对人的认识能力,也不取决于专家的认识能力,而是一般公民的认识能力。第三,这种明显性需要达到毫无争议的程度。第四,这种明显性不局限于文书上的明显,还包括综合全案可以认定的明显。[2] 瑕疵的重大明显性标准,对特别法中所规定条款是否属于无效行政行为条款,以及对个案中行政行为的瑕疵是否无效,具有重要意义。例如,《行政许可法》第 69 条第 2 款规定:"被许可人以欺骗、贿赂等不正当手段取得行政许可的,应当予以撤销。"第 4 款规定:"依照本条第二款的规定撤销行政许可的,被许可人基于行政许可取得的利益不受保护。"但在缺乏瑕疵的重大明显性标准时,我们就无法判断欺骗、贿赂等不正当手段是否构成行政许可行为的重大明显瑕疵,以及该行政许可行为是否无效。我们只能从"不受保护"即不适用该法第 8 条规定的信赖保护原则,而不适用信赖保护原则的情形只能是无效行政行为,[3] 推断基于欺骗、贿赂等不正当手段而实施的行政许可行为属于无效行政行为。因此,有必要梳理最高人民法院对瑕疵的重大明显性标准的探索。

1. 瑕疵的明显性标准

最高人民法院行政诉讼法解释第 95 条第一次确立了行政行为瑕疵的明

---

① 〔德〕汉斯·J. 沃尔夫等:《行政法》第 2 卷,高家伟译,商务印书馆,2002,第 83 页。

② 参见〔德〕汉斯·J. 沃尔夫等《行政法》第 2 卷,高家伟译,商务印书馆,2002,第 83 页以下;〔德〕哈特穆特·毛雷尔《行政法学总论》,高家伟译,法律出版社,2000,第 251 页。

③ 〔德〕哈特穆特·毛雷尔:《行政法学总论》,高家伟译,法律出版社,2000,第 274 页。

显性标准，在每类瑕疵前都用"明显"加以限定。这里的明显性标准，即"卷面无错误标准"。"对被申请执行的具体行政行为的司法审查，与行政诉讼中的司法审查，所适用的程序应当有较大区别。在这种司法程序中，相对人对被申请的具体行政行为已经丧失诉权，没有设定双方当事人对抗辩论的程序，法院仅通过对行政机关申请执行时提供的材料进行审查，来判断具体行政行为的合法性。"① 但这种"卷面无错误标准"，又容易导致与最高人民法院行政诉讼法解释第 86 条规定的申请执行条件的混淆。②

　　最高人民法院行政诉讼法解释第 95 条在瑕疵前以"明显"限定的方法，为《行政强制法》第 58 条所采纳。但该条第 1 款规定，行政行为具有重大明显瑕疵的，法院"在作出裁定前可以听取被执行人和行政机关的意见"。这就推进了最高人民法院的瑕疵明显性标准，即不限于"卷面错误"或文书上的明显，还包括综合全案可以认定的明显。这样，明显性标准也从形式审查发展成实质性审查。执行房屋征收补偿决定规定贯彻了行政强制法发展了的明显性标准。③ 其第 5 条规定："人民法院在审查期间，可以根据需要调取相关证据、询问当事人、组织听证或者进行现场调查。"

　　2. 瑕疵的重大性标准

　　最高人民法院虽然对排除行政行为法律效力的瑕疵进行了类型化，但强制执行中的"无效性审查"瑕疵与行政诉讼中的合法性审查瑕疵，除明显性标准外，并无本质区别。一方面，最高人民法院行政诉讼法解释第 95 条所规定的瑕疵类型，比《行政诉讼法》第 54 条所规定的更为概括，包容了该条所规定的所有瑕疵；另一方面，法官们在实践中需要更强的可操作性即更为具体的关于瑕疵类型的规定，因而不得不以《行政诉讼法》第 54 条的瑕疵类型为参照。

　　最高人民法院行政许可法解释第 7 条提出了"重大明显"瑕疵的概念。但"重大"的标准，并未在司法解释及其起草说明中有所体现。从该条的逻辑上说，第 4 项规定"其他重大明显违法情形"，可以有两种解释：

---

① 甘文：《行政诉讼法司法解释之评论——理由、观点与问题》，中国法制出版社，2000，第 222 页。

② 参见李柏延等《对经法院裁定不准予执行的非诉卫生行政处罚案件的评析》，《中国卫生监督杂志》2002 年第 2 期。

③ 参见张先明《强化非诉执行司法审查维护人民群众合法权益——最高人民法院行政审判庭负责人答记者问》，《人民法院报》2012 年 4 月 10 日，第 2 版。

第一，第 4 项系取决于重大性特征的瑕疵，前 3 项即明显缺乏事实根据、明显缺乏法律依据和超越职权则不需要取决于重大性特征；第二，第 4 项和前 3 项都需要取决于重大性特征，"其他重大"不仅是对第 4 项的限定而且也是对前 3 项的限定。从起草说明中有关该条系参照最高人民法院行政诉讼法解释第 95 条所作规定，[①] 而第 95 条并未确立重大性标准来看，我们应选择第一种解释。这样，第 4 项的"重大"则取决于司法裁量。上述讨论，也可以适用于执行房屋征收补偿决定规定第 6 条规定有关"严重"瑕疵的解读。

因此，最高人民法院在瑕疵的重大性标准上，尚未探索出一个判断标准。

3. 不取决于重大明显性特征的无效瑕疵

最高人民法院行政许可法解释第 7 条，在各类重大瑕疵前都用"明显"加以限定，但在"超越职权"前并没有限定"明显"。执行房屋征收补偿决定规定同样在各类重大瑕疵前限定"明显"，但对"超越职权"、"严重违反法定程序或者正当程序"和"法律、法规、规章等规定的其他不宜强制执行的情形"却没有使用"明显"。也就是说，只要是超越职权，严重违反法定程序或者正当程序，以及法律、法规、规章等规定的其他不宜强制执行的情形，则无须考虑明显与否，其即构成无效瑕疵，法院从而对其"不予认可"或裁定不准予执行。同时，基于前文有关没有重大性标准的分析，除了明文限定"重大"、"严重"外，其他瑕疵并不取决于重大性特征。"超越职权"以及"法律、法规、规章等规定的其他不宜强制执行的情形"，则既不取决于重大性特征又不取决于明显性特征。这对将来在立法上分别列举和概括规定重大明显瑕疵提供了经验支持。

总之，最高人民法院探索了排除行政行为法律效力的法定情形，并逐渐形成了"重大明显瑕疵"制度。

结　语

最高人民法院对无效行政行为制度的探索，由司法审查引发，先从强

---

① 参见赵大光等《最高人民法院〈关于审理行政许可案件若干问题的规定〉之解读》，《法律适用》2010 年第 4 期。

制执行效力再到公定力和确定力，先否定行政行为的效力再对作为原因的重大明显瑕疵进行类型化，先使用"明显违法"、"严重违反"等术语然后再形成"重大明显违法"概念。它只使用了"不予认可"、"没有法律效力"、"裁定不准予执行"等术语，而没有使用"自始没有任何法律效力"和"无效"等。有关实践，即使是司法解释，也仍是分散和局部性的。比如，最高人民法院行政许可法解释第 7 条有关公定力的规定，无法适用于行政许可案件以外的案件审理。具有重大明显瑕疵行政行为不具有强制执行力，也仅限于司法强制执行而不适用于行政机关的强制执行。

但是，通过梳理发现，除了无效行政行为是否具有确定力尚不清晰外，最高人民法院在民事诉讼领域形成了有关基础行为的构成要件，在对行政行为的司法审查中形成了重大明显瑕疵的类型化和明显性判断标准，并形成了排除具有重大明显瑕疵行政行为公定力、相对人拘束力和司法强制执行力的无效行政行为制度雏形，呈现了本土化特色，体现了司法对制度建设的贡献。

并且，一些本来有特定适用范围的各分散规则也有联结和突破的可能，① 从而逐渐被整合为一个整体。再胜源案 [最典行 2005 - 1] 适用了《行政处罚法》第 3 条第 2 款所规定的"无效"，南充源艺案 [最参行第 73 号] 确定了违反法定程序包括违反正当程序。俞飞案 [（2010）锡行终字第 0043 号] 裁判要旨则认为，违反正当程序的行政处罚决定，"属于重大且明显违法的，应适用确认无效判决"。这样，通过一系列司法裁判的推进，促使本来并未明确认识到无效行政行为的规则释放出无效行政行为的功效，从而与执行房屋征收补偿决定规定所规定的重大明显瑕疵相契合。"一个争议、一个辩论意见、灵光一闪的洞见或者天赋都会引发重新调整，而成为一个里程碑。"②

---

① 参见席小俐《诉讼期间复议机关作出的复议决定应视为无效行为》，《法律适用》1993 年第 9 期。
② 〔美〕卡尔·N. 卢埃林：《普通法传统》，陈绪刚等译，中国政法大学出版社，2002，第 327 页。

行政行为无效的认定[*]

王贵松[**]

摘 要：无效的行政行为在实体法上自始至终不产生效力，在救济法上当事人可随时在任何相关的程序中主张其无效。无效是权衡法安定性与实质正义后的结果，难以从法规范的逻辑演绎中得出判断。《行政诉讼法》(2014 修正) 第 75 条确立的"重大且明显违法"的判断标准，符合确认无效行政行为的功能需要，其实质是要求法院在个案中对系争个人权益大小、有无第三人、法的安定性、行政效益等具体价值进行衡量。鉴于现实的复杂性，应当允许法院在这一判断标准的实质精神的指引下，对并非明显违法的特定行政行为作出无效认定。根据诉权保障、正当程序原则等要求，只有在确认无效诉讼中，才有必要审查行政行为是否无效。

关键词：无效行政行为 重大且明显说 具体价值衡量说 确认无效

在我国，虽然不乏否定"无效行政行为"这一概念者，[①] 但通说仍承认行政行为无效与行政行为应予撤销的区分。《行政诉讼法》(2014 修正) 第 75 条规定了确认无效这一判决类型，2018 年《最高人民法院关于适用

---

　* 本文原载于《法学研究》2018 年第 6 期。

　** 王贵松，原文发表时为中国人民大学法学院副教授，现为中国人民大学法学院教授。

　① 参见余凌云《行政行为无效与可撤销二元结构质疑》，《法治论丛》2005 年第 4 期，第 71 页；黄全《无效行政行为理论之批判》，《法学杂志》2010 年第 6 期，第 134 页以下。

〈中华人民共和国行政诉讼法〉的解释》（以下简称 2018 年 "行政诉讼法解释"）为其实施提供了更为具体的指引。之前的相关研究多集中于无效行政行为与公定力的关系、相对人的抵抗权等方面的问题，制度层面的研究不足，难以为实践提供充分的理论支撑。如何判断行政行为无效，这是相关法律实践中的关键问题。要对其作出回答，就要在理论上进一步追问为什么要确立行政行为无效制度，以及我们需要什么样的行政行为无效制度。

一　行政行为无效制度的功能定位

本文所称行政行为，系指具体的单方法律行为，不含行政协议；所称无效，系对应《行政诉讼法》（2014 修正）第 75 条的 "无效"，与《行政处罚法》（2017 修正）第 3 条第 2 款的 "无效" 未必相同。一般认为，行政行为在成立时具有重大且明显违法的情形，即构成无效，否则只是应予撤销的瑕疵行为。也就是说，同样是行政行为违法，在法律后果上却有无效与应予撤销之区分。那么，创设行政行为无效制度的意义是什么？

（一）行政行为无效在实体法上的效果

行政行为无效具有不同的面向和效果，或者说具有不同的存在意义。在实体法上，无效行政行为自始至终不产生效力。无效行政行为不具有公定力，任何组织和个人均无须给予尊重。"在任何情况下，一个自始无效的行政行为都不可以通过期限被延误，而获得一种 '确定力'。"[①] 无效行政行为不可作为行政相对人或者第三人信赖的客体。实体法上的无效是在行政机关与私人之间的关系中而言的。只有有效的行政行为，才能成为行政强制执行的依据。无效行政行为自始至终无效，自然也就不能作为行政强制执行的依据。

从逻辑上说，行政行为自始至终无效，不产生法律效果，相对人自然没有履行的必要，在行政机关要求履行时，相对人可以拒绝，不应由此遭受不利后果。换言之，相对人针对无效行政行为享有拒绝权，尽管还谈不上抵抗权。由于无效行政行为毕竟还具有行政行为的外观，在实践中，相

---

① 〔德〕弗里德赫尔穆·胡芬：《行政诉讼法》，莫光华译，法律出版社，2003，第 326 页。

对人与行政机关对某个无效行政行为可能有不同的认识，为了确保安全，由相对人请求确认行政行为无效是较为妥当的。[①] 当然，对于其他的违法行为，相对人也有权提出质疑，但因该行为仍具有公定力，在提出行政救济请求之前，相对人仍然有必要履行行政行为所要求的义务。

我国已有多部法律明确赋予私人拒绝权，具有特定情形的行政行为已被我国法律认定为无效。这些法律主要包括两类，第一类是针对乱罚款、乱收费、乱摊派等现象的。例如，《行政处罚法》（2017 修正）第 49 条、《治安管理处罚法》（2012 修正）第 106 条规定，不出具财政部门统一制发的罚款收据的，当事人/被处罚人有权拒绝缴纳罚款。第二类是针对违反调查程序要求的。例如，《保险法》（2015 修正）第 154 条第 7 项第 3 款、《证券法》（2014 修正）第 181 条规定，监督检查、调查的人员少于二人或者未出示合法证件和监督检查、调查通知书的，被检查、调查的单位和个人有权拒绝。拒绝配合这些行为，相对人并不会因此而遭受不利，更不会构成妨碍公务。

（二）行政行为无效在救济法上的效果

讨论行政行为无效在救济法上的效果，需要从行政行为无效制度的产生谈起。在"二战"前的德国和日本，存在行政法院与普通法院分立的局面。当时的行政裁判、权利救济制度并不完备，存在起诉事项受限制、复议前置主义、复议期限和起诉期限较短等问题。因而，在国民权利受到违法行政行为侵害时，为向其提供权利救济手段，有必要采取方便之法，创设行政行为无效的概念，使其以行政行为无效为先决问题，向民事法院起诉。在日本，"二战"后的判例和学说都承认行政行为的确认无效诉讼，主要理由之一就在于补救权利救济制度的不完备。抗告诉讼程序是请求撤销违法行政行为的一般诉讼形式，但有复议前置的规定，而且，复议制度在复议事项、复议机关、复议期限等方面既不完备也不统一，一旦因此而超过复议期限，就无法再提起行政诉讼。1962 年日本行政案件诉讼法接纳了学说和判例的观点，将确认无效诉讼作为抗告诉讼的一个类型，并对其

[①] 有学者主张相对人对无效行政行为享有抵抗权，但也认为可通过"请求宣告无效之诉"的制度来对相对人权利进行保障。参见王锡锌《行政行为无效理论与相对人抵抗权问题探讨》，《法学》2001 年第 10 期，第 19 页以下。

诉讼程序上的适用等问题也作出了相关规定。① 由此可见，在救济法上，行政行为无效制度是一种司法政策的产物，旨在为特定情形打开权利救济之路。

"虽然无效性属于实体法范畴，但其根本意义首先表现在程序法方面：公民没有必要在法定期限内要求撤销无效的行政行为；如果后来被执行，公民可以随时对执行措施诉诸法律手段。"② 在程序法上，无效的认定权没有特别限定，有关国家机关均可认定行政行为无效；而应予撤销行政行为的认定权则具有特定性，服从撤销程序的排他性管辖，除作出该行政行为的行政机关外，一般由行政复议机关或法院撤销违法的行政行为。当事人可随时在任何相关的程序中主张行政行为无效，不受起诉期限的限制；而行政机关对于应予撤销的行政行为，仅可用行政上的争讼手段证明其效力，并遵守行政复议的复议申请期限、行政诉讼的起诉期限限制方面的规定。

无效行政行为可能成为民事活动的前提，进而构成民事案件的先决问题，普通法院有权加以审查。之所以允许普通法院审查无效行政行为而不允许其审查应撤销的行政行为，其缘由在于民事案件与行政案件的分野、民事审判与行政审判的职能划分。由行政审判庭按照行政法的规则审理行政案件，更有助于维护私人的合法权益，更有助于行政法秩序的统一和安定，但无效行政行为并不具备行政行为的特性，由民事审判庭来审理也不侵害当事人在行政法上的合法权益。当然，我国法院在实践中通常认为，请求确认行政行为无效属于行政诉讼的受案范围，因而在民事诉讼中拒绝审查无效行政行为问题。

行政行为无效在救济法上的效果对于其在实体法上的效果有保障作用，确认无效判决就是其重要保障机制之一。《行政诉讼法》（2014 修正）将撤销判决与确认无效判决相并列。它区分了一般违法与无效，但也只是在判决的原因上作出区分。一般违法与无效是实体瑕疵的差别，如果在救济法上没有差别，实体法上的区分就没有意义。从解释论上来说，既然行政诉讼法作出了区分，就应有诉讼法上效果的不同，需要在后续的救济制度上体现出来。

---

① 参见遠藤博也『行政行為の無効と取消一機能論的見地からする瑕疵論の再検討一』東京大学出版会 1968 年 11 页以下。

② 〔德〕哈特穆特·毛雷尔：《行政法学总论》，高家伟译，法律出版社，2000，第 253 页。

二 行政行为无效的认定标准

(一) 行政行为无效的观察视角

对于行政行为无效的认定标准，学理的认识可能因立场不同而有所不同。按照日本学者田中二郎的归纳，有关行政行为无效与应予撤销的区分标准，有如下一些不同的视角。[①]

1. 逻辑的见解

凯尔森等从逻辑的角度主张违法即无效。前期纯粹法学基于"法的归属说"提出了形式逻辑的无效论。凯尔森认为，因为某一法律要件是要作为国家的行为而归属于国家的，其行为就要在形式和内容上具备法规所规定的各个要件，欠缺该要件，在逻辑上自然不能归属于国家。为了让行政行为有效地归属于国家，国家规定了其要件，欠缺要件的行政行为当然无效，法律规定的要件都是为了让行政行为归属于国家，各个要件具有同等的价值，不可能承认其有轻重之差。[②] 默克尔也认为，实证法规定作为行政行为的要件同等重要，只要没有法的特别规定，欠缺要件的行政行为就当然是无效的。对于前期纯粹法学的这种观点，有评论认为，其中存在根本的误解，即不承认法规的性质目的存在种种区别，认为它们同样都是行政行为的有效要件，凯尔森、默克尔等人所说的只是一种空想。[③]

2. 概念论的见解

有学者类推私法，在概念论上进行界定，将区分标准求诸规定行政行为要件的法规性质。行政行为的法定要件有性质或价值上的差异，相应地可区分出行政行为的无效与应予撤销。例如，美浓部达吉认为，法有能力

---

① 参见田中二郎『行政法総論』有斐閣 1957 年 337 页以下。
② 参见田中二郎『行政行為論』有斐閣 1954 年 22 页以下。
③ 参见田中二郎『行政行為論』有斐閣 1954 年 23 页。后期纯粹法学基于"法位阶说"提出了动态的无效论，认为无效也合法，必须经由法定规范程序来确认。二者的差别仅在于行为是具有溯及力地废弃，还是仅面向未来被撤销。这与奥托·迈耶的瑕疵论较为接近。参见兼子仁『行政行為の公定力の理論：その学説史の研究』東京大学出版会 1971 年第 3 版 99 页以下；Hans Kelsen（清宮四郎訳）『一般国家学』岩波書店 1971 年 461 页以下。

法规与命令法规之别，前者常产生主张或否定某事的能力，后者常产生作为或不作为的义务。违反能力法规的行政行为归于无效，而违反命令法规的行政行为虽然违法，但非经撤销不失效力。美浓部达吉也承认，特定法规究竟是能力法规还是命令法规，若非诉诸常识，往往难以判定，故而在学理上无效与应予撤销的区分在实践中依然是未解决的问题。① 德国行政法学者耶利内克将法分为强行性法规与非强行性法规，弗莱纳将法分为重要法规与不重要法规，行政行为违反前者为无效，违反后者为应予撤销。这些见解均未考察实定法上区分行政行为无效与应予撤销的意义和目的。②

3. 目的论的见解

有学者参照行政制度的目的对行政行为无效与应予撤销作出区分。早在奥托·迈耶的《德国行政法》中就已开始区分行政行为无效与应予撤销。迈耶认为，"行政行为具有非常明显的法律错误时"无效："当作出行政行为的机构不是行政机关，或某一事务根本不在该机关的管辖范围之内时，这样作出的行政行为就是无效的。于是国家意志的力量从一开始就不存在于这个行政行为之中，这个行为不发生作用"；"当错误并非如此明显时——不在行政行为明显不发生作用的情况下——这个行为首先是正当的，就像它是有效并发生作用的一样。只有当该行政行为受到有管辖权的机关审查时，'不发生作用'的说法才有意义。审查机关可以依据其审查管辖的范围宣布该行政行为不发生作用并予以撤销，或至少在行政行为作用范围内消除其影响，以恢复原状。因此，行政行为不发生作用在此只意味着可撤销性"。③ 弗莱纳等学者基于法的安定性或一般的信赖保护必要认为，瑕疵行政行为原则上是可撤销的行政行为，④ 无效是瑕疵行政行为的例外；不能动辄将瑕疵行政行为认定为无效，只有这样才能保证行政的效率，保护相对人正当合理的信赖利益。

4. 功能论的见解

田中二郎认为，行政行为无效与应予撤销区分的意义主要在二者的争

---

① 参见〔日〕美浓部达吉《命令法规与能力法规》，胡元义译，《学艺》第 5 卷第 8 号（1924 年），第 4 页以下。
② 参见田中二郎『行政法総論』有斐閣 1957 年 338 页。
③ 〔德〕奥托·迈耶：《德国行政法》，刘飞译，商务印书馆，2002，第 100 页。
④ 参见田中二郎『行政法総論』有斐閣 1957 年 338 页。

讼程序上。对于能预料的瑕疵，通常应通过法定的行政程序（行政复议、行政诉讼等）来争议，在其被判断为违法之前，任何人必须将该行政行为作为有效者予以尊重；而对于某些瑕疵，无须等待该程序的判断结果就应当否定其效力，这种行政行为就是无效的行政行为。这种区分标准必须参照争讼制度的功能确立起来。①

行政行为的瑕疵多种多样，事前的规范、概念或目的固然在行政行为是否无效的判断上具有重要意义，但仅凭此还无法逻辑地演绎出无效与撤销的区分。如前所述，在行政行为无效制度创立之初，就是希望发挥其救济法上的特殊功能。脱离功能的视角，行政行为无效与应予撤销的区分是没有意义的，宣布撤销行政行为也同样能实现宣告行政行为无效的效果。如果缺乏救济法上的相关制度设计，行政行为无效制度就无法真正实现其功能。

（二）日本行政行为无效认定的镜鉴

我国早在民国初期就从日本引进了行政行为无效的理论，② 但新中国成立初期直至《行政处罚法》制定，这一理论和相关实践近乎消失。相对而言，日本关于行政行为无效认定的理论和实践一直在持续发展，值得关注。为了提供一个比较的标尺，这里先简要考察一下日本行政行为无效认定标准的相关实践状况。

1. 重大且明显说

关于行政行为的无效认定标准，重大且明显说是日本的通说。它是指行政行为仅在存在重大而且明显的瑕疵时才是无效的。该通说是由田中二郎于 1931 年从德国引进并在日本首倡的，③ 也为日本的多数裁判实务所采纳。重大且明显说是在行政法院与普通法院分离的制度背景下形成的，只有行政行为具有重大且明显的瑕疵时，普通法院才能认定其无效。在废除行政法院，改由普通法院对行政行为实施司法审查之后，行政相对人及利害关系人的权利保护、行政上法律关系的安定性要求、行政运营的合理性要求等考虑，仍能给重大且明显说提供支持。④

---

① 参见田中二郎『行政法総論』有斐閣 1957 年 339 页。
② 参见钟赓言《钟赓言行政法讲义》，法律出版社，2015，第 85 页以下。
③ 参见田中二郎『行政法総論』有斐閣 1957 年 25 页。
④ 参见雄川一郎『行政の法理』有斐閣 1986 年 162 页。

　　重大且明显包括两个方面的要求。瑕疵的重大性或严重性，是行政行为瑕疵的内部属性。所谓瑕疵的重大性，是指行政行为违反重要法规、欠缺本质要件。具体何种情形属于重大瑕疵，则要回到个案中行政行为的合法要件进行探究。有法院认为，"所谓'瑕疵是重大的'，是指该行政处分欠缺的法定要件从规定该要件的行政法规范的目的、意义和作用等方面来看是对该行政行为重要的要件"。① 瑕疵的明显性，是行政行为瑕疵的外部属性。行政行为是否存在瑕疵，包括行政行为中是否存在某一特定事实以及该事实是否真的为违法原因，明显性由此可分为"存在瑕疵原因事实的明显性"与"瑕疵的明显性"。② 明显性是相对而言的，在不同的认定标准或者参照系面前可能有不同的结论。一般认为，是否明显既不能以个案相对人的认识为标准，因其过于主观、灵活而不确定，也不能采取行政机关的认识标准。理论上一般倾向于采取客观的明显说，即以一般正常人或者说平均理性人的判断为标准，这也是非行政法院者可以审查无效行政行为的原因。

　　在日本的司法实务中，存在一些关于瑕疵明显性的判决，其关于明显性的标准也稍有不同。地方法院有采用违反调查义务说的判决。一般来说，重大且明显的违法是行政处分无效的原因，其中所谓"明显的违法"包括两种情形：第一种情形是指行政厅在关于是否存在处分要件的判断上，能够不经特别调查即发现明显的错误；第二种情形是指行政厅在具体情况下以诚实执行职务所当然要求的程度调查相关事实，参照该事实即可发现是否出现了明显的误认。③ 违反调查义务说是以行政机关的视角为标准的。对一般人而言不明显的瑕疵，对专家而言可能是明显的，所以，该标准可能扩大无效的范围。日本最高法院此后采取了"外观上一见即明显说"：瑕疵是明显的，是指从处分成立之初，在外形上、客观上就是明显误认的情形。行政厅是否因怠慢而忽视应调查的资料，与判定处分是否在外观上具有客观明显的瑕疵没有直接关系，不管行政厅是否因怠慢而忽视应调查的资料，在外形上、客观上可以认为有明显误认时，就不妨说是有明显的瑕疵。④ 由此，"外观上一见即明显说"也成为日本司法实务中的主导意见。

---

① 東京地方裁判所判決 1960 年 4 月 20 日、行政事件裁判例集第 11 卷第 4 号 871 页。
② 参见藤田宙靖『行政法総論』青林書院 2013 年 251 页。
③ 東京地方裁判所判決 1961 年 2 月 21 日、行政事件裁判例集第 12 卷第 2 号 204 页以下。
④ 最高裁判所判決 1961 年 3 月 7 日、最高裁判所民事判例集第 15 卷第 3 号 381 页。

2. 重大且明显说的界限

行政行为中有种种性质不同的行为，让这些行为变得无效的事由也是多种多样的。重大且明显理论即使作为一般理论是成立的，也未必能对所有情形均发挥有效的作用。由此，明确该理论的有效界限就显得极为重要。①

（1）明显性补充要件说。日本最高法院并没有固守重大且明显说，在特定情形下也采用了其他标准。在一起税收案件中，法院并没有特别论及瑕疵的明显性。② 但是，这类案件本身较少，还不能说日本最高法院就一般性地否定了无效的明显性要件。该判决暗示，存在有利害关系的第三人时，明显性要件就被加重。如果制度的宗旨在于只要有处分就应尽量在起诉期限内提起撤销诉讼，在重大之外，还可以考虑具体情况的利益衡量要件的加重。在这种意义上，盐野宏认为，将明显性要件作为补充加重要件之一来考虑是适当的。③ 概言之，仅在有信赖保护或既得利益保护的要求时，可主张加重明显性要件。

（2）具体的价值衡量说。"撤销诉讼是对行政行为的原则性诉讼方法，在没有提起撤销诉讼时，仍被认为具有救济的必要，创造出行政行为的当然无效观念。这一观念是与救济必要妥当与否的判断相连的，无效判断当然与利益衡量的判断具有亲和性。"④ 虽然日本最高法院反复将瑕疵的重大且明显性作为行政行为无效的标志加以强调，但已有诸多学者指出，在最高法院的判例中常常可以看到，它未必局限于重大且明显的标准。最高法院在现实中也常常进行具体的价值衡量。如果价值衡量的结果可以用"重大且明显"违法来说明，就使用这一表达；反之，若有用词上的不合理时，就直接将其基础性的利益衡量表达出来。"具体价值衡量说"认为，对于有瑕疵的行政行为是仅限于应予撤销的行政行为还是无效的行政行为，瑕疵是重大还是明显，用统一的标准来决定已不适当，而应根据各个具体情形考虑种

---

① 参见雄川一郎『行政の法理』有斐閣 1986 年 175 页。
② 最高裁判所判决 1961 年 3 月 7 日、最高裁判所民事判例集第 15 卷第 3 号 381 页。
③ 参见〔日〕盐野宏《行政法总论》，杨建顺译，北京大学出版社，2008，第 108 页。在文殊核电诉讼中，名古屋高等法院金泽支部 2003 年 1 月 27 日判决表示，"对于核反应堆设置许可处分，核反应堆存在重大潜在危险性的特别情况，其无效要件具有违法（瑕疵）的重大性即可满足，而无须明显性要件"。但最高法院认为设置许可处分并不违法，遂判决驳回。
④ 芝池義『行政法総論講義』有斐閣 2006 年第 4 版補訂版 162 页。

种具体的利益而定。①

三　中国法中行政行为无效的认定标准

相对而言，我国对行政行为无效的认定标准较为粗疏，相应的实践也不充分。我国《行政诉讼法》（2014 修正）第 75 条规定"行政行为有实施主体不具有行政主体资格或者没有依据等重大且明显违法情形……人民法院判决确认无效"。该条确立了认定行政行为无效的重大且明显违法标准。

（一）重大且明显说的采用

采取重大且明显说的理论依据在于，"机关作成的行为倘违法瑕疵达到无法指望任何人去承认其拘束力的明显程度，由于一般人面对此类的行政行为，理智上都不会认为其有拘束力，进而对其产生信赖，因此采实质正义优先立场，直接令其归于无效，较不会有法安定性的顾虑"。② 当然，"只有在行政行为如此违反法治行政的各项要求，以至于不能期望任何人接受其具有约束力时，才能不遵守"。③ 重大且明显说标准其实就是考虑了行政行为无效制度的救济法功能的结果，是为在撤销诉讼之外审查行政行为而设定的标准。

在《行政诉讼法》2014 年修正施行后，我国法院基本上根据重大且明显说的标准对无效行政行为作出认定，④ 也有法院从重大和明显两个方面去论证行政行为无效。⑤ 在董全军诉即墨市商务局行政许可案中，即墨市

---

① 参见藤田宙靖『行政法総論』青林書院 2013 年 255 页以下。

② 翁岳生编《行政法》，中国法制出版社，2002，第 708 页。

③ 〔德〕汉斯·J. 沃尔夫、奥托·巴霍夫、罗尔夫·施托贝尔：《行政法》（第 2 卷），高家伟译，商务印书馆，2002，第 83 页。

④ 关于 2015 年之前最高人民法院相关解释、裁判的介绍和评论，参见叶必丰《行政行为原理》，商务印书馆，2014，第 269 页以下。

⑤ 例如，在徐某某诉永嘉县民政局婚姻行政登记案中，法院认为："首先，结婚登记的一方当事人'吴凤英'以虚假身份骗取结婚登记，违反了婚姻登记管理制度，法律不允许以虚假身份骗取的结婚登记产生确认、宣告夫妻关系的效力。其次，婚姻登记机关对申请材料进行了审查，但受限于技术条件未能识别身份证件的真伪，以致被骗取婚姻登记，实际上，登记机关至今也无法确定结婚是否'吴凤英'虚假身份掩盖下的自然人的真实意愿，其申请显然不符合《中华人民共和国婚姻法》规定的结婚条件。综上，该结婚登记行政行为存在重大、明显违法情形，属无效行政行为，应予确认无效。"浙江省永嘉县人民法院（2016）浙 0324 行初 124 号行政判决书。

人民法院较为鲜见地对"重大"与"明显"作出解释。法院认为,构成重大且明显违法应从两个方面考量,重大是指行政行为明显违反了法律的相关规定及基本原则,可能给公共利益和利害关系人造成重大损失;明显是指对于行政行为的瑕疵,一般人很容易分辨。① 对于重大性,法院不仅指出行政行为违反的法规范对象,还触及瑕疵的后果。而对于明显性,法院采取了一般理性人的标准来认定。在王卫华诉烟台市工商行政管理局行政登记案中,一审烟台市芝罘区人民法院也认为:"行政行为只有到了一般理性人判断都会认为匪夷所思地达到重大且明显违法的地步,才能确认无效。"② 当然,何谓一般理性人的判断,通常是由法院来认定的。虽然无法避免法官的价值判断,但其随意性可通过审判程序中的对质、裁判文书的公开来抑制。

在登记类行政案件中,法院通常将违反审慎的审查义务作为判断行政行为无效的标准。在郑祖禄诉南平市延平区工商行政管理局工商行政登记案中,南平市中级人民法院认为,工商行政机关的工作人员作为普通的"理性人",首先应具有一般注意义务,该注意义务不需要特定专业技能,只需在审查材料时能做到认真、细致、审慎,以确保所收取的复印件的来源真实。要求申请人出示原件进行确认是该注意义务的基本要求,不需要法律再予以特别规定。③ 这里的一般注意义务或许是以工商行政机关工作人员的一般水准为标准的,也就比所谓一般理性人的标准更严。瑕疵对一般理性人而言不明显,对某类行政人员而言却可能是明显的,依此标准就会扩大无效行政行为的范围。这与日本地方法院采取的违反调查义务说具有相近之处。

(二) 重大且明显说的限度

在我国司法实践中,法院在行政行为无效的认定标准上虽然多数情况下明确指明或实质上采用了重大且明显说,但也有例外。

在杨某诉重庆市民政局婚姻登记案中,他人冒用杨某身份及其信息与郑某申请结婚登记,相关的署名字迹和指印均非杨某本人的字迹和指印。

---

① 山东省即墨市人民法院 (2016) 鲁 0282 行初 42 号行政判决书。
② 山东省烟台市中级人民法院 (2016) 鲁 06 行终 345 号行政裁定书。
③ 福建省南平市中级人民法院 (2016) 闽 07 行终 81 号行政判决书。

重庆市长寿区人民法院认为，"结婚登记无事实依据，不具有真实性，被告于 2001 年 4 月 11 日对杨某与郑某作出的……结婚登记无效"。① 应当说，案件中的字迹、指印等均需专业鉴定才能鉴别真伪，也就是说缺乏明显性，但法院仍认为该结婚登记无效。该案的特殊之处在于，杨某起诉已超过 5 年的最长起诉期限，如非确认无效，"被结婚"之事无从救济。该案的无效认定仅考虑了重大性，在一定程度上可理解为具体价值衡量的结果。

在石小军诉阳城县公安局行政处罚案中，公安机关在查明案情后时隔 8 年作出处罚决定。法院认为，这虽然"严重超过法定办案期限，系程序违法。但被上诉人所作处罚决定在法定自由裁量权幅度内，没有显失公正的情况，对石小军作出拘留 10 日的处罚并无明显不当，故该程序违法对原告石小军的权利不产生实质性影响"，故而，"不属于行政诉讼法规定的行政行为无效情形"。② 法院大致是在被诉行政处罚决定程序严重违法与该决定对原告权利的影响程度之间进行权衡，最终作出该行为不属于无效行政行为的判断。

与日本的无效认定标准相比，我国是用立法的形式确立了行政行为无效的认定标准，但在实践中，法院有时并不能清楚地论证何为重大明显的违法，更多的是列举出事实，简单地定性，将其归入重大且明显违法之中，甚至根本不提重大且明显标准。③ 这在一定程度上也表明了重大且明显标准的局限性。

为突破重大且明显说的局限，一是可以宽松解释重大且明显标准，但这一办法在解释上仍不可突破"重大"和"明显"的文义范围。毕竟，立法确定重大且明显标准之后，实践中仍有可能虽有作出无效认定的必要却

---

① 重庆市长寿区人民法院（2016）渝 0115 行初 29 号行政判决书。
② 山西省晋城市中级人民法院（2016）晋 05 行终 46 号行政判决书。
③ 例如，在黄佳星诉江苏省财政厅行政复议案中，江苏省高级人民法院认为："原江苏省国有资产管理局根据南京市玄武区人民检察院的要求，于 1998 年 5 月 27 日向南京市玄武区人民检察院出函，将原江苏扬子江文化中心资产性质界定为国家资产，该行为系原江苏省国有资产管理局基于人民检察院的要求作出的司法协助行为，而非行政行为，依法不属于行政复议受理范围。被上诉人省财政厅将上诉人黄佳星的申请作为行政复议案件予以受理，并以上诉人黄佳星的申请超过法定期限为由，作出不予受理决定，实属不当。确认江苏省财政厅苏财行复〔2015〕5 号《不予受理行政复议申请决定书》无效。"见江苏省高级人民法院（2015）苏行终字第 00780 号行政判决书。

不符合"重大且明显"标准的情形。当然，如果能在明显性标准上采取日本的违反调查义务说，也就放宽了无效认定的标准，只是这对行政机关会稍显严格。二是从重大且明显说的实质——"具体价值衡量说"展开。在个案中，法院实际上是在衡量相对人的利益、第三人的利益以及承认无效可能导致无法实现行政目的的损失、法安定性等的基础上，确定行政行为是否无效、是否应当由法院提供救济的。具体价值衡量说一方面展现了重大且明显说的判断方法，涵盖重大且明显说的无效事由；另一方面也能给其他类型的无效案件以适当的说明，法院正是在正义性与法安定性之间慎重权衡后，适时作出认定以提供必要的救济。因此，或可将重大且明显说纳入具体价值衡量说，行政行为的瑕疵是否重大且明显可以作为价值衡量的一种情形。如此，既保持了一定的稳定性，也可以发挥具体价值衡量说的开放性功能。

（三）我国司法实践中行政行为的无效事由

在《行政诉讼法》（2014 修正）第 75 条规定的行政行为无效标准中，法律明确列举了两种情形，即实施主体不具有行政主体资格或者没有依据。① 对于这两种情形是否也要达到重大且明显违法的程度，法院有不同的理解。在徐发琼诉贵州省紫云县人民政府土地行政纠纷案中，最高人民法院认为："构成行政行为无效的违法情形包括实施行为的主体没有行政主体资格或者行政行为没有依据，并且违法情形须达到重大且明显的程度。"② 这是对没有行政主体资格、没有依据这两种情形也加上了"重大且明显"的程度要求。在张增林、张勇诉北京市门头沟区人民政府房屋征收补偿安置协议案中，北京市第一中级人民法院则认为，行政行为无效须以该行为系重大且明显违法为前提，行政行为无效的情形主要包括行政行为欠缺适格主体、职权依据等要件，或其他违法情节达到"重大且明显"的

---

① 这两种情形在行政法学上或可称为"绝对无效事由"，其他情形则为"相对无效事由"。前者是指行政行为只要具备此类违法瑕疵，即可认定其无效，无须再行斟酌；后者是指行政行为具有此类瑕疵的，必须根据个别情形，判断是否构成重大明显瑕疵。参见赵宏《法治国下的目的性创设——德国行政行为理论与制度实践研究》，法律出版社，2012，第 146 页。

② 最高人民法院（2016）最高法行申 2362 号行政裁定书。

程度，即以一般理性人的常识即可判断出该行为的违法性。[①] 这里是将无效的具体情形分解为三种，即缺乏主体资格、缺乏职权依据以及其他重大且明显的违法。2018 年"行政诉讼法解释"第 99 条将"重大且明显违法"具化为四种情形，其中第一种情形是"行政行为实施主体不具有行政主体资格"，对其也没有附加重大且明显的程度要求。

目前，我国由法院确认无效的行政案件类型主要有结婚登记、离婚登记、房产登记、房屋或土地征收补偿协议、信息公开答复等。无效事由大致有以下几种表现。

第一，不具有主体资格。《行政诉讼法》（2014 修正）第 75 条规定"实施主体不具有行政主体资格"是无效的一种情形。考虑到行政许可、行政处罚、行政强制执行等均可委托一定组织实施，实施主体虽不具有行政主体资格，实施的却是合法的行政行为，有必要将"实施主体不具有行政主体资格"解释为"实施主体不具有主体资格"。[②] 在没有法律法规授权的情况下，内设机构、派出机构等不具有主体资格。[③]

第二，没有权限依据。《行政诉讼法》（2014 修正）第 75 条规定的"没有依据"的情形之一是没有权限依据。没有权限依据，也可被称作无权限、无职权依据。在彭玉珍诉商丘市梁园区刘口乡人民政府颁发土地使用证案中，法院认为，乡政府颁发建设用地使用权证书，"无职权依据"。[④] 有时，法院又将其表述为"超越职权"。在徐宗营诉永城市龙岗镇人民政府土地登记案中，镇政府颁发了本应由县政府颁发的集体土地使用证，商丘市中级人民法院认为，"其发证行为超越职权"，"应当确认无效"。[⑤] 这

---

① 北京市第一中级人民法院（2016）京 01 行终 861 号行政判决书。

② 参见杨建顺《"行政主体资格"有待正确解释》，《检察日报》2015 年 4 月 8 日，第 7 版。

③ 见任祥明诉义乌市国土资源局政府信息公开案，浙江省义乌市人民法院（2016）浙 0782 行初 61 号行政判决书。但在李山林诉北京市朝阳区人民政府等信息公开答复案中，针对信访办公室这一内设机构所作出的信息公开答复，最高人民法院认为，"内设机构在向申请人提供政府信息时，其行为的性质是授益而非损益，是提供服务而非限制权利。损益性行政行为'法无明文授权即属超越职权'，授益性行政行为不能一概适用这一标准"。最高人民法院（2016）最高法行申 3007 号行政裁定书。

④ 河南省商丘市中级人民法院（2017）豫 14 行终 23 号行政判决书。

⑤ 河南省商丘市中级人民法院（2016）豫 14 行终 132 号行政判决书。类似的案件还有徐宗营诉永城市龙岗镇人民政府土地行政登记案，河南省虞城县人民法院（2016）豫 1425 行初 42 号行政判决书。

种表述易与《行政诉讼法》（2014 修正）第 70 条撤销判决的"超越职权"相混淆。或许基于此，法院有时会在"超越职权"之上加上"重大且明显"的程度限定，① 但这里的"超越职权"只是说其无管辖权。无管辖权与《行政诉讼法》（2014 修正）第 75 条之"不具有行政主体资格"似有交叉关系，实践中就有将超越职权视为"不具有行政主体资格"者。② 从理论上说，有无行政主体资格是事实判断问题，有的行政机关有行政主体资格，只是没有相应的职权，不是适格的行政主体。相对而言，"无管辖权"或"无权限依据"则为规范判断问题。

2018 年"行政诉讼法解释"第 99 条第 2 项规定，"减损权利或者增加义务的行政行为没有法律规范依据"属于重大且明显违法。也就是说，仅仅是侵益性行政行为缺乏授权根据，才构成无效；而授益性行政行为即便没有法律规范依据，也不构成无效。

第三，明显缺乏事实根据。"明显缺乏事实根据"是《行政强制法》第 58 条、《最高人民法院关于审理行政许可案件若干问题的规定》第 7 条第 1 项等规范所使用的表述。在认定无效的案件中，法院常将"没有事实依据"作为无效的一种情形。在闫晓青诉乌鲁木齐市住房保障和房产管理局行政确认案中，在被继承人尚未死亡时即发生了房屋转移登记，法院认为，该所有权转移登记没有事实依据，故房屋转移登记无效。③ 虽然法院只是说"没有事实依据"，但在所有权人尚未死亡的情况下，继承的违法性十分明显。有时法院也会明确指明违法"重大且明显"。在张怀兰、段培勇、段培丽诉腾冲市人民政府变更土地登记案中，在土地使用证上的土地使用者登记处被刮白后，行政机关就直接进行了使用者的变更，法院认为，"该变更登记证据不足，属重大明显违法情形，依法应确认为无效行政行为"。④

---

① 例如，在丁满生诉怀宁县国土资源局土地管理行为案中，法院认为，擅自改变涉案地块使用权用途"系超越职权的重大且明显的违法行为"。见安徽省望江县人民法院（2016）皖 0827 行初 26 号行政判决书。

② 见张启廷诉河南省睢县野岗乡人民政府土地登记案，河南省睢县人民法院（2016）豫 1422 行初 13 号行政判决书。

③ 乌鲁木齐市水磨沟区人民法院（2016）新 0104 行初 169 号行政判决书。

④ 云南省腾冲市人民法院（2016）云 0581 行初 16 号行政判决书。类似的表述是"事实不清，证据不足，依法应确认无效"。见宋建荣诉湖州太湖旅游度假区管理委员会行政协议案，浙江省湖州市中级人民法院（2016）浙 05 行初 20 号行政判决书。

第四，不具备法定形式要件。不具备重要的法定形式要件，要式行政行为没有采取规定形式，也会被认定为无效。在孙春和诉盐城市亭湖区新兴镇人民政府信息公开案中，镇政府作出的政府信息公开申请回复，未加盖印章，盐城市中级人民法院认为，"不符合政府信息公开书面答复的法定形式要件要求，故该答复系无效行政行为，应视为新兴镇政府尚未依法向上诉人履行政府信息公开答复义务"。① 对于未加盖印章的，理论上从客观主义出发，一般认为其尚未成立。

第五，明显违反法定程序。在王某某诉巩义市民政局婚姻登记案中，登封市人民法院认为，"王某某在未到婚姻登记现场的情况下，巩义市新中乡人民政府民政所就为原告办理了结婚登记，违反了法定程序且明显违法，因此该登记自始无效，对原告不具有任何法律效力"。②

第六，无法实现行政行为的目的。在行政行为无法实现预定的行政目的时，法院可能将其认定为无效。2018 年"行政诉讼法解释"第 99 条第 3 项规定，"行政行为的内容客观上不可能实施"属于重大且明显违法。在王廷文诉沁源县人民政府行政行为无效案中，晋城市中级人民法院认为，县政府没有调查，缺乏法律和事实依据；没有送达行政相对人；《宅基地使用证登记卡》上宅基地的长和宽及四至存在明显的涂改行为，具体内容无法确定，且被告不能证明涂改的时间及理由。因此，"该行政行为已经无法起到确定权属、明确边界的行为目的，属于重大且明显违法的情形，应当认定为无效行政行为"。③

第七，违背重要原则。法院有时会以违背重要的法律原则为由，认定据此作出的行政行为无效。在余某某诉霍邱县人民政府民政局婚姻登记案中，法院认为，"冒用她人身份证信息办理结婚登记，不仅违背了结婚必须男女双方完全自愿原则，且造成结婚当事人身份关系混乱，故该婚姻登记行政行为存在重大且明显违法情形，当属无效"。④

以上归纳总结了司法实践中常见的无效事由。这些事由只有放在个案中才能有适当的理解和适用。在时机成熟时，总结司法经验，将重大且明

---

① 江苏省盐城市中级人民法院（2016）苏 09 行终 406 号行政判决书。
② 河南省登封市人民法院（2016）豫 0185 行初 136 号行政判决书。
③ 山西省晋城市中级人民法院（2016）晋 05 行初 12 号行政判决书。
④ 安徽省霍邱县人民法院（2016）皖 1522 行初 41 号行政判决书。

显的违法情形以及其他可能的无效事由明确写入行政程序法，可以减少个案中的判断困难。当然，无论如何列举，终究会留下一定的弹性空间，因为无效行政行为的功能就在于提供一种例外的救济，这种例外是在种种价值权衡之后的判断，难以彻底从规范上依逻辑演绎或者事前作出预测评估。

四　行政行为无效的诉讼机制

行政行为是否无效是实体法问题，但这样的实体法标准在很大程度上是考虑了行政行为无效制度在救济法上的特殊功能而设定的。面对无效行政行为，法院是否需要依职权审查并作出确认无效判决，行政行为无效的实体法标准在判决类型的选择上具有怎样的意义，这些问题须进一步厘清。

（一）诉判一致性原理与行政诉讼

在诉讼法上，诉讼请求、法院审理和法院判决具有密切的关系。诉讼请求对审理和判决具有约束作用，也就是说，诉讼的审理和判决要围绕诉讼请求展开。这是保障诉权、司法权的被动性和正当法律程序原则的要求。诉讼过程是诉权的实现过程，诉权对法院的审理、判决具有约束作用。司法权的被动性也要求不告不理。正当程序原则要求诉讼双方当事人攻防对等，法院不能未经辩论即作出判决。

一般认为，根据我国《行政诉讼法》（2014 修正）第 2 条的规定，我国的行政诉讼是主观诉讼，权利救济是行政诉讼法的首要目的。在行政诉讼中，法院固然具有监督行政机关依法行政的职责，但这种职责的履行应当借助于正常诉讼制度来实现，否则我国行政诉讼将转变为客观诉讼。司法的监督功能可以通过全面审查、职权调查、举证责任的分配等来实现，监督功能嵌在诉讼救济之中，同时受救济功能约束。举例而言，2014 年《行政诉讼法》修改时，将原先的维持判决改为驳回判决，就体现出诉判一致性的原理。①

---

① 有学者主张，基于维护客观法秩序的需要，行政诉讼的诉与判可以不完全一致，法院应当具有更为灵活的权力，参见邓刚宏《我国行政诉讼诉判关系的新认识》，《中国法学》2012 年第 5 期，第 70 页以下。但这种观点如果走向极端，将导致审判机关变成纯粹的监督机关，既违反诉讼制度的定位，也与法院的性质相悖。

当然，法院并不是只能一味被动地按照原告的诉讼请求作出判决，还有其他两种可能的制度。一是释明转换制度，即法院将其认为的应当提出什么样的诉讼请求，向原告作出释明，待原告调整诉讼请求后，法院再行判决。例如，对于应当作出确认无效判决而原告没有申请确认无效的，法院可以作出释明，借此来满足《行政诉讼法》（2014 修正）第 75 条的原告申请要件。二是在原告诉讼请求的范围之内，法院直接改作其他类型的判决。例如，原告请求撤销被诉行政行为，但行政行为并不符合撤销的条件，法院可仅作确认违法判决。撤销判决中含有确认违法的功能，所以仍是针对原告诉讼请求作出的判决。

（二）诉讼请求、违法程度与判决类型

《行政诉讼法》（2014 修正）第 75 条规定了"无效行政行为—申请确认无效—判决确认无效"这一确认无效的路径，而 2018 年"行政诉讼法解释"第 94 条第 1 款规定，"公民、法人或者其他组织起诉请求撤销行政行为，人民法院经审查认为行政行为无效的，应当作出确认无效的判决"。这就增加了一种确认无效的路径，即"无效行政行为—申请撤销—判决确认无效"。这一司法解释将审查重大且明显的违法视为法院自身的职责，法院可径直作出确认无效判决，从而舍弃了释明转换的做法。在实务中，我国也有法院认为，确认无效是法院的法定职责，不以原告的诉讼请求为限。[①]

一般认为，撤销判决是一种形成判决，生效判决一经作出，就能形成撤销被诉行政行为的效果，恢复到行政行为未曾作出的状态。这就是撤销判决所具有的功能，其是一种直接的权利救济。对于申请撤销的原告而言，确认无效判决与撤销判决在效果上并无差别，二者均消灭了原告因被诉行政行为而遭受的不利后果。稍有不同的是，撤销判决是撤销被诉行政行为，使相应的法律状态回溯到被诉行政行为成立之前的状态。撤销判决

---

① 例如，在金香兰、崔虎诉汪清县人民政府履行行政协议案中，"人民法院在审理行政案件中，对被诉行政行为的审查不以当事人的诉讼请求范围为限。在行政诉讼中，对无效行政行为的确认应属人民法院的法定职责。故本院对汪清县政府超越法定职权对本案被征收人即原告所作的行政行为依法确认为无效"。见延边朝鲜族自治州中级人民法院（2016）吉 24 行初 25 号行政判决书。

承认该行政行为存在过，并可能根据其具体的利害关系作出不同的调整。① 而确认无效判决则是宣告行政行为的法律效果不曾存在，也不承认存在需要保护的信赖利益。从这个角度来看，确认无效判决对于法秩序的冲击更大，只是法院在权衡原告利益之后认为仍有必要才作出。

虽然从原告角度来看，两种判决效果相同，原告诉请撤销而法院却判决无效，仍可理解为在原告的诉求之内。② 但是，这实际上否定了被告针对无效进行辩驳的机会，有违正当程序原则。无效并非纯粹的法律定性问题，其同时也包含着具体价值衡量，不宜径直由法院依职权作出判断。从《行政诉讼法》（2014 修正）第 75 条的文义来看，法院在作出释明后再行转换是更为妥当的。

反过来，若原告申请确认行政行为无效，但该行政行为并未达到无效的违法程度，法院能否直接判决撤销？因为确认无效判决较撤销判决更为彻底、严厉，基于对原告诉权的尊重，根据举重以明轻的解释规则，法院不宜直接依职权作出撤销判决，况且撤销判决还有一个不同于确认无效判决的重要适用前提，那就是被诉行政行为在起诉期限之内。或许正是基于这种考虑，2018 年"行政诉讼法解释"第 94 条第 2 款规定，"公民、法人或者其他组织起诉请求确认行政行为无效，人民法院审查认为行政行为不属于无效情形，经释明，原告请求撤销行政行为的，应当继续审理并依法作出相应判决；原告请求撤销行政行为但超过法定起诉期限的，裁定驳回起诉"。③

法院能否在撤销诉讼中撤销无效的行政行为？结合 2018 年"行政诉讼法解释"第 94 条第 1 款规定，法院是否只能将无效行政行为确认为无效而不能予以撤销？在过去的实践中，存在法院判决撤销无效行政行为的例

① 参见王贵松《行政诉讼判决对行政机关的拘束力——以撤销判决为中心》，《清华法学》2017 年第 4 期，第 103 页。

② 也有学者从被诉行政行为违法程度来理解"诉判不一致"时的转换缘由：诉请撤销的被告违法程度比原告诉讼请求所指还要严重，故而法安定性因严重违法而被例外打破；在被告违法程度较原告的诉讼请求所指更轻时，基于法安定性的维持，并无作出诉外裁判的余地。参见梁君瑜《论行政诉讼中的确认无效判决》，《清华法学》2016 年第 4 期，第 142 页以下。

③ 例如，在徐发琼诉贵州省紫云县政府土地其他行政行为案中，最高人民法院认为，被诉 15 号批复不属于《行政诉讼法》（2014 修正）第 75 条的无效情形，徐发琼的起诉已经超过法定起诉期限，裁定驳回起诉并无不当。见最高人民法院（2016）最高法行申 2362 号行政裁定书。

子，即所谓"无效行为可撤销"。实体法上的无效行政行为本没有可供撤销诉讼排除的行政行为效力可言，但毕竟有行政行为的外观存在。有效的行政行为服从撤销程序的排他性管辖，但这并不意味着撤销程序中只能撤销有效的行政行为。在撤销诉讼中，法院判决撤销无效行政行为，也只是相当于行政行为的无效宣告而已。如果不能允许有行政行为外观的无效行政行为通过撤销诉讼被消除，"就会出现一种不合理的现象，即行政行为存在成为违法原因的瑕疵时原告胜诉，存在更为严重的能成为无效原因的瑕疵时却被驳回，诉讼费用原则上也由原告负担"。[①] 在撤销诉讼的起诉期限之内时，无效与应予撤销的实体法差别并没有救济法上的意义，法院无须审查瑕疵的重大且明显性。

概言之，在撤销诉讼中，法院只需要审查行政行为是否构成违法，而无须审查其是否构成无效，亦可释明转换为确认无效诉讼。而在确认无效诉讼中，法院首先要审查是否存在无效事由，构成无效者，判决确认无效；不构成无效者，经释明转换按照一般的撤销诉讼来审查，拒绝转换者即判决驳回。

行政诉讼法确立了行政行为无效与行政行为可撤销的二元格局，相应地也应当解释或建构出能彰显确认无效判决价值的制度。对于如何判断行政行为无效的问题，需要放在这一格局之下来考虑，从认定行政行为无效的功能角度来理解。撤销诉讼既有权利救济和合法性监督的功能，实质上也有维护行政法秩序的功能；而确认无效诉讼则是要在法安定性与实质正义的权衡下，打破现有的法秩序，给那些遭受明显不公者提供权利救济。从诉权保障、正当程序角度而言，无效行政行为的认定标准也只有在确认无效诉讼中才有需要。行政诉讼法确立的"重大且明显"违法标准，体现了法安定性与实质正义的权衡要求，但实践也表明，这一标准难以适用于所有的行政行为无效案件。从现行法的实施角度来说，一方面应继续肯定重大且明显的无效标准，另一方面也要允许法院在特定情况下根据重大且明显说的实质内涵作出无效认定。不过，由于法院的作用空间由此也会增大，需要通过法院的内在机制加强对司法裁量权的约束。这样既能确保确认行政行为无效的制度功能得到适当发挥，又不会使其遭到滥用。

---

① 雄川一郎『行政争讼法』有斐阁 1957 年 74 – 75 页。

第三编　行政规范性文件的司法审查

行政规章可诉性之探讨[*]

崔卓兰[**]

　　摘　要：制定和实施行政规章，是当代社会行政管理最常用的方式。行政诉讼法将行政规章明确排除于行政诉讼的受害范围之外。基于行政规章自身的性质特点以及发展趋势，行政规章必须接受司法审查的监督。法院对行政规章的司法审查，不能因行政规章接受了其他方式的监督而不进行。应当将被称为抽象行政行为的行政规章等，与具体行政行为一并列入我国行政诉讼的受案范围。

　　关键词：行政规章　抽象行政行为　行政诉讼　受案范围

　　制定和实施行政规章，是当代社会行政管理最常用的方式。与目前正在起草的立法相呼应，设立对行政规章这种行政机关所立之"法"的司法审查制度，也到了必须提上日程的时候。笔者拟在此文中，对行政规章及其他抽象行政行为的可诉性，进行分析探讨。

一

　　长期以来，我国司法监督在行政规章方面止步不前。《行政诉讼法》第 12 条将行政规章明确排除于行政诉讼的受案范围之外。归纳众多的有关

　　＊　本文原载于《法学研究》1996 年第 1 期。

　　＊＊　崔卓兰，原文发表时为吉林大学法学院教授。

文章论著后可总结出，行政规章获得"司法豁免"权的主要理由如下。

第一，认为行政规章属于"法"的范畴，系具有法律效力的规范性文件，故不具备可诉性。否则，其效力的发挥将受到影响。[①]

关于行政规章是法抑或行政行为种类之一的争论已旷日持久，而且大抵永无休止。我们不妨暂且避开此点，从这样一个角度提问：即使行政规章属于"法"，可不可以对其进行司法审查？

笔者认为，并没有理由认为凡是作为"法"的东西，均不能被质疑以至接受司法审查及裁判，除非能保证所有现存的法律、法规、规章等都是公正合理的，而且，各个不同位阶、部门之间的"法"相互之间从精神原则到具体内容都不存在哪怕些微的矛盾与冲突。这显然是任何社会都做不到的。是以世界上有些国家对制定过程已够体现民主且程序要求甚严的议会立法都设立了司法审查制度。例如，美国最高法院自成立到1972年，就已宣布经司法审查过的102部联邦法律违宪，州法律被判定违宪的则多达数百部。[②] 况复是作为由行政机关制定的，在法律体系中处于最低层次，且在制定程序的民主化、严格程度上明显逊于议会（权力）机关立法的行政规章。

至于担心设立对行政规章的司法审查制度会影响其效力发挥，则要害在于可进一步推导到对权力行使之行为均不应设置司法监督屏障，只能以完全彻底的放任来保证其通畅无阻的结论之误区。

第二，将对行政规章实施司法审查的基础，仅归结为资本主义国家的"三权分立"政治制度。进而论证不实行"三权分立"的我国，无据将行政规章作为行政诉讼之标的。[③]

笔者以为，西方国家的司法审查制度固然能够在其实行的"三权分立"中寻到根基原委，但是，负责执掌不同性质的国家权力的各类国家机关之间，在工作中相互分工、相互监督与制约，不可否认同样也是现代社会中所有实行民主政治制度的国家所普遍奉行的一贯原则。如在建立了人民代表大会制度的我国，赋权法院审查行政规章，以保证通过司法职能的

---

① 转引自张尚鷟主编《走出低谷的中国行政法学——中国行政法学综述与评价》，中国政法大学出版社，1991，第428页。

② 转引自李昌道《美国宪法纵横论》，复旦大学出版社，1994，第148页。

③ 参见熊先觉主编《中国行政法教程》，中国政法大学出版社，1988，第78页。

发挥，对行政机关在其一切活动中，服从并贯彻代表民意的立法（权力）机关的意志，遵守、执行宪法法律的情况进行监督及矫正，也本系民主政治制度的主题与内涵，而不仅是"三权分立"所特有的"专利品"。

第三，行政诉讼的主要目的在于防止和补救行政权力行使过程中对行政相对人合法权利（益）造成的损害。而行政规章只是一种规范性文件，如果不付诸实践，是不会自动对行政相对人产生损害后果的。既然作为它实际实施方式的各种具体行政行为已被允许起诉，那么行政规章作为一种抽象规定，则有理由不被列入司法审查范围。

这种观点看似有理但禁不住具体分析。如果仅就行政规章中规定的某些强制性处罚条款而言或许如此，但是，对于行政规章中涉及的一些限制权利、增加义务方面的内容来说却未必。譬如，在行政相对人向行政机关提出某种权利、救济等方面的申请、请求过程中，如果相应的行政规章对有关申请、请求的条件、资格、范围等作了违法性的限制或取消规定，则其毋庸实施便意味着使相对人某些合法的申请、请求权利被限制、削弱、剥夺或自动丧失。还有，某些行政规章超出法定的范围、种类、幅度等，为相对人规定诸如征收税费、集资赞助之类的义务性条款，则也明显具有对合法权利（益）的主动侵夺性质。可见，行政规章一经制定颁布，便也同具体的行政行为一样，对行政相对人的权利（益）产生甚至施加直接的影响。在这点上，二者并不存在实质区别。

本文之所以提出必须在我国设立对行政规章的司法审查制度，除上面所论外，尚可进一步附加如下两条根据。

1. 行政规章自身的性质特点以及发展趋势等决定了其必须接受司法审查监督

行政规章属于行政机关所立之"法"，而不是为行政机关而立之"法"。故在其制定过程中，其一，它在很大程度上凭借行政机关对专门的立法（权力）机关所授此项权力的主观理解及逻辑推断，行政权力本身所固有的扩张性、侵犯性基因潜质，不可避免地要通过其执掌者顽强地发挥、表现出来，这就导致在委托或授予立法权者与实际行使立法权者之间，在制定行政规章的权限、范围、幅度等方面产生诸多的不统一，甚至完全背离。其二，制定颁布行政规章的主体，一般为统管某一地方各类行政管理事务的地方政府，或是担负某个专门领域行政管理职能的行政机关，如国务院下属的各部委。上述机关因其职责内容及所处地位，在制定行政规章之际，往往从适应一方一域之管理需要，保证其自身令行禁止的思维角度出发。这也决定了行政规章一般不易摆脱某些局限性、片面性的弊端。

正因前述两因素，尽管我国宪法、法律对行政规章的制定已有一些明确、严格的准则与规范，但依然层出不穷地产生一些违法、越权、侵权、地方或部门保护主义泛滥的行政规章。[①] 我国最高国家行政机关国务院，为其自身制定行政法规制定的程序法已颁布七年之久．然而此问题上行不见下效，至今在众多的部委（门）规章和地方政府规章中，几乎不见行政机关为自己制定规章设立的规范性文件。这不单单是忽视，主要原因在于制定行政规章的主体具有借制定规章之机不法延伸、扩张其行政职权，乃至与宪法、法律争权的意图。此种具体事例不胜枚举。

不容忽视的是，当前随着我国社会主义市场经济体制的建立与发展，以往计划经济时通行的个案调整、逐事行令的行政行为方式已渐遭放弃。而具有法的形式、负责进行一般性调整，且可反复适用的行政规章，则会日益为行政管理所倚重。将来可能是发展趋势除开个别情形，绝大部分的行政管理事宜均被纳入一般行政规章所调整及规定的内容。行政规章的这一发展趋势，若仅就其负面效应而论，无疑体现在：它可能成为今后行政违法、越权或侵权的主要方式、来源；因其具备法的形式，本来是违法、越权或侵权的行政规章，很容易以莠充良；因其有集制定与实施主体于行政机关一身之特点，故落实在具体执法中，它存在能事实上变更、废止、取代法律，凌驾于法律乃至宪法之上的危险。现已被行政诉讼法列为受案范围的具体行政行为，可能会越发多地因有规章以及其他抽象行政行为作"后盾"，而得以规避司法审查。

综上所列，设立对行政规章切实有效的监督制约机制已实属时势所迫。

2. 法院对行政规章的司法审查，不能因其已接受了其他方式的监督而不进行

在国家职权的范围之内，对行政规章的监督包括行政机关的自我监督、立法（权力）机关的立法监督、法院的司法监督三种。

行政机关系统内部的监督，主要体现在行政上级机关对下级机关制定

---

① 参见崔卓兰《论行政规章及其制定程序》，《社会科学战线》1992 年第 4 期。

发布的违法、越权、侵权等的行政规章的撤销。这无疑是必要的。但行政机关通常情况下最感兴趣最关心的是如何稳定行政秩序，故对一般行政规章维持稳定行政秩序功能的重视，往往超过对其是否"合法"等问题的注意。且由于行政上下级机关同属一个组织系统，有的尚存在直接的隶属关系，故在认识、决定问题的立场观点方法上难免陷入雷同。显而易见对这种"自身反省"式监督期望值不宜过高。

立法（权力）机关对行政规章的监督当然也不可缺少。其性质属于授权人、委托人实施的监督。但其特点以及局限性在于：其一，这种监督理性主义色彩较浓。即它主要借助于理性的、逻辑的推论，来预见行政机关在立法中可能出现的偏颇。而多变的实际情形显然是非任何想象所能预料的。其二，它具有宏观性质。立法（权力）机关一般居于国家机构之首，其主要精力放于对整个社会进行宏观指导调整，着重解决把法律原则和法律发展联系在一起等问题，而对诸种矛盾与冲突不断交织、重叠出现的极其复杂的现实社会关系却无暇细顾。这又恰是行政规章所涉及之领域。其三，我国的国情是，负责立法的全国人民代表大会的组成人员中只有极少的是职业的立法者。立法成员的非职业化问题，也使得我国当前的立法监督有着明显的局限。

通过人民法院对行政规章进行司法监督，恰可弥补上述两种监督之不足。司法监督的主要优越性体现在以下几点。其一，就性质而言，它属于紧密结合具体的社会关系、矛盾和利益冲突以及行政规章之实际操作等而进行的监督，能够把社会实践经验和法律的发展走向、纠偏矫正联系在一起。根本解决行政规章的合宪合法问题的出路实际在此。其二，论业务技术，法院是专门负责操作和应用法律的机关，最易及时觉察位阶、领域不同且各层次各种类法律、法规、规章等文件之间，是否存在矛盾与冲突以及矛盾和冲突的种类。而裁判又是一般司法活动最主要的功能。将判定某一行政规章是否合法交由谙知法律的法院负责可谓适得其所。其三，从监督的角度及效果分析，司法监督设置于事后，即行政机关制定行政规章，必然要对行政相对人实施。而行政相对人在其切身权利（益）受到实际侵害时，一般会将行使诉讼权利作为首选维权方式。因为遵从公正严格的司法程序，直接针对个案的司法审判，最可能获得信任并及时给予受害者损失赔偿。其四，也是最重要的一点是，法院的司法活动作为当代社会中

"权力的监测器"和"权利的卫士",没有理由在对普通公民的权利(益)最直接最经常产生威胁的行政权力面前有所保留或缺位。

基于上述原因,对于行政规章当今许多国家都已不止于立法机关的立法性审查,而将其进一步纳入行政诉讼的受案范围。如法国的行政法院对于行政机关制定的被统称为条例的规范性文件,除一部分紧急条例外,均有权管辖。所谓管辖,即指受理、审查、确认和撤销。① 美国法院根据《联邦行政程序法》的规定,对行政机关制定的规章进行了大量的司法审查。美国联邦电讯委员会曾制定一部禁止电台举办有奖竞赛节目的规章,最高法院在司法复审中认为把这种节目作为联邦法律所禁止的"抽奖发彩、冒险之类"的事,是独断专横的,并因此判决规章无效。英国法院也可依据越权无效原则,对行政机关的委任立法权进行监督。例如假使法律授权行政机关为了经济平衡而制定"管制物价条例",而行政机关制定该条例的目的却是增加财政收入,英国法院则可以越权即超越法律授予的权限为由判决其无效。②

二

关于将行政规章正式列入我国司法审查范围的实际操作,笔者有如下初步设想。

第一,我国现行宪法规定了国家权力机关、相应的行政上级机关,有权改变或者撤销行政机关制定发布的"不适当的命令、指示和规章"(《宪法》第89条、第104条)。虽然宪法对行政规章的审查监督未予明确肯定,但也未予明确否定。这说明,在修改宪法加设此规定之前,先由全国人大专门立法赋权法院审查行政规章并不违宪,故属可采用之措施。

第二,修改现行行政诉讼法,将被称为抽象行政行为的行政规章等,与具体行政行为一并列入我国行政诉讼的受案范围。否则,法院在行政审判中将继续治得标难以治本。即仅能撤销违法的具体行政行为,而对其根据——违法的行政规章则鞭长莫及,形成今日撤一个,明日又须重审重撤

---

① 参见王名扬《法国行政法》,中国政法大学出版社,1989,第146页。
② 参见王名扬《法国行政法》,中国政法大学出版社,1989,第211页。

十个百个同出一辙的具体行政行为的局面。

第三，取消《行政诉讼法》关于人民法院审理行政案件应"参照"规章的规定（第 53 条）。"参照"规定虽已渐被认同隐含"审查"之意，[①] 但仍存在不妥。一是"参照"一词含义不够明朗确切，易产生歧义，既不利于操作也犯了法律条文尤其是程序法条文用语之忌。二是如此规定事实上等于默认应以依法办案为原则的法院，可以在不同位阶的"法"之间自行挑选与决定适用或不适用，且不必宣示理由。笔者认为，既然行政规章具有法律实施细则之性质，凡业经司法审查被法院确认为合法的行政规章，均应被允许在行政诉讼的司法判决书中，与相关的法律、法规等一道被引用，作为该案的判决根据。

第四，《行政诉讼法》第 53 条第 2 款规定："人民法院认为地方人民政府制定、发布的规章与国务院部、委制定发布的规章不一致的，以及国务院部、委制定、发布的规章之间不一致的，由最高人民法院送请国务院作出解释或者裁决。"笔者以为此条应当删掉。因为我国《宪法》第 126 条早已明确确立了"人民法院依照法律规定独立行使审判权，不受行政机关、社会团体和个人的干涉"的原则。如果要求法院在司法审判过程中，还要"送请"国务院并听从其"解释或裁决"再行断案，实则等于允许行政机关间接或变相干涉法院审判权之独立行使。

时下，不在法院司法审判视野之内的，除行政规章外，还有行政机关制定、发布的其他具有普遍约束力的决定、命令。这类行为主体较一般行政规章的行为主体更为广泛，涉及基层直至乡、镇政府。其性质基本属于行政规章与具体行政行为的中介。就是说，既作为行政规章的具体化，亦是比规章更直接的具体行政行为的操作依据。实践证明，借其名而行之的行政违法侵权行为众多。既然行政规章接受司法审查的问题已被提上日程，上述抽象行政行为自不应再当别论。

---

① 转引自张尚鹙主编《走出低谷的中国行政法学——中国行政法学综述与评价》，中国政法大学出版社，1991，第 491 页。

违法行政规范性文件之责任追究[*]

刘松山[**]

摘　要： 从行政机关制定规范性文件的行为与议会立法行为的区别、政治责任和违宪责任的相关理论，以及矛盾的普遍性和特殊原理入手，可以看出，违法行政文件制定主体所承担的责任，在性质上应当属于具体的法律责任。借鉴国外的有关立法和理论，尽快建立起我国对违法行政规范性文件的责任追究制度，特别是确立人民法院对行政规范性文件的司法审查制度和违法文件制定者的个人责任追究制度，对实行依法行政、保障公民权利具有重大意义。

关键词： 违法行政规范性文件　政治责任　违宪责任　法律责任追究

在我国的行政立法和理论中，一种普遍性的观点是将行政行为区分为具体行政行为和抽象行政行为。笔者不同意这种划分。但是，本文还需借用"抽象行政行为"这一概念的内容，而冠之以"行政规范性文件"（包括行政法规、规章和规章以下的规范性文件）之名。因为论证的目的不在于对这两类行为进行划分，而在于探究违法行政规范性文件的责任。

---

　　*　本文原载于《法学研究》2002 年第 4 期。

　　**　刘松山，原文发表时为全国人大常委会法工委国家法行政法室副处长。

一 问题的提出

（一）几则案例

案例 1，违反《宪法》。《中国青年报》2002 年 1 月 9 日、11 日连续报道，中国人民银行成都市分行年初在媒体上刊载招聘通知，对报考职员的身高作出限制性规定，要求男性身高不得低于 1.68 米，女性身高不得低于 1.55 米。四川大学一副教授代理求职学生提起诉讼，状告银行的招聘通知侵犯了《宪法》规定的平等权。

案例 2，违反《刑法》。20 世纪 80 年代后期，昆明市官渡区副区长储某在协助四川攀枝花市驻昆明办事处办理征地事项的过程中，收受该办事处送的彩电等物品，被昆明市官渡区人民法院、昆明市中级人民法院两审依据刑法认定构成受贿罪。而 1991 年底，昆明市中级人民法院对该案决定再审，判决上述被告人无罪。理由是：上述被告人收受财物的依据是中共攀枝花市委、市人民政府下发的［86］40 号文件。该文件规定，为使攀枝花市驻昆明办事处能够顺利设立，应对当地有关干部给予协助，对有贡献者可以作出不同程度的奖励。昆明市中级人民法院认为，储某等被告人收受物品的行为，是受惠于异地政策规定，不能定为受贿，并报经省高级人民法院同意，从而改判储某无罪。①

案例 3，违反《担保法》。2002 年 1 月 12 日，《法制日报》刊载一则题为《政策和法律打架责任谁来承担?》的疑难案例：福建省长乐市财政局先后与 27 家企业签订周转金借款合同，并由企业所在地的乡镇财政所（财政所由财政局领导，实际是财政局的派出机构）提供担保。这 27 家企业倒闭后，财政周转金尚有 745 万余元未能收回。长乐市人民法院于是以玩忽职守罪判处该市财政局局长王凯锋有期徒刑 5 年 6 个月。法院认为，《担保法》规定："国家机关不得作为担保人。"王凯锋身为财政局局长，应当对财政周转金的发放、回收等工作负领导责任。而王凯锋则不服判决，认为自己不存在玩忽职守的问题，因为他是严格按照福州市榕委

---

① 参见昆明市中级人民法院编印《罪与非罪》，1993，第 12 页以下。

（1999）9 号文件精神办事的，而福州市政府在 2000 年 6 月还专门以《关于研究协调第三批产业扶持资金安排有关问题》专题会议纪要形式，要求坚决落实榕委（1999）9 号文件。福州市委、市政府制定的文件违背了《担保法》的规定，王凯锋因为认真执行违法文件被判犯玩忽职守罪，而违法文件的制定者却未承担任何法律责任。

案例 4，违反《药品管理法》。《法制日报》2002 年 1 月 15 日以《部门通知比法还大？》，16 日以《岂能变通或"架空"法律》为标题，报道国家药品监督管理局、国家工商行政管理总局等二部门以部门通知形式将修订后《药品管理法》中有关内容推迟 2 个月实施的违法行为及社会反响。修订后的《药品管理法》明确规定：处方药可以在国务院卫生行政部门和国务院药品监督管理部门共同指定的医学、药学专业上介绍，但不得在大众传播媒介发布广告或者以其他方式进行以公众为对象的广告宣传。该法自 2001 年 12 月 1 日起实施。国家药监局等二部门发布《关于加强药品广告审查监督管理工作的通知》的红头文件，恰恰是为了切实贯彻《药品管理法》，但此番贯彻却成了对法律的超越和变通。它规定，非抗生素类感染处方药，激素类处方药，用于治疗心绞痛、高血压、肝炎、糖尿病的处方药等三类处方药，以及已经审批的广告审查批准文号在有效期内的处方药，从 2002 年 2 月 1 日起停止在大众媒介上发布广告。这实际是公然以部门红头文件的形式，将《药品管理法》的实施日期推迟了 2 个月。

案例 5，违反《公益事业捐赠法》。《深圳都市报》2001 年 5 月 10 日以《手机用户状告陕西省省长》的醒目标题报道，1998 年，陕西省政府发布了经省长签署的（1998）4 号文件，规定向当地手机用户收缴每个月 10 元钱的"帮困基金"，由电信部门为陕西省政府代收。省政府的这个文件显然违反了《公益事业捐赠法》第 4 条的规定："捐赠应当是自愿和无偿的，禁止强行摊派或变相摊派。"2000 年 8 月 3 日，西安市的两名手机用户——西北政法学院一教师和《消费者导报》一记者向西安市中级人民法院提起诉讼，状告陕西省政府及省长，请求法院确认政府收取帮困基金的文件违法并予以撤销，判决政府返还所收取的帮困基金及利息。但结果是，这个具有轰动效应的起诉，从西安市中级人民法院到陕西省高级人民法院均被驳回。

当然，这只是几则被公开的比较有代表性的案例，在实际生活中行政机关制定违法文件的数量绝不在少数。特别是一些政府和部门的违法行为，都是以制定和执行违法行政规范性文件的方式进行的。

（二）行政规范性文件违法的成因

1. 行政规范性文件的制定中存在"三乱"现象

一是制定主体乱。从中央到地方的各级行政机关以及它们下属的各个职能部门，都可以用本机关、本部门的红头纸下发各种文件。二是规范事项乱。行政规范性文件所规定的问题和事项林林总总，千头万绪，无所不包。三是制定程序乱。各个机关、部门制定行政规范性文件的程序，都是各使其招。而到目前为止，除了个别地方对政府文件的制定程序作出规定外，从保证国家政令统一、建立完备的文书制度的角度看，对谁有权制定行政规范性文件，哪些事项才能由行政规范性文件加以规定，各类主体需要按照什么样的程序制定行政规范性文件，国家还没有作出统一规范。国务院颁布的《行政法规制定程序条例》和《规章制定程序条例》，从制定行政法规和规章本身的规律出发，对行政法规和规章的制定程序作出了比较完善的规定，在很大程度上为避免二者的违法提供了保证。但是，规章以下行政规范性文件的制定依据只有《国家行政机关公文处理办法》，而这个办法所规定的只是行政机关公文的种类和格式、行文规则以及公文的收发管理等形式上的问题，并不能对行政规范性文件内容本身的违法进行有效的制约。可以说政府红头文件已经成为规范性文件管理中最为混乱的领域乃至死角。"三乱"现象的存在使行政规范性文件违反法律可能性增加。

2. 对行政规范性文件的监督实际处于虚置状态

《宪法》《地方各级人民代表大会和地方各级人民政府组织法》等法律明确规定，全国人大常委会有权撤销国务院制定的同宪法、法律相抵触的决定和命令；国务院有权改变或者撤销各部、委员会的不适当的命令、指示和规章，以及地方各级国家行政机关不适当的决定和命令；县级以上的地方各级人大及其常委会有权撤销本级人民政府的不适当的决定和命令；县级以上的地方各级人民政府有权改变或者撤销所属各工作部门的不适当的命令、指示和下级人民政府不适当的决定、命令；乡镇一级的人民代表大会有权撤销乡镇人民政府的不适当的决定和命令。但在实际工作中这些规定基本处于虚置状态。不要说红头文件，即使《立法法》已经对法规、规章规定了违法审查程序，国家至今也没有对违法的法规、规章予以审查撤销的案例，而违反法律的法规、规章绝不在少数。监督手段的虚置使已经违反法律的文件得不到纠正，从而间接放纵了行政规范性文件对法律的恣意冲突。

3. 法律体系和行政体制的层级过多

我国是单一制的大国，情况复杂，为实现对这样一个大国的有效管理，就不得不建立起多层次的立法体制和法律体系：在宪法下面有法律，在法律下面有行政法规，在行政法规下面有地方性法规，在同级地方性法规下面还有政府规章；不得不建立起多层次的行政管理体制：在国务院下有省级人民政府，省级人民政府下面又分别有副省级、地市级、县级和乡镇一级人民政府。在如此复杂的法律体系和行政管理体制下，每一级政府都是执法机构，都有权制定各类行政规范性文件，上下级关系看似等级分明，实则错综复杂，这就使得行政规范性文件违反法律的现象较为常见。

4. 人治思想的影响

依法治国虽然作为一项治国的基本方略被广为提倡和宣传，但行政执法队伍的法律意识和法制观念不强，人治的传统根深蒂固。虽然以宪法为核心的法律体系已基本形成，国家和社会生活的各个方面已基本做到有法可依。但是，一些行政机关特别是行政机关负责人常常将规定得十分具体的法律法规置于一边，过分热衷于用"一支笔"签署红头文件，而不是直接适用法律法规。因此，红头文件泛滥和违反法律的现象就不稀奇了。

5. 缺乏对公众负责的精神

更深层次的原因恐怕是，我们还没有建立起一套完备的体制，使各级政府特别是政府组成人员在制定行政规范性文件时，完全以公意和法律为出发点，以高度负责的精神对待广大人民。相反，许多行政规范性文件的出台，看似出于维护公共利益、加强社会管理的需要，实则是强化和扩张行政权力，谋求政府及其部门自身利益甚至表明个人政绩。

（三）理论研究和制度建设的缺失

在对违法行政行为的责任追究方面，长时间以来，我们主要将注意力集中于具体行政行为，而对行政机关及其工作人员制定违法行政规范性文件的责任追究，"以往学术界并没有重视，更未见有人深入研究抽象违法行政行为与具体违法行政行为责任的特点与规律。这种情况不仅在一定程度上制约了违法行政责任理论研究的深入，而且对我国违法行政责任制度的完善和运行也产生了不利影响。例如，抽象行政行为违法应当承担什么样的责任？由谁承担？采取何种方式承担？由谁归责？等等。这一系列问题在理论和实践上到目前为止都没有得到很好的解决。否则，抽象行政行为的混乱状况就不会如此严重"①。

而现行《行政诉讼法》则明确将对抽象行政行为的起诉排除在法院的受理范围之外。这就使得，一方面，公民和社会组织的权利无法通过法院得到救济；另一方面，行政机关制定违法文件的"胆子"极有可能变得更大。上述案例 5 中法院驳回两公民状告陕西省政府及省长的裁定，就是生动例证。这则案例给人们的深刻启示是，在现行法律体制下，政府制定的违法文件无论造成什么后果，只要没有权力机关或者上级政府的撤销与追究，行政相对人和法院实际上都束手无策，而违法文件则能继续畅行无阻，文件制定者则可以不承担任何责任。

鉴于行政规范性文件违法的严重性，在《行政复议法》的制定过程中，经过激烈争论，立法机关最终在扩大收案范围方面迈出了艰难一步，将部分抽象行政行为纳入了行政复议范围。但是，这种由行政机关实行自我监督的方式究竟有多大效果，还有待实践的进一步验证。如果说实践中由于具体行政行为违法而承担责任的情形属偶有所闻的话，那么由于制定违法文件而受到追究者则是闻所未闻的。随着行政法治实践的逐步推进，各方面对违法行政规范性文件之责任追究展开理论研究，而对立法完善的要求也日渐强烈。

二　违法行政规范性文件责任之性质

科学界定违法行政规范性文件的责任性质对于追究抽象行政行为的违法责任、实现行政法治具有十分重要的意义。到目前为止，理论界对制定违法行政规范性文件的责任性质存在不同的认识。第一种观点认为，"行政机关制定的规范性文件归属于宪法监督内容是不存在问题的，国内学者出奇地一致持肯定态度"。② 为什么会产生这种认识呢？"或许是基于这样一种信念，即制定具有法律效力的规范性文件之权力本质上概属立法权，

---

① 姚锐敏、易凤兰：《违法行政及其法律责任研究》，中国方正出版社，2000，第 198 页。
② 参见胡建森主编《行政违法问题探究》，法律出版社，2000，第 461 页。

有关立法权的运作和控制在宏观上必须由宪法或由宪法性法律加以制度化，其他部门法是无法解决的。"而《宪法》有关国务院的行政法规、决定和命令需由全国人大常委会撤销的立法实践也证明了这一点。① 有的学者则从人民主权的角度进行阐述，认为"根据人民主权原则，国家机关享有的多种权力形式都来自人民，它们制定的规范性文件都应当受到人民的监督。因此，行政机关制定的规范性文件，不论来自职权立法还是委任立法，都属于宪法监督的范畴"。② 这类观点虽然没有明确指出违法行政规范性文件的责任性质，但将行政规范性文件的制定视为立法行为，将其监督纳入宪法监督的范围，显然其责任属于违宪责任。

第二种观点认为，违法行政规范性文件的责任属于政治责任和违宪责任。③ 而"所谓行政政治责任，一般而言，就是行政机关及其工作人员违反特定的政治义务而导致的政治上的后果。对于违反这种义务的后果的确认与追究，通常与国家权力机关、政党、人民群众及人民团体施加的政治压力有关。行政违宪责任主要是指行政机关的重大行政行为直接违反宪法所应承担的责任，如国务院发布的行政法规以及具有普遍约束力的决定和命令等抽象行政行为，若直接与宪法规定发生冲突，全国人大及其常委会则可通过撤销、罢免等方式追究行政机关及其首长的责任"。而"违宪责任在我国属政治问题"，"不单纯是法律问题"；"因此，行政违宪责任实质上也属政治问题之列"。④ 这一观点实际上是在很大程度上将政治责任与违宪责任等同。值得注意的是，第一种观点和第二种观点在论及抽象行政行为责任属违宪责任时，所举以论证的例子都是国务院发布的行政法规、决定和命令，而对规章以下的违法行政规范性文件责任是否属于政治责任和违宪责任却避而未言。

而第三种观点则认为，违法行政规范性文件的责任具有双重性，即行政违法责任和违宪责任。"如果行政机关制定规范性文件的抽象行政行为

① 参见胡建淼主编《行政违法问题探究》，法律出版社，2000，第461页。
② 李忠：《宪法监督论》，社会科学文献出版社，1999，第133页。
③ 将违法行政规范性文件之责任性质视为违宪责任的论述，在论著中并不少见，而将其视为政治责任并形诸文字的论述，在笔者这里却未曾多见。但现实中违法行政规范性文件之责任却常常首先是因政治责任而被人们诉诸直觉的。对政治责任之性质人们何以多心言之而少形诸文呢？也许既有理论中政治责任的范畴过于宽泛乃至难以捉摸的原因，又有实践中政治责任过于敏感和难以追究的原因。
④ 参见王成栋《政府责任论》，中国政法大学出版社，1999，第22页以下。

违反授权意图或作为抽象行政行为之依据的法律、行政法规，那么，这一抽象行政行为当然属于行政违法。同时，这一抽象行政行为属于违宪范畴，制定的规范性文件应当接受宪法监督。"① 这是将违法行政规范性文件的行政违法责任与违宪责任相提并论。而有的学者则从抽象行政行为与具体行政行为的比较来区别二者违法责任的性质，认为"前者既是行政违法更属违宪范畴，而后者则仅为行政违法行为"，② "抽象行政行为违法的，应当承担违宪责任。但从现有的法律规定来看，我国尚未确立违宪审查制度，也没有对抽象行政行为的行政违法责任及其他法律责任作出规定"。③ 这一论述又表明，行政规范性文件违法，行政机关及其工作人员首先应当承担违宪责任，而此后则应当承担具体的行政违法责任和其他法律责任。

本文认为，行政机关及其工作人员制定违法行政规范性文件的责任，其性质属于具体的法律责任，即违法执行法律的责任或称行政违法责任，包括具体的行政责任、民事责任、刑事责任。违法文件的制定者还应当同时承担政治责任或违宪责任，但由于事物的性质由矛盾的特殊性决定，相对于具体的法律责任而言，政治责任和违宪责任不属于违法行政规范性文件的责任性质。

（一）关于立法行为之非

将行政机关制定规范性文件（特别是制定行政法规和规章）的行为视为立法行为或者准立法行为并进而认为其责任属于违宪责任的观点，实际是在很大程度上将行政机关制定规范性文件的行为与议会立法等同起来了。根据传统的主权豁免理论和三权分立原则，议会立法属于主权立法，而主权者是造法者，它不会制定法律来反对自己。即使议会立法造成了损害，也不是普通法院所能解决的问题，而是只能诉诸宪法手段或者政治手段解决，因为议会只向选民负责而不向法院负责。因而议会立法的责任属于违宪责任或者政治责任。由此而言，制定行政规范性文件的行为一旦被视为立法行为或者准立法行为，在发现违法因素时，当然也就只能由宪法监督机关适用宪法或宪法性法律而不能由普通法院适用普通法律予以解决，

① 参见胡建淼主编《行政违法问题探究》，法律出版社，2000，第461页。
② 杨解君：《行政违法论纲》，东南大学出版社，1999，第27页。
③ 杨解君：《行政违法论纲》，东南大学出版社，1999，第27页以下。

其违法的责任也就属于违宪责任而非法律责任了。

尽管二战以后行政立法呈现扩张趋势，但是，各国政权体制的一个基本特点仍然是，普通行政机关是法律的执行机关，行政权的本质是执行权而非立法权。行政机关可以进行委任立法或者制定其他具有普遍约束力的规范性文件，但这些行为都从属于议会立法，只是执行议会法律的一种方式而已，它具有立法行为的一些特点乃至规律，但并没有改变行政权是执行权而非立法权的本质，它在执行法律方面引起的纠纷和诉讼完全能够通常也只能由普通法院予以解决。普通法院的职能就是监督议会制定的法律得到认真执行，它无权挑战议会的权威，却有权监督行政机关的行为符合议会法律。因而在英、法、美等国家，行政机关制定文件的行为包括委任立法行为无一例外地都要接受普通法院的审查，而没有上升到普通法院不能解决而需要诉诸宪法乃至政治途径予以解决的程度。普通法院是适用法律的机关（当然，有些国家的普通法院还是适用宪法的机关），行政机关执行法律的行为一旦被它判决为违反法律，这一行为所承担的无疑是具体的法律责任。

对行政机关执行权的性质，我国《宪法》第 85 条和《地方各级人民代表大会和地方各级人民政府组织法》第 54 条规定得很清楚：国务院即中央人民政府是"最高国家权力机关的执行机关"；地方各级人民政府是"地方各级国家权力机关的执行机关"。可见行政机关不仅是执行机关，而且是从属于权力机关、执行权力机关意志的机关。最高国家权力机关的意志就是法律。地方各级国家权力机关制定的地方性法规和其他决议、命令都是法律的具体化，所以各级行政机关都是法律的执行机关。虽然《宪法》、《地方各级人民代表大会和地方各级人民政府组织法》和《立法法》等法律对我国行政机关制定行政法规和规章的行为作出了规范，但这一规范是基于行政法规和规章的制定具有一定的立法特征和规律而作出的，并不意味着由它们行使国家立法权，也并不意味着它们的权力有着和立法权相同的性质和地位。特别是对于部门规章和地方政府规章的制定应否被纳入《立法法》的调整范围，曾经有过激烈的争论。对它们在《立法法》中作出统一规定，一个重要目的就是对这一行为进行严格规范，而不是说制定规章的活动本身就是立法。在我国的人民代表大会制度下，国家权力体系分为三个层面：第一个层面是权力机关统一行使国家权力；第二个层面是权力机关之下的行政机关、审判机关、检察机关和军事机关分别行使国家的行政权、审判权、检察权和军事权；第三个层面则是行政、审判、检察、军事机关下属的各部门为落实行政权、审判权、检察权和军事权而分别履行各项具体的行政、审判、检察和军事职能。在这样一个权力体系中，行政机关及其部门制定规范性文件的行为实际都是在第二和第三个层面运作，都是执行法律的行为。而与行政机关平行的则是同级审判机关和检察机关，权力机关居于"一府两院"之上。平行的"一府两院"，它们的权力实际是互相制约、互相监督、最终统一接受权力机关领导和监督的。而法院的根本职能就是通过对法律的执行和遵守中出现的各种问题进行裁判来维护国家法制的统一，其中就包括对行政机关执行法律行为的裁判，当然也包括对制定规范性文件是否违法的裁判。而行政机关违法执行法律的行为是在对其进行平行监督的法院这个层面上就能解决的问题，并不直接与高于其的权力机关发生关系，更没有威胁到权力机关的地位，上升不到宪法问题和政治问题的层面。所以，违法行政规范性文件的责任是法律范围内的责任，而不涉及门槛很高的违宪责任。

而我们将行政行为划分为具体行政行为和抽象行政行为，在很大程度上模糊了违法行政规范性文件的责任性质。这一划分纯粹是一种学理上的见解和分析，它究竟有多大的合理性和实际意义，是很值得怀疑的。在一些大陆法系国家和地区，虽然对行政机关制定具有普遍约束力文件的行为和具体的执行行为也有划分，但这种划分并未改变制定文件的行为是执行权的性质，并未影响对其违法责任的审查和追究。所谓抽象行政行为和具体行政行为，虽然存在适用对象、适用时间和适用效力等方面的区别，但这些区别都是行政执法方式上的区别而非本质上的差异，对二者不可能也没有必要作出彻底的划分。对于行政机关制定政策和具体执行行为的不可绝对划分，王名扬先生已有深入论述。① 作为行政机关行使职权的不同方式，无论具体行为还是抽象行为，只要违反了法律，就应当承担相应的法律责任。但有意思的是，我国的《行政诉讼法》和《行政复议法》中对有关受案范围的规定，也使用了"具体行政行为"一词，而在其他的法律如《国家赔偿法》等法律中，却没有进行这样的划分，特别是《刑法》在设定罪名和规定刑事责任时，也没有规定行政机关及其工作人员违反《刑

---

① 参见王名扬《美国行政法》下册，中国政法大学出版社，1997，第779页以下。

法》的行为仅限于具体行政行为，这说明制定行政规范性文件的行为同样属于《刑法》调整的范围，适用其有关犯罪和刑罚的规定。所以，所谓具体行政行为和抽象行政行为的理论和立法，实际导致了法制的不统一，在实践中也产生了误导，使人误以为对抽象行政行为连提起诉讼都不可以，对其制定者的具体法律责任则更不可以追究，并直接导致了立法和执法中违法行政规范性文件责任追究的真空地带。一提起抽象行政行为，我们就习惯性地将它与立法行为联系起来，将其责任与违宪责任乃至政治责任联系起来，并将对这一责任的追究视为畏途。

（二）关于政治责任之非

从政治学的观点看，所谓政治责任当然是指政治生活领域的责任，即政治行为引起的责任。但是，对于什么是政治或者政治行为，在政治学领域的解释就有十多种，[①] 见仁见智。这实际就决定了，政治责任具有很大的不确定性，对它的理解很难达成共识。因为"政治是流动的"，[②] 所以政治责任就不可能像法律责任那样明确和稳定，也不能由法律予以完全规定。

根据较为权威的《布莱克维尔政治学百科全书》关于"政治"一词的解释，政治是与公共政策联系在一起的，"政治是在共同体中并为共同体的利益而作出决策和将其付诸实施的活动"；[③]"政治可以被简要地定义为一群在观点或利益方面本来很不一致的人们作出集体决策的过程，这些决策一般被认为对这个群体具有约束力，并作为公共政策加以实施"。[④] 在政治学领域，人们也通常将政治责任的承担限定于公共政策制定的领域，认为"虽然不能把制定公共政策当作政治责任主体专有的职责，却可以把制定公共政策看作政治责任主体的主要职责"。[⑤]

但是，在法学领域特别是行政法学和行政诉讼法学领域，人们对政治行为或者政治问题的认识与政治学领域人们的认识并不一致。在行政诉讼中，衡量是否属于政治问题的根本标准，是普通法院能否对其进行审查处

---

① 参见施雪华主编《政治科学原理》，中山大学出版社，2001，第9页以下。
② 张贤明：《论政治责任——民主理论的一个视角》，吉林大学出版社，2000，第59页。
③ 邓正来主编《布莱克维尔政治学百科全书》，中国政法大学出版社，1992，第583页。
④ 邓正来主编《布莱克维尔政治学百科全书》，中国政法大学出版社，1992，第584页。
⑤ 张贤明：《论政治责任——民主理论的一个视角》，吉林大学出版社，2000，第19页。

理。所谓政治行为常常仅被限于对国家主权的运用，而行政机关除主权运用以外的制定公共政策的行为都没有例外地被视为执行法律的行为，与政治问题没有关系，都必须接受法院的审查，一旦违法就须承担相应的法律责任。政治行为不能受法院审查主要是基于分权的需要，以及保持法院中立和维护法院权威的需要。从各国的司法实践来看，政治行为在司法活动中受到严格限制，其范围呈现逐步缩小的趋势。

那么，是否只有政治行为才能引起政治责任呢？应当说不是。执行法律的行政行为也可以引起政治责任。这实际又涉及一个问题，即政治责任和法律责任的区别是什么？一种代表性的观点认为，政治责任的承担是基于政府政策的失当和不合理，而法律责任的承担是基于政府行为违反了法律，构成违法行为。① 依照这一标准，政府只有在决策失误和工作不称职时才应当承担政治责任，而在行为违法时承担的应当是法律责任而非政治责任。但本文更倾向于同意这样一个观点，即"一个政治责任主体，也可以同时是法律责任的主体"。② "决定政策之官员，除负行政与法律责任外，并兼负政治责任。"③ "官吏行使职权，本来有遵守法令的义务，官吏玩忽法令，在法治政治之下，也须负法律上的责任。"④ 对于政策的失误和不合理，行政机关固然应当承担政治责任，但违法是比失误和不合理更为严重的行为，不能因为承担了法律责任就免除政治责任。因为一个基本的共识是，在民主社会中，公共权力行使者的政治责任实际就是对议会和选民的责任。议会和选民对公共权力行使者的要求很高，而法律对他的要求则是最低的底线。而法律的底线实际就是议会意志和选民意志在政治责任方面所能忍受的最小限度。所以行政机关制定的文件一旦违反法律，当然就违背了公意，行政机关不仅要承担法律责任，还要承担政治责任。

但是，制定违法文件需要承担政治责任，并不是说违法文件的责任性质就是政治责任。按照唯物辩证法的基本原理，事物的性质是由矛盾的特殊性决定的。由于政治行为的要求高于法律行为的要求，所以任何违法的

---

① 对这一问题的论述，可参见陈鉴波《现代政治学》，三民书局，1974，第556页以下；萨孟武《政治学》，三民书局，1982，第160页。

② 张贤明：《论政治责任——民主理论的一个视角》，吉林大学出版社，2000，第63页。

③ 李华民：《中国人事行政论丛》，台湾中华书局，1974，第250页。

④ 萨孟武：《政治学》，三民书局，1982，第293页。

行为其实都是违背政治义务的行为，任何违法责任的承担都首先是政治责任的承担。所以，相对于具体的法律责任，政治责任其实是一种普遍性的责任，属于矛盾的普遍性；违法行政规范性文件可能导致受到政治谴责和制裁的后果，但是，它的责任是基于违反法律而产生，其性质是具体法律层面上的责任，属于矛盾的特殊性。将违法行政规范性文件的责任归于政治责任，不仅将行政行为的违法性视为不当性，还忽视了矛盾普遍性和特殊性的区别，它的直接结果就是对法律责任的忽视，导致行政机关以承担政治责任的形式来代替对具体法律责任的承担。

　　通常来说，政治责任的追究方式包括责任主体迫于外界压力而道歉和辞职，议会对责任主体进行质询、弹劾、不信任投票和罢免，等等。但显然这些追究方式与法律责任的追究相比更具有道义色彩、非强制色彩，它们的启动程序都是相当重大和复杂的。所以，代议制理论的一个重大发明就是，议会和选民对公共权力行使者的控制不仅有政治控制，还有宪法控制，而更倚重的是具体的法律控制，即通过普通司法机关的审判去约束和监督行政权力的行使。其中，法律控制是具体的、日常的，政治控制是重大的、例外的；法律控制是强制的、客观的，政治控制是非强制的、道义的和主观的；法律控制是低成本、高效率的，政治控制是高成本、低效率的。所以，对于违背政治义务的行为，实际上不到万不得已，是不去诉诸政治途径的。而一旦要追究政治责任，这种"政治责任的实现相对法律责任的实现而言具有优先性"。① 比如某一公共官员在被确定须负刑事责任之前，首先要被罢免和剥夺通过政治途径获得的公共职务，以免他利用这种公共职务进一步危害社会。因为"如果不优先追究政治责任，政治责任主体仍然握有公共权力，其作为法律责任主体所应承担的法律责任就可能因为权力的影响而得不到有效追究"。②

　　而在我国，人治的影响根深蒂固，行政机关的权力没有得到应有的约束，公民的选举和罢免制度还存在不少问题，权力机关职权的行使还有待于进一步加强，违宪审查制度的建立还不是可以预期实现解决的，这些都使得对于公共官员所谓政治责任的追究几乎不可能实现。所以，将行政机

---

① 张贤明：《论政治责任——民主理论的一个视角》，吉林大学出版社，2000，第63页。
② 张贤明：《论政治责任——民主理论的一个视角》，吉林大学出版社，2000，第63页。

关制定违法文件的责任笼统地归于政治责任，对于明确文件制定主体的法律责任、推进依法行政是十分有害的。而从实际出发，在人民代表大会制度的体制内，借助和完善有限的司法资源，将违法行政规范性文件的责任性质准确地定位于法律责任的层面，通过司法途径解决行政规范性文件违法问题，其理论和实践意义是十分重大的。

（三）关于违宪责任之非

同样有意思的是，违宪责任或者宪法责任也是耳熟能详的术语，但笔者未见国内有工具书将它们列为词条予以解释，而对此进行论述的学术文章也并不多见。虽然有著作对违宪责任的概念作出论述，[①] 但笔者更倾向于同意这样一种观点，即 "相对于刑事责任、民事责任和行政责任而言，宪法责任具有更大的不确定性"。[②] 而现实和完整的宪法责任或违宪责任概念的出现，是以健全的违宪审查制度为前提的。但我国的宪法和法律均未建立起基本的违宪审查制度，所以也谈不上什么违宪责任或宪法责任。

违宪责任虽然有很大的不确定性，但这不影响对它的基本认识。与政治行为一样，宪法行为的要求也高于法律行为。任何违反法律的行为当然也是违反宪法义务的行为。相对于具体的法律责任而言，违宪责任也是矛盾的普遍性，而法律责任才是矛盾的特殊性，因为在我国，法律是宪法的具体化。虽然不能笼统地将宪法称为政治法，但违宪责任主要也是向议会和民众承担，它的不少承担方式如被弹劾、罢免、不信任投票等，很难说能与政治责任截然分开，实际上也可以说这些是政治责任的承担方式。因而对违宪责任的追究几乎与对政治责任的追究一样复杂和困难。

---

① 参见周叶中主编《宪法》，高等教育出版社、北京大学出版社，2000，第410页。在这部著作中，违宪责任 "是指国家机关及其工作人员、各政党、社会团体、企事业单位和公民的言论或行为违背宪法的原则、精神和具体内容因而必须承担相应的法律责任"。"它是一种政治上的、领导上的责任。" 这个解释有两点可以引起注意：第一，它实际是将违宪责任视为法律责任，或者至少是法律责任中的一种；第二，违宪责任是政治责任。这部著作紧接着又将违宪行为分为广义的违宪行为和狭义的违宪行为。那么，以此类推，违宪责任也应当是有广义的违宪责任和狭义违宪责任之分的。这实际又意味着，违宪责任很难有确定的内涵。

② 莫纪宏：《现代宪法的逻辑基础》，法律出版社，2001，第361页。违宪责任和宪法责任有一定的区别，严格意义上宪法责任的范畴应当大于违宪责任的范畴，但本文涉及的 "宪法责任" 与违宪责任含义是相同的，实指违宪责任。

　　为什么会将违法行政规范性文件的责任归于违宪责任呢？除了前文论述的在理论上将制定行政规范性文件的行为视为立法性行为的原因外，我国的立法实践中还存在一些问题，并且在理论和实践中人们又对立法问题产生了误解。根据《宪法》和《地方各级人民代表大会和地方各级人民政府组织法》的规定，各级人大常委会的一项重要职权是，撤销同级人民政府制定的行政规范性文件，包括行政法规、决定和命令；各级人民政府的一项重要职权是，改变或撤销同级政府部门以及下级人民政府的命令、指示和规章。对于各级人民政府有权改变或撤销本部门以及下级政府的规范性文件，完全可以说是基于行政机关内部统一领导的需要，属于内部执法管理问题。而规定行政规范性文件由同级人大常委会予以撤销，则不仅仅是一个执法问题了。它带来的一个直接误解是，行政规范性文件由同级人大常委会予以撤销，属于违宪审查问题，其责任属于违宪责任。① 有的观点甚至认为，"如行政诉讼法将抽象行政行为纳入司法审查范围，不仅作为基本法律的行政诉讼法本身与宪法相抵触，而且还将破坏宪法体制"。② 而行政诉讼法明确将抽象行政行为排除在人民法院的受案范围之外，就更使人认为对抽象行政行为的审查属于宪法问题或者政治问题，而非普通法院所能干涉了。王汉斌同志在七届全国人大二次会议上所作的关于行政诉讼法草案的说明，在一定程度上也表明了这一含义。他说，确定行政案件受理范围有三个原则，第一个原则是，为保障公民权益，适当扩大受案范围；第三个原则是，考虑到目前行政法还不完备，人民法院行政审判庭还不够健全等问题，对受案范围还不宜规定太宽；而第二个原则是，"正确处理审判权和行政权的关系，人民法院对行政案件应当依法进行审理，但不要对行政机关在法律、法规规定范围内的行政行为进行干预，不要代替行政机关行使行政权力，以保障行政机关依法有效地进行行政管理"。③ 那么，将抽象行政行为排除于受案范围之外，除了考虑到人民法院的审判能力有限外，是否有避免人民法院由于"代替行政机关行使行政权力"而影

---

① 当然，这里对于违宪审查也只能作广义的理解，因为究竟哪一级人大及其常委会有违宪审查权，在我国的宪法和法律中并没有明确规定，在理论研究中也存在很大的争议，因而是有待进一步论证的问题。

② 参见王成栋《政府责任论》，中国政法大学出版社，1999，第197页。

③ 参见于友民、乔晓阳主编《中华人民共和国现行法律及立法文件》，中国民主法制出版社，2002，第2735页以下。

响宪法体制的考虑呢?①

人大常委会当然有权审查和撤销违法行政规范性文件,但是,人大常委会对违法文件的审查和撤销并不意味着违法文件制定机关就应当承担违宪责任。违法审查不等于违宪审查。现在,只要涉及人大及其常委会对行政法规、地方性法规以及其他权力机关、行政机关规范性文件的审查和撤销,我们总习惯称之为违宪审查,将被审查行为的责任归为违宪责任。其实,严格意义上的违宪审查应当指宪法明确规定的有权机关对有关国家机关、武装力量、政党、社会团体、企事业组织和特定个人违反宪法行为的审查和追究责任。而对违反法律行为的审查就是违法审查,它与违宪审查是两码事。违宪审查是十分重大和严肃的事件,它应当限于靠违法审查不能解决的问题。笼统地将违法审查称为违宪审查,容易人为地将违法责任上升为违宪责任,使对一些违反法律行为的审查变得高不可攀。而实践中各级人大及其常委会对政府文件进行审查和撤销,实际上是一种对法律以下的规范的处理,因为根据《宪法》、《地方各级人民代表大会和地方各级人民政府组织法》和《立法法》等法律的规定,除了国务院有权直接根据宪法制定行政法规外,其他行政机关包括地方立法机关制定的一切规范性文件的直接依据都是法律以下的规范,人大常委会对所有行政规范性文件的审查根本不须动用宪法的力量,即使是对行政法规的审查也基本不例外。而且对行政规范性文件的审查撤销不限于违法情形,即使行政规范性文件不违法,人大常委会认为它不合理、不适当,也有权予以撤销,这种撤销就更不能说是违宪审查和违宪责任了。

三 违法行政规范性文件之责任追究体制

(一) 现行的责任追究体制尚可保留

根据我国《宪法》、《地方各级人民代表大会和地方各级人民政府组织法》和《选举法》等法律的规定,对行政机关及其工作人员制定违法行政

---

① 有的观点就从正面提出,不将抽象行政行为纳入行政诉讼受案范围的一个重要原因,是避免法院对行政行为的干预。参见罗豪才主编《中国司法审查制度》,北京大学出版社,1993,第47页。

规范性文件的行为，有两个追究途径。一是由权力机关追究。由权力机关对行政机关的规范性文件进行审查，是议会民主国家的一大特色，也是我国立法的一大特色。我国各级权力机关可以依法采取的追究违法行政规范性文件责任的方式，包括撤销文件和质询、罢免有关行政机关负责人等。二是由行政机关追究。行政机关对违法行政规范性文件的追究属于本系统的内部追究。各级行政机关可以依法采取的追究违法行政规范性文件责任的方式包括改变和撤销违法文件，任免和处分有关国家行政机关工作人员。行政机关对违法文件制定人员的最严厉的责任追究仅限于行政处分。根据《国家公务员暂行条例》的规定，这种行政处分主要包括警告、记过、记大过、降级、撤职和开除等。但是，这么多年的实践表明，宪法和法律规定的这两种追究途径并不十分成功，各级人大及其常委会对宪法和法律赋予的上述重大权力没有用足用好，而由行政机关对违法行政规范性文件实行自我责任追究的效果也并不尽如人意。所以，过于依赖由权力机关和行政机关对违法行政规范性文件进行监督并不现实。但是，宪法和法律的这种既有体制设计毕竟为追究违法行政规范性文件责任提供了一定保障，虽然没有完全发挥作用，但也未产生负面影响，因而尚可保留。

（二）确立以法院为主的责任追究体制

1. 确立法院追究的必要性

实践需要我们对违法行政规范性文件的责任追究制度进行重大改革，适时确立法院追究的制度。违法行政规范性文件应否由法院予以审查处理，直接关系到对违法文件的责任性质的认识，对于这一问题本文前面已经作了论述。而理论界对违法行政规范性文件是否具有可诉性虽然也存在一定程度的争论，但"反对者也并非真心反对，主要是担心'欲速则不达'"。[1] 对将抽象行政行为纳入法院受案范围的必要性和可行性，理论中的探讨已较深入。[2]

---

[1]　张步洪、王万华编著《行政诉讼法律解释与判例述评》，中国法制出版社，2000，第133页。

[2]　参见姬亚平《论人民法院对抽象行政行为的审查》，《行政法学研究》1993年第3期；高鸿《抽象行政行为可诉性研究》，《行政法学研究》1997年第3期；崔卓兰《行政规章可诉性之探讨》，《法学研究》1996年第1期；闫桂贞《抽象行政行为的可诉性研究》，《法律适用》2000年第3期；马怀德《行政诉讼范围研究》，载樊崇义主编《诉讼法学研究》第1卷，中国检察出版社，2002，第328页以下。

这里需要进一步说明的是以下几点内容。

（1）由权力机关追究违法行政规范性文件之责任不符合国家权力运行的规律

为什么这么多年由人大常委会审查和撤销违法行政规范性文件的效果不好呢？最重要的或者说根本性的原因是，完全由权力机关承担起追究违法行政规范性文件责任的任务，不符合国家权力运行的规律。从国外的做法和经验来看，对行政规范性文件的审查和处理基本是由法院而非议会来承担的。在英国、美国是由普通法院审理，在法国是由行政系统内部的行政法院审理，而在德国则是由司法系统内的行政法院审理。为什么行政规范性文件需要由法院而非议会审查处理呢？这主要是因为国家权力分工制约的需要，是因为保持国家权力体系平衡的需要。议会负责制定法律，但是，为了避免议会专横，法律制定后的执行情况就应当由与之平行的法院而非议会本身去判断。

当然，上述西方国家的权力平衡，其本质是三权分立下的权力平衡。在我国的人民代表大会制度下也同样存在一个权力平衡问题，"一府两院"之间的权力相互制约，相互监督，最后统一接受权力机关的领导和监督。在这个权力体系中，虽然现在，甚至在可以预期的将来，还没有也很难出现权力机关专横的局面。但是，一个基本的规律是，对"一府两院"之间彼此就可以处理好的问题，权力机关还是不宜过问，对属于权力机关权限范围的事，"一府两院"也不得干涉，否则就会导致国家权力运行的紊乱。以此为原则，正如本文的第二部分所述，在平行的行政机关与司法机关之间，对于行政机关执行法律的具体情况，科学的做法还是交由法院去判断处理。这是在人民代表大会制度下保持国家权力体系平衡与稳定所必需的。而权力机关位于二者之上，它的职责应当是"抓大放小"，进行宏观监督。反过来，由它对行政机关多如牛毛的规范性文件进行审查处理，就如同要求权力机关广泛地介入司法活动，实行所谓的"个案监督"一样，是勉为其难的，会将权力机关降至与"一府两院"平起平坐的地位。这不符合我国国家权力体系的架构。因为，"代议制议会的适当职能不是管理——这是完全不适合的——而是监督和控制政府：把政府的行为公开出来，迫使其对人们认为有问题的一切行为作出充分的说明和辩解；谴责那些该受责备的行为，并且，如果组成政府的人员滥用职权，或者履行责任的方式同国民的明显舆论相冲突，就将他们撤职，并明白地或事实上任命其后继人"。① "议会关于行政事项的本来职责，不是要用它的表决来做出决定，而是要注意使那些必须做出决定的人是能胜任的人。"② 密尔的这个论述也许并不完全符合人民代表大会制度下各级人大及其常委会统一行使国家权力的要求，但它表明的是，议会监督政府应当有自己独特的方式，比如可以通过要求政府对其行为向人民辩解、谴责政府或者人事任免等政治方式实施监督，而不能事无巨细，事必躬亲，对政府的行为作出一一检查，否则就有"管理"政府乃至"管理"法院之嫌了。

那么，议会是否可以对行政规范性文件进行审查处理呢？在实行议会民主的英国是可以的，但英国的做法基本不是一个成功的先例。在英国，对委任立法的监督主要来自议会和法院。其中，议会对委任立法享有当然的监督权，它可以采取多种形式进行监督。但是，实际上由于政党政治，议会处于内阁控制之下，很难对政府实施有效的监督。③ 所以，即使在英国，对委任立法及其他行政规范性文件的监督也主要是靠法院进行的。在议会审查方面，我国几乎也存在相同的情况，宪法和法律赋予权力机关的职权范围相当广泛，以致它对所有行政规范性文件都有权实施外部的审查处理。但与英国不同的是，我国宪法和法律并未同时赋予法院审查权。这就使得，对于政府的违法文件，权力机关实际上不处理，而法院又不能处理，最终损害的是公民权利和行政法治建设。

（2）对违法行政规范性文件责任之追究最宜以诉讼方式进行

除了前述在平衡的国家权力体系中，判断法律适用情况的职权应当由法院行使外，这里还要提出的是，对违法行政规范性文件的审查处理本身也最宜以诉讼方式进行（当然，这里只是以权力机关与法院之间的比较展开讨论，而不包括行政机关），而有关诉讼事宜显然由法院处理是最为合适的。

第一，由于违法行政规范性文件直接损害的是行政相对人的权利，常常只有行政相对人才能成为对违法文件制定主体最积极的控诉者，有关原告与被告之间的法律纠纷显然由专事诉讼的法院通过诉讼途径解决最为合适。

第二，在受案范围方面，法院对案件的受理是事无巨细的，而权力机

---

① 〔英〕J. S. 密尔：《代议制政府》，汪瑄译，商务印书馆，1997，第80页。
② 〔英〕J. S. 密尔：《代议制政府》，汪瑄译，商务印书馆，1997，第74页。
③ 参见王名扬《英国行政法》，中国政法大学出版社，1997，第119页。

关则不一样。权力机关没有精力也没有过多的专业力量去对众多的行政规范性文件进行审查判断。它也处理问题，但它所处理的应当是重大问题，这个重大问题就包含了法院无力通过诉讼方式处理和不适宜由法院处理的宪法的或是政治的问题。

第三，对违法文件的处理方式最符合诉讼的特点，而权力机关处理问题的方式则与诉讼有很大差别。主要是：诉讼针对的都是十分专业化的问题，需要精干的专业化力量，而权力机关针对的是民意问题，注重代表性和广泛性，对于一份行政规范性文件是否违法显然更适宜由专业化力量而非代表性力量予以认定；权力机关的行动是集体审议和表决，诉讼由一个人或者几个人就可以作出判断，而一份行政规范性文件是否违法不是通过众多的代表人员进行集体表决就能作出正确判断的；既然反映的是民意，诉讼体现的是法院审判中的理性和相对的居中独立，而行政规范性文件是否违法的问题需要的显然是更为理性而非偏激的判断；权力机关的表决也是一种判断，但这种民意的、政治的判断是很难"反悔"的，它对一份行政规范性文件的合法性一旦作出错误判断，则相当被动，而诉讼则不是，它不仅有一审，还有二审和审判监督程序，这些程序为行政规范性文件合法性的权威判断提供了很好的保证。所以，对违法行政规范性文件的控告和处理显然适宜由诉讼解决。

第四，从纠纷解决的效率看，权力机关的会期间隔很长，运作程序复杂，要使它启动对一份违法文件的审查显然十分困难。[①] 并且，对违法行政规范性文件提出审查要求的一般都是行政相对人，而我国各级权力机关在实践中处理的基本上是横向的国家政权机关提出的动议，由被管理的行政相对人提出动议并被列为权力机关议程予以解决的，在笔者这里确是闻所未闻。而与此相反，由法院以诉讼的方式来解决行政相对人对行政主体的起诉，在效率方面则是权力机关所不可比的。

（3）由法院审查的条件已经成熟

现在，鉴于违法行政规范文件的严重危害性，各个方面在不断地呼吁

[①] 《立法法》虽然规定了公民个人、企业事业单位和社会团体等组织可以对违法的行政法规、地方性法规向全国人大常委会提出书面审查建议，以期启动违法审查程序，但两年多的实践证明，这种违法审查的启动是困难的，程序是相当复杂的，以致至今未有一起建议能够付诸实现。

修改《行政诉讼法》，将行政规范性文件纳入诉讼轨道，由人民法院予以审查和裁决。① 而经过十多年的行政审判实践，法院已经积累了审查和处理违法行政规范性文件的经验和力量，修改《行政诉讼法》、扩大受案范围不仅是行政法治的需要，也具备了现实基础。特别是在中国加入世贸组织后，为落实我国承诺的司法审查范围，行政规范性文件必然属于司法审查对象。所以，设计这样一种制度，即在维持现行法律有关权力机关审查行政规范性文件规定的前提下，同时赋予人民法院对违法行政规范性文件的审查和处理权，是必要和可行的。

　　2. 法院审查的范围

　　(1) 法院和权力机关在审查范围上的分工

　　建立起法院对违法文件的审查制度，并不意味着所有行政规范性文件的审查处理权都专属于法院。在人民代表大会制度下，权力机关虽然不能直接干预行政机关的具体事务，但是，权力机关与行政机关之间的权力界限并不是绝对的，它应当保留随时用以控制行政机关的权力。但问题是，按照宪法和法律的规定，对任何一份行政规范性文件，权力机关都有权予以审查，包括合法性审查和合理性审查。如果确立法院对行政规范性文件的审查权，就会出现法院和权力机关审查权重合的问题。而一旦两个机关对同一文件都有权予以审查，就难免会出现审查结果不一致的情形。在人民代表大会制度下，得出的结论是，法院应当服从权力机关的审查结论，但这同时又会损害司法机关的权威。所以，科学处理法院和权力机关在审查范围上的分工问题就相当重要。

　　这里需要着重介绍的是英国议会和法院与我国在对违法行政规范性文件审查范围方面的区别，这对我国来说，也许有借鉴意义。需要说明的是，前文述及英国议会对委任立法监督的不成功，所表明的含义是，议会有权对委任立法进行合法性审查处理，但实际上，议会并未将这种合法性审查的工作承担起来，其基本是由法院承担的。在英国，虽然议会和法院对于委任立法都有权实施监督，但是，二者在监督的范围方面是有重大区别的。其中，议会审查的范围主要涉及的是委任立法的"政策和妥当性"；

----

① 比如，2002 年 3 月 3 日的《法制日报》以整版的篇幅组织各方面的专家讨论修改行政诉讼法。其中，一个重要的修改建议，就是将抽象行政行为纳入普通法院司法审查的范围。而这一问题也是九届全国人大五次会议上代表们提出的一个重要建议。

而法院审查涉及的是合法性，它的依据是越权原则，即行政机关制定的法规是否在法律授权的范围以内。这包括两方面的含义，一是实质越权；二是程序越权。① 对议会审查与法院审查的这一区别，狄勃洛克在1918年有过论述："依我看，那种认为不必对中央政府官员们的行为和部门的行为进行司法复审，因为他们依他们的职能是对议会负责的，是一种不能令人信服的说法。就效率和政策而言，他们是对议会负责，就此而论，议会是唯一的法官，但就他们的行为的合法性而言，他们对法院负责，就此而论，法院是唯一的法官。"② 因而，在英国，法院虽然承认内阁对议会负责的重要性，但这并不意味着议会就能够代替法院对内阁行为行使司法审查权。议会的这种审查实际上是一种政策性的、民意的或者政治性的审查。

　　所以，本文认为，在权力机关和法院对违法行政规范性文件的审查方面可以借鉴英国的体制设计，即权力机关的审查实际基本限于对合理性、可行性和适当性的审查，而对行政规范性文件的合法性审查则交由法院处理。但是，宪法和法律规定的权力机关对行政规范性文件的审查撤销权可以继续保留，而在修改《行政诉讼法》时，可以直接赋予法院对违法行政规范性文件的审查权。这样，权力机关对行政规范性文件的合法性仍然可以直接审查，但一般又不直接审查，因为这一审查权实际上已交由法院行使。权力机关的审查权就成为一种备用的引而不发的权力，在通常情况下，它只通过对法院的监督来检验行政机关依法行政的落实情况。因为"人民议会应该控制什么是一回事，而它应该自己做什么则是另一回事。……只有它能做好的工作它才应当承担起来。至于其他的工作，它的正当职责不是去做该项工作，而是设法让别人把该项工作做好"。③ 这样的设计既符合人民代表大会制度，又符合国家权力运行的基本规律。各级权力机关对行政规范性文件合理性的审查应当着眼于对文件制定主体政治责任的追究。而违法行政规范性文件在经过法院审查，并决定其制定主体承担相应的法律责任后，权力机关对其仍然可以追究政治责任。但是，国务院依据宪法而非法律制定的行政法规，则只能由全国人大常委会进行合宪性审查。对此将在下文述及。

---

① 参见王名扬《英国行政法》，中国政法大学出版社，1997，第117页以下。
② 〔英〕威廉·韦德：《行政法》，徐炳等译，中国大百科全书出版社，1997，第34页以下。
③ 〔英〕J. S. 密尔：《代议制政府》，汪瑄译，商务印书馆，1997，第70页。

（2）法院自身对行政规范性文件审查的范围

将规章以下的行政规范性文件纳入司法审查的范围是没有疑问的。但是，将规章和行政法规纳入法院审查范围的条件还不成熟。有人觉得对规章和行政法规的审查是影响重大的问题，法院不足以承担该项职责，但这种谨慎是不必的。将规章纳入司法审查的范围也不应当成为问题，对此已有学者进行过论证。① 现在的问题是，能否再往前进一步，将行政法规也纳入法院审查的范围。本文认为，由法院审查行政法规同样是必要和可行的。这在理论上并不成问题。存在的障碍其实主要来自以下几个方面。一是认为行政法规的位阶仅次于法律，行政法规的制定程序比较严格规范，违反法律的情况比较少，可以不由法院审查。但尽管如此，谁也不能排除行政法规违法的可能性包括现实性。② 二是认为由法院对行政法规进行审查，容易损害最高行政机关的权威。这其实是一种国家本位和权力本位思想的体现。最高行政机关的权威只有通过严格的依法行政才能体现出来。由法院审查行政法规非但不会损害最高行政机关的权威，相反，赋予法院审查权，对过于强大的行政权是一种有力的约束；而法院对行政法规违法因素的及时纠正，则会进一步维护和增强其制定主体的权威。三是认为行政法规本身就是法院判案的根据，法院无权对其进行审查。但在我国的宪法体制下，法院判案的最终根据是法律而非其他，行政法规一方面是判案根据，另一方面还须接受合法性审查。对此下文还要述及。四是认为法院不具备对行政法规进行审查的能力。但在实践中，法院最日常和普遍适用的就是法律，我们都相信法院具有理解、判断和适用法律的能力，决定公民生死的重大法律判断都全权委托于法院，为什么对它审查和判断下一位阶的行政法规的能力反倒不相信了呢？难道作为保障广大公民权利的手段的行政权本身比公民的权利还重要？

法院对行政法规的合法性进行审查时还要注意两点。一是法院不要越

---

① 参见崔卓兰《行政规章可诉性之探讨》，《法学研究》1996 年第 1 期。

② 不久前国务院通过的《关于修改〈住房公积金管理条例〉的决定》就规定"对挪用或者批准挪用住房公积金的人民政府负责人和政府有关部门负责人以及住房公积金管理中心负有责任的主管人员和其他直接责任人员，依照刑法关于挪用公款罪或其罪的规定，依法追究刑事责任"。该行政法规实际是对刑法有关挪用公款罪的构成要件作出了规定，这显然违反了《立法法》有关犯罪与刑罚的事项只能由全国人大常委会制定法律予以规定的规定。

权，即只能依据法律而不能依据宪法进行审查。根据《宪法》第89条的规定，国务院有权根据宪法制定行政法规，而《立法法》则进一步规定，行政法规的权限除了包括为执行法律的规定制定行政法规的事项外，还包括《宪法》第89条规定的国务院行政管理职权的事项。这实际意味着，行政法规可以在没有法律规定的前提下，直接依据宪法对某些事项作出规定。比如，国务院关于新闻出版、宗教自由以及社团管理等方面的行政法规，全国人大及其常委会没有制定相关上位法律，所以对这些法规的审查只能限于合宪性审查，人民法院则无权行使审查权。因为《宪法》第126条规定"人民法院依照法律规定独立行使审判权"。这个规定非常明确地排除了人民法院依照宪法审判案件的职权。二是法院要从实际出发，处理好法院的管辖权问题。这一问题将在下文论及。

3. 法院对违法行政规范性文件的管辖

在我国层级繁多的行政管理体制下，特别是在司法体制改革不深入、司法体制行政化难以彻底改变的情形下（预计即使对司法体制进行比较深入的改革，要改革其中行政等级的因素也是极其困难的），如何处理违法行政规范性文件的法院管辖问题，是十分重要和敏感的。在《立法法》的制定过程中，在讨论部门和地方政府规章的法律地位时，有的同志就提出，如果不确立规章的法律地位，特别是不确立规章作为法院审判的依据，就会导致一个县级法院的法官可以随意否决省长、市长的命令，其后果将是破坏国家政令的统一和法制的统一，损害行政机关的权威。

法国的经验和做法是，对于行政规范性文件的审理，不同级别的行政法院具有不同的初审管辖权。其中，有关撤销总统和部长会议命令（包括普遍性的条例和具体性的处理在内）的诉讼，以及撤销部长制定的行政条例的诉讼，就只能由最高行政法院进行初审管辖。而部长制定的条例产生的损害赔偿之诉的初审管辖权，则属于地方行政法庭。① 因而本文认为，对违法行政规范性文件的司法审查可以在借鉴法国相关做法的基础上，确立严格的级别管辖原则，规定对行政机关违法行政规范性文件的审查由同一级法院管辖。这样，可能会在一定程度上影响诉讼效率，增加当事人的诉讼负担，但由于行政规范性文件的影响大、影响范围广，故而由同级法院审查是必要

---

① 参见王名扬《法国行政法》，中国政法大学出版社，1997，第615页。

的。同时，提高法院的审级也能调动当事人的诉讼积极性。

在确定级别管辖原则的同时，还要确定法院内部对违法行政规范性文件的职能管辖。在英、美、法、德等国家，法院在总体上负责对行政规范性文件进行审查和处理的同时，在内部的职能管辖上又存在不同的分工。其中，行政法院的审理范围限于对文件合法性的判断以及由此带来的行政侵权责任问题。而违法文件涉及民事责任和刑事责任时，则由普通法院审理。在法国，存在行政法院和普通法院管辖的划分，行政法院管辖的只是行政案件中一般的违法行为，而当行政行为不需要法官作精细判断和分析就显而易见地严重违法时，则由普通法院管辖。在涉及民事责任时，民事法院无权判断行政条例的合法性，必须以行政法院的裁决作为审判的前提。只有在防止暴力行为发生的限度内，根据保护个人自由和财产的原则，民事法院才可以对行政条例是否合法作出判断。而当涉及刑事责任的承担时，为了社会的安全和被告人的利益，以及迅速解决刑事案件，刑事法院有权先于行政法院对行政条例的合法性作出判断。① 而在德国，根据《基本法》第34条的规定，公务员在制定文件过程中有故意违法或重大过失时，对其民事责任或刑事责任的追究，不排除由普通法院进行。可见，违法行政规范性文件可能带来不同的法律责任，而不同的责任是由不同的法院来管辖的，因此，根据违法文件的责任性质来确定不同的法院系统内部的职能管辖，就十分必要。

上述问题在我国也同样存在，有些违法行政规范性文件的诉讼不仅涉及文件本身的合法性审查问题，还涉及由违法文件引起的民事责任以及刑事责任问题。认真研究我国的实际情况，借鉴国外的经验，科学设定法院内部的行政、民事和刑事审判职能部门在受理违法行政规范性文件中的界限和衔接方式是很重要的。

4. 法院处理与其他机关处理的衔接问题

这包括两方面的问题。一方面，赋予法院对违法行政规范性文件的审查权，实际就造成权力机关、行政机关和审判机关都有权对行政规范性文件进行审查的局面，在涉及刑事犯罪时，还需要检察机关的介入，那么一旦出现这些机构对同一文件的合法性问题认识不一致的情况，怎么办？笔

---

① 参见王名扬《法国行政法》，中国政法大学出版社，1997，第586页以下。

者认为，处理这一问题总的原则应当是：如果行政机关承认文件违法并已经撤销的，应当尊重行政机关的内部决定；如果有权撤销文件的行政机关认为文件不违法而法院认为文件违法的，行政机关应当服从法院的审查决定，因为法院是裁判机构。权力机关虽然一般不对行政规范性文件的违法性进行审查，但一旦它进行审查并且与法院的意见不一致时，法院则应当服从权力机关的决定。而当涉及有关法律解释的问题时，各方均需依法服从全国人大常委会的解释。另一方面，在对同一问题进行处理时，不同机关之间要做好处理程序的衔接。比如，某机关制定违法文件而造成国家和人民财产的重大损失，对直接责任人员应当依法追究刑事责任，这时，该违法文件可以由权力机关予以撤销，也可以由法院审查后予以撤销。而为提高司法效率，该违法文件可以直接由法院内部的刑事审判机构予以审查撤销。然后，由权力机关依法罢免直接责任人员的公职，再由检察机关向法院提起公诉。

四　违法行政规范性文件之责任构成

制定违法行政规范性文件的行为在性质上与具体的行政行为没有区别，因而在承担责任时，它的责任构成要件也与具体的行政侵权责任基本相同。但是，在一些具体方面，违法行政规范性文件的责任构成又有自身的特点。

（一）行政规范性文件的违法性问题

确定违法行政规范性文件的责任，有一个前提性条件，即这个行政规范性文件必须具有违法的因素。那么，什么样的行政规范性文件算违法？违法到什么样的程度就会承担相应的责任呢？这就需要探讨有关判断标准即违法的标准问题。

根据宪法和有关法律的规定，不同的机关判断行政规范性文件是否违法可以有不同的标准。在权力机关方面，根据宪法的规定，全国人大有权监督宪法的实施，国务院的行政法规、决定和命令违反宪法，全国人大有权撤销。因此，全国人大确定国务院的行政规范性文件是否合法的标准是其是否符合宪法。全国人大常委会有权监督宪法的实施，撤销国务院制定的同宪法、法律相抵触的行政法规、决定和命令。因此，全国人大常委会确定国务院行政规范性文件是否合法的标准是其是否符合宪法和法律。根据《地方各级人民代表大会和地方各级人民政府组织法》的规定，地方各级人大及其常委会在本行政区域内保证宪法、法律、行政法规和上级人大及其常委会决议的遵守和执行，有权撤销本级人民政府的不适当的决定和命令。因此，地方各级人大及其常委会判断本级政府文件是否合法的标准是，文件是否符合宪法、法律、行政法规和上级权力机关的决议。在行政机关方面，根据《宪法》和《地方各级人民代表大会和地方各级人民政府组织法》的规定，行政机关是权力机关的执行机关，行政机关内部实行首长负责制，上下级之间是领导与被领导的关系，各级人民政府都有权撤销本级政府各部门以及下级政府的不适当的命令、指示和规章。因此，行政机关判断本系统内部行政规范性文件的标准并不确定，行政机关只要认为行政规范性文件不适当，都可以撤销。

法院衡量行政规范性文件是否具有合法性的唯一标准应当是其是否违反全国人大及其常委会制定的法律。首先，确立这一标准是宪法的要求。根据《宪法》第126条的规定，各级法院行使审判权的依据是"法律"而不是其他。人民法院无权直接适用宪法审理案件。时下人们讨论的一个热点问题就是所谓宪法司法化，一种代表性的观点主张人民法院可以直接引用宪法判案，殊不知这本身就是公然违背宪法规定的主张，所以宪法不是司法机关判断行政规范性文件合法性的依据。其次，这一标准也是我国司法体制的要求。我国司法体制和行政体制的一个重要区别是，司法机关上下级之间不是领导与被领导的关系，因而在审判活动中，法律规范位阶越高效力越大，所以法院审判的根本标准是国家法律。虽然《行政诉讼法》规定，行政法规、地方性法规、自治条例和单行条例都可以作为审判依据，但这有一个前提，即它们都不得违反法律。在人民代表大会制度下，任何违法行政规范性文件，法院都有权予以审查和撤销。但是，对于地方性法规等权力机关的决议，法院无权审查撤销，一旦发现其中有违法的因素，只能依法通过权力机关自身的渠道，请求其撤销。最后，确立这一标准的好处是，使所有的行政机关在制定文件时，要以上位阶规范性文件为依据，但根本的是要以国家法律为依据，避免法出多门，维护国家法制统一。

行政规范性文件违法包括实体的违法和程序的违法，但目前为止，

《立法法》和国务院有关行政法规只对行政法规和规章的制定程序作出规定。对规章以下各类行政规范性文件的制定程序作出统一规定，还是一个有待立法予以解决的问题。我国至今还没有一部比较完整的行政程序法。这种情况使得从制定程序的违法性方面来确定违法行政规范性文件的责任具有很大困难。所以，现实地看，对行政规范性文件的违法判断只能主要限于实体的违法。主要包括三种情况。一是行政规范性文件直接违反法律。比如，《担保法》规定，国家机关不得作担保人，而福州市政府制定的红头文件却要求财政机关作担保人，就是典型的直接违反法律。二是行政规范性文件的法律依据违反法律。比如，行政机关应当依据这部法律制定规范性文件，结果却依据另一部法律；依据有关直接违背法律的上位阶法规、规章制定文件；依据已经失去效力的法律制定规范性文件。三是超越法律规定的权限制定规范性文件。比如，行政法规对全国人大及其常委会专属立法权限的事项作出规定，规章以下的规范文件违背《行政处罚法》的规定，超越权限设定处罚的种类和幅度。

（二）违法执行职务和影响相对人

需要对违法行政规范性文件承担责任的第二个前提条件是，制定该文件的行为必须是违法执行职务的行为。实际上，所有违法行政规范性文件的制定都是制定主体对其法定职务的违反，因为法律不可能赋权行政官员制定触犯法律本身的文件，而参与制定文件的人员有义务遵守上位阶的法律规范，而只能制定合法的规范。所以，在德国，在实行首长负责制的情况下，一个行政官员比如部长发布法规命令，其职务责任是清楚的。在不实行首长负责制的情况下，一个组织比如乡镇代表大会制定一个规章，无须指明直接公务人员的姓名，只要有一般的证据表明该组织以多数方式通过了特定规则，就足够表明每一个公务人员的职务责任，即使实行秘密表决，对这种职务责任也没有影响。①

此外，违法行政规范性文件还必须是指向行政相对人的。实际上，行政规范性文件的指向有两种：一是直接指向相对人；二是不指向相对人，

---

① 参见〔德〕哈特穆特·毛雷尔《行政法学总论》，高家伟译，法律出版社，2000，第648页以下。

比如该文件属于行政机关的内部规则。通常来说，要求对违法行政规范性文件承担责任特别是承担赔偿责任，则该文件必须是针对行政相对人的。比如在德国，对违法行政规范性文件承担责任的一个重要条件是，违法的行政规范性文件主要是针对第三人（行政相对人）权利的，因为法规命令和规章应当遵守保护个人权利的法律规定。[①]

（三）损害事实和因果关系

在国外的一些行政法理论看来，纯粹的违法行政规范性文件不会造成现实损害，因而也不会产生责任，它必须在具体的执行过程中形成损害事实才产生责任问题，并且损害事实和违法文件之间必须有因果关系。这也是西方国家实行行政赔偿的普遍原则。损害事实与违法文件之间必须有因果关系自不待言，问题是对损害事实需要进行准确认定。在法国，要求行政主体承担赔偿责任的一个前提是，行政行为导致的损害必须是已经发生的、确实存在的损害；必须是特定的损害，即为一个人或少数人所承受；必须是异常的损害，即超过公务活动对公共生活所带来的正常负担；必须是对为法律所保护的利益的损害。[②] 其中需要强调的是，违法文件带来的损害事实必须具有特定性，如果带来的是普遍性和抽象性的损害，这种违法的责任就不得予以追究。在美国的行政赔偿责任理论看来，如果损害的范围很广，包括全体公民在内，没有一个人比其他人受到更多的损害，大家受到的损害均等，这就成为一种不能分化的抽象的损害。任何人对抽象的损害都不具有起诉资格。[③] 而法国的行政责任理论则认为，在普遍性的损害中，没有人由于行政活动而比其他人遭受更多的损失，因而根据公平负担的平等原则，不发生损害赔偿问题。[④]

实际上，违法行政规范性文件制定后将出现两种情况。第一种情况是违法文件在适用中对行政相对人直接造成了损害。对行政相对人直接造成损害，不仅文件的制定者，还包括行政主体或者国家都应当承担相应的法

---

① 参见〔德〕哈特穆特·毛雷尔《行政法学总论》，高家伟译，法律出版社，2000，第648页以下。
② 参见王名扬《法国行政法》，中国政法大学出版社，1997，第717页。
③ 参见王名扬《法国行政法》，中国政法大学出版社，1997，第631页。
④ 参见王名扬《法国行政法》，中国政法大学出版社，1997，第717页。

律责任。而对违法文件的损害事实应当从两个方面理解，一是积极的损害，即对违法文件的积极执行带来的损害。二是消极的损害。如违法文件对公民或者组织的权利作出禁止性规定而不须直接执行带来的损害，就属于此类。如何界定这两类损害的国家赔偿和文件制定主体的责任，都是需要认真研究的问题。第二种情况是违法行政规范性文件不直接针对相对人，或者即便针对相对人但还未适用，没有对相对人造成具体的损害。这种损害常常是破坏国家行政体制的正常运转，影响社会对行政机关的积极评价。对这种情况一般只应当由制定该文件的行政官员承担一定的行政法律责任或者政治责任。

（四）过错问题

1. 公务过错

行政规范性文件违法的主观原因是过错因素。这种过错包括公务过错和公务员本人过错。公务过错的责任应当由行政主体承担，而公务员本人过错的责任应当由其个人承担。那么，什么是公务过错呢？按照法国行政法的理论，它是指公务活动欠缺正常的标准，这种过错来源于行政人员，但不能归责于行政人员。其中，所谓正常的标准是指任何公务都应当达到的某种中等水平，低于这个水平就是具有公务过错。公务过错源于行政人员但不要求指出过错人的姓名。公务过错表现为公务实施不良、不执行公务以及延迟实施公务。[①] 所以，在法国等国家，行政机关一旦因为公务过错而制定违法的文件，那么，具体责任则是由行政机关本身而非公务员本人承担。

而在德国，行政机关制定违法文件，没有明确的公务过错和公务员本人过错的划分。根据《基本法》第 34 条和《德国民法典》第 839 条的规定，公务员制定违法文件的责任被称为职务责任，这一责任首先应当由公务员承担，但可以由国家代替，所以又被称为代位责任。职务责任是过错责任。是否具备执行职务通常所需的知识和能力是衡量公务员是否具有过错的标准。只要有证据证明其实施违法行为时的客观注意没有达到必要的认真水平就足以说明其有过错。直接责任公务人员的姓名无须指明，因为

---

① 参见王名扬《法国行政法》，中国政法大学出版社，1997，第 722 页以下。

这通常是不可能的。而公务员也不得以缺乏法律知识为由规避过错责任。对于本来可以避免的缺漏或者编辑上的漏洞，最后决议案之前的未经充分决议的修改、不认真的草案等，都可能构成过错理由。而法规命令和规章的法律条件应当更加严格，客观事实应当更加具体，据此认真的程度应当更高。①在20世纪七八十年代德国国家赔偿法的起草过程中，对于国家赔偿责任是否应当取决于国家及其工作人员的过错，曾经是争议的焦点所在。学理上则普遍赞成单纯以违法性而不以是否有过错作为赔偿责任的前提。② 这一理论实际上意味着，只要行政规范性文件违法，不管行政主体是否具有过错，国家都应当承担相应责任。

2. 公务员本人过错

公务员个人对于违法文件承担责任的主观条件，是公务员本人在文件制定中有过错。那么这种过错是什么呢？按照法国的行政法理论，公务员的本人过错是指可以和行政职务分离的过错。如果产生的损害事实可以和行政职务分离，它就不属于公务活动，而构成公务员本人的过错，由其本人负责。在法国，根据行政法院和权限争议法庭的判例，公务员本人的过错有三种情况。一是公务员在执行职务以外的过错以及与执行职务无关的过错。二是公务员的故意行为。如公务员在执行职务时进行打击报复或为自己的利益假公济私。公务员故意的行为有时不符合法律规定，但若其仍然是为公共利益着想，由此而产生的损害则是和职务不可分离的公务过失。这种情况可能发生在权力滥用的时候。权力滥用是指行使权力不符合法律所规定的目的，但仍然可能是为了公共利益，而不是为了私人利益，这不构成公务员的本人过错。三是重过错。公务员在执行职务时所犯过错，如果不是出于故意，一般属于公务过错。只在极少数的情况下，公务员表现出极度粗暴和疏忽时，才产生本人过错。重过错从理论上说，可以适用于事实行为，也可以适用于法律行为。但行政法院判例适用重过错的情况，限于事实行为。适用于法律行为的重过错在判例中没有出现。③

---

① 参见〔德〕哈特穆特·毛雷尔《行政法学总论》，高家伟译，法律出版社，2000，第619页以下。

② 参见〔德〕哈特穆特·毛雷尔《行政法学总论》，高家伟译，法律出版社，2000，第800页。

③ 参见王名扬《法国行政法》，中国政法大学出版社，1997，第746页以下。

而在美国，因享有特免权而制定违法公共政策的政府职员，必须证明以下几项内容，方可免除诉讼和责任追究：一是证明其具有某种地位；二是证明其行为在该职务需要的范围以内；三是证明其没有某种特定的意图（恶意），或者证明他不知道可能会产生损害。①

3. 笔者的取舍

将制定违法文件的主观过错分为公务过错和公务员本人过错，并将此作为行政主体及公务员承担责任的重要基础，固然是无可厚非的。但笔者认为，对于公务过错和公务员本人过错的划分在我国实践中的引用似应持谨慎态度。因为所谓公务过错和公务员本人过错并不存在一个确定的标准。公务过错实际强调的是执行职务的技术水平，公务员制定文件没有达到中等水平，即可以归于公务过错，由行政机关负责。而公务员本人过错强调的是公务员是否怀有主观恶意，只要不能证明公务员怀有具体的主观恶意，假借制定普遍性文件之名而去侵害特定的相对人，常常就不能让公务员本人承担责任。这样可能出现的情况就是，一些行政机关以及公务员为增进本部门、本单位的利益，增加个人的政绩，而假借公共利益之名制定违法文件来侵害公民和其他组织的利益（比如，一级政府及其部门擅自发布乱收费、乱罚款的违法文件，其表面上可以解释为出于加强基础设施建设、提高政府服务水平等公共目的，但其潜在的宗旨可能是增进本部门福利，提高政府负责人个人政绩）。一旦出现违法后果，其责任则由行政机关承担，或者行政机关根本不予承担，更不涉及文件制定者个人承担责任。

而更重要的是，公务过错和公务员本人过错的划分，实际上存在几个背景假设。第一，在一个完全或基本实现法治的社会中，官员都是通过严格的公意选举和考核的，那些不懂法、能力很差、责任心不强的人几乎不可能通过选举或任命而居于行政决策者的位置，并组成一级政府。② 第二，政府官员特别是通过民选产生的政务官，需要十分注意公众信誉，他们的

---

① 参见王名扬《美国行政法》下册，中国政法大学出版社，1997，第792页以下。

② 为此，笔者年初曾专门去请教86岁高龄的王名扬老先生。问：在英国，假如部长发布了违法条例，如果部长本人没有主观过错，是否可以不负责？答：是的。问：如果部长不懂法、水平低，制定了违法文件，也可以不负责吗？笑答：当然不负责，嫌我水平低，谁让你选我当部长呢？

命运实际决定于公众而非上级，所以在严格的公务执行中特别是政策制定过程中，很难违法加进个人利益，很难以牺牲公共利益为代价去谋取个人利益或者集团利益。第三，在健全自足的权力监督体制下，在行政程序法定化下，一份违法的行政规范性文件从制定出台到具体执行都要经过严格的程序，一旦行政机关发布违法的文件，这一文件在被执行之前实际上很快就会面临行政相对人控诉并被相关监督机关撤销的处境，制定违法文件的行政主体很快就会面临各种来自司法机关、立法机关以及社会的压力。所以在这样的背景下，用公务过错和公务员本人过错的标准就基本能够界定违法文件的责任承担主体了。而我国的情况不太一样，如果在违法文件的责任承担上适用上述公务过错和公务员本人过错原则，实际上就意味着一个行政机关因发布违法文件而造成的损害全部由该机关承担，而很难让文件的具体制定者去承担责任。

笔者认为，应当从我国的实际情况出发，借鉴德国的有关理论，以纯粹的客观违法性作为违法行政规范性文件承担责任的要件，即只要文件违法，文件制定者就应当负责。因为，这种违法就是由制定者的主观故意或者过失造成的。

五　违法行政规范性文件承担责任之范围

（一）责任范围的排除①

行政机关的规范性文件对公民造成了损害，应当承担责任，但是，这存在一些例外的情况，主要是基于以下原则。①主权豁免原则。即国家以主权豁免为理由拒绝承担行政侵权责任。"因为国家是主权者，主权的特征是对一切人无条件地发布命令，没有国会通过法律所表示的同意，不能要求国家负担赔偿责任，否则取消了国家主权。而且公民由于国家的行政活动而受到利益，承担行政上的损害，是享受利益的代价，不能追问国家的责任。"② 当然，随着各国行政侵权责任立法的不断健全和完善，主权豁

---

① 这里所说的责任主要指国家赔偿责任，当然也不排除公务员本人应负的责任。
② 参见王名扬《法国行政法》，中国政法大学出版社，1997，第710页。

免理论也逐步被抛弃。②宪法分权原则。根据宪法确立的分权原则，出于政治及公共利益方面的考虑，政府为行使一些特殊权力而制定的规范性文件，普通法院无权对其合法性予以审查并作出责任判定。③财政制约原则。政府制定的规范性文件虽然对公民造成损害，但是，基于国家财政预算的限制，国家不可能对所有的损害都支付足够的赔偿费用。④公平负担原则。有些行政规范性文件虽然造成了损害，但这种损害是普遍性的，没有人比他人受到更多的损害，所以都不予赔偿。①⑤公务员个人民事责任豁免原则。违法的行政规范性文件虽然都是由公务员个人具体制定的，但由于个人财力的有限性，对于违法文件带来的损害，公务员个人一般应当免除民事责任。

（二）一些西方国家的责任范围

在一些西方国家，对于行政机关制定违法规范性文件在什么样的范围内必须负赔偿责任，规定和做法并不相同。有的国家还没有建立起对违法行政规范性文件造成的损害进行赔偿的制度。比如，在日本，对于行政立法行为应否负国家赔偿责任，在理论上还是一个存在争议的问题。② 有的国家虽然在立法上没有建立起完整的制度，但在理论和实践中都有很大推进。比如，在德国，对有关职务责任是否包括行政机关立法性行为的问题，虽然存在争论，但理论界更多的声音是赞成进行这类赔偿。③ 并且，德国在实践中也迈出了重要一步。目前，联邦最高法院已经肯定了部分违法行政规范性文件应负国家赔偿责任。比如属于规章性质的违法具体建设计划就应负赔偿责任。④ 另外，联邦最高法院认为违宪的措施立法和个案立法有可能产生赔偿责任，但否定了违法法律规范（正式法律、法规命令）的赔偿责任。这一问题在学理上存在争论，但可以肯定的是，职务责

---

① 参见王名扬《法国行政法》，中国政法大学出版社，1997，第717页。
② 参见杨建顺《日本行政法通论》，中国法制出版社，1998，第356页以下。
③ 于安编著《德国行政法》，清华大学出版社，1999，第190页。
④ 参见〔德〕哈特穆特·毛雷尔《行政法学总论》，高家伟译，法律出版社，2000，第647页以下。在德国，联邦法律由联邦议会制定，州法律由州议会制定。法规命令由联邦和州行政机关包括政府、部长制定。规章则由公法人制定。公法人要么属于国家，要么属于邦。它主要是指乡镇和县，还包括大学、工业和商业协会、医师协会、社会保险机构等。参见本注书第57页以下。

任在行政立法领域可以适用。① 在 1982 年被联邦宪法法院否决的国家赔偿法中，只有正式法律被排除于国家赔偿责任外，而法规命令和规章则属于该法规定的公共权利范畴，在违法的情况下可能产生损害赔偿请求权。② 在美国，存在联邦政府和地方政府的责任区别。其中，联邦政府对立法行为不负赔偿责任。因为法律表现国会的决策，而法院对国会的决策是否正确无权过问。行政机关根据国会授权制定的行政法规，具有和法律相同的效力，其制定过程在性质上和立法行为相同，因此，行政人员在其执行委任立法行为的限度内，享有议员所享有的立法特免。行政机关执行委任立法的程序违法，即使产生损害的结果，补救的方式是采取适当的司法审查方式，而不能要求行使委任立法权力的人员负赔偿责任。但法院对违宪的法律或无效的法规不追问赔偿责任，不表示法院对这项行为完全无管辖权，它只表示法院在联邦侵权赔偿法的范围内无管辖权，而不排除法院根据其他法律，对违宪的法律法规进行审查，并宣布其无效。③

但是，美国地方政府对其制定的法令、条例和遵守的习惯违反联邦宪法或法律时所产生的损害须负赔偿责任。地方政府对其所采取的政策侵害其他人的联邦权利负责。由于政策是自由裁量权的表现，所以地方政府行使自由裁量权的行为，是产生赔偿责任的直接原因。④ 从上述德国和美国的情况看，主要是地方或者基层政府制定违法行政规范性文件造成损害的，须负赔偿责任。

而法国的国家赔偿理论和司法实践则是相当发达的。随着传统的国家主权不负赔偿责任理论逐步被抛弃，国家的议会立法都会产生赔偿责任，行政机关的立法性行为则更不能例外了。"行政机关制定条例的行为，从实质上说，也常常是一种立法活动，但是它是行政机关的行为，适用行政行为的法律制度，包括赔偿责任在内。"⑤ 早在 1907 年行政法院所作出的一项裁决中，"国家责任适用于行政规章的程度丝毫也不亚于对个人行为

---

① 参见〔德〕哈特穆特·毛雷尔《行政法学总论》，高家伟译，法律出版社，2000，第 647 页以下。
② 参见〔德〕哈特穆特·毛雷尔《行政法学总论》，高家伟译，法律出版社，2000，第 793 页以下。
③ 参见王名扬《美国行政法》下册，中国政法大学出版社，1997，第 778 页以下。
④ 参见王名扬《美国行政法》下册，中国政法大学出版社，1997，第 849 页。
⑤ 参见王名扬《法国行政法》，中国政法大学出版社，1997，第 736 页。

的程度”就得到确认。① 在规章不合法的情况下，有关的当事人可以以其构成越权行为为由请求法院宣告其无效，并获得赔偿。比如，奥德省的一位市长关于教堂的钟必须在举行民间葬礼时敲响的命令，由于违背了1907年颁行的法律，就被法国行政法院确认为“越权行为”。② 而“今天国家除对范围有限的政府行为不负赔偿责任以外，在其他行政活动中，没有不负赔偿责任的领域。国家不负行政赔偿责任的行为，限于法律有明文的规定，以及由最高行政法院所确认的事项”。而其赔偿责任的根据则由过错赔偿责任发展到在很多事项上的无过错赔偿责任，赔偿的范围从物质的损害发展到精神的损害。③ 可见，包括违法行政规范性文件的赔偿责任在内，法国的行政赔偿领域是十分广泛的。

（三）我国的责任范围

从上面的介绍可以看出，西方一些国家对行政机关制定规范性文件负担赔偿责任的范围的规定并不一致。目前，我国的《国家赔偿法》没有否认违法行政规范性文件的赔偿责任，但其他法律也没有建立起违法行政规范性文件完整的责任制度，特别是赔偿制度。理论界对此问题也存在不同意见。有的主张行政机关对抽象行政行为造成的损害不赔偿；有的认为抽象行政行为的责任豁免应当是有限制的，只有在符合抽象行政行为违宪或违法、造成特定而非普遍的损害、损害赔偿未被立法所排除、损害达到相当严重程度等特定条件时，行政机关才应当负赔偿责任；还有一种意见认为，对于行政立法包括国务院制定行政法规以及其部门和地方人民政府制定规章所造成的损害，国家不负赔偿责任，对于其他抽象行政行为造成的损害，只要符合一定条件，国家应当承担赔偿责任。④

笔者认为，在违法行政规范性文件的国家赔偿责任方面，应当从我国的实际情况出发，确定适当的范围。由于国务院及其部门的行政法规、规

---

① 〔法〕莱昂·狄骥：《公法的变迁·法律与国家》，郑戈、冷静译，辽海出版社、春风文艺出版社，1999，第200页。
② 〔法〕莱昂·狄骥：《公法的变迁·法律与国家》，郑戈、冷静译，辽海出版社、春风文艺出版社，1999，第202页。
③ 参见王名扬《法国行政法》，中国政法大学出版社，1997，第715页。
④ 参见皮纯协、冯军主编《国家赔偿法释论》（修订本），中国法制出版社，2001，第105页以下。

章等规范性文件都不得同法律相抵触，其效力低于法律，因而一旦它们出现违反法律的情况并造成损失时，国家原则上应当承担相应的赔偿责任。但是，鉴于国家财力的有限这一根本性制约因素，对于赔偿的范围不宜确定过宽。在总体上说，对于国务院及其部门的行政法规、规章等规范性文件违背法律而直接造成公民财产损害的，必须是当这种损害相当严重并且不具有普遍性时，国家才可予以赔偿。而对于规章以下的行政规范性文件违法造成损害的，应当扩大赔偿的范围，确立基本由国家赔偿的制度。

六 违法行政规范性文件之责任分担

（一）国家和行政主体的责任分担

从国外的做法来看，出于保护公民权利和提高行政效率的需要，对公务员因公务过错而制定违法文件带来的损害，通常都是由国家承担赔偿责任的。比如，根据《德意志帝国为其公务员承担责任法》的规定，如果公务员在行使委托于他的公权力时，由于故意或过失违背其对于第三人应执行的职责，由国家代替该公务员根据民法典的有关规定承担责任。

国家赔偿责任不仅包括由国家财政支付赔偿金，还包括由行政主体承担责任。由于行政主体享有执行行政职务的权力，并负担执行行政职务而产生的义务和责任，故而，其实施的行政行为一旦侵犯了公民权利，就必须承担相应的赔偿责任。哪一类行政主体实施了侵权行为，法律责任则由该类行政主体自己承担。比如，在美国，联邦政府的赔偿责任是基于联邦职员执行职务时的侵权行为，而地方政府则对自己的行为负责。"只需要指出地方政府制定的政策允许某种行为，这种行为侵害了他人的联邦权利，就足以建立地方政府的责任。"① 在法国，"一切在行政主体权力控制下执行公务的人员，都能引起行政主体的赔偿责任"。而当公务员同时代表两个行政主体活动时，则按公务的性质区别负赔偿责任的行政主体。比如，市长同时是国家的行政机关和市镇地方团体的行政机关。市长在执行国家公务时所产生的损害

---

① 参见王名扬《美国行政法》下册，中国政法大学出版社，1997，第 848 页以下。

由国家负责赔偿，在执行市镇公务时所产生的损害则由市镇负责赔偿。①
而在德国，公务员在忠于职务的义务和忠于国家法律的义务之间存在一定
的区别，这就使得违法文件的责任分担方面有一些特殊性。比如，市长按
照上级县长的指示发布了违法的集会禁止令。市长的行为虽然是违法的，
但却符合上级指示并且因此符合职务。县长违反了职务，因为他向市长发
布了违法的指示。在此情况下，市长的赔偿责任由市承担，而县长的赔偿
责任则由县承担。在具体案件中，撤销集会禁止令的诉讼请求应当针对发
布命令的市长所属的市镇提起，而赔偿请求则针对县提起。②

上述一些国家的做法对健全我国国家和行政主体对违法行政规范性文
件的责任分担制度有借鉴意义。根据我国《国家赔偿法》的规定，行政机
关及其工作人员执行职务造成损害的，该行政机关为赔偿义务机关。但这
一规定的不公平之处在于，如果上级机关的命令是违法的，而下级机关在
具体执行中造成损害，责任由下级机关承担，而制定违法命令的上级机关
则不负法律责任。这显然治标不治本。改革的办法在于，制定违法命令和
执行违法命令的机关必须共同对损害承担责任。比如，中央行政机关制定
的违法行政规范性文件，交由地方执行，造成损害的，则应当由中央制定
违法文件的机关和地方具体执行违法文件的机关共同承担责任。而上述福
州市政府制定的违反《担保法》的红头文件，由长乐市财政局执行造成了
巨大损害，其责任则应由福州市政府和长乐市财政局共同承担。

（二）公务员个人的责任分担

1. 政府官员法律豁免的缘由与困境

政府官员在制定行政规范性文件时，需要享有一定的法律豁免权。为什
么要给予政府官员法律豁免权呢？这有两方面原因。一是基于政府自由裁量
权的考虑。因为"一位公务员，被要求为了公共利益行使公共职位的权力，
如果期望他行使酌处权，那么，他不可能总有一个精确界定的范围"。③ 二是

---

① 参见王名扬《法国行政法》，中国政法大学出版社，1997，第 720 页以下。

② 参见〔德〕哈特穆特·毛雷尔《行政法学总论》，高家伟译，法律出版社，2000，第
626 页。

③ 〔美〕切斯特·J. 安提奥、迈洛·R. 梅彻姆：《公务员的豁免权与侵权责任》，苌宏亮
译，中国社会科学出版社，1997，第 47 页。

基于公共政策的考虑（而实际上，制定公共政策的行为在很大程度上就是对自由裁量权的行使）。因为政府职员在作出一个决定或者制定一项政策时，不可能面面俱到，对所有人都有利。官员特免制度旨在保护政府职员在作决定时，大胆果断，不必顾虑诉讼的牵连，不必顾虑引起自己的经济负担，没有这种保护，政府职员不敢放手做事，对公共利益是一种损害。很多有才能的人将政府工作视为畏途，政府可能吸收不到优秀的人才。而且政府职员的时间与精力，可能被投放于诉讼中，使他们不能专心从事政府工作。从社会公平的观点而言，政府职员为公共利益服务，和私人为个人利益服务不同。政府职员的赔偿责任不能和私人一样，官员特免制度是保障政府职员为公众服务的需要。① "豁免权是无畏的政策制定的需要。"②

但需要注意的是，政府官员行使自由裁量权或制定公共政策的豁免权又受到几方面的限制。一是这一权力的行使必须是在法律的范围内，违法制定政策的行为是不可能享有法律豁免权的。二是这一权力的行使必须是善意的和真诚的。如果公务员滥用职权制定政策并从中得到了直接的利益和好处，那么他不能享有豁免权。当制定政策的行为被指控造成损害时，"公务员的行为应该受到审查，以查明它是否是恶意的、腐化的，或者是加进个人动机的"。③ 三是官员特免制度不是减轻官员的责任，使官员处于特殊地位。不是一切官员不问职务如何都享有同样的豁免。④ 对于公务员的豁免权各国都有严格限定，并存在很大争议。在英国，"行政当局几乎没有任何豁免权。少数法律规定，地方当局的成员和雇员对其善意行为不负个人责任，但在这些场合，地方当局应负责任"；"在任何场合，原告总是喜欢控告发布命令的当局，而不愿控告执行命令的雇员，因为当局最有能力支付赔偿金。所有参与侵权行为的人，负有共同的、平等的责任。一个基本的原则是，任何部长、官员或其他代理人，如实施了应负责任的侵权行为，应当负完全的个人责任，而不能以上级的指示作为抗辩理由"。⑤

---

① 参见王名扬《美国行政法》下册，中国政法大学出版社，1997，第793页。
② 〔美〕切斯特·J. 安提奥、迈洛·R. 梅彻姆：《公务员的豁免权与侵权责任》，苌宏亮译，中国社会科学出版社，1997，第45页。
③ 〔美〕切斯特·J. 安提奥、迈洛·R. 梅彻姆：《公务员的豁免权与侵权责任》，苌宏亮译，中国社会科学出版社，1997，第47页以下。
④ 参见王名扬《美国行政法》下册，中国政法大学出版社，1997，第793页。
⑤ 〔英〕威廉·韦德：《行政法》，徐炳等译，中国大百科全书出版社，1997，第37页。

在实行联邦制的美国，联邦一级的政府官员享有有限的豁免权；虽然其主权在州，但一些州的法律下是没有豁免权的。[1]

而官员的特免制度本身又存在一些内在的紧张关系。一方面，给予公务员法律豁免权，是基于保证其无畏的制定公共政策、为公众提供最好的服务的需要，因此，这种特免权"不过是要求公务员公平正当地行使权力的成本而已"。但另一方面，这"也很可能会产生一些恶意的、有罪的违法者，他们利用豁免权逃避对他们的公正审判"。[2] 而行政规范性文件的违法实际就是公务员对这种法律豁免权的恣意利用。特免权主要是制定公共政策的需要，而有权制定公共政策的一般都是那些位高权重的公权力者，具体执行政策的公务员则得不到豁免，这一制度，就使得"那些拥有最高权力而造成损害的级别高的公务员可以获得豁免权，而那些善意地行动的低级公务员却得不到豁免权"。[3] 而这显然是不公平的，它导致的直接后果就是，发布违法命令的人可以不负责任，而执行违法命令的人却必须受到法律追究。一方面，制定公共政策的行为需要特免，具体的执行行为不能得到特免；另一方面，所谓制定和执行本身就是十分相对的概念，制定政策和具体执行政策之间并没有特别明确的界限，很多上级对下级的行为都可视为政策行为，而很多时候下级又都是以制定公共文件的形式去执行上级命令的。

在我国的法律中，至今并没有规定明确的行政官员法律豁免制度。这说明，任何政府官员包括行政首长，只要制定了违法行政规范性文件，不管是否造成损害，都不能享有法律责任的豁免权。法律没有赋予行政官员法律豁免权，但实际上行政官员制定违法文件并造成损害没有承担起应负的法律责任，是对法制权威的很大损害。因此，尽快建立行政官员的法律豁免制度是十分必要的。而这一制度的建立，既要保证它是行政官员无畏地制定公共政策的需要，又要保证这种制定政策的权力不至于脱离法律的轨道。

---

[1]　参见〔美〕切斯特·J. 安提奥、迈洛·R. 梅彻姆《公务员的豁免权与侵权责任》，苌宏亮译，中国社会科学出版社，1997，第45页。

[2]　〔美〕切斯特·J. 安提奥、迈洛·R. 梅彻姆：《公务员的豁免权与侵权责任》，苌宏亮译，中国社会科学出版社，1997，第8页。

[3]　〔美〕切斯特·J. 安提奥、迈洛·R. 梅彻姆：《公务员的豁免权与侵权责任》，苌宏亮译，中国社会科学出版社，1997，第32页。

2. 公务员个人的责任分担

对于公务员制定违法行政规范性文件造成的损害，公务员本人应当承担各种责任。主要包括政治责任和法律责任。而法律责任又包括行政责任、民事责任和刑事责任。对于公务员如何对执行职务给行政相对人造成的损害承担责任，一些国家的规定并不相同。一种做法是要求公务员对自己的行为承担全部责任。比如，根据瑞典刑法典的规定，公务员违反法令或有关条例中关于行使其权力的规定，并且这项过错对公共利益或私人利益造成了严重的损害，则以不当行使权力罪处以罚金或 1 年监禁。而只有以制定政策为责任的国家或地方议会议员，才不因该规定而承担责任。政府官员制定政策的行为则不在此免责之限。希腊法律则规定，内阁成员和副部长应当对政府的总政策负集体责任，并对各自职权范围内的活动或失职行为负个人责任。总统的任何书面或口头命令在任何情况下均不能免除各部部长和副部长的责任。泰国刑法则规定，有依法执行法律或命令职责的公务员，阻止或破坏法律或命令之执行者，须负刑事责任。

另一种做法是，公务员制定政策或文件存在公务过错的，一律由政府承担国家赔偿责任，公务员个人不承担金钱上的赔偿责任。这主要是基于保护行政相对人权利的需要。因为只有政府和国家最有能力对损害作出赔偿。在德国，对于职务责任的赔偿首先由公务员承担，但可以由国家代替。公务员在案件中仅有轻微过失的，不承担追偿责任。[①] 在法国，公务过错的赔偿责任由政府承担。但是，公务过错由国家承担赔偿责任后，并不妨碍公务员承担行政纪律责任或者惩戒责任。在法国，公务员在工作或和工作有关的场合中有过错，都可能受到纪律处分。反过来，纪律处分所惩罚的过错，不一定都是公务员本人的过错。例如公务员的疏忽、笨拙、不严重的错误，是一种公务过错，不是公务员本人的过错，但公务员同样会受到纪律处分。[②]

对公务员在制定违法文件中存在本人过错的责任分担，不同国家的规定则有所区别。在美国，官员在制定政策中的本人过错实际就是存在主观恶意、推进个人动机或者腐化等因素。对于违法政策造成的损害，"官员

---

① 参见〔德〕哈特穆特·毛雷尔《行政法学总论》，高家伟译，法律出版社，2000，第622页。

② 参见王名扬《法国行政法》，中国政法大学出版社，1997，第748页。

特免制度只涉及官员对受害人的赔偿责任，不影响官员的其他责任。官员免除民事责任，不能免除其刑事责任及其他责任"。① 在法国，公务员本人过错的主要法律后果就是，公务员必须以自己的财产赔偿受害人的损失。公务员由于本人过错而对其他人造成损害的，须向其他人承担赔偿责任，对国家或者其他行政主体造成损害的，则须向国家或者其他行政主体承担赔偿责任。② 而公务员犯有严重过错时，则可能受到刑事处罚。③ 在德国，对于职务方面的过错责任，国家在向公民履行了损害赔偿责任后，可以向对违法行为负有责任的公务员追偿。但是，这种追偿仅限于公务员具有故意或者重大过失。④ 根据德国公务员法的规定，如果官员蓄意损害了他应当承担的义务，那么，他应当向交付给自己任务的单位赔偿损失。如果官员在履行委托给他的公职时，违背了自己的职责，那么，只有在他的蓄意或严重失职造成损失时，他才应当向交给他任务的单位和人员赔偿损失。如果损失是由许多官员共同造成的，那么，他们应当共同承担责任。

鉴于我国行政法治还处于起步阶段，行政行为在事实上还难以得到有效的监督，因此，笔者主张，对违法行政规范性文件责任的追究，在确定国家赔偿责任的原则下，总体上应当着重于对公务员本人责任的追究，只有这样才能有效地防止违法文件的出台。对于强调官员的个人责任，施瓦茨在引用戴雪的话和美国最高法院的判例时曾有生动说明："戴雪说，所有政府官员，从首相到警察和税收人，都应承担同样的责任。这个著名的论点也许是现实的理想化。但从我们的时代现实看，这个观点作为一种理想获得了而不是丧失了它的效用。"⑤ 因为很显然，"政府官员如果需要用自己的钱包赔偿受自己的侵权行为损害的人，他就会较少发生侵权行为，如果他觉得自己只不过是非个人的政府代表，那就会较多地发生侵权行为"。⑥

我国的行政机关实行首长负责制，行政规范性文件一般由行政机关负

---

① 参见王名扬《美国行政法》下册，中国政法大学出版社，1997，第 793 页。
② 参见王名扬《法国行政法》，中国政法大学出版社，1997，第 749 页。
③ 参见王名扬《法国行政法》，中国政法大学出版社，1997，第 748 页。
④ 参见〔德〕哈特穆特·毛雷尔《行政法学总论》，高家伟译，法律出版社，2000，第 622 页。
⑤ 〔美〕伯纳德·施瓦茨：《行政法》，徐炳译，群众出版社，1986，第 532 页以下。
⑥ 〔美〕伯纳德·施瓦茨：《行政法》，徐炳译，群众出版社，1986，第 532 页以下。

责人签署。具体到违法行政规范性文件的制定上，就是谁签署谁负责。其责任不仅包括承担《宪法》和有关组织法规定的撤销、质询、罢免等法律后果，还包括承担相应的行政责任、民事责任甚至刑事责任。当然，由具体制定人员对违法行政规范性文件带来的后果承担民事责任有实际困难，所以责任的重点应当放在行政责任、刑事责任和政治责任或者宪法责任上。根据刑法和其他相关法律的规定，在国家机关的违法犯罪中，对直接责任人员要依法给予行政处分；构成犯罪的，依法追究刑事责任。根据国务院1991年颁布的《农民承担费用和劳务管理条例》的规定，对向农民乱收费包括以违法文件实行乱收费的单位和直接责任人员，都是可以实施行政处分甚至追究刑事责任的。虽然《国家赔偿法》没有否认公务员对违法制定行政规范性文件造成的后果应当负相应的法律责任，但这部法律实际上所规定的基本是具体行政行为违法造成损害的责任。实践中也从未听说某位公务员因制定违法文件造成损害而依法承担赔偿责任的。现在，各方都在强烈呼吁修改《国家赔偿法》，所以在这部法律的修改中，应当明确规定违法行政规范性文件制定者的个人责任。各类行政法规也应当对制定违法行政规范性文件的公务员个人规定明确的惩戒责任。在建立起完善的个人责任体系后，行政规范性文件违法的现象才有望得到遏制。

行政规范性文件司法审查权的实效性考察[*]

余 军 张 文[**]

摘 要：通过对《最高人民法院公报》公布的 14 个涉及行政规范性文件司法审查案例的考察，可以发现，这项由司法解释创设的权力遇到了严重的实效性问题。其原因在于：第一，由我国法院系统"政策实施型"制度逻辑、科层化的权力组织结构和司法权的行政化等因素所决定的法官行为逻辑，导致法院对行政规范性文件实施司法审查的能力存在不足；第二，这项权力本身面临的正当性、合法性疑问，加深了法官行使这一权力的消极程度。新行政诉讼法的施行，可以消解第二个方面的问题，但行政规范性文件司法审查机制中的诸多问题，仍有待于通过司法审查标准的完善乃至宏观层面的司法制度改革予以解决。

关键词：行政诉讼法 行政规范性文件 实效 司法审查

一 问题与研究进路

1990 年施行的《中华人民共和国行政诉讼法》（以下简称《行政诉讼法》）将人民法院的司法审查权限定于对具体行政行为的合法性审查。这种状况随着 2014 年 11 月行政诉讼法（以下称"新行政诉讼法"）的修改

---

[*] 本文原载于《法学研究》2016 年第 2 期。

[**] 余军，浙江大学光华法学院教授；张文，浙江大学光华法学院博士研究生。

而改变，新行政诉讼法第 53 条、第 64 条正式确立了人民法院对行政规范性文件的附带审查权。然而，这并非行政规范性文件司法审查权之滥觞，自 2000 年始，最高人民法院即通过司法解释等文件，逐步创设了人民法院在行政诉讼中对行政规范性文件的审查、适用规则。① 这项基于最高人民法院司法解释而产生的司法审查权，实际上已历经十多年的运行实践，新行政诉讼法的有关规定仅意味着该项权力在国家正式法律层面上得以确立。那么，这项权力的实际运行状况与效果如何？回顾已有研究不难发现，这个问题并未引起充分关注，现有相关研究大多基于法解释学的应然视角，探讨人民法院应当如何审查、适用行政规范性文件，② 而忽视了对这一权力运行的实效性考察。③ 理论界与实务界对此问题的"集体无意识"，或许将对新行政诉讼法施行后对于这项权力运行机制的理解与完善产生不利影响。在我国行政诉讼制度环境大体不变的前提下，行政规范性文件司法审查权运行的既有基础将不可避免地对其以后的运行产生影响。

本文以最高人民法院司法解释等规范性文件及《最高人民法院公报》（以下简称"最高院公报"）公布的 14 个涉及行政规范性文件司法审查的案例为研究对象，试图从规范与事实两个层面，对行政规范性文件司法审查权的实际运行状态作整体上的梳理与考察，进而尝试在中国法院系统独特的制度逻辑以及相应的权力运行状态之语境中，对其中存在的问题进行解释。

在规范层面上，本文通过对司法解释等相关规定的系统分析，尝试

---

① 参见《最高人民法院关于执行〈中华人民共和国行政诉讼法〉若干问题的解释》第 62 条第 2 款、《最高人民法院关于裁判文书引用法律、法规等规范性法律文件的规定》、最高人民法院《关于审理行政案件适用法律规范问题的座谈会纪要》之规定，详细解读参见本文的第二部分。

② 关于从法解释学角度对行政规范性文件审查、适用所作的研究，代表性著述参见应松年主编《行政法与行政诉讼法学》，法律出版社，2005，第 513 页以下；胡建淼主编《行政诉讼法修改研究》，浙江大学出版社，2007，第 271 页以下；章剑生《现代行政法专题》，清华大学出版社，2014，第 283 页以下；叶必丰《行政规范法律地位的制度论证》，《中国法学》2003 年第 5 期，第 67 页以下。

③ 在笔者的阅读范围内，对行政规范性文件司法审查权实际运行状况进行系统研究的著述可谓屈指可数，仅有少数研究论文，参见王庆廷《隐形的"法律"——行政诉讼中其他规范性文件的异化及其矫正》，《现代法学》2011 年第 2 期，第 82 页以下；郭百顺《抽象行政行为司法审查之实然状况与应然构造——兼论对行政规范性文件的司法监控》，《行政法学研究》2012 年第 3 期，第 61 页以下。

归纳出最高人民法院创设的规范意义上之行政规范性文件司法审查权的运行规则，进而探究其在现有司法体制下的效力问题。在事实层面上，本文将以 14 个最高院公报案例的裁判文书为分析对象，试图从裁判文书中探究行政规范性文件司法审查权在具体案件中的实效性等问题。王庆廷法官对上海地区法院 30 个涉及行政规范性文件司法审查案件的实证研究，为本文的分析结论提供了较好的印证和支持。[1] 行政规范性文件司法审查权的规范与事实之间的张力，也属于中国行政诉讼制度中存在的诸多问题之一，当下主流意见倾向于从外在制度环境因素中探究此类问题的根源（如地方保护主义、党政机关对法院独立审判的干预等）。本文尝试将问题置于中国法院系统"政策实施型"制度逻辑之背景下，在法院权力组织结构的科层化、司法权的行政化以及法官体制化的行为逻辑的语境中，对行政规范性文件司法审查权运行中存在的问题作出分析与解释，以期在一定程度上揭示其内在运行机理，从而为制度的发展与完善提供一个认知基础。

二　最高人民法院创制的权力运行规则及其效力问题

2000 年《最高人民法院关于执行〈中华人民共和国行政诉讼法〉若干问题的解释》（以下简称"行诉法解释"）第 62 条第 2 款规定："人民法院审理行政案件，可以在裁判文书中引用合法有效的规章及其他规范性文件。"对这一规定进行解释，可以推导出人民法院对规章和其他规范性文件（行政规范性文件）的司法审查权。法院引用合法有效的规章和其他规范性文件的前提条件是，必须具有对引用对象的审查权。因此，法院的审查权可以作为其"引用合法有效的规章及其他规范性文件"之必要条件而被推导出来。可见，行诉法解释第 62 条第 2 款实际上非常隐晦地规定了人民法院对规章和其他规范性文件的审查权。行诉法解释旨在对 1990 年施行的《行政诉讼法》作出全面、系统的解释，因此，这一规定也可以看作对该法第 53 条"参照规章"条款的解释，它使"参照规章"的含义趋于明

---

[1]　参见王庆廷《隐形的"法律"——行政诉讼中其他规范性文件的异化及其矫正》，《现代法学》2011 年第 2 期，第 82 页以下。

确并具备可操作性，即"参照规章"首先意味着法院必须具有对规章的审查权以判断其是否合法有效，合法有效的规章才可以被引用。然而，此规定将法院的审查权扩张至其他规范性文件，显然超越了 1990 年施行的《行政诉讼法》第 53 条所指的"规章"之文义涵盖范围，尽管我们可以用当然解释方法论证法院所作扩张解释的正确性——既然法院可以审查规章的合法有效性，那么对于效力低于规章的其他规范性文件则具有当然的审查权。但是，根据法律解释的一般准则，当解释的结果超越了法条文义的涵盖范围时，这种所谓的"解释"即具有了法律续造的性质。① 因此，行诉法解释第 62 条第 2 款除了对 1990 年施行的《行政诉讼法》第 53 条"参照规章"的含义作出补充和明确规定以外，还超越法律文本创设了人民法院对于其他规范性文件的司法审查权。这项权力于 2009 年最高人民法院发布的另一个司法解释《关于裁判文书引用法律、法规等规范性法律文件的规定》（以下简称"引用规定"）中再次得到确认，引用规定第 6 条要求人民法院对于行政规范性文件，"根据审理案件的需要，经审查认定为合法有效的，可以作为裁判说理的依据"，该条规定明确指出了法院对行政规范性文件的审查权。

如果说行诉法解释对行政规范性文件审查权的规定是较为隐晦的，那么，2004 年 5 月 18 日最高人民法院发布的《关于审理行政案件适用法律规范问题的座谈会纪要》（以下简称"行政案件纪要"）则明确了这项权力的运行规则。行政案件纪要首先对行政规范性文件的范围进行了界定，行政规范性文件是指"国务院部门以及省、市、自治区和较大的市的人民政府或其主管部门对于具体应用法律、法规或规章作出的解释;② 县级以上人民政府及其主管部门制定发布的具有普遍约束力的决定、命令或其他规范性文件"。行政案件纪要进而指出，这些规范性文件"不是正式的法

---

① 参见〔德〕卡尔·拉伦茨《法学方法论》，陈爱娥译，五南图书出版有限公司，1992，第 277 页以下。

② 鉴于"解释"一词在法学方法论语境中与中国法律语境中的不同含义，需要说明的是，在中国的法律及其他各类官方文件中，"解释"大多指向脱离具体案件对规范条文的抽象解释，即解释的结果都以具有普遍适用力的规则形式呈现出来，如全国人大常委会的立法解释、国务院的行政解释等。因此，"行政案件纪要"中所称的"具体应用法律、法规或规章作出的解释"，是指各行政机关对有关法律、法规或规章条文的抽象解释，可以将其纳入行政规范性文件的范围。

律渊源，对人民法院不具有法律规范意义上的约束力"，"人民法院经审查认为被诉具体行政行为依据的具体应用解释和其他规范性文件合法、有效并合理、适当的，在认定被诉具体行政行为合法性时应承认其效力"，"人民法院可以在裁判理由中对具体应用解释和其他规范性文件是否合法、有效、合理或适当进行评述"。

综合行政案件纪要的上述规定，最高人民法院创设的行政规范性文件司法审查权运行规则，可以归纳为以下几个方面。第一，人民法院对行政规范性文件的司法审查权是一种"附带审查权"，即审查对象是作为"被诉具体行政行为依据的具体应用解释和其他规范性文件"，这意味着人民法院只有在审查特定被诉行政行为时，方可行使这一权力而对作为依据的行政规范性文件进行审查。第二，在审查的内容上，行政案件纪要作出了是否"合法、有效并合理、适当"的规定，显然超出了行诉法解释第 62 条第 2 款与引用规定第 6 条设定的是否"合法、有效"之范围。第三，对于"合法、有效并合理、适当"的行政规范性文件，人民法院在认定被诉行政行为合法性时，应当承认其效力。这意味着人民法院可以将行政规范性文件作为认定行政行为合法的依据予以适用。由此可作出的推论是，人民法院对于违法、存在效力瑕疵的行政规范性文件，可以排除适用。第四，人民法院可以在裁判理由中对受审查的行政规范性文件是否合法、有效或适当进行评述，这实际上是对法院裁判文书说理性的要求。既然行诉案件纪要已明确指出，行政规范性文件"不是正式的法律渊源"，那么，如果法院适用这种非正式法律渊源来认定行政行为的合法性，则必须作出充分的说明和论证，因为它们对法院并没有"法律规范意义上的约束力"；相反，如果法院以行政规范性文件违法为由否定行政行为的效力，亦必须作出充分的说明，否则将产生裁判说理论证方面的瑕疵。因此，从裁判技术的角度考虑，行诉案件纪要对行政规范性文件是否合法、有效或适当"可以"进行评述的规定，更为准确的表述是"应当"进行评述。

上述四个方面构成了规范意义上行政规范性文件司法审查权的运行规则，但这一规则的效力问题却值得玩味。综合行诉法解释、引用规定与行政案件纪要的规定可以看到，最高人民法院运用两种不同性质的规范，对行政规范性文件司法审查权作出了规定。首先，最高人民法院运用司法解

页面开始

释这一具有法律效力的规范形式作出较为笼统、概括的权力创设；① 但在权力运行规则方面，最高人民法院则以行政案件纪要作出相对明确、具体的规定。最高人民法院的会议纪要系法院系统的内部文件而非正式的法律渊源。尽管在现实中它发挥着制定司法政策乃至与司法解释类似的创制审判规则、规范各级法院审判工作的功能，具有事实上的"准司法解释"地位，② 但是，在严格的规范意义上，它所规定的行政规范性文件司法审查权运行规则并不具有法律规范效力。上述情形导致行政规范性文件司法审查权及其运行规则规范依据属性上的模糊与效力上的不确定，③ 在这项权力的实效性方面埋下了隐患。

三 司法审查权运行的具体情形与存在的问题

检索最高院公报可以发现，自 2000 年行诉法解释施行以来至 2015 年 10 月，最高人民法院一共公布了 76 个行政诉讼案例，其中 14 个案例（均发生在 2004 年行政案件纪要发布之后）涉及行政规范性文件的审查。作为最高院公报选取的典型案例，这 14 个案例各有其关注的焦点，与行政规范性文件司法审查的关联完全是基于案件审理的需求而"随机"发生的。因此，从最高院公报中选取这 14 个案例，考察行政规范性文件司法审查权的实际运行状况，在一定程度上符合统计学中"随机抽样"的要求，可以较为客观地揭示行政诉讼实践中司法审查权运行之"实像"与存在的问

---

① 一般认为，《全国人民代表大会常务委员会关于加强法律解释工作的决议》（1981 年）中"凡属于法院审判工作中具体运用法律、法令的问题，由最高人民法院进行解释"之规定，为最高人民法院发布司法解释提供了合法依据。此后，最高人民法院通过《关于司法解释工作的若干规定》（1997 年）、《关于法律解释工作的规定》（2007 年），使司法解释获得了与国家立法类似的法律效力，它们对各级法院的司法裁判具有直接的法律约束力，成为法院必须优先考虑和适用的规范依据。《最高人民法院关于法律解释工作的规定》第 5 条明确指出："最高人民法院发布的司法解释，具有法律效力。"

② 参见王庆廷《隐形的"法律"——行政诉讼中其他规范性文件的异化及其矫正》，《现代法学》2011 年第 2 期，第 85 页。

③ 这种模糊性体现在权力创设依据（司法解释）的法律属性与权力运行规则依据（"行政案件纪要"）的非法律属性之间的差异上。黄金荣认为，"行政案件纪要"等司法解释以外的规范性文件缺少刚性的法律规范效力，在规范意义上各级人民法院并没有遵守之法律义务。参见黄金荣《"规范性文件"的法律效力及其界定》，《法学》2014 年第 7 期，第 17 页。

题。另外，王庆廷法官运用类似的"取样"方法，对《上海法院案例精选（2005—2009 年）》所刊载的 109 个行政案件中的 30 个涉及行政规范性文件审查案件的考察，[①] 也为本文的分析结论提供了佐证。

（一）法院行使司法审查权的两种情形

以前述行政规范性文件司法审查权的运行规则为参照，针对最高院公报刊载的 14 个案例的裁判文书进行分析，法院对行政规范性文件的审查情况可以区分为以下两大类。

1. 审查后决定是否适用

在最高院公报刊载的 14 个案件中，共涉及 20 个行政规范性文件，其中 6 个文件（占比约 30%）的审查情况较为规范地适用了上述司法审查权的运行规则——法院对作为被诉行政行为依据的行政规范性文件进行了审查，在判断其是否合法有效后，或将其作为裁判依据予以适用，或将其排除适用（尚未出现对行政规范文件作出是否"合理、适当"判断的案例），且在判决理由中均作出了一定的评述或论证。在审查结果方面，有 2 个行政规范性文件被认定为合法有效，作为裁判理由予以适用，有 4 个行政规范性文件被认定为违法而被排除适用。

例如，"上海珂帝纸品包装有限责任公司不服上海市人力资源和社会保障局责令补缴外来从业人员综合保险费案"即属于法院对行政规范性文件作出合法判断并予以适用的案件类型。[②] 在裁判理由中，法院对 1995 年劳动部发布的行政规范性文件《关于贯彻执行〈中华人民共和国劳动法〉若干问题的意见》第 17 条规定的"事实劳动关系"概念进行解释，认为其与《劳动法》第 16 条，《劳动合同法》第 7 条、第 10 条存在的逻辑关联足以形成一个规范体系，进而认定"引起劳动关系产生的基本法律事实是用工，而不是订立劳动合同"，并以此为依据认定原告与系争 35 位外来从业人员之间存在事实劳动关系。从法律方法的角度看，法官运用了"逻

---

① 参见王庆廷《隐形的"法律"——行政诉讼中其他规范性文件的异化及其矫正》，《现代法学》2011 年第 2 期。

② 法院认为，对于王国英等外来从业人员是否属于原告珂帝公司员工，仅凭劳动法中的"劳动关系的建立以订立劳动合同为主要标志"之规定，无法作出令人满意的认定，因此，引入劳动部制定的行政规范性文件中的"事实劳动关系"概念对上述争点加以论证。参见《最高人民法院公报》2013 年第 11 期。

辑—体系"解释方法——对待解释规范在相关规范体系中所处的地位及规范之间的相互关系进行解释，从而得出解释目标的明确含义。这一论证过程实际上就是认定劳动部制定的规范性文件相关条文是否合法有效的过程，该条文亦成为法院作出判决（认定被告作出的责令原告补缴外来从业人员综合保险费这一行政行为合法）不可缺少的依据。

而"陈爱华诉南京市江宁区住房和城乡建设局不履行房屋登记法定职责案"则属于法院判定行政规范性文件违法并予以排除适用的案件类型。① 法院根据《物权法》、《继承法》等上位法的规定对《司法部、建设部关于房产登记管理中加强公证的联合通知》（以下简称《联合通知》）进行合法性审查，认为"依据《联合通知》的规定要求原告必须出示遗嘱公证书才能办理房屋转移登记的行为与法律法规相抵触"，进而认定被告以此为依据作出的"不予办理房屋所有权转移登记的具体行政行为违法"。最高院公报中关于该案的裁判摘要也指出，"司法部、建设部《关于房地产登记管理中加强公证的联合通知》不属于法律、行政法规、地方性法规、规章的范畴，且与物权法、继承法、《房屋登记办法》等有关法律法规相抵触，不能成为房屋登记主管部门不履行房屋登记法定职责的依据"。②

2. 未经审查直接适用

在 20 个行政规范性文件中，法院未经审查就将其中 14 个文件（占比约 70%）作为裁判依据予以适用。在这些案件中，最高人民法院创设的司法审查权的运行规则并未发生实际效力，法院放弃了审查权而把这些行政规范性文件当作行政诉讼的当然"法源"加以适用，这完全忽视了行政案件纪要所强调的行政规范性文件"不是正式的法律渊源，对人民法院不具有法律规范意义上的约束力"之规定，也是对 1990 年施行的《行政诉讼法》第 52 条规定的法院审理行政案件"以法律和行政法规、地方性法规为依据"之准则的违背。根据法院适用的行政规范性文件在裁判中所发挥的作用，这种情形又可以分为两种具体类型，本文称为"单独适用"和

---

① 原告陈爱华向被告南京市江宁区住房和城乡建设局提出书面申请，要求被告依法为其办理房屋所有权转移登记，被告在书面答复中，依据司法部、建设部《关于房产登记管理中加强公证的联合通知》第 2 条之规定，以"遗嘱未经公证，又无'遗嘱继承公证书'"为由，不予办理遗产转移登记。参见《最高人民法院公报》2014 年第 8 期。

② 参见《最高人民法院公报》2014 年第 8 期。

"辅助适用",前者出现的次数为 5 次,后者为 9 次。

(1)单独适用

"单独适用"是指人民法院在没有对行政规范性文件进行合法性审查,也未引用其他上位法规范依据之前提下,直接、单独地将相关行政规范性文件作为判断被诉行政行为合法的依据予以适用。

例如,在"吉德仁等诉盐城市人民政府行政决定案"中,① 二审判决推翻了一审法院以《地方各级人民代表大会和地方各级人民政府组织法》的规定为依据,认定盐城市人民政府《专题会议纪要》系在法定权限之内作出的行政行为之判决,进而以《国家计委、财政部、交通部关于规范公路客货运附加费增加公路建设资金的通知》等几个行政规范性文件为依据,认为"盐城市人民政府《专题会议纪要》中有关在规划区内免征规费的规定,超越了法定职权。该决定的内容缺乏法律、法规依据,且与前述国家有关部委的多个规定相抵触,应当依法予以撤销"。如果说一审判决由于说理论证存在重大缺陷而难以为被诉行政行为提供明确依据(判决书没有指出依据《地方各级人民代表大会和地方各级人民政府组织法》哪一个条文,更未对适用法条进行解释、论证)的话,那么,二审判决所依据的上述行政规范性文件中对当事人课以义务的"征收养路费、附加费"等内容,② 实际上也存在缺乏法律、法规等上位法明确授权的问题。法院未对这些行政规范性文件中的侵益性规定(征收养路费、附加费)是否具备合法授权等要件进行审查,就单独地以之为依据作出裁判,相当于将行政规范性文件视为行政诉讼的当然法源予以适用,显然违背了前述司法审查权的运行规则。

而在"益民公司诉河南省周口市政府等行政行为违法案"中,③ 针对

---

① 参见《最高人民法院公报》2003 年第 4 期。

② 该判决文书引用了交通部、国家发展计划委员会、财政部、国家物价局联合制定的《公路养路费征收管理规定》第 9 条、第 10 条的规定,公共汽车只在由城建部门修建和养护管理的市区道路固定线路上行驶的,免征养路费,但公共汽车跨行公路在十公里以内的按费额的三分之一计征养路费;以及《国家计委、财政部、交通部关于规范公路客货运附加费增加公路建设资金的通知》的规定,公共汽车不属于免交公路客货运附加费的车辆,应当缴纳公路客货附加费。这两项规定对公共汽车设定了缴纳养路费和缴纳公路客运附加费的义务,考察相关的法律、法规可以发现,这两项规定并没有明确的上位法依据。

③ 参见《最高人民法院公报》2005 年第 8 期。

周口市计委是否具有组织城市天然气管网项目招标工作职权的争议,上诉人益民公司主张适用建设部规章《城市燃气管理办法》第 4 条规定"县级以上地方人民政府城市建设行政主管部门负责本行政区域内的城市燃气管理工作",认为招标工作应当由主管城市燃气的建设部门负责,周口市计委不具有该职权。二审最高人民法院则认为,"在本案招标活动开始之前,从中央到河南省地方,此项工作已经交由各级计委负责",根据"国务院2000 年专题会议关于'要求国家计委牵头成立西气东输工程建设领导小组,协调西气东输工程中的上下游衔接,落实市场和相关政策'之精神",以及《河南省人民政府办公厅关于加快推进西气东输利用工作的通知》关于"各级计委为西气东输利用工作的责任联系单位,配合同级政府和上级政府做好各项工作"的规定,认定周口市计委具有组织城市天然气管网项目招标工作的职权,并以"国务院及河南省两级地方政府已将'西气东输'利用工作交各级计委负责"为由,排除了建设部行政规章的适用。

此案的论证过程涉及"参照规章"和行政规范性文件合法性审查两个问题。法院不仅违背了行诉法解释第 62 条关于"参照规章"的规定,在未对建设部规章条文作出合法判断的条件下,以"国务院及河南省两级地方政府已将'西气东输'利用工作交各级计委负责"这一政策性事实否定了规章的效力,而且在行政规范性文件合法性审查方面亦完全失职。法院认定"周口市计委具有组织城市天然气管网项目招标工作的职权"之依据包括三项内容:一是"在本案招标活动开始之前,从中央到河南省地方,此项工作已经交由各级计委负责"这一政策性事实;二是"国务院 2000年专题会议关于'要求国家计委牵头成立西气东输工程建设领导小组,协调西气东输工程中的上下游衔接,落实市场和相关政策'之精神"的性质属于政策性规范;三是河南省人民政府办公厅制定的行政规范性文件《河南省人民政府办公厅关于加快推进西气东输利用工作的通知》。在这三项依据中,直接为法院的认定提供规范依据的是第三项内容,前两项实际上发挥着为政府的规范性文件提供政策支持的功能。这一论证过程似乎要证明法院适用上述行政规范性文件的正当性——它们得到了高层级、权威性的政策要素的支持。但这个过程完全没有涉及对所依据的行政规范性文件的合法性判断,实际上是以政策考量取代了合法性审查,进而将符合政策精神的行政规范性文件单独地作为裁判依据予以适用。

（2）辅助适用

"辅助适用"是指人民法院根据法律、法规的相关规定，在完全能够得出裁判结论的情况下，为了增强裁判理由的说服力，在没有对行政规范性文件之合法有效性进行审查的情况下，将其作为法律、法规或者规章的辅助性依据在裁判理由中予以引用。

在"无锡美通食品科技有限公司诉无锡质量技术监督局高新技术产业开发区分局质监行政处罚案"中，[①] 由于出现了行政法规、行政规章与法律相抵触的情形，二审法院对于被诉行政处罚的法律适用问题明确指出，《食品安全法》是由全国人大常委会制定的法律，并于 2009 年 6 月 1 日施行，较之前由国务院制定的《工业产品生产许可证管理条例》及国家质量监督检验检疫总局制定的《食品生产加工企业质量安全监督管理实施细则》具有更高位阶的法律效力。从裁判论证说理的充分性角度看，此时法院完全可以得出结论：按照上位法优于下位法的准则，应当以《食品安全法》为依据对美通公司作出处罚。但是，法院似乎是为了增强裁判理由的说服力，进一步指出，国家质量监督检验检疫总局《关于贯彻实施〈中华人民共和国食品安全法〉若干问题的意见》亦明确：《国务院关于加强食品等产品安全监督管理的特别规定》、《中华人民共和国工业产品生产许可证管理条例》、《中华人民共和国认证认可条例》是国务院行政法规。这实际上是将国家质量监督检验检疫总局的行政规范性文件中对三个文件属于行政法规的判断作为辅助性的裁判依据，以强化本案中"上位法优于下位法、优先适用上位法"这一判断的正确性。

这种适用行政规范性文件的方式或许对裁判结果不会发生影响，但法院援引行政规范性文件作为裁判依据的前提条件是确认其合法有效性，本案中这一要件的缺失意味着法院未对行政规范性文件实施审查。对于"国务院颁布的三个文件属于行政法规"这样简单的判断，法官仍需援引并不具有法律规范效力的行政规范性文件予以说明，这种"画蛇添足"式的援引，似乎体现出法院在司法判断中对行政规范性文件的依赖性，缺乏足够的对其进行司法审查的意识。

类似的问题亦存在于"黄金成等 25 人诉成都市武侯区房管局划分物

---

① 参见《最高人民法院公报》2013 年第 7 期。

业管理区域行政纠纷案"①、"北京希优照明设备有限公司不服上海市商务委员会行政决定案"② 等案件中。如在黄金成案中,法院认为,"根据国务院《物业管理条例》、《成都市住宅小区与高层楼宇物业管理暂行规定》的规定,被上诉人武侯区房管局是武侯区内物业管理活动的行政监督管理部门,具有在辖区内进行物业管理区域划分的行政职权"。实际上,国务院《物业管理条例》第5条第2款的规定"县级以上地方人民政府房地产行政主管部门负责本行政区域内物业管理活动的监督管理工作",可以看作对被上诉人"在辖区内进行物业管理区域划分的行政职权"之概括性授权条款。法院可以结合该条款与《成都市住宅小区与高层楼宇物业管理暂行规定》这一行政规范性文件的相关条文,进行一个简单的文义解释和体系解释,即可对被上诉人相关职权的认定作出充分、合理的论证,这个论证过程也意味着对该行政规范性文件的合法性作出了判断。但在本案中,法院在未作任何合法性论证的条件下,十分"突兀"地援引《成都市住宅小区与高层楼宇物业管理暂行规定》的规定(甚至连其具体条文也没有提及)作为《物业管理条例》的辅助性依据,这显然违反了行政规范性文件司法审查权的运行规则,构成裁判文书援引依据方面的错误。

3. 小结

在所选取的最高院公报案例中,法院在大多数案件中并没有遵循行政案件纪要创设的权力运行规则对行政规范性文件实施审查(本文选取的14个案件及其中涉及的20个规范性文件的总体审查情况见表1)。在我国司法实践中发挥指导功能、被认为在裁判技术与说理论证方面具有较高水准的最高院公报案例的情况尚且如此,这或许意味着在人民法院常规性的审判实践中,行政规范性文件司法审查权所面临的挑战更严峻。这一推论可从王庆廷法官对上海地区法院相关案例的研究中得到印证:在30个行政诉讼案件中涉及的54个行政规范性文件之中,法院对其中9个文件明确作了合法性审查(占比约17%),其余45个文件(占比约83%)则属于"未经审查、直接适用"或者是"回避审查、不作评判"的情形。③ 情况显然

---

① 参见《最高人民法院公报》2005 年第 6 期。

② 参见《最高人民法院公报》2011 年第 7 期。

③ 参见王庆廷《隐形的"法律"——行政诉讼中其他规范性文件的异化及其矫正》,《现代法学》2011 年第 2 期,第 84 页。

比本文对最高院公报案例的统计结果（未经审查的比例为70%）更为
严重。

表1　最高院公报刊载的14个案件

案件名称	案件所涉及的行政规范性文件	审查、适用情况
陈爱华诉南京市江宁区住房和城乡建设局履行房屋登记法定职责案（2014.8），简称"陈爱华案"	《司法部、建设部关于房产登记管理中加强公证的联合通知》	审查后排除适用①
上海珂帝食品包装有限责任公司不服上海市人力资源和社会保障局责令补缴外来从业人员综合保险费案（2013.11），简称"珂帝公司案"	《关于贯彻执行〈中华人民共和国劳动法〉若干问题的意见》	审查后予以适用②
无锡美通食品科技有限公司诉无锡质量技术监督局高新技术产业开发区分局质监行政处罚案（2013.7），简称"美通公司案"	《关于贯彻实施〈中华人民共和国食品安全法〉若干问题的意见》	辅助适用③
甘露不服暨南大学开除学籍决定案（2012.7），简称"甘露案"	《暨南大学学生管理暂行规定》、《暨南大学学生违纪处分实施细则》	审查后排除适用④
北京希优照明设备有限公司不服上海市商务委员会行政决定案（2011.7），简称"希优公司案"	《进一步规范机电产品国际招标投标活动有关规定》	辅助适用⑤
祁县华誉纤维厂诉祁县人民政府行政赔偿案（2011.4），简称"华誉厂案"	《司法鉴定执业分类规定（试行）》	单独适用⑥
北京国玉大酒店有限公司诉北京市朝阳区劳动和社会保障局工伤认定行政纠纷案（2008.9），简称"国玉酒店案"	《劳动与社会保障部关于实施〈工伤保险条例〉若干问题的意见》	单独适用⑦
邵仲国诉黄浦区安监局安全生产行政处罚决定案（2006.8），简称"邵仲国案"	《上海市劳动局关于贯彻〈企业职工伤亡事故报告和处理规定〉的意见》	审查后予以适用⑧
益民公司诉河南省周口市政府等行政行为违法案（2005.8），简称"益民公司案"	《河南省人民政府办公厅关于加快推进西气东输利用工作的通知》	单独适用⑨
	《河南省计委关于印发〈河南省西气东输利用规划〉的通知》	审查后排除适用⑩
黄金成等25人诉成都市武侯区房管局划分物业管理区域行政纠纷案（2005.6），简称"黄金成案"	《成都市住宅小区与高层楼宇物业管理暂行规定》	辅助适用⑪

续表

案件名称	案件所涉及的行政规范性文件	审查、适用情况
丰浩江等人诉广东省东莞市规划局房屋拆迁行政裁决纠纷案（2004.7），简称"丰浩江案"	《中国注册资产评估师职业道德规范》	单独适用[12]
中海雅园管委会诉海淀区房管局不履行法定职责案（2004.5），简称"中海雅园案"	原北京市房屋土地管理局《关于开展组建居住小区物业管理委员会试点工作的通知》、《北京市房屋土地管理局关于全面开展组建物业管理委员会工作的通知》；《北京市国土资源和房屋管理局关于物业管理委员会委员补选、改选、换届选举及变更事项的通知》；《北京市人民政府办公厅转发市国土房管局关于规范和加强本市居住区物业管理若干意见的通知》	辅助适用[13]
中国银行江西分行诉南昌市房管局违法办理抵押登记案（2004.2），简称"中国银行案"	《建设部、中国人民银行关于加强与银行贷款业务相关的房地产抵押和评估管理工作的通知》；《建设部、国家物价局、国家工商行政管理局关于加强房地产交易市场管理的通知》	辅助适用[14]
吉德仁等诉盐城市人民政府行政决定案（2003.4），简称"吉德仁案"	《国家计委、财政部、交通部关于规范公路客货运附加费增加公路建设资金的通知》	单独适用[15]

注：①参见《最高人民法院公报》2014 年第 8 期。
②参见《最高人民法院公报》2013 年第 11 期。
③参见《最高人民法院公报》2013 年第 7 期。
④参见《最高人民法院公报》2012 年第 7 期。
⑤参见《最高人民法院公报》2011 年第 7 期。
⑥参见《最高人民法院公报》2011 年第 4 期。
⑦参见《最高人民法院公报》2008 年第 9 期。
⑧参见《最高人民法院公报》2006 年第 8 期。
⑨参见《最高人民法院公报》2005 年第 8 期。
⑩参见《最高人民法院公报》2005 年第 8 期。
⑪参见《最高人民法院公报》2005 年第 6 期。
⑫参见《最高人民法院公报》2004 年第 7 期。
⑬参见《最高人民法院公报》2004 年第 5 期。
⑭参见《最高人民法院公报》2004 年第 2 期。
⑮参见《最高人民法院公报》2003 年第 4 期。

（二）司法技术层面的问题：法院审查能力的不足

如果从案件发生的具体情形角度观察，上述违反行政规范性文件司法审查权运行规则的两种案件类型（单独适用和辅助适用），可进一步区分为三种情况：①行政规范性文件不具有直接、明确的上位法依据；②行政规范性文件虽不具有直接、明确的上位法依据，但可以得到高层级、权威性的政策性要素的支持；③法院可以得出司法裁判结论，但欲援引行政规范性文件以增强其裁判的说服力。考察这些案件的裁判文书可以发现，法官在司法论证过程中均不同程度地显现出司法裁判技术或法律方法运用能力的欠缺，而这些案件占据了本文所选取的关于行政规范性文件司法审查案例的大多数。这似乎可以说明：在技术层面上，法院总体上存在对行政规范性文件司法审查能力不足的问题。这是行政规范性文件司法审查权缺乏实效性最为直接的原因。

首先，在第①种情形中，当审查的对象为不具有直接、明确上位法依据的行政规范性文件时，法院在如何实施合法性审查方面似乎显得"一筹莫展"，"吉德仁案"属于此种情形之典型。在此案中，二审法院未作审查而直接适用的国家发展计划委员会等部门联合制定的几个规范性文件并无直接而明确的上位法依据。依据现行的法律制度，《立法法》与最高人民法院司法解释为法规、规章的合法性审查设置了"与上位法不一致"、"与上位法抵触"标准，[①] 由于立法和司法解释并未对行政规范性文件的司法审查标准作出具体明确的规定，实践中法院常常参照这两个标准对行政规范性文件实施审查，并将其中的"上位法"理解为直接、明确的上位法规范。但是，如果在个案中无法找到赖以作出判断的直接而明确的上位法依据，法院又应当如何对行政规范性文件进行合法性审查呢？遇到这种情形，法院明显存在对行政规范性文件不予审查或回避审查的倾向。

---

① 参见修正后的《立法法》第95条之规定，原《立法法》第86条之规定，以及1993年3月11日《最高人民法院关于人民法院审理行政案件对地方性法规的规定与法律和行政法规不一致的应当执行法律和行政法规的规定的复函》、1997年3月7日《最高人民法院关于公安部规章和国务院行政法规如何适用问题的复函》、2003年8月15日《最高人民法院关于道路运输市场管理的地方性法规与部门规章规定不一致的法律适用问题的答复》等文件。

　　毋庸讳言，现行制度在立法层面上对法规、规章和规范性文件审查标准的规定确实不尽完善。单一的"与上位法不一致"、"与上位法抵触"标准无法涵盖行政规范性文件违法的所有情形，但这并不能成为法官放弃对行政规范性文件实施司法审查的正当理由，如果法官能够作出适切的法律解释与法律论证，这个问题完全可以在现行法规范的基础上得以解决。"与上位法不一致"、"与上位法抵触"标准的法理基础是"法规范的等级结构理论"，① 在此理论之下，行政规范作为整体法秩序中的一种规范类型，其之所以合法，是因为它由构成整体法秩序的另一高位阶规范所创设，并在"程序"和"要件"上符合其具体要求，而这一高位阶规范又由更高层级的规范所创设或授权，规范之间的层层创设最终可追溯至位于规范层级顶端的宪法，乃至"前宪法"的"基础规范"，进而形成了一个合法性链条或曰整体意义上的法秩序。② 因此，在终极意义上，一个行政规范之所以合法，并不仅仅是因为得到了具体的高位阶规范的授权，还在于它合乎整体法秩序的要求。依据这个理论来解释"与上位法不一致"、"与上位法抵触"标准，将"上位法"仅仅限定于直接、明确的上位法规范显然失之偏狭，它应当包括构成整体法秩序的所有高位阶规范。在内容上，"上位法"不仅是指对行政规范进行授权、确定其权限范围的直接上位法规范，还应包括高位阶规范所确立的权利保障原则，它们构成了整体法秩序下对行政规范完整的合法性要求。据此可以发现，"吉德仁案"中待审查的行政规范性文件规定了"征收养路费、附加费"，这类行为具有干预行政、侵害行政的属性，违背了整体法秩序中的权利保障准则，即在依法行政原则之下，基于权利保障之基本价值，所有干预行政、侵害行政之管制手段都必须受到"法律保留"原则的严格限制。这一原则在现行法制中的规范依据是《立法法》第 8 条关于行政征收事项只能制定法律的规定。因此，依据法理对"上位法"进行扩张解释，"与上位法不一致"、"与上位法抵触"仍然可作为本案中行政规范

---

① 法规范的等级结构理论，参见 Hans Kelsen, *Pure Theory of Law*, trans. by Max Knight（University of California Press, 1967），pp. 233 - 236。中译本参见〔奥〕凯尔森《纯粹法理论》，张书友译，中国法制出版社，第 88 页以下。

② 参见 Hans Kelsen, *Pure Theory of Law*, trans. by Max Knight（University of California Press, 1967），第 233 页以下。

性文件合法性审查的标准，即国家发展计划委员会等部门制定的行政规范性文件因违反了《立法法》这一"上位法"规范而不具有合法性。这种扩张解释完全符合行政诉讼法保障权利之规范目的，亦丰富了"与上位法不一致"、"与上位法抵触"标准的含义。法院对此案的处理显然没有遵循上述思路从而体现出相应的司法能力，而是"默认"了上述行政规范性文件的合法性并予以适用，实质上是放弃了司法审查的权限和职责。

其次，在第②种情形中（以"益民公司案"为代表），待审查的行政规范性文件无直接、明确的上位法依据，但具备高层级、权威性的政策性要素的支持。在强有力的政策准据面前，法院似乎完全丧失了对行政规范性文件进行司法审查的动力和能力，其裁判过程体现出"以政策考量取代法律判断"的特征。从结果取向、政策考量的角度考察，法院在"益民公司案"判决中认定"周口市计委具有组织城市天然气管网项目招标工作的职权"或许是作出了一个正确的判断。因为，从判决书列举的事实可知，国务院及河南省两级政府实际上已将"西气东输"利用相关的城市天然气管网项目招标工作交由各级计委负责。这意味着上诉人益民公司主张适用的建设部规章《城市燃气管理办法》第4条之规定"县级以上地方人民政府城市建设行政主管部门负责本行政区域内的城市燃气管理工作"，实际上已部分丧失实效性。事实上，至少"组织城市天然气管网项目招标工作"已不再由城市建设行政主管部门负责。如果仍然适用这一规定，将导致本案中"西气东输"工程的相关事项在衔接、落实上遇到诸多障碍。但是，从法律论证、裁判说理的角度观察，政策层面的"结果正确"并不能掩饰本案判决理由中存在的重大错误。

在本案中，与上述规章条文产生冲突的是"国务院专题会议精神"等政策依据、政策性事实，但法官不能以政策性要素直接否定具有法规范效力的规章条款，否则法律适用将偏离法律论证的基本框架，沦为纯粹的政策决断。根据"参照规章"的基本要求，法官需要考量的是如何运用适切的审查标准对规章条文进行合法性判断。考察此案所关涉的法规范，上述规章条文并不存在与上位法相抵触等违法情形，唯一令人感到困惑之处在于，它因为与政策性事实不符而丧失了实效性。实际上，如果法官能够运用适当的法律解释方法，则完全可以解决这一难题而没有必要排除适用规章条文，因为"解释法律的基本原则，在于救济其穷，不在于心存破坏"，面对个案中法规则层面的不圆满情形，法官应在合理的解释技术范围内，选择符合法律规范意图或合乎整体法秩序的解释，尽可能地对其予以修复。① 根据这一原则对本案的事实与规范要素进行综合考量，可以认为规章条文对于城市燃气管理工作主管部门的规定出现了明显的漏洞，即对于本案事实——由计委负责"组织城市天然气管网项目招标工作"这一"应规定"事项未作出规定，从而构成"开放的漏洞"。② 此时，法官所面临的任务是，运用适切的法律论证方法来填补这个"开放的漏洞"，进而为本案发现或创制一项可资适用的新规则。法官可以通过目的论扩张解释，依据《城市燃气管理办法》第1条规定的"加强城市燃气管理、促进燃气事业的发展"之立法目的，将上述规章条文中的"城市建设行政主管部门"扩张解释为"城市建设行政主管部门以及其他能够履行管理职能的部门"，最终将该条文扩张为"县级以上地方人民政府城市建设行政主管部门以及其他能够履行管理职能的部门负责本行政区域内的城市燃气管理工作"，从而修复这个条文的内容缺陷，并消解它与"国务院专题会议精神"等政策依据、政策性事实之间的冲突。这一解释结论显然超越了法条中"城市建设行政主管部门"之文义涵盖范围，属于法官在个案中的法律续造活动。

此外，这个论证结果也为原本没有上位法依据的行政规范性文件《河南省人民政府办公厅关于加快推进西气东输利用工作的通知》中关于"各级计委为西气东输利用工作的责任联系单位"等规定提供了合法依据，从而确认了这些行政规范文件的合法性，为其作为裁判依据消除了障碍。但令人遗憾的是，本案判决的论证过程显然没有体现出法官在面对疑难案件时所应具有的审慎态度，最高人民法院在未作任何法律论证的条件下，十分"粗暴"地以政策规范排除了具有"准法源"地位的规章条文的适用，并将未作合法审查的政策规范作为裁判依据予以适用，显示出司法审查能力的欠缺。

---

① *National Labor Relation Board v. Jones and Laughlin Steel Company*, 301 U. S. 30, 1936.
② 所谓"开放的漏洞"，是指根据法律之规范意图，特定案件事实应属于法律规整之范围，但却欠缺法律规则的调整，即法律对于"应规定"之事项未作出规定。参见〔德〕卡尔·拉伦茨《法学方法论》，陈爱娥译，五南图书出版有限公司，1992，第287页。

最后，在第③种情形中（以"美通公司案"、"黄金成案"等案件为代表），对于一些较为简单的法律或事实问题的判断，法院为了增强其裁判理由的说服力，在未作合法审查的前提下任意援引行政规范性文件。如果说前两种情形反映出法院对行政规范性文件进行司法审查能力的欠缺，那么，此种情形则体现出法院在裁判说理过程中过分依赖行政规范文件的消极、怠惰倾向，其实质是以行政规范性文件实施司法审查意识的匮乏。

四 关于问题的解释：法官的行为逻辑与司法审查权正当性不足

应当如何认识行政规范性文件司法审查权缺乏实效性与法院审查能力不足的问题呢？现有研究大凡倾向于从外部制度环境对法院独立审判产生的消极影响中，考察行政诉讼制度运行中的种种问题，或者在法解释学的立场上，从完善司法裁判技术与制度规范建构的角度提出应对之策。本文认为，从司法权自身的运行逻辑角度考察其面临的问题，或许是一个更富有解释力的视角，因为，法官在行政规范性文件司法审查中所表现出的司法技术上的种种问题，实际上可以在这个层面得到更为透彻的解释。法解释学的研究虽然对于规范、制度的完善大有裨益，但对制度运行的现实逻辑缺乏足够关注，进而对权力运行的实然状况缺乏深入的解释与回应。基于此，以下本文将在中国法院系统"政策实施型"制度逻辑的背景下，从法院权力组织机构的科层化与司法权的行政化对法官行为逻辑产生的影响、最高人民法院司法解释权遇到的合法性与正当性疑问对行政规范性文件司法审查权产生的影响这两个角度，对上述问题产生的原因进行分析与解释。

（一）司法权行政化背景对法官行为逻辑的影响

美国学者达玛什卡认为，"纠纷解决"和"政策实施"是任何一个司法制度都具备的两大基本功能，现实中并不存在纯粹的以解决纠纷或者是执行政策为目的的司法制度，世界各国的司法制度之所以风格迥异，是因为它们在这两大基本功能之间的权重有所不同。① 当下中国的司法制度属于典型的侧重于"政策实施"的类型,法院的中心任务被定位于执行国家在各个时期的政治与政策纲领,而"纠纷解决"则是其附随的功能。② 这种逻辑必然导致法院权力组织结构的科层化,因为确保国家政策目标有效实施的最佳权力组织形态是科层制下的整个权力体系的"上下一致"和"整齐划一"。

与"政策实施型"逻辑和科层化的权力组织结构相伴随的是中国法院系统司法权的行政化。尽管"政策实施型"逻辑和科层化组织结构并不必然导致司法权的行政化,如欧洲大陆的司法体制被认为具有较为典型的政策实施倾向和科层制特征,但其"适度的"政策实施倾向和科层化只是体现在较英美法系司法制度更为积极主动的法官地位、更为多层级与逐级推进的司法程序等方面,其司法权的运行仍然具有"逻辑法条主义"与形式理性的基本属性,足以确保其中立的纠纷裁决功能的实现。③ 然而,政策实施所追求的"结果正确"导向与司法决策的形式理性、"法条主义"(Legalistic) 特征之间毕竟存在不可调和的矛盾,如果一个司法制度呈现过于强烈的"政策实施型"倾向,为了实现政策有效实施所需的权力有序运行,其决策标准就会更倾向于以"结果考量"为基础的"技术官僚取向"(Technocratic Orientation),从而削弱、损坏司法决策的法条主义技术特征;与"技术官僚取向"决策标准相对应的则是权力运行机制强烈的上级干预下级、严格的层层审批等行政化特征。极端的政策实施取向甚至会使法律

---

① 为了对各种司法制度进行更为细致的分析与比较,达玛什卡建构起"政策实施型"与"纠纷解决型"两种相互对立的理想类型,前者对应于"科层理想型"程序与"能动型"国家制度,后者则与"协作理想型"程序与"回应型"国家制度相对应。参见〔美〕米尔依安·R. 达玛什卡《司法和国家权力的多种面孔》,郑戈译,中国政法大学出版社,2004,第24页以下、第145页以下。

② 这可从历届最高人民法院院长的工作报告中体现出来,如新中国成立之初,沈钧儒院长代表最高人民法院作法院工作报告时,将人民法院的中心任务定位于:"巩固革命胜利果实,保护新中国和平建设";在董必武任院长时期,人民法院的中心政治任务被设定为"法律锋芒指向一切危害国家安全和破坏经济建设的反革命分子和其他各种犯罪分子";改革开放之后,最高人民法院逐步将"为社会主义经济发展保驾护航"纳入法院的核心政治任务。参见时飞《最高人民法院政治任务的变化——以1950—2007年最高人民法院工作报告为中心》,《开放时代》2008年第1期,第123页以下。

③ 参见〔美〕米尔依安·R. 达玛什卡《司法和国家权力的多种面孔》,郑戈译,中国政法大学出版社,2004,第73页以下、第83页以下。

程序沦为"陪衬"，进而陷入法律工具主义。尽管处于法治化进程中的中国司法程序之"法条主义"特征逐步增强，其"纠纷解决"的功能亦不断得到强化，但中国法院系统的"政策实施型"取向以及司法权的行政化倾向在总体上依然清晰可辨。

在这一背景下，法官对行政规范性文件实施司法审查能力不足的问题可以得到合理的解释。中国法院系统的"政策实施型"制度逻辑与审判权的行政化运作，不仅体现在案件审理过程中的层层审批机制、自上而下的司法问责机制与行政化的考核制度等方面，[①] 还体现在科层化和政策实施导向导致的法官普遍形成体制化的行为逻辑和思维方式等方面。这十分鲜明地体现在法官对行政规范性文件的司法审查之中，并成为法院司法审查能力不足的根本性原因。

首先，严格的科层化法院体制将法官分为不同等级并置于一个上下的链条之中，在保持一致和司法问责、上级检查等机制的压力下，法官们在审理案件过程中普遍恪守这样一种消极的行为逻辑：遇到稍微复杂的案件或是没有具体法律规定的案件，法官往往习惯性地层层请示，等待上级法院的批复、解释以获得现成的结论，这是中国的科层化司法体制中最为安全、妥帖的案件处理方式。在某些案件的审理中，甚至出现了没有上级法院的批复或指示就"不会办案"或"不办案"的现象。[②] 这种行为逻辑亦得到了制度上的回应与认可，这主要体现为最高人民法院、地方各级人民法院针对下级法院的频频请示，可以作出各类具体的或抽象的指令。[③] 当法官在审理行政案件过程中遇到缺乏直接、明确上位法依据的行政规范性文件，而又无法找到可以直接适用的审查标准时，按照这种行为逻辑，他们显然不会尝试运用法律解释技术以求在个案中解决问题，而是向上级请示，坐等上级提供明确的方案以对案件作出处理。

---

① 〔美〕米尔依安·R. 达玛什卡：《司法和国家权力的多种面孔》，郑戈译，中国政法大学出版社，2004，第 133 页以下。

② 陈林林、许杨勇：《司法解释立法化问题三论》，《浙江社会科学》2010 年第 6 期，第 37 页。

③ 除了最高人民法院通过司法解释作出的指令外，各地方高级法院乃至中级法院通过制定司法解释性文件或者直接对具体案件作出指令，指导下级法院审判工作的现象一直屡见不鲜。即使在 2012 年《最高人民法院、最高人民检察院关于地方人民法院、人民检察院不得制定司法解释性质文件的通知》发布后，地方司法机关制定的司法解释性文件仍然源源不断，而该通知则被法官、检察官们批评"脱离中国实际情况"。在中国司法制度"政策实施型"逻辑与司法权科层化运行的语境下，这种批评是十分中肯的。

　　然而，此类案件的特殊之处使这种消极的行为逻辑发挥到了极致，从而可能促使法官作出放弃或回避对行政规范性文件进行司法审查（而不是向上级请示）的现实选择。行政案件纪要创设的司法审查权运行规则法律规范效力的缺失，强化了法官对于此类案件的消极态度（后文详述）。更为重要的是，放弃对行政规范性文件的司法审查并不会招致判决被推翻的风险（在笔者的关注范围内，尚未发现因未行使行政规范性文件司法审查权而被推翻判决的案件），在一个将上级意见奉为圭臬的过度科层化的司法体制中，这显然是决定法官行为逻辑的重要因素。综合这些因素，法官放弃或回避对行政规范性文件的司法审查，自然是一个最为合理、现实的选择。从中不难发现，科层化司法体制下法官的行为逻辑和现实选择，堵塞了他们在行政规范性文件司法审查案件中自觉运用法律方法和司法技术解决疑难问题的可能性，从而导致其司法审查能力的缺失。

　　其次，行政化司法体制下的法官行为逻辑，还容易衍生出一种倚重于政策考量与行政级别的体制化思维，这往往突出体现在某些疑难案件的审理过程中。本文第三部分对"益民公司案"的分析，实际上清晰地展示了两种截然不同的判决思路：第一种是以"结果考量"为基本逻辑的"技术官僚取向"的判决思路——为达至正确的裁判结果，法官不惜违背行政诉讼法与司法解释规定的"参照规章"的要求，以政策性依据否定具有法规范效力的行政规章条款的适用，进而在未对行政规范文件进行合法审查的条件下，将其作为裁判依据；第二种是本文作者所设想的以法条主义为基本逻辑的法律论证进路——尽可能地运用司法技术填补规章条文与个案事实不相调适而产生的规则漏洞，完成对行政规范性文件的合法性论证，进而得出正确的判决结论。两种不同的判决思路与论证过程体现出"技术官僚取向"的决策标准与法条主义司法论证标准之间的根本分殊。现实中，法官显然遵循第一种思路，从而使此案判决理由中的部分内容沦为纯粹的政策性决断。这实际上是在疑难案件审理中，法官倚重于政策考量与行政级别的体制化思维方式的体现。当作为裁判依据的法规范处于不明确状态，但依据政策性指示可以得出"正确结果"时，法官"下意识"地选择依据政策作出裁判从而舍弃了略显"烦琐"的法律论证过程，这自然是十分合理的。更何况该案中涉及的政策依据的制定机关是我国行政层级最高的国务院，而与之相冲突的法规范依据只是法官可以"参照适用"的国务院下属部门制定的规章条文，二者行政层级有上下之分，这或许也是促使法官在此案中作出政策判断的重要因素。王庆廷法官的研究为分析行政级别因素对法官的影响提供了佐证，在其问卷调查的上海地区 40 位从事行政审判的法官中，有 24 位（占比 60.0%）在规范性文件审查中"有行政级别的顾虑，即对级别高于法院的行政机关发布的其他规范性文件倾向于不予审查，直接认定（其合法性）。且顾虑程度与级别高低呈现正相关态势，级别越高，顾虑越大"。[①] 另外，这种倚重于政策考量与行政级别的体制化思维，还可能导致法官对行政规范性文件丧失基本的审查意识，在判决中过于依赖行政规范性文件对相关事实和法律问题的认定，以至于未经审查就将其作为辅助性的裁判依据予以适用，从而完全丧失了司法判断的独立性。

（二）正当性不足加剧司法审查权行使的消极化

与世界上大多数国家的最高法院不同，中国的最高人民法院享有通过司法解释制定抽象规则这一实质意义上的权力。最高人民法院发布司法解释，与法官依托个案进行的法律续造有着本质区别，其实际上是一种脱离具体案件的抽象规则创制活动，[②] 其中最为典型的样态是：立法机关颁布的法律关涉审判实践，最高人民法院会出台一部与之"配套"的司法解释对其作出系统全面的解释，其内容除了一些澄清具体法律条文歧义的条款外，还含有大量超越法律文本的新规则，甚至包括不存在解释对象原创性的"解释"条款。

由于我国立法体制存在的种种问题，最高人民法院系统的、立法化的司法解释确实有其制度和社会的需求，在一定程度上发挥着弥补法律漏洞、为立法机关提供先导性实践经验的积极功能；[③] 此外，由最高法院行使实质意义上的立法权也与中国法院系统的"政策实施型"制度逻辑相契合。在"政策实施型"逻辑所导致的科层化的法院权力组织结构中，位于

---

① 参见王庆廷《隐形的"法律"——行政诉讼中其他规范性文件的异化及其矫正》，《现代法学》2011 年第 2 期，第 83 页。

② 考察最高人民法院分别以"解释"、"规定"、"答复"、"批复"命名的四种类型的司法解释，除了"答复"和"批复"涉及对各高级法院和军事法院提出的法律适用中具体问题的答复意见外，其余大量的司法解释均以制定抽象规则为主要内容，目的在于为下级法院提供审判规范准据。

③ 袁明圣：《司法解释"立法化"现象探微》，《法商研究》2003 年第 2 期，第 3 页以下。

权力金字塔顶端的最高人民法院作司法解释是实现整个法院系统权力运行"步调一致"的必要机制。①

然而，随着中国法治化进程中法院功能定位的逐渐嬗变，最高人民法院司法解释这一抽象规则创制活动，正面临越来越严峻的合法性与正当性危机。在规范依据层面上，全国人大常委会《关于加强法律解释工作的决议》是否授予了最高人民法院如此广泛的抽象司法解释权尚存一定的争议，② 而 2015 年修正的《立法法》第 45 条和第 104 条则对最高人民法院、最高人民检察院（以下简称"两高"）的司法解释权作了较为全面的限定。首先，"两高"的"具体应用法律"解释权的对象被限定为"具体的法律条文"，而解释内容亦必须"符合立法的目的、原则和原意"；其次，若"两高"遇到"法律的规定需要进一步明确具体含义"、"法律制定后出现新的情况，需要明确适用法律依据"的，则需要向全国人大常委会"提出法律解释的要求或者提出制定、修改有关法律的议案"，不得自行解释；最后，"两高"所作的司法解释"应当自公布之日起三十日内报全国人民代表大会常务委员会备案"，旨在加强全国人大常委会对司法解释的监督。据此，最高人民法院显然不具有针对法律文本的广泛抽象解释权，这可看作立法层面对司法解释长期被质疑的直接回应。

而在法理层面上，直接创制抽象法律规则的权力原则上应属于作为民意代表机关的议会，且需在民主立法程序的轨道中运行，这是现代民主立宪体制的金科玉律。由非属民选机关的法院行使这一权力显然缺乏民主正当性。在实际操作中，由最高人民法院审判委员会制定的抽象性司法解释既无法实现民主立法程序中不同利益群体之间的博弈、妥协和整合功能，

---

① 这种机制亦存在于同样具有显著"政策实施"特征的苏联法院体制中，其最高法院不仅可以对下级法院就具体案件的审理发布直接指令，还可以为其审判工作创设超越法律规定的抽象规范。参见〔美〕米尔依安·R. 达玛什卡《司法和国家权力的多种面孔》，郑戈译，中国政法大学出版社，2004，第 293 页。

② 1981 年五届全国人大常委会通过的《关于加强法律解释工作的决议》规定："凡属于法院审判工作中具体运用法律、法令的问题，由最高人民法院解释。"这一规定是否授予最高人民法院系统、全面的抽象司法解释权，实际上并不明确。现行法制事实上认可了最高人民法院这一权力，但对其质疑之声仍然不绝于耳，如陈林林认为，根据这项规定中"具体运用法律、法令的解释"之表述，即可认定最高人民法院严重越权、违法。参见陈林林、许杨勇《司法解释立法化问题三论》，《浙江社会科学》2010 年第 6 期，第 35 页。

也不公开法官的决策过程和权衡因素，甚至存在被利益集团"绑架"的危险，① 其解释结果的公正性和正确性经常遭到理论界与实务界的批评。② 尤其是当这种解释活动突破了法律条文的涵盖范围，创设出超越法律文本的新规则时，其"行解释之名却无解释之实"的特征更为明显，则会招致更为严厉的批评与质疑。③

本文所讨论的行政规范性文件司法审查权，不仅由最高人民法院的抽象司法解释所设定，还超越了 1990 年施行的《行政诉讼法》的文本涵盖范围。这就使这项权力可能遇到两个层面的正当性疑问：一是创制权力的渊源——最高人民法院司法解释的上述困境导致的权力正当性疑问；二是权力的实质内容已然突破了 1990 年施行的《行政诉讼法》设定的仅就具体行政行为进行司法审查的范围，即最高人民法院通过自我赋权改变法律设定的司法权与行政权之关系所引起的正当性与合法性疑问。行政规范性文件司法审查权在制度层面的上述境遇，不可能不对这项权力的创设与实际运行效果产生影响，这种影响在很大程度上加剧了由法官行为逻辑所决定的行政规范性文件司法审查权运行的消极化。

首先，在权力的创制方面，尽管我们无从考证最高人民法院审判委员会在创制这项权力过程中是否受到了司法解释所面临的合法性、正当性质疑的影响，但在客观效果上，创制权力所运用的规范依据却非常耐人寻味，通过行诉法解释与引用规定两部司法解释对这项权力作出较为简单的规定，尤其是行诉法解释第 62 条第 2 款的文字表述是如此隐晦，以至于需

---

① 例如，最高人民法院就《担保法》所作的司法解释，被批评为"不惜违背担保法的精神和法律的明定规定、极力维护银行等利益集团的利益，损害了尚未组织化的广大担保人的利益"，其原因在于，司法解释是由最高人民法院十几个审判委员会成员制定的，强势集团只要凭借自身组织化的政治和经济力量，疏通、影响这些人，就能获得对己有利的制度性优势。参见陈林林、许杨勇《司法解释立法化问题三论》，《浙江社会科学》2010年第 6 期，第 36 页。

② 例如，2004 年施行的《最高人民法院关于审理人身损害赔偿等案件适用法律若干问题的解释》第 29 条建立了以"城镇居民人均可支配收入"、"农村居民人均纯收入"为基准的死亡赔偿金计算方法，致使城镇居民的死亡赔偿金可达农村居民的数倍，这条饱受非议的"同命不同价"条款已招致三份违宪审查建议，并迫使最高人民法院向公众承诺作出补救性改变。参见陈默《监督法实施第一例："同命不同价"司法解释成标靶》，《21世纪经济报道》2007 年 7 月 5 日，第 7 版；肖阳《"同命不同价"将在近期改变》，《新华每日电讯》2007 年 3 月 15 日，第 1 版。

③ 董暤：《司法解释论》，中国政法大学出版社，1999，第 16 页。

要借助特定的法律解释方法，才能推导出隐含其中的司法审查权；而在权力运行的具体规则方面，则通过法院系统的内部文件行政案件纪要作出规定（暗含着仅将其作为法院内部的工作规程，避免引起公众关注之意图），这种"犹抱琵琶半遮面"式的权力创制方式，似乎显现出最高人民法院的某种顾虑或"底气不足"。而这又对权力运行的实效性产生了不利影响，因为通过行政案件纪要等司法解释以外的规范性文件设定的规则，由于缺乏刚性的法律规范效力，在实践中往往并不被各级人民法院所严格遵守，当法官在个案中适用这类规则遇到障碍时，对其作出"灵活处理"是一种较为常见的现象。① 王庆廷法官的研究为此提供了佐证，在他针对上海各级法院从事行政审判工作的法官所作的问卷调查中，对于"审理时涉及其他规范性文件，您是否会审查？"这一问题，40 位法官中有 20 位（占比50.0%）选择了"具体问题具体分析"的模糊选项，3 位（占比 7.5%）选择"不会审查"，12 位（占比 30.0%）选择"一般会审查"，只有 5 位（占比 12.5%）选择了"一定会审查"的肯定选项。② 这意味着在大多数法官看来，行政规范性文件司法审查权的具体运用是存在"灵活处理"的选择空间的，这项权力的适用规则并不是一项必须遵守的刚性规定。

其次，行政规范性文件司法审查权的正当性与合法性疑问，还可能导致法官行使这一权力主观意愿的缺失。王庆廷法官的问卷调查表明，法院对行政规范性文件实施合法性审查比重较小的一个重要因素是法官行使这一权力主观意愿的缺失，这主要是因为法官的"审查勇气"不足。而法官"审查勇气"不足的首要原因是"强行政弱司法的政治体制"（接受问卷

---

① 本文作者余军于 2014 年 12 月至 2015 年 12 月在浙江省人民检察院民事行政检察处挂职期间，就"司法解释以外的规范性文件的适用问题"，对 10 位法官、检察官（法官 5 位、检察官 5 位）进行了访谈，其中有 8 人（4 位法官和 4 位检察官）均表示，在实践工作中，如遇到"两高"发布的司法解释以外的规范性文件"与实际情况不符合"或者是"和司法解释、法律的规定不一致"等情况时，办案人员对其进行"灵活处理"是一种司空见惯的做法，另外 2 人对此不置可否。此种情况的最为典型的例子是，2012 年"两高"联合发布《最高人民法院、最高人民检察院关于地方人民法院、人民检察院不得制定司法解释性质文件的通知》这一规范性文件后，地方司法机关制定的司法解释性文件仍然源源不断，甚至出现了有增无减的趋势。接受访谈的法官和检察官大多认为，禁止地方法院和检察院制定司法解释性文件，脱离了中国司法实践的"实际情况"，可能引起上级法院或检察院不能有效地指导下级机关的工作，因此对其进行"变通"是必要的、合理的。

② 参见王庆廷《隐形的"法律"——行政诉讼中其他规范性文件的异化及其矫正》，《现代法学》2011 年第 2 期，第 83 页。

调查的 40 位法官中有 36 位选择此项，占比 90.0%），其次是"行政诉讼法对于司法审查没有明确授权"（40 位法官中有 23 位选择此项，占比 57.5%）。[①] 法官对"行政诉讼法对于司法审查没有明确授权"的担忧，实际上就是对这项权力正当性与合法性不足，以及在"强行政弱司法的政治体制"中行使权力可能引起的政治与法律风险的担忧。这种担忧又使他们在遇到具体案件时，普遍带着"多一事不如少一事"的自我防卫心态，在操作上则体现为尽可能地"不予审查"或"回避审查"。[②]

行政规范性文件司法审查权面临的正当性、合法性疑问所产生的上述两个方面的影响，与前述法官的行为逻辑交织在一起，从主客观两个方面进一步加剧了法官行使这一权力的消极程度。首先，权力运行规则并不具有法律规范效力，无法在客观上对法官放弃行使权力的消极行为产生有效的拘束作用；其次，因权力未得到法律明确授权引起的法官行使权力主观意愿的缺失，则对法官消极的行为逻辑起到了强化和推动的作用，成为他们放弃行使权力的重要主观因素。

结　语

对行政规范性文件司法审查权的实效性考察，为研究当下法院司法权的运行逻辑和现实境遇提供了一个富有价值的视角。从中不难窥探出，与"政策实施型"制度逻辑相一致的科层化的法院权力组织结构、司法权的行政化及相应的法官行为逻辑，导致了法院对行政规范性文件实施司法审查能力的不足；而行政规范性文件司法审查权本身面临的正当性、合法性疑问，则可能加深了法官行使这一权力的消极化。修正后的《行政诉讼法》对行政规范性文件附带审查权的确立，使这项权力的性质发生了根本的变化——从最高人民法院通过司法解释创设的权力转变为最高立法机关通过法律设定的权力，这基本上可以消解权力的正当性、合法性疑问所产生的消极影响。但在目前的制度环境下，这种立法上的调整尚不能从根本

---

① 参见王庆廷《隐形的"法律"——行政诉讼中其他规范性文件的异化及其矫正》，《现代法学》2011 年第 2 期，第 87 页。

② 参见王庆廷《隐形的"法律"——行政诉讼中其他规范性文件的异化及其矫正》，《现代法学》2011 年第 2 期，第 83 页。

上解决行政规范性文件司法审查机制中的核心问题，即法官体制化的行为逻辑对其在个案中运用司法技术与法律方法的阻遏，以及其导致的司法审查能力的缺失。易言之，在司法权行政化等宏观制度因素尚未发生较大改变的情形下，行政规范性文件司法审查权的实效性或许很难取得根本性的强化。

但这并不意味着法解释学、法政策学层面的努力已然无法推动制度的改进。实际上，在审查标准等具体规则的建构与完善方面，现有法规范尚存在较大的提升空间。正如本文第三部分所分析，司法实践中适用的"与上位法相抵触"、"与上位法不一致"审查标准并未形成对行政规范性文件违法类型的完整涵盖，致使诸多案件的审查标准处于不明确的状态，审查标准的不完备事实上已经成为行政规范性文件司法审查机制中较为凸显的问题。因此，在规范依据上确立完整、明确的审查标准已成为制度完善的当务之急。实际上，2007 年施行的《各级人民代表大会常务委员会监督法》第 30 条规定的规范性文件备案审查标准，已经为此提供了可参照的整体性框架。该条文除了确认现行"与上位法相抵触"标准外，还新增了"超越法定权限，限制或者剥夺公民、法人和其他组织的合法权利，或者增加公民、法人和其他组织的义务"之标准，其意义在于突破了现有审查标准仅以维护法秩序、控制权力为目标的狭隘局面，增设了以权利保障为目的之审查标准。以这个规定为基础，吸收域外法制的成功经验，可以发展出完整、明确的行政规范性文件司法审查标准——一种注重维护法秩序、控制行政权力，以权利保障为基本价值取向的审查标准。[①] 在规范依据类型的选择上，由最高人民法院出台新的司法解释对此作出具体的规定，则是最为现实可行的方案。尽管由司法机关直接制定抽象规则的做法在学理上尚存质疑，但这个方案在我国当下法制中仍具有充分的合法性。

---

① 关于行政规范性文件与法规、规章审查标准，学界已有较为充分的研究，研究者普遍认为，中国现行法规范中缺少以权利保障为目的的审查标准，主张以我国现行法规范为基础，吸收域外司法实践中的经验，如对德国法上的比例原则与美国法上的三重审查基准的吸收，在"与上位法相抵触"标准之外确立授权标准等。参见潘爱国《论我国司法机关法规审查标准之重构》，《北方法学》2011 年第 2 期，第 128 页以下。他们大多忽视了《各级人民代表大会常务委员会监督法》第 30 条实际上已经为规范性文件审查标准提供了一个较为完整的框架（其中包含以权利保障为目的的标准），这个规定应该成为研究规范性文件审查标准的一个重要规范依据。

依据《立法法》第 104 条的规定，最高人民法院作出的属于审判工作中具体应用法律的解释，应当主要针对具体的法律条文。由最高人民法院司法解释作出的关于行政规范性文件审查标准的规定，可以看作针对修正后的《行政诉讼法》第 53 条这一具体的法律条文的解释，属于最高人民法院解释权限范围之内，因而无须"向全国人民代表大会常务委员会提出法律解释的要求或者提出制定、修改有关法律的议案"。

在法律层面上对行政规范性文件审查标准的明确，则应希冀于未来制定的行政程序法典中对行政规范性文件合法性要件的设置。

第四编　行政公益诉讼

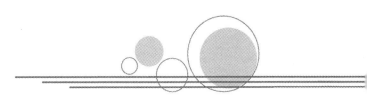

论行政公益诉讼[*]

王太高^{**}

摘　要：行政公益诉讼是公民、法人或其他社会组织针对损害社会公共利益的行为提起的行政诉讼，其蕴含的社会价值充分体现了现代社会国家福利行政、给付行政的客观要求。一切诉讼都具有保护公益的目的，公益诉讼是传统私益诉讼对公益保护的深化，在我国建立行政公益诉讼制度在理论上并无多大障碍。但是，理论层面至少要解决受案范围和原告资格两个基本问题。对于受案范围，在充分挖掘法律条文内涵的基础上，完全可以将行政公益诉讼纳入受案范围。对于原告资格，只要原告受到了可以辨认的轻微的事实上的损害，就足以确定其具有诉讼资格。

关键词：行政公益诉讼　行政诉讼法　公共利益　受案范围　原告资格

一　公益诉讼与行政公益诉讼

公益诉讼是相对于私益诉讼而言的。早在罗马法时期，其程式诉讼就有了公益诉讼和私益诉讼之分。一般来说，前者是指私人对危害社会公共利益的行为提起的诉讼，除法律有特别规定外，凡市民均可提起；后者是

---

* 本文原载于《法学研究》2002 年第 5 期。

** 王太高，原文发表时为扬州大学副教授。

指私人基于个体权益提起的诉讼，仅特定的人可提起。①

就公益诉讼而言，依据被诉对象（客体）的不同可以分为民事公益诉讼（或称经济公益诉讼）和行政公益诉讼。② 前者主要是指在产品质量侵权、环境公害、医疗损害等情形下，因当事人缺乏相应性和对应性，由非法律上的利害关系人提起的诉讼，在诉讼过程中适用民事诉讼法的相关规定；后者是针对国家公权机关的行为或不行为提起的诉讼，在诉讼过程中适用行政诉讼法的相关规定。由于公共权力部门本身就承担着维护公共利益的职能，其作为或不作为发生侵害公共利益的可能性较大，而且其他社会组织或个人危害社会公共利益的行为，在一定意义上也可以说是公共权力部门疏于管理或管理不力造成的。因此，相比较而言，行政公益诉讼较民事公益诉讼或者经济公益诉讼来说意义更加重大。

行政公益诉讼作为公民、法人或其他社会组织针对损害社会公共利益的行为提起的行政诉讼，同传统行政诉讼相比有以下几方面的特征。①提起诉讼的公民、法人或其他社会组织通常是非法律上的直接利害关系人，即原告一般是与被诉的行政行为或不行为没有直接利害关系的组织和个人，他们依据法律的授权，以自己的名义提起诉讼。②诉讼的对象是公共权力部门，即国家机关及公务员，审查的是国家机关的行为和不行为。③诉讼的目的往往不是个案救济，而是维护公共利益，原告的诉讼主张所指向的是公共利益而非某个人或某些人的利益。④诉讼的功能具有明显的预防性质，因为诉讼的提起不以发生实质性的损害为要件，即对公益的侵害不需要现实地发生，只要根据有关的情况合理地判断其具有发生侵害的可能性即可提起诉讼。从社会效果来看，行政公益诉讼实际上是用较小的司法投入保护了更大范围的社会利益，节约了社会资源。⑤判决的效力所及对象未必仅限于诉讼当事人。在行政公益诉讼中，通常会有不特定的多数人依法享有原告资格，而向法院所及对象提起诉讼的可能只是其中的某个人或某些人，在此情况下，法院判决的效力并不仅仅局限于诉讼当事

① 参见周枏《罗马法原论》（下册），商务印书馆，1994，第886页。
② 也有人对公益诉讼持三分法论，认为民事公益诉讼和经济公益诉讼是两种不同的公益诉讼形式，其差别在于民事公益诉讼以民事违法为前提，而经济公益诉讼则以经济违法为前提。但多数学者持两分法论，并且认为这种两分法也只具有理论意义，从确立公益诉讼的社会必要性来看，只有行政公益诉讼才是最具意义的。

人，而是遍及所有享有原告资格的人。

二　行政公益诉讼的缘起

在早期自由市场经济时期，由于商品生产和商品交换都局限在较小的范围内，如果个人利益受到侵害，只要提起私益诉讼就可以遏制那些违法行为，进而实现对权利的保护；并且通过这种微观的经济安全以及个人权利的保障，也能充分实现保障社会经济安全和社会整体利益的目的。所以，为了节约有限的诉讼资源，防止滥诉，各部门诉讼法一般都对诉的主体资格作出严格的限制，规定只有法律上的直接利害关系人才有资格提起诉讼。但是产业革命以后，"随着现代社会的复杂化，单单一个行动就致使许多人或许得到利益或许蒙受不利的事件频繁发生，其结果使得传统的把一个诉讼案仅放在两个当事人之间进行考虑的框架越发显得不甚完备"。面对这种情况，"当今福利国家虽然采取了一些相应的措施，但是，被忽视的一点是，组成集团的每一个个人，即使有一系列的诉讼理由，多数情况下并没有能力为保护自己而提起诉讼。其中，知识的欠缺和不能负担解决纷争、寻求个人应得利益及援助所需费用这两点是很大的障碍。因此，目前司法领域一个主要问题不是为个人提供对付集团侵害的（事后的）援助，而在于事前便阻止侵害的发生、实现公共利益、形成具有实效性的集团性援助方案"，于是"私人为了维护公共利益而提起诉讼近来不断增加"，并且绝大多数学者认为这是民事诉讼法"今后最主要的发展"方向。[①] 意大利卡佩莱蒂教授关于民事公益诉讼兴起原因的总结同样适用于行政公益诉讼：行政公益诉讼蕴含的社会价值充分体现了现代社会国家福利行政、给付行政的客观要求。

第一，行政公益诉讼体现了现代法制的发展方向。随着世界民主法治进程的加速，公民的参政意识和对国家机关的监督意识日益增强。人们越来越清楚地认识到，在公民权利和国家权力的关系上，公民权利是源，国家权力来源于公民权利并为其服务。与此同时，20 世纪以来团体

---

① 〔意〕莫诺·卡佩莱蒂编《福利国家与接近正义》，刘俊祥等译，法律出版社，2000，第65 页以下。

主义日渐盛行，法律为适应社会的变化亦由个人主义的权利本位观向团体主义的社会本位观转变。这种社会化的法律一方面要求消除绝对个人主义的自由权利的弊端，另一方面要求国家担负起维护社会公众福利的责任，同时还赋予人民向国家请求保护其各种社会权益的权利。因此，当社会的公共利益遭受损害，特别是国家怠于行使职权造成公共利益受损或对公共利益保护不力时，倘若个人或其他社会组织无法提起诉讼，不仅不能体现法律的公平和正义，而且也不符合权利意识日益增强的公民的权利要求。从这个意义上来说，行政公益诉讼反映了现代法制的发展方向。

第二，行政公益诉讼体现了法律的御前功能，符合法治经济便宜的原则。法律的真正价值应当体现为对人们行为的事前警示和防范而不仅仅是事后的惩戒，从经济学的角度来看，法律只有充分实现其御前功能，才能实现社会利益的最大化。传统诉讼的一个重要功能在于事后的惩戒和补救，即在损害事实发生后通过对违法行为的惩治达到维护社会秩序的目的。虽然受害人的损害得到了弥补，但从整个社会的角度来看，还是造成了不经济。而公益诉讼的提起不以发生实质的损害为要件，任何个人或组织，对于可能危害或者已经危害社会公共利益的行为均可以依法提起诉讼，这将在客观上达到防患于未然的效果，改变传统诉讼事后补救的被动性，把危害社会公共利益的行为消灭在萌芽之中。

第三，行政的公共性决定了必须将公益诉讼纳入行政诉讼的范围。在现代国家行政诸特征中，公共性是其本质特征。行政作为一种公共权力是适应社会公共生活需要的形成物，它以公共事务的管理为内容，以公共利益为价值取向，并以直接性、主动性而与立法、司法的公共性相区别。[1]现代行政的这种公共性特征决定了一切行政活动都必须以维护公益为己任，即便行政机关享有裁量权，其裁量也应以维护公益为标准。[2] 一旦偏离或背离这一目标，必须运用一切手段包括诉讼来予以补救。

第四，行政公益诉讼有利于弥补国家行政管理的漏洞。现代社会日趋复杂化，政府的公共事务也日趋繁多，这使政府的管理不可能面面俱到，

---

① 杨海坤：《现代行政公共性理论初探》，《法学论坛》2001 年第 2 期。
② 翁岳生：《行政法与现代法治国家》，月旦出版公司，1990，第 2 页。

难免有遗漏之处。为了保证国家对社会生活的管理目标得以实现，借"私人检察官"的力量来补充国家力量的不足在现代社会就显得很有必要，这也符合当代社会中介组织日趋发达，政府将越来越多的公共事务交由社会中介组织（个人可视为中介组织的一种特殊形式）来完成的趋势。行政公益诉讼在一定意义上可以说是国家将维护公共利益的责任部分地交与了社会中介组织和个人。①

第五，行政公益诉讼有助于监督行政机关依法行政，提高依法行政的水平。从自然法思想开始，以权力制约权力始终被看成监督和控制公权力的一个极其有效的手段，即便如此，人们也从来没有否认过人民的权利对公权力的制约作用。在一定意义上，权利对权力的监督和制约较权力对权力的监督和制约更有意义，因为行政机关并不是超脱于一切利害关系之外的，其本身也组成了一个集团、一个阶层，相互之间也有直接的利害关系。② 权利对权力进行制约和监督的途径很多，其中行政公益诉讼不失为一个行之有效的途径。当行政机关的违法行为、不当行为或者不行为，即使还没有达到使公民、法人的利益遭受现实损害的程度，无法律上直接利害关系的人也可以诉请司法机关对其进行司法审查时，行政机关便不能不提高依法行政的自觉性。从我国政府行政的现状来看，这一意义尤为重大。以綦江虹桥事件为例，修桥是一项公共工程，由政府发包，政府为何要发包给一个没有任何建筑资格、技术的个体户？对于这样一个明显不当（实际上是违法）的行为，如果允许人民以纳税人的身份提起诉讼，由法院对其合法性进行审查，人民也就无须付出惨重的生命代价了。类似的情况说明，开放行政公益诉讼，让私人介入，广泛参与对公共权力的监督，使不仅损害私人利益，还损害公共利益甚至不能增进公共利益的行政行为面临被诉危险，政府机关依法行政的时代才会真正到来。

第六，行政公益诉讼有助于切实保护相对人的合法权益。就一般意义

---

① 梁慧星等：《关于公益诉讼》，载吴汉东主编《私法研究》（第 1 卷），中国政法大学出版社，2001，第 351 页。

② 梁慧星教授等指出，分权与制衡理论在实践中必然会导致公权的无限扩张、行政权的无限扩张和政府机构的无限扩张，而其对公权的监督与制约的效果却是十分有限的，甚至是失败的。梁慧星等：《关于公益诉讼》，载吴汉东主编《私法研究》（第 1 卷），中国政法大学出版社，2001，第 365 页以下。

而言，行政机关作为公权力的行使者，依法行政本质上就是对相对人利益的保护。行政公益诉讼对相对人合法权益的保护当然不仅限于此，其更加深刻地表现在这样一些情形之下。因为侵权类型的不同，虽然同时侵犯了多数人的利益，但对每个人来说，这种损害并不是很严重。也许有人认为"个别地"寻求法律救济没有什么意义，或者没有足够的资金提起诉讼，但也可能存在没有达到法律援助的资格，或受害人没有利用现存的起诉程序所规定的语言的能力的情况。另外，如果侵害涉及极为复杂的事实关系或有关法律极为难理解，为了获得救济要花费与自己的要求不相称的费用，甚至有可能发生被告得到的利益比原告更多的情况，就会使一些潜在的原告失去提起诉讼的意愿。在这种情况下，如果不提起诉讼，就不可能提出任何异议，一些不当行为也不会受到关注。在这些领域，原告通过提起诉讼便可推动公共利益的实现。[1] 而公共利益的实现客观上也保护了相对人的利益。因为公共利益实际上是与每一个人都休戚相关的利益，公益与私益在本质上是一致的，二者有时甚至是交织在一起的。德国学者鲁道夫·冯·耶林早在 1872 年就指出："公共利益在由个人接近权利实现的情形下，就不再仅仅是法律主张其自身的权威、威严这样一个单纯的概念上的利益，而同时也是一种谁都能感受得到，谁都能理解得到的非常现实、极为实际的利益……即一种能够保证和维持各人所关注的交易性生活的安定秩序的利益。"[2] 我国台湾学者陈新民也认为，就公益和私益的本质而言，公益的概念并非绝对排斥基本权利所赋予人们的私益。[3] 因此，一切法律都必须建立在维护社会整体利益同时使个别成员的利益也得到维护这一基础之上。一旦失去公共利益这个前提，个人利益便会失去依托；而缺失对个人利益的关怀，公共利益将会失去正当性基础。从根本上来说，对公共利益的保护不仅有助于促进私益的发展，而且也是实现私益的一个极其重要的途径。

---

① 参见〔意〕莫诺·卡佩莱蒂编《福利国家与接近正义》，刘俊祥等译，法律出版社，2000，第 68 页以下。

② 转引自〔意〕莫诺·卡佩莱蒂编《福利国家与接近正义》，刘俊祥等译，法律出版社，2000，第 67 页。

③ 陈新民：《德国公法学基础理论》（下册），山东人民出版社，2001，第 349 页。

三　行政公益诉讼的实践及启示

行政诉讼制度确立的初衷是保障行政权的独立行使，防止并排斥司法权对行政权的僭越。但是自二战以来，随着社会经济的发展，西方国家普遍进入了福利国家时代，社会行政、福利行政日益增多。按照英美法律传统，福利行政和社会行政不属于普通法上的权利，是政府的赐予，公民或社会组织不能对其提起诉讼。然而福利行政和社会行政与公民生活密切相关，若公民或社会组织对这部分行政行为不具有原告资格，则不利于保护公民权利。于是，行政诉讼的价值重心逐渐转向了保护行政相对人利益、监督行政机关依法行使职权。这种转变的重要标志之一就是行政诉讼原告的范围不断扩大，越来越多的国家承认行政相对人基于公共利益而具有原告资格。

在美国，很早就有相关人诉讼、市民提起的职务履行令请求诉讼和纳税人提起的禁令请求诉讼等类似行政公益诉讼的形式。相关人诉讼即在私人不具有当事人资格的法域中，原则上允许私人利用相关人诉讼方式起诉。例如，1901 年纽约州曾有一判决就是允许私人以原告的身份起诉的，即对批准在道路上经营报亭的行政行为给予处分。市民提起的职务履行令请求诉讼最初是作为相关人诉讼提起的，后来私人不仅在实际上而且在名义上被允许以当事人的身份起诉。如 1896 年北达科他州的判决承认了私人要求依照宪法以州民投票的方式决定县政府所在地的请求诉讼。纳税人提起的禁令请求诉讼虽然本意为纳税人享有的为阻止地方公共团体的违法财产管理行为而提起诉讼的权利，但同时也针对造成金钱损失的违法行为。其中一起典型案件为：新泽西州的市民和纳税人以违宪为由请求法院对公立学校强迫学生读圣经发出禁令，尽管原告并未主张学生被迫读圣经所增加的学习时间会导致学校运营经费增加，但州的最高法院在判决中认为该案对于原告具有诉讼之利益。[①]　不过，行政公益诉讼的真正确立却是 20 世纪 40 年代的事。在 1940 年桑德斯兄弟广播站诉联邦委员会一案中，最高

---

① 参见〔日〕田中英夫、竹内昭夫《私人在法实现中的作用》，李薇译，载梁慧星主编《民商法论丛》（第 10 卷），法律出版社，1998，第 455 页以下。

法院承认虽然竞争者合法权利表面上没有受到损害，但是其实际上受到了损害——可以依法享有司法审查的起诉资格。三年以后，第二上诉法院在纽约州工业联合会（法人）诉伊克斯案中，针对被告主张的原告没有起诉资格一说，发挥了私人检察总长理论，赋予私人基于维护公共利益的需要提起诉讼的权利。①

在法国，行政诉讼有越权之诉与完全管辖权之诉两种。其中，越权之诉着眼于公共利益，主要目的在于保证行政行为的合法性，是对事不对人的客观诉讼。法国最高法院认为，法律中排除一切申诉的条款不能剥夺当事人提起越权之诉的权利。只有法律明确规定不许提起越权之诉时，当事人的申诉权才受到限制。②

日本《行政案件诉讼法》将行政诉讼案件分为抗告诉讼、当事人诉讼、民众诉讼和机关诉讼四种。前两种是以保护国民的个人利益为目的的主观诉讼，后两者是以维护客观的法秩序为目的的客观诉讼。根据该法第5条的规定，所谓民众诉讼，是指"请求纠正国家或者公共团体机关不符合法规的行为的诉讼，并且是以作为选举人的资格或者其他与自己法律上的利益无关的资格提起的诉讼"③。日本最高裁判所的一个判例很是引人注目。该案为请求营业许可无效的诉讼，理由是行政机构批准某项营业许可违反了公共浴池的设置必须距其他公共浴池250米以上的规定。最高裁判所认为，"运用妥当的许可制度所保护的行业内营业利益，不仅是单纯的事实上的反射性利益，也是公共浴池法所保护的法的利益"，因此，应当

---

① 王名扬：《美国行政法》，中国法制出版社，1995，第620页以下。所谓私人检察总长理论，按照杰·弗兰克的解释，是指"为防止公务员从事违反法律所赋予的权限（之范围）的行为，联邦议会可根据宪法将此类起诉权授予检察总长等公务员。……联邦议会还可以不指名检察总长或其他公务员为此类诉讼的提起人……而是根据宪法，以立法的形式赋予非公务员的个人或非公务员的组织诉讼提起权，即赋予为防止公务员从事违反法律所赋予的权限（之范围）的行为而起诉的权利。……当现实中发生争讼的时候……联邦议会可以赋予某人开始该争讼之诉讼程序的权限，不论其是否为公务员。即便这种诉讼程序的目的仅在维护公共利益，这种手段在宪法上是允许的。接受这一授权的人，就是私人检察总长"。这种观点最早见于1905年，当时的表述是"反对违法的行政行为的私人，拥有作为公共利益之代表的诉之利益"。参见〔日〕田中英夫、竹内昭夫《私人在法实现中的作用》，李薇译，载梁慧星主编《民商法论丛》（第10卷），法律出版社，1998，第467页以下。

② 参见王名扬《法国行政法》，中国政法大学出版社，1988，第669页以下。

③ 参见杨建顺《日本行政法通论》，中国法制出版社，1998，第719页以下。

承认与依该营业许可新成立的营业者有竞争关系的既存营业者的当事人资格。① 在另一案例中，日本秋田县教育官员召开了六次座谈会，座谈会的费用支出巨大，于是该县的居民到法院状告该县教育长，认为这样大的开支造成了政府大量资金流失，1990 年 6 月 25 日日本秋田地方法院对此作出判决，要求被告将多开支的钱拿出来归还县政府。②

在意大利民事诉讼和行政诉讼的范围内，有一种叫作团体诉讼的制度，它是被用来保障那些超个人利益或者能够达到范围很广的利益的一种特殊制度。这种团体诉讼的适用范围最初仅限于不正当竞争的诉讼，后来立法者将其扩大至劳动法、环境法。意大利 1986 年 7 月 8 日发布的第 349 号法令规定，如果行政机关的许可、拒绝或者不作为违反了对自然的保护及对自然景观的维护，那么某些被认可的团体，尽管其权利并没有受到侵害，也有权对这一行政行为提起诉讼。根据这一规定，对那些有关诉讼权限的传统的、主观的前提条件便可以不予考虑，而那些特殊的集团利益及超个人的利益也可以得到保障。③

在英国诉讼制度中，有一种混合程序，即用公法名义保护私权之诉，具体是指检察总长在别人请求禁制令或宣告令或同时请求这两种救济时，为阻止某种违法而提起的诉讼。检察总长使禁制令和宣告令这种基本上是捍卫私人权利的救济变成了保护公共利益的公法救济。该程序的基础是国家利益，即为了普遍的公共利益而维护法律。为了公共利益而采取行动是检察总长的"专利"，他的作用是实质性的、合宪的，他可以自由地从总体上广泛地考虑公共利益。因而他可以自由地考虑各种情形，包括政治的及其他的。在 1982 年国内税收委员会案中，贵族院更是明确肯定了某纳税人协会由于与国内税收委员会同意放弃某报业印刷行业 6000 名职工拖欠巨额所得税的行为具有"足够的利害关系"而具有原告资格。正如丹宁勋爵对此评说的那样，如果有充分理由假定一个政府部门或一个公共机构正在违反或即将违反法律，使女王陛下的成千上万的臣民遭受损失或受到伤

---

① 参见〔日〕田中英夫、竹内昭夫《私人在法实现中的作用》，李薇译，载梁慧星主编《民商法论丛》（第 10 卷），法律出版社，1998，第 468 页。

② 梁慧星等：《关于公益诉讼》，载吴汉东主编《私法研究》（第 1 卷），中国政法大学出版社，2001，第 362 页。

③ 〔日〕小岛武司等：《司法制度的历史与未来》，汪祖兴译，法律出版社，2000，第 115 页。

害，那么，任何受损失或伤害的人都可以将这种情况提请法院注意，并请求法院贯彻法律，而法庭则可以自行决定使用一切适当的救济手段。①

正是充分注意到了行政诉讼中的这些变化，美国著名行政法学者伯纳德·施瓦茨指出，"行政法方面的任何变化都没有原告资格方面的变化迅速。在最近几年中，原告资格的栏杆大大降低了"。在美国，"宪法允许国会授权任何人对此争议的问题提起诉讼，即便这种诉讼的唯一目的是保护公益也行"。②在法国，行政诉讼的主要目的"在于制裁违法的行政行为，保障良好的行政秩序，而不在于保护申诉人的主观权利，这是一种没有当事人，对事不对人的诉讼"③。在英国，行政诉讼的"申请人除作为公民，关注警方应履行其贯彻实施有关法律义务外，并无个人特别利害关系"，法院对这样的申请人"不仅没有反对他缺乏诉讼资格问题，相反——强调他提起诉讼是为公众做了一件好事"。因为，如果一般公民不能关注公共利益，"那在公法制度中就将存在严重的缺陷"。④

可见，20 世纪以来国外行政诉讼理论与实践已经发生很大的变化，这些变化至少显示出这样一些带有规律性的东西。

第一，各国对于公民、法人或其他社会组织基于维护公益的需要提起行政诉讼虽然作了种种限制性的规定，且宽泛不一，但是扩大参与行政过程的利害关系人的范围，其权利或利益直接受到行政行为影响的行政管理直接相对人、权利或利益间接受到行政行为影响的行政管理间接相对人，甚至任何人，均可依法享有提起行政诉讼的权利，成了现代行政法发展的最重要趋势之一。⑤

第二，为防止可能出现的滥诉，保证诉讼的严肃性，行政公益诉讼必须依据法律的规定才能提起。意大利法律规定，为避免出现那种半开玩笑性质的诉讼行为，起诉的权利主体仅限于被行政机关证明了有信誉的

---

① 参见〔英〕威廉·韦德《行政法》，徐炳等译，中国大百科全书出版社，1997，第 257 页以下。
② 〔美〕伯纳德·施瓦茨：《行政法》，徐炳译，群众出版社，1986，第 419 页以下。
③ 参见王名扬《美国行政法》，中国法制出版社，1995，第 676 页。
④ 参见〔英〕威廉·韦德《行政法》，徐炳等译，中国大百科全书出版社，1997，第 377 页以下。
⑤ 朱芒：《论行政程序正当化的法根据——日本行政程序法的发展及其启示》，《外国法译评》1997 年第 1 期。

团体。① 日本《行政案件诉讼法》第42条规定，民众诉讼只有在"法律上有规定时，限于法律规定者，才能够提起"，如《公职选举法》中规定的选举诉讼、当选诉讼，《地方自治法》中规定的居民诉讼，等等。

　　第三，为谋求行政公益诉讼中原告资格问题的妥善解决，各国普遍强调行政诉讼中原告资格应与普通法上的诉因有所区别。实践中法院不再拘泥于法律权利原则，即原告必须能积极证明其受法律保护的权利已经或正在遭受侵害，而是采用事实上的损害标准，即原告只要提出其所要求审查的行政行为对其造成了经济上的损害或非经济上的损害，就具有原告资格。美国环境行政法学者在谈到这种变化时说："最高法院要求原告举证证明他已受到了'事实上的损害'。在环境诉讼中，就是要求原告确定，在他所指控的政府的违法行政行为与他所享用的环境的某些组成部分遭受的损害之间存在着因果关系。这种损害不必是物质损害和任何经济损失，仅是美学上的损害已足矣！原告为了获得诉讼资格，仅需证明存在着以下一种'实际上的可能性'，即如果法院对政府机构所从事的违法行政行为加以司法补救，则会减轻原告所蒙受的环境损害。在采用这种审查方式时，法院已表示愿意，至少是在环境诉讼中愿意，放松对因果关系的紧密性的要求。"②

　　第四，为解决行政公益诉讼与传统诉讼制度的冲突，这些国家并没有立即对现行诉讼制度进行改造，而是在既有的法律制度框架内通过审判实践扩充相关法律条文的内涵。在美国，最高法院一方面通过私人检察官理论实现了行政公益诉讼的起诉资格与联邦宪法第3条规定的起诉资格的衔接，另一方面通过判决对有权提起行政诉讼的利害关系人、当事人的概念进行越来越宽泛的解释，即从权利、利益或义务受到行政行为直接影响的明显的当事人（行政管理直接相对人）扩大到作为行政管理间接相对人的竞争者、消费者，甚至任何人，利害关系不仅包括人身损害、经济损害，而且还包括环境美及生态平衡利益等方面的许多人共同享有的非经济价值

---

① 〔日〕小岛武司等：《司法制度的历史与未来》，汪祖兴译，法律出版社，2000，第115页以下。

② 〔美〕R. W. 芬德利、D. A. 法贝尔：《美国环境法简论》，程正康等译，中国环境科学出版社，1986，第7页以下。

的损害。① 在意大利，团体诉讼的普及是通过对宪法第 2 条作出创造性解释来实现的。这一解释承认每一个个人都拥有人类固有的不可侵犯的权利和基本的自由；同样地，那些由个人创建和构成的并已人格化的社会共同体，也拥有这种权利和自由，且应该受到法律的保护。此外，对宪法第 32 条作出的解释也为团体诉讼的普及作出了贡献。该解释认为，宪法第 32 条的规定，不仅是要保护作为个人权利的健康权，而且还要对作为"共同体的利益"的健康权进行保护。很多法令都对一些被认可的自然保护团体赋予了一定的共同参与、共同工作的权利。这些权利是通过有关行政当局作出的一系列对自然保护具有重要意义的决定而产生的。根据这些权利，被指定的社会共同体有权利参加行政程序。这最终引出了法院对原先被认为是决定程序的最后机构的行政当局所作出的处分进行审查的权利。② 而法国和日本，已经在立法上较为妥善地解决了行政公益诉讼引发的原告资格问题。

四　建立我国行政公益诉讼制度的思考

（一）行政公益诉讼是否可行

前述可见，行政公益诉讼在国外早已不新鲜，而在我国却迟迟未确立。虽然偶有学者言及，但很多人考虑的是行政公益诉讼与我国现行法律制度的基本原则和基本精神是否契合、如何协调。笔者以为，这样的担心是多余的，在我国建立行政公益诉讼制度在理论上并无多大障碍。理由如下。

第一，从根本上讲，一切诉讼都以对公益的保护为目的，公益诉讼不过是传统私益诉讼对公益保护的深化，二者在本质上具有一致性。"传统的诉讼和公共利益诉讼之间的差别，从某种意义上说，本身可能是一种错觉。"从传统诉讼法的角度来看，当人们的权益受到非法侵害时，其就享有了提起诉讼并享受救济的权利。而一旦其诉诸法院，得到救济的就不仅

---

① 〔美〕伯纳德·施瓦茨：《行政法》，徐炳译，群众出版社，1986，第 243 页以下。
② 〔日〕小岛武司等：《司法制度的历史与未来》，汪祖兴译，法律出版社，2000，第 116 页。

是其个人的权利，实际上同时也维护了公益，"即证实了法律的实效性，使得潜在的违法者不敢染指违法行为这样的公共利益"。① 可见，尽管传统诉讼法理论将诉讼的起因归结为个体私益受到的损害，其直接目的是维护受害者的个人利益，但在实质上一切诉讼也都维护着社会的公共利益。所以，在公共利益受到侵害时，赋予个人与社会组织提起公益诉讼的权利当不违背诉讼法的价值理念。

第二，刑事诉讼中实行国家追诉主义，也说明了基于公共利益提起诉讼具有可行性。在刑事诉讼中，我国同其他国家一样实行国家追诉主义。也就是说，即使受害人放弃追究犯罪嫌疑人的刑事责任，国家公诉机关也要提起公诉。刑事诉讼中的这种国家追诉主义的理论依据正是犯罪行为不仅侵害私人利益，更是对公共安全的一种威胁，即构成了对公共利益的损害。从实质上说，刑事公诉正是基于维护公共利益的需要而提起的诉讼。虽然刑事诉讼与行政诉讼是两种不同的诉讼制度，二者的价值重心亦有所区别，在行政诉讼中我们不能照搬刑事诉讼的制度架构，但从中我们至少可以肯定一点，即基于保护公益的需要提起行政诉讼在法理上是没有什么障碍的。

第三，依法行政的利益远远大于滥诉的不益。的确，设立行政公益诉讼肯定会增加行政诉讼案件的数量，但是在注重投入产出的市场经济社会中，不计诉讼成本而去滥诉的可能性是极小的。有人甚至断言，即使像古罗马共和时代那样，任何人都可作原告，② 中国的行政诉讼仍然不会泛滥，因为诉讼是要成本的，没事找事或以诉讼为乐的情况极难出现。③ 退一步说，即使出现了滥诉的情形，我们也不能因噎废食。因为要迈向法制文明的现代，行政机关依法行政显得尤为重要。同时，随着人们权利意识的增强，保障公民权益不受行政行为侵害的需要和使不法行政行为得到纠正的需要，在某种程度上已上升为最重要的需求，而这种需求是远非一种可能

---

① 〔意〕莫诺·卡佩莱蒂编《福利国家与接近正义》，刘俊祥等译，法律出版社，2000，第67页以下。
② 公元前52年，执政官庞培提出一个法案，任何人如果高兴的话，可以控告从他第一届执政官任期到目前这届任期做过官吏的任何人。参见〔古罗马〕阿庇安《罗马史》（下册），谢德风译，商务印书馆，1979，第121页。
③ 刘善春：《行政诉讼原理及名案解析》，中国法制出版社，2001，第483页。

的滥诉所能比拟的。①

第四，我国现行行政诉讼法上规定的抗诉制度，从一个侧面印证了行政公益诉讼与我国行政诉讼理论和制度的兼容性。《行政诉讼法》第 64 条规定："人民检察院对人民法院已经发生法律效力的判决、裁定，发现违反法律、法规规定的，有权按照审判监督程序提出抗诉。"这一规定意味着人民检察院对于已经生效的法院裁判可以提起一个新的诉讼程序。而提起新一轮诉讼程序的目的并非维护哪一方当事人的合法权益，而是维护司法公正。而维护司法公正是为了保证法律的正确统一实施，其实质就是维护公共利益。可见，行政抗诉制度存在的基础是公共利益，基于公益的需要提起行政诉讼并不违背我国现行行政诉讼法的基本精神。

（二）行政公益诉讼如何可能

我国行政诉讼制度草创于 1982 年的《中华人民共和国民事诉讼法（试行）》，1990 年 10 月 1 日施行的《中华人民共和国行政诉讼法》标志着行政诉讼制度的真正建立。从我国行政诉讼实践来看，被诉行政行为的范围非常有限，只限于具体行政行为，并且有权提起诉讼的也只能是与被诉具体行政行为有法律上直接利害关系的人。正如全国人大常委会原副委员长王汉斌在《关于〈中华人民共和国行政诉讼法（草案）〉的说明》中所说，"考虑我国目前的实际情况，行政法还不完备，人民法院行政审判庭还不够健全，行政诉讼法规定'民可以告官'，有观念更新问题，有不习惯、不适应的问题，也有承受力的问题，因此对受案范围现在还不宜规定太宽，而应逐步扩大，以利于行政诉讼制度的推行"。这一段话，尤其是王汉斌说的受案范围"应逐步扩大，以利于行政诉讼制度的推行"，反映了我国行政诉讼立法原意的一个重要内容，即法院司法审查范围的狭小是暂时的，在条件成熟的情况下，应当而且必须逐步扩大。事实也正是如此，1999 年通过的《最高人民法院关于执行〈中华人民共和国行政诉讼法〉若干问题的解释》（下称《解释》）就在一定程度上扩大了行政诉讼的受案范围。虽然严格地说，私人基于维护公益的需要提起行政诉讼仍无

---

① 胡锦光、王丛虎：《论行政诉讼原告资格》，载陈光中、江伟主编《诉讼法论丛》（第 4 卷），法律出版社，2000，第 609 页以下。

直接的依据，但这并不意味着我国现行行政诉讼制度对于公益诉讼就无所作为。

从理论上来说，行政公益诉讼的实施至少要解决这样两个基本问题：一个是受案范围，一个是原告资格。根据国外行政公益诉讼的实践经验，我们认为，这两个问题在我国现行法律框架内在一定程度上是可以得到解决的。

1. 关于行政公益诉讼的受案范围

在我国行政诉讼实践中，不仅抽象行政行为被一律排除在司法审查范围之外，而且并非全部具体行政行为都可以诉请司法救济。究其原因，有立法方面的，但更多的却是司法实践的惯性。因此，只要我们调整行政诉讼实践的思路，充分挖掘法律条文的内涵，辅之以相应的司法解释，我国行政诉讼受案范围是可以有所扩充的。

第一，《行政诉讼法》第 1 条明确规定，该法的宗旨是"保护公民、法人和其他组织的合法权益"，这种合法权益的内容涉及基本人权以及政治、经济、文化教育、社会活动等各方面的权利和自由。也就是说，在行政管理活动中，一旦这些权益受到行政行为的不法侵害，行政诉讼都要担负起救济的使命。然而由于行政诉讼在当时是一个新鲜事物，为了方便法院、行政机关以及相对人的理解，在《行政诉讼法》第 2 条一般性规定的基础上，第 11 条又对可诉行政行为作了列举。据此，我们完全可以把这种列举理解为对受案范围的示范，即不具有划定范围的性质。这就是说，除了行政诉讼法第 12 条规定的行政行为以外，其他具体行政行为均具有可诉性。

第二，退一步说，即使行政诉讼法第 11 条列举性规定带有一定程度的划定受案范围的性质，它实际上也为扩张行政诉讼受案范围留下了余地。该条第 2 款规定，"除前款规定外，人民法院受理法律、法规规定可以提起诉讼的其他行政案件"。这是用概括的方式对我国行政诉讼受案范围的列举进行的补充。很显然，该款的本意是在授权其他法律法规可以对行政诉讼的受案范围加以扩充，也就是说其他法律法规完全可以突破行政诉讼法第 11 条第 1 款列举的范围，规定不仅损害行政相对人人身权、财产权的行政案件，而且其他一切损害行政相对人合法权益的行政案件，都可以提起诉讼。遗憾的是，自《行政诉讼法》颁行以来，几乎没有积极规定人身权、财产权之外的权利可以提起行政诉讼的其他法律、法规出台，也很少发生涉及人身权、财产权以外权益的行政诉讼。这种状况说明，《行政诉讼法》第11条第2款所应当发生的效果在行政诉讼实践中基本上没有得到体现。因此，实现行政公益诉讼与现行行政诉讼法的衔接，我们完全可以通过贯彻该款所蕴含的基本精神，即通过颁行新的法律或法规，赋予行政公益诉讼可诉性。

第三，相比较而言，抽象行政行为较具体行政行为与公益的关系更为密切，因而损害公益的可能性更大。然而根据《行政诉讼法》第2条的规定，只有具体行政行为才可能进入司法审查的范围，抽象行政行为则不具有可诉性。如此一来，大量的抽象行政行为对公共利益的损害被排除在行政公益诉讼范围之外。笔者认为，随着《解释》的颁行，这一问题实际上已经部分地得到解决。一个不容否认的事实是，自行政诉讼法提出"具体行政行为"概念以来，10多年来我国行政法学界一直力图归纳出具体行政行为和抽象行政行为在内涵与外延上的界限。遗憾的是，至今也没有一个让人信服的结果。这或许说明一个道理，那就是具体行政行为与抽象行政行为的划分本身就不具有科学性，要在二者之间找出明确的界限或许根本就是不可能的。理论上的这种窘境决定了在实践中要对某一行政行为作出是具体行政行为还是抽象行政行为的判断有时是非常困难的。也许正是基于这一情况，《解释》第1条放弃了对具体行政行为内涵进行界定，直接将受案范围限定为行政行为，并对不可诉的行政行为作了列举。这样一来，就使行政诉讼实践中完全可以将那些损害相对人合法权益，包括损害公共利益的行政行为纳入诉讼的范围，而不必去判别其究竟是具体行政行为还是抽象行政行为。正如有学者评说的那样，《解释》以概括和明确排除相结合的方法，大大扩大了行政诉讼的受案范围，克服了行政诉讼法在受案范围规定上的缺陷，因而是迄今为止中国最先进的规定，可以说，与司法审查发达国家的做法相差无几，并且为修改行政诉讼法关于受案范围的规定作了铺垫。[1]

第四，从我国宪法的相关规定来看，对行政诉讼受案范围的这种理解也是有充分依据的。《宪法》第41条规定，"中华人民共和国公民……对

---

[1] 刘善春：《行政诉讼原理及名案解析》，中国法制出版社，2001，第410页以下。

于任何国家机关和国家工作人员的违法失职行为，有向有关国家机关提出申诉、控告或者检举的权利，但是不得捏造或者歪曲事实进行诬告陷害"。宪法赋予公民享有的这项权利既是广大人民群众对国家机关和国家工作人员的民主监督权，也是宪法对于公民权利的一种保护。依照国外行政公益诉讼的实践，我们也完全可以在现行的法律框架内，依照宪法精神将行政公益诉讼纳入受案范围。

2. 关于行政公益诉讼原告资格

根据《行政诉讼法》第 2 条、第 11 条的规定，能够向人民法院提起行政诉讼的公民、法人或其他组织必须同被诉具体行政行为有直接利害关系。不具有这种关系的人是不能提起行政诉讼的，20 年来我国行政司法实践也的确是如此执行的。但是这种一以贯之的做法同样受到了挑战。例如，根据《行政处罚法》的规定，行政机关对于违法侵害他人利益的人有义务施以处罚。如果此时行政机关没有对侵害他人利益的人实施处罚，或者对加害人实施在受害人看来较轻的处罚，受害人是不能依据《行政诉讼法》的规定以原告的身份要求责令行政机关处罚或加重处罚加害人的。在司法实践中，《行政处罚法》的这种规定引起了行政法学界的广泛关注。我们注意到，对此持反对意见的人强调，在上述情况下，受害人与行政机关的具体行政行为是存在利害关系的，即受害人完全有理由认为自己的合法权益受到了行政机关具体行政行为的侵害，只不过这种侵害不是直接的，而是间接的罢了。① 《解释》显然接受了这种观点，其第 12 条规定，"与具体行政行为有法律上利害关系的公民、法人或其他组织对该行为不服的，可以依法提起行政诉讼"。这一规定较《行政诉讼法》第 2 条规定的认为"具体行政行为侵犯其合法权益"来说，无疑大大扩大了行政诉讼原告资格的范围。② 因为按照通常的观点，法律上利害关系有直接与间接之分，也有切身利害关系与非切身利害关系之分，还有已经（实在）利害关系与可能利害关系之分。与某一具体行政行为有直接利害关系的人享有

---

① 胡锦光、王丛虎：《论行政诉讼原告资格》，载陈光中、江伟主编《诉讼法论丛》（第 4 卷），法律出版社，2000，第 613 页。

② 有学者在肯定该条文积极意义的同时，不无遗憾地说，在利害关系前加上"法律上"这一修饰语是不恰当的或是多余的，因为它限制或缩小了原告范围，这种做法显然与行政诉讼自身的规律及发展趋势是不相容的。参见刘善春《行政诉讼原理及名案解析》，中国法制出版社，2001，第 483 页。

原告资格，同样，有间接利害关系甚至可能利害关系的人也都应该具有原告资格。这样，从理论上来讲，任何损害公益的行为都与公民或其他组织存在某种形式上的利害关系，这也使其具有了原告资格。

《解释》的这一变化充分反映了现代行政诉讼法不断扩大原告资格范围的趋势，为对行政行为进行司法审查打开了大门。正如施瓦茨指出的那样，"法律就是朝着允许全体公民起诉他们所感兴趣的任何行政裁决的方向发展"。"尽管宪法包含了有关原告资格的规定，国会仍可以为某个人或某种人规定他们本来所没有的原告资格。即使有关个人没有通常所要求的那种直接的个人利害关系，法律赋予他们的原告资格仍是有效的"，即国会可以通过制定法律授权某个没有起诉资格的公民或公民团体提起司法审查诉讼。赋予法定原告资格并不是创设新的私法权利，其目的在于保护有关的公共利益。① 从我国社会主义法治建设的经验来看，这样的授权在我国通常是由最高人民法院发布相关司法解释来实现的。

需要说明的是，行政诉讼中的原告资格只是成为原告的一种可能性，它主要解决的是在行政诉讼中什么人具备何种条件才可以请求人民法院保护其合法权益的问题，即谁的行为能够导致行政诉讼开始。至于是否能真正成为原告，并非原告资格所能解决的问题。② 因此，担心原告资格的扩张会导致滥诉是多余的。与此同时，在以前狭义的、严格的原告资格概念已经被证明不能充分符合当今法律制度中公共利益要求的情况下，基于任何理由对原告资格进行的限制也都是与现代法治主义原则背道而驰的。正如美国最高法院在"美国诉反对制定规章机构程序的学生案"中所强调的那样，"不能简单地因为许多人都遭受了同一种损害而否定受害人中某一人的诉讼资格"。如果仅因许多人都遭受同一种损害而否定某些受害人的诉讼资格，那就意味着"没有人能够对危害性更严重的政府行政行为提起控告"。法院对诉讼资格的审查应当是质量上的审查而不是数量上的审查，只要原告受到了"可以辨认的轻微的事实上的损害"，就足以确定其具有

---

① 参见〔美〕伯纳德·施瓦茨《行政法》，徐炳译，群众出版社，1986，第 420 页以下。
② 胡锦光、王丛虎：《论行政诉讼原告资格》，载陈光中、江伟主编《诉讼法论丛》（第 4 卷），法律出版社，2000，第 593 页以下。

诉讼资格，而不论这种损害多么间接、因果关系多么微弱。①

　　基于以上分析，我们认为，在我国现行诉讼制度框架内，法院完全可以受理公民、法人或其他社会组织提起的行政公益诉讼。当然，这并不意味着我国已经与西方许多国家一样建立了行政公益诉讼制度。我们必须清醒地看到，我国行政诉讼制度还很不健全，尤其是司法实践中存在着受案范围狭小和诉讼条件苛刻等问题，要彻底解决这些问题，包括建立完善的行政公益诉讼制度，必须对现行行政诉讼制度进行根本性的改造。

---

　　① 〔美〕R. W. 芬德利、D. A. 法贝尔：《美国环境法简论》，程正康等译，中国环境科学出版社，1986，第 2 页以下。

构建行政公益诉讼的客观诉讼机制[*]

刘　艺[**]

摘　要： 我国行政诉讼鲜明的主观诉讼特征，致使行政公益诉讼很难自然生长出来。2017 年行政诉讼法修正，正式确立了检察机关提起行政公益诉讼制度，构建和发展具有客观诉讼特征的行政公益诉讼机制势在必行。2015 年 7 月起开展的两年行政公益诉讼试点实践，已经呈现出诸多客观诉讼的特征：以违法造成实际损害为起诉条件并以实质合法性为审查标准；诉讼前置程序发挥督促执法功效；受案范围从行政行为扩展到行政活动；主要提起责令履职之诉，确认之诉次之。构建我国行政公益诉讼制度的客观诉讼机制，仍需在受案范围、审理规则、立案程序、审理程序、期限、判决类型等方面突出其客观诉讼特征。

关键词： 行政诉讼　行政公益诉讼　客观诉讼

引　言

2017 年 6 月 27 日行政诉讼法的修正，从立法上正式确立了检察机关提起行政公益诉讼的制度。这标志着行政公益诉讼从局部试点正式走向全面实施。

---

[*]　本文原载于《法学研究》2018 年第 3 期。

[**]　刘艺，原文发表时为西南政法大学教授。

公益诉讼是指，针对侵害国家利益或者社会公共利益的行为，当法律上没有直接利害关系的主体，或者是有直接利害关系的主体但其不愿提起诉讼时，由法律授予没有直接利害关系的特定主体提起的非自利性诉讼。在我国行政诉讼制度中，公益诉讼长期处于缺位状态，这主要是因为我国对行政诉讼的功能定位一直有"抑客扬主"的倾向，注重向主观诉讼维度拓展而忽视了客观诉讼维度。从 1989 年《行政诉讼法》第 1 条规定中本可以推导出行政诉讼的"双重目的"，但官方与民间都认同行政诉讼"民告官"的定位，这限制了授权特定主体提起公益诉讼的可能性。2014 年行政诉讼法修正，并未触动行政诉讼"民告官"的传统功能定位。检察机关提起行政公益诉讼是"官告官"的诉讼，是一种客观诉讼。它既不符合"民告官"的定位，也不符合主观诉讼的特性。2017 年行政诉讼法的修改虽确立了行政公益诉讼的基本框架，但在行政诉讼基本定位未进行实质变更的情况下，行政诉讼不利于公益保护的短板势必更加明显。行政公益诉讼只有基于客观诉讼逻辑，才能得到清晰阐述和良性发展，因此仍需进一步建构行政公益诉讼的客观诉讼机制。

当然，学界关于我国行政诉讼制度中缺乏公益诉讼的原因，以及公益诉讼与客观诉讼的关系的理解，并未形成共识。从已有研究来看，公益诉讼和客观诉讼经常被视为同义词，研究重点集中在借助客观诉讼机制将公益诉讼原告资格授予公民这一问题上；学界并未关注到客观诉讼除了可救济具体受损公益之外，还具有维护法制统一（制度公益）的功能。如有学者指出，我国公益诉讼缺位是由于行政诉讼"保障和监督行政机关依法行使行政职权"的目的，主要通过保护公民、法人和其他组织的主观权利实现。① 有学者认为，我国行政诉讼本来就是客观诉讼，我国行政裁判的类型与审查核心均符合客观诉讼的特征。② 亦有学者从实证角度考察，指出我国行政诉讼诉讼请求的主观性与法院审判的客观性使得行政诉讼在构造上呈现一种扭曲的"内错裂形态"。③ 这些研究普遍关注了主观诉讼与客观

---

① 参见于安《行政诉讼的公益诉讼和客观诉讼问题》，《法学》2001 年第 5 期，第 16 页。

② 参见梁凤云《行政诉讼法修改的若干理论前提（从客观诉讼和主观诉讼的角度）》，《法律适用》2006 年第 5 期，第 72 页。

③ 参见薛刚凌、杨欣《论我国行政诉讼构造："主观诉讼"抑或"客观诉讼"?》，《行政法学研究》2013 年第 4 期，第 34 页。

诉讼、公益诉讼与私益诉讼的区分，却忽视了客观诉讼与公益诉讼的区分与关联。而构建行政公益诉讼的客观诉讼机制，首先需要辨明公益诉讼与客观诉讼的关系，再结合我国已经开展的行政公益诉讼试点经验，搭建符合中国国情的客观诉讼框架。

一　客观诉讼及其与公益保护的关系

通说认为，客观诉讼理论由法国学者莱昂·狄骥创立，后经德国、日本学者借鉴，成为大陆法系行政诉讼法学的重要构件。[①] 从性质角度看，大部分国家中的客观诉讼或者公益诉讼都是抽象概念，是对诉讼制度中某些机制和特性的总结和概括，而很少有独立的制度。从实践角度看，客观诉讼主要体现为大陆法系国家的公法诉讼，尤其是行政诉讼中的一种诉讼机制。因法国客观诉讼最具代表性，并且有明显的公益保护叙事线索，分析其机制特征有助于认清客观诉讼的基本面貌。

（一）　客观诉讼以公益保护为其固有目的

狄骥通过客观法理论将公益保护与客观诉讼紧密联系在一起，其客观法思想既是对 19 世纪法兰西国家形态变迁的理论回应，也深受涂尔干社会学理论的影响。[②] 狄骥认为，近代建立在个人主义观念之上的法学理论和法律制度是 18 世纪自然法学说的产物，它假设人是抽象的、先于社会存在的，但事实上，人生来就处于各种社会关系的包围之中，根本没有抽象的主体，建立在主体和主观权利之上的法律制度是不真实的。狄骥从社会学视角出发，认为法律直接由社会生活产生，"法律规则都是自然而然存在

---

① 参见蔡志方《欧陆各国行政诉讼制度发展之沿革与现状》，载《行政救济与行政法学》（一），三民书局，1993，第 3 页；林莉红、马立群《作为客观诉讼的行政公益诉讼》，《行政法学研究》2011 年第 4 期，第 5 页；于安《行政诉讼的公益诉讼和客观诉讼问题》，《法学》2001 年第 5 期，第 16 页；薛刚凌、杨欣《论我国行政诉讼构造："主观诉讼"抑或"客观诉讼"？》，《行政法学研究》2013 年第 4 期，第 34 页；伍劢《从行政诉讼功能定位看类型化发展——以主观诉讼、客观诉讼为分析视角》，《湖北警官学院学报》2013 年第 12 期；等等。

② 参见刘艺《行政法的功能主义之维》，载文正邦主编《宪法与行政法论坛》（第 4 辑），法律出版社，2010。

的", 这样的法律就是"客观法"。① 公共利益生发于社会中的客观法, 但公共利益的具体所指仍需要由某个主体来确定, 即贯彻卢梭公益观念, 只能由公共权力根据作为一个整体的共同体的需求来决定, 并通过法律——公意之表达——自上而下地贯彻实施, 平等约束每一个人。因此, 只有通过制定法律才能确定何为公共利益。法国学者将此称为意志主义的公共利益观。在法国公法中, 法律代表公共利益, 违反法律的行为就是损害公共利益的行为, 而纠正该违法行为即维护了公共利益。法国法上的单方行政行为正是维护客观法秩序的行为。区别于需要多方当事人达成合意的行政合同, 单方行政行为只需行政主体作出意思表示即发生法效力。单方行政行为包括具体行政行为和抽象行政行为, 二者都是在贯彻实施公共利益。如果这些行为违反了法律的规定, 就对公共利益造成了损害, 因而监督单方行政行为的合法性, 就是在保障公共利益。② 狄骥客观诉讼理论的核心, 是通过当事人起诉违法行政行为, 达到维护法律所确立的客观规范体系之目的。构建客观诉讼来维护客观法, 是因为国家乃政治权力演变的客观产物, 受客观法的约束, 也必须维护客观法。③ 授权当事人起诉的目的, 不是为了维护当事人自己的权益, 而是为了维护整体的客观规范体系。④ 所以, 法国的客观诉讼是审查法律规则是否合法的诉讼。⑤

(二) 客观诉讼原告的个人利益需与公共利益紧密关联

根据狄骥的理论, 客观诉讼的原告范围应该足够宽泛才能形成广泛的监督。⑥ 然而, 原告范围过宽可能导致全民诉讼,⑦ 或者导致一项已经被直

---

① 沈宗灵:《现代西方法理学》, 北京大学出版社, 1992, 第56页。
② 参见 Pierre-Laurent Frier & Jacques Petit, "Droit administrative" 7e éditin, Montchrestien Textenso éditions, 2012, pp. 212–213。
③ 〔法〕莱昂·狄骥:《公法的变迁·法律与国家》, 郑戈、冷静译, 辽海出版社、春风文艺出版社, 1999, 第11页。
④ 涂尔干认为:"法律的首要性质就是社会性, 它的目的绝对不是什么诉讼人的利益。"参见〔法〕涂尔干《社会分工论》, 渠东译, 生活·读书·新知三联书店, 2000, 第75页。
⑤ 参见王名扬《法国行政法》, 中国政法大学出版社, 1988, 第667页。
⑥ 〔法〕莱昂·狄骥:《公法的变迁·法律与国家》, 郑戈、冷静译, 辽海出版社、春风文艺出版社, 1999, 第151页。
⑦ 全民诉讼是向全体民众开放的、对所有行政行为都可以提起的诉讼。参见张莉《当代法国公法制度、学说与判例》, 中国政法大学出版社, 2013, 第293页。

接相关主体接受的单方行政行为被间接相关主体提起诉讼，从而让客观法律秩序永远处于受争议的状态。① 因此，客观诉讼的原告资格虽然宽泛，但并非任何人针对违法行政行为均可以提起诉讼，还是要求原告具有诉的利益。通常，只有当事人的具体利益在足够特殊的条件下受到该单方行政行为足够直接且确定的影响时，该当事人才具有客观诉讼的原告资格。所谓"足够特殊的条件"，是指单方行政行为对当事人造成的后果足以使该当事人被清晰地界定为特殊的利害关系人，这是避免导向全民诉讼的前提条件。② 例如，纳税人就无权起诉国家增加开支的决定，否则必然会导致全民诉讼。③ 实践中，对"足够直接且确定的影响"的理解比较宽泛。远足运动爱好者有权起诉市镇作出的禁止在本市镇范围内停放野营车的决定，即便该远足运动爱好者从未在该市镇居留，但由于其在未来可能到该市镇居留，法国最高行政法院认为其利益受到了足够直接且确定的影响。而一个药品的普通消费者，如不能提供使用过某药品的证据，就无权起诉规定该药品在药店内如何分类的部长令。④ 司法实践采取了折中的做法：一方面，诉的利益不局限于相对人的个人权利受到影响；另一方面，避免当事人仅基于维护公共利益的理由提起诉讼。因此，法国客观诉讼的原告分为两类：一类是个人利益受到直接损害的相对人；另一类是当某种群体利益受影响时，则由旨在维护相关群体利益的社团或机关作原告。但是，客观诉讼不包括上下级权力机关之间关系的诉讼。公务员也不能起诉其所在机构的组织措施，只要这些措施没有损害他们的权益。⑤

（三）客观诉讼的判决类型以恢复和保护代表公益的客观法秩序为导向

法国客观诉讼在诉的分类、判决类型等机制设计方面，具有明显的公

---

① 参见 Pierre-Laurent Frier & Jacques Petit，" Droit administrative" 7e éditin, Montchrestien Textenso éditions，2012，p. 312。

② 参见 Pierre-Laurent Frier & Jacques Petit，" Droit administrative" 7e éditin, Montchrestien Textenso éditions，2012，p. 214。

③ CE. 23 novembre 1988, Dunont, R. 418.

④ CE. 29 décembre 1995, Bercher, DA 1996, n°102.

⑤ 参见〔法〕古斯塔夫·佩泽尔《法国行政法》，廖坤明、周洁译，国家行政学院出版社，2002，第 297 页。

益保护导向。从客观诉讼类型起源来看，第三共和国时期的法国依据拉菲利埃的理论，将行政诉讼案件区分为简单宣布无效的案件和涉及完全司法权的案件。狄骥从公务观念出发，否定拉菲利埃的理论，因为起诉"越权行为"的案件已经不再是辅助性的。① 尤其是这种诉讼方式使公民得以更加广泛而又直接地参与到保障公共权力良性运作的事业中，而不必通过选举议员来制定一般性规则这种迂回曲折的方式。任何利害关系人，哪怕只是与这种行为之间有道德性的、间接的关系，都可以向行政法院起诉。② 启动客观诉讼的四种事实分别是：存在对一项授权行为的违反、对正式法规的违背、滥用权力或者违反基本法律。③ 可见，建立客观诉讼的目的不再是保护公民个人的主观法律地位，④ 而是维护客观法律规则。法律规则中所包含的公益具有普遍性和抽象性，更适合用客观诉讼的方式来保护。因此，识别客观诉讼的关键，在于是否侵犯了需要维护的客观法秩序和普遍的公共利益。

在判决方面，法国的客观诉讼以撤销诉讼为主。国内对法国撤销之诉的介绍较多，在此不赘述。值得注意的是，法律⑤明确规定，一般行政审判机关都有权向行政主体发出命令以督促其执行，并在必要时可以附带执行罚。具体包括以下两种情况：第一，如果生效裁判本身已经蕴含了行政主体需要执行的确切内容，当原告提出请求时，行政法官可以向行政主体发出命令明确指出其应该如何执行，并可以同时规定执行期限和执行罚；第二，如果在生效裁判中行政主体仍有如何具体执行的选择空间，那么行政法院的裁判中可以规定重新作出行为的期限，并在原告提出请求时，向

① 〔法〕莱昂·狄骥：《公法的变迁·法律与国家》，郑戈、冷静译，辽海出版社、春风文艺出版社，1999，第151页。

② 〔法〕莱昂·狄骥：《公法的变迁·法律与国家》，郑戈、冷静译，辽海出版社、春风文艺出版社，1999，第151页。

③ 〔法〕莱昂·狄骥：《公法的变迁·法律与国家》，郑戈、冷静译，辽海出版社、春风文艺出版社，1999，第151页。

④ 〔法〕莱昂·狄骥：《公法的变迁·法律与国家》，郑戈、冷静译，辽海出版社、春风文艺出版社，1999，第151页。

⑤ 这里主要是指，关于行政领域以及要求公法人执行判决而发出的逾期罚款的80—539号法律（Loin°80 – 539 du16 juilet 1980 relative aux astreintesprononcéesenmatière administrative et à l'exécution des jugements par les per-sonnesmorales de droit public），关于民事、刑事和行政诉讼程序及审判机关的组织的95—125号法律（Loin°95 – 125 du 8 février1995 relative àl'organisation des juridictions et à la procédurecivile，pénale et administrative）。

行政主体发出命令要求其重新作出行为，此时同样可以规定执行罚。[1] 这些新增判决类型都旨在增强判决执行客观法律的功效。可见，客观诉讼具有保护法律所确立的客观秩序的目的和功能，这与主观诉讼偏向于救济有着明显的不同。[2]

综上，从法国情况来看，客观诉讼更注重维护制度公益，原告只有在个人利益与公共利益具有关联性时才能获得提起客观诉讼的资格。原告的个人利益或者群体利益只是用来启动维护客观规范秩序的动力，而非客观诉讼追求的目的。

二 试点期间行政公益诉讼呈现的客观诉讼特征

2015 年 7 月 1 日，第十二届全国人大常委会第十五次会议作出《关于授权最高人民检察院在部分地区开展公益诉讼试点工作的决定》（以下简称"授权决定"），授权最高人民检察院以生态环境和资源保护、国有资产保护、国有土地使用权转让、食品药品安全等领域为重点，在北京等 13 个省、自治区、直辖市的 87 个市级检察院、759 个基层检察机关开展公益诉讼试点。两年试点期间，我国行政公益诉讼表现出了明显的客观诉讼特征，主要集中在以下几个方面。

（一）行政公益诉讼以违法造成实际损害为起诉条件并以实质合法性为审查标准

根据授权决定中"遵循相关诉讼制度的原则"的要求，试点工作应遵循行政诉讼法中关于合法性审查的相关规定。然而，试点中检察机关提起行政公益诉讼案件的起诉标准、人民法院对行政公益诉讼案件的审理标准，都明显与行政诉讼法的已有规定不同。这些"突破"反映了司法实践与既有规范之间的内在冲突。

---

① Piere-Laurebt Frier & Jacques Petit，"Droit administratif" 8e édition，LGDJL extensonédition，p. 530.
② 国内有学者提出，法国客观诉讼和主观诉讼的划分只是以诉讼中法官所解决的问题为准，而德国和日本是从诉讼目的、制度功能来区分主观诉讼和客观诉讼的。参见王贵松《信息公开行政诉讼的诉的利益》，《比较法研究》2017 年第 2 期。

　　首先,《检察机关提起公益诉讼改革试点方案》(以下简称"试点方案")规定的起诉条件与《行政诉讼法》第49条规定的普通原告起诉条件并不相同。检察机关提起行政公益诉讼必然是行政行为已经造成了公益的实际损害,因此,应当提供行政行为违法或者不作为造成公共利益受到具体损害的初步证据。在环境行政公益诉讼案件中,检察机关需提供专业机构或环保专家组给出的鉴定意见,以证明环境污染造成的损害等情况。①提起资源保护类行政公益诉讼案件也是如此,如在林木资源保护案件中,需提交受侵害林木资源属国有林地或公益林及受损害林地面积的证据材料。在国有土地出让和国有资产保护领域,则需提交行政机关应收缴而未收缴国有土地出让金,或者违法发放而未收回财政补贴等公共利益受到直接损害的证据。另外,检察机关在提起行政公益诉讼之前必须经过诉前程序,即需向适格主体发出检察建议,督促其在30日内纠正违法行为或者履行法定职责。基于此,检察机关提起行政公益诉讼时还需要提交已经履行诉前程序,但行政机关仍拒不履职或者拒不纠正违法行为的证据。总体来说,检察机关提起公益诉讼的条件要求明显高于行政诉讼法规定的起诉条件要求。

　　其次,检察机关认定的行政机关违法情形通常有两种,即"违法行使职权"与"不履行法定职责"。在司法实践中,"不履行法定职责"又可具体划分为两类。一是法律明确规定了行政机关的作为义务,但行政机关"不依法行使职权",包括行政机关不作为或者不正确履行法定职责、②行政机关拒绝作为或者不完全履行作为义务、③行政机关未依法继续履行职责④等几类情形。二是法律对行政机关职责规定不清晰或立法上没有明确规定该职责应由行政机关承担,但检察机关认为行政机关若积极作为可以挽回国家利益和社会公共利益的损失或者促成行政任务完成,而行政机关不作为的情形。由此看来,行政公益诉讼追究的"不履行法定职责"的范

---

① 例如,针对绥德县环保局未对绥德县火车站在饮用水水源保护区内擅自设置排污口的行为履行职责,绥德县检察院提交了专业环境检测机构出具的检测报告。见榆林市绥德县人民检察院诉绥德县环境保护局行政公益诉讼案(绥检民行公诉〔2016〕1号)。

② 见安宁区检察院诉安宁区市容环境卫生管理局行政公益诉讼案(安检行公诉〔2016〕01号)。

③ 见西安市未央区检察院诉西安市国土局行政公益诉讼案(未检行公诉〔2016〕1号)。

④ 见辉南县人民检察院诉辉南县林业局行政公益诉讼案(辉检行公诉〔2016〕1号)。

围也比传统行政法学说中认定的范围更大。① 例如，在个案中，国土资源部门坚持认为，土地执法是一项综合事务，法律只授权国土资源部门作出行政处罚决定的权力，没有授予其强制执行的权力，而且根据《国土资源行政处罚办法》第 35 条的规定，国土资源部门没有强制执行的权力，作出处罚决定后应当移交给同级财政部门处理，或者拟订处置方案报本级人民政府批准后实施，因此，国土资源部门不执行行政处罚不属于违法。② 检察机关则认为，根据《国土资源行政处罚办法》第 35 条、第 45 条和《国土资源违法行为查处工作规程》的规定，国土资源部门还可以采取其他制止措施，而国土资源部门既不与财政等部门协商执法问题，也未在法定期限内申请法院强制执行，就可以认定其为不履行法定职责。③ 在安徽省芜湖市无为县国土资源局怠于履行职责案中，国土资源局回函检察机关称，国土资源部门认为非法盗采造成的地质环境破坏不适宜对照《矿山地质环境保护规定》执行，因为《矿山地质环境保护规定》是针对经过依法批准的合法采矿企业造成的环境破坏而制定的。④ 检察机关则认为，根据《安徽省矿山地质环境保护条例》第 3 条、第 13 条、第 22 条、第 37 条、第 42 条的规定，任何单位和个人因矿产资源勘查开采等活动造成矿山地质环境破坏的，均应恢复治理，县级以上国土资源主管部门对治理恢复情况负有监督检查职责，因此确认无证盗采的环境破坏问题仍属于国土资源部门的职责，国土资源部门放任不管属于不履行法定职责。由此可见，检察机关认定"是否履职"的依据并不局限于法律规定，还要求行政机关依据法律原则和精神从实现行政任务角度积极履行职责、纠正其怠于执法的行为。这是一种结果导向的转变：出于切实保护公益的需要，行政公益诉讼扩展了"合法"的含义。法院对行政公益案件的审查也不局限于形式合法性，还依据过错原则进行实质合法性审查。比如，行政机关若以无法律明

---

① 传统行政法学说认为，怠于履行职责是指公务组织及其工作人员依其职责，对公民、法人或其他组织有特定的作为义务，但在有能力、有条件履行的情况下，不履行、拖延履行或者不完全履行作为义务的情形。参见沈岿《论怠于履行职责致害的国家赔偿》，《中外法学》2011 年第 1 期。
② 见《关于汉阳区检察院土地执法检察建议书整改工作的请求》（阳土资源规〔2016〕28 号）。
③ 见江岸区人民检察院诉武汉市国土资源局行政公益诉讼案（岸检行公诉〔2016〕2 号）。
④ 见无为县国土资源局《关于对非法盗采造成地质环境破坏进行恢复治理的情况说明》。

确规定为由不履行职责，但该不作为行为在结果上却明显有失公正或者造成了具体的重大损害，法院也可以建立包括实质违法性、可归责性和损害因果关系在内的实质合法性审查原则。①

最后，在经过诉前程序之后是否需要提起公益诉讼的问题上，检察机关需要判断行政机关在收到检察建议后，是否依法履职以及作出的行为是否合乎法律的要求。此时，检察机关仍然坚持形式合法性为辅、实质合法性为主的判断标准。如果行政行为已达到实质合法标准，就不再起诉；不能达到实质合法标准，则需要提起诉讼。从具体案例中可知，不仅行政机关要履行程序上的职责，检察机关还会考量行政机关纠正违法行为或者履行职责的期限、勤勉程度、是否穷尽所有法定手段，以及履职的实际效果等。例如，在北京市平谷区人民检察院诉平谷区园林绿化局一案中，2015年1月24日至2015年5月10日，北京梨树沟旅游开发有限公司先后三次因毁坏林木被平谷区园林局作出罚款、责令补种等行政处罚。相对人均已缴纳三次被处罚的罚款，但并未补种树木，园林局也并未依法申请人民法院强制执行或代为履行。检察机关认为园林局的行为属于逾期不履行行政处罚。再如，界首市辖区内出现许多非法驾校培训基地、练车场，这些驾校培训基地、练车场在未取得任何用地审批等合法手续的情况下实施了硬化土地、建设坡道等违法行为，甚至在农用地上进行建设，造成部分土地性质改变，破坏了土地资源。界首市人民检察院向界首市国土资源局提出多项检察建议，要求其依法责令涉案当事人对已经被破坏的土地资源尤其是耕地资源采取恢复原状等补救措施。2016年9月6日，界首市国土资源局书面回复：截至目前，由所在乡镇街道组织拆除或自行拆除的违法练车场设施，除提请法院强制执行3宗之外，已基本处理到位。2016年12月，人民检察院在跟进监督时发现仍有两个自然村的非法练车场未完全恢复原状，据此对行政机关不依法履行法定职责的行为提起了行政公益诉讼。

综上，试点期间行政公益诉讼实际上将"形式合法性"审查标准拓展到了"维护客观法秩序"的层面。考虑到司法成本的高昂和既判力的有限使得通过司法维护客观法秩序的方式存在先天的局限，人民法院或者检察院在办理公益诉讼案件之外，若定期将行政公益诉讼中发现的立法空白或

① 见福建清流县人民检察院诉清流县环保局行政公益诉讼案（清检行公益〔2015〕1号）。

者漏洞向立法机关汇报，以推动相关法律的修改，可以进一步促进客观法律秩序的完善。

（二）诉讼前置程序具有督促履行职责的功效

一般行政诉讼无须经过诉讼前置程序（需要复议前置的情形除外），而检察机关提起行政公益诉讼还需经过向行政机关发出检察建议的诉前程序。这一制度设计类似于美国公民诉讼条款中设置的限制公民直接诉讼的情形。在美国，原告在提起公民诉讼前，应将公民诉讼通知书送达政府。只有政府在送达之后的 60 天（也有法律规定为 90 天）内不采取司法或者行政行动控诉违法行为时，公民的诉讼才会被法院受理，否则公民不能正式提起诉讼。这种情形被称为"诉前政府行为对公民诉讼的解除效果"。[①] 这一规定确定了行政机关执法的优先性，也使得其他主体提起的公益诉讼具有补充法律实施之功效。

行政公益诉讼诉前程序表明，在公共利益保护方面，政府执法优先于最终的司法救济。客观诉讼的目的在于维护或恢复客观秩序，所以机制设计也应优先考虑秩序维护的效率。通过司法保护公益终归无法避免时间冗长、高成本等弊端。因而，这样的设计也遵从了司法治理规律与成本效益原则。从试点实践来看，检察机关的诉前程序效果很好。截至 2017 年 6 月底，各试点地区检察机关办理诉前程序行政公益诉讼案件 7676 件，提起行政公益诉讼案件 1029 件。检察机关履行诉前程序后，行政机关主动纠正违法行为的案件为 5162 件。[②] 除去未到一个月回复期不便于归类的 984 件案件，通过诉前程序促成行政机关纠正违法的比例为 77.13%。在未授予检察机关提起公益诉讼的诉权之前，检察建议缺乏实效性和强制性已为共识；[③] 通过试点，诉前程序有了诉讼程序的威慑力，其监督效果大幅提升。诉前程序和提起诉讼可被视为两种监督手段，发挥着不同的功效。

---

① 参见 James M, Hecker, "The Citizen's Role in Environmental Enforcement: Private Attorney General, PrivateCitizen, or Both?" *Natural Resources & Environment* 8 (1994): 31 - 62。

② 见《检察机关公益诉讼试点工作 2017 年 6 月份情况通报》（高检办字 [2017] 178 号）。

③ 参见崔晓丽、李小荣《制发检察建议过程中存在的问题与应对》，《法学》2009 年第 3 期；姜伟、杨隽《检察建议法制化的历史、现实和比较》，《政治与法律》2010 年第 10 期；周彬彬《检察建议简论》，《人民检察》2013 年第 13 期。

（三）行政公益诉讼受案范围从行政行为扩展到行政活动

要完成立法赋予的行政任务，行政机关通常需要采取包括行政行为、准行政行为或者事实行为在内的多种行政活动才能完成。如果行政活动违法，检察机关的起诉可能会指向多个行政机关，也可能会指向一个行政机关的多个行政行为。但是，我国行政诉讼法的判决类型是针对单个行政行为而设计的。比如，《行政诉讼法》第72条规定的履行职责判决和《行政诉讼法》第74条规定的确认判决都只能单独使用。据此，在国有财产保护案件中，如果既涉及国有土地出让合同执行问题，也涉及国土资源部门在颁发相关证件时的违法问题，就不能在一个诉里面既提起履行追缴国有土地出让金义务的诉求，又提起撤销违法颁发证件的诉求，只能一事一诉。但试点期间，确认违法和责令履行职责的两个诉讼请求通常是一并提出的，绝大多数案件都将确认违法作为提起责令履行职责的充分条件，检察机关通常是针对行政不作为提起确认违法之诉，而为了达到法律实施的目的，又一并提出责令行政机关履行法定职责的诉讼请求。当然，两种判决能否同时适用也存在一定争议。如在甘肃白银市白银区人民检察院诉白银市住房和城乡建设局行政公益诉讼一案中，法院在2017年11月1日作出判决时指出，白银市住房和城乡建设局督促白银市市政工程管理处提前完成西大沟污水管网配套工程，让污水散排问题得到彻底治理，因此，检察机关在一年以前起诉确认行政机关未在相关路段建设城镇污水集中处理设施及配套管网不作为行为违法，并责令行政机关履行法定职责的请求，缺乏事实根据和法律依据，判决驳回公益诉讼人的诉讼请求。该案中，法院对于住房和城乡建设局在提起诉讼前明显怠于履行职责的问题未进行法理判断，对检察机关提出的确认违法诉讼（开庭时间延期让行政机关可以充分履行职责，检察机关只能在开庭期间将责令履行职责诉求变更为确认违法）以驳回方式予以处理。检察机关则认为，虽然案件行政机关在审理期间完成了污水管网配套建设，责令履职的诉讼请求已经实现，但作出确认违法判决仍有意义。法检的分歧，正是基于主观诉讼和客观诉讼的立场差异。主观诉讼的救济功能仅停留在诉求的实现层面，而客观诉讼则不仅要纠正正在发生的违法行为，还要通过确认判决定性以前发生的违法行为，避免同类违法行为再次发生，从而维护法律的权威。

（四）行政公益诉讼中检察机关主要提起责令履职之诉

从法国的情况来看，客观诉讼以撤销诉讼为主。而从我国两年的公益诉讼试点情况看，检察机关主要提起责令履职之诉，确认之诉次之，提起撤销之诉的比重反而最小。根据试点方案，行政公益诉讼判决类型有撤销判决、确认判决和履行职责判决。试点期间，截至 2016 年 12 月，在笔者收集到的 318 份生态环境和资源保护类起诉书中，检察机关提起撤销之诉的行政公益诉讼案件有 5 件，请求责令重新作出行政行为的有 4 件，请求确认违法的有 1 件，请求确认违法并履行职责的案件有 290 件，请求履行职责的有 18 件。产生这种情况的原因主要包括以下几点。①试点方案将检察机关发现公益诉讼线索界定于"履行职责中发现"。对于行政机关不严格执法的案件，若行政相对人不告发，检察机关则无法获知，因此，案件线索并不充分。②即使行政违法行为造成公益受损，是否应该撤销仍需考虑诸多因素。如行政机关对违反法律规定的行为只作出罚款决定而不采取责令停产等能力罚，可能是考虑了企业发展等外部因素。检察机关不了解执法情况，不宜代替行政机关直接作出判断，也不能在只掌握初步证据的情况下轻易提出撤销之诉，除非出现行政违法行为造成的公益损害正在持续扩大或者会造成无法挽回的损害等特殊情形。③撤销违法行政行为可能涉及重作行政行为将加重公民负担的情形。实践中，检察机关提起撤销之诉，通常是因为行政机关适用法律法规错误，如本应采取罚款、没收违法所得两项处罚手段，却只实行了一项。提起这类撤销之诉，虽然符合依法行政和过罚相当原则，但必然会让已经生效的行政行为失效，且针对行政相对人的违法行为重新作出行政处罚必然会影响法的安定性。考虑到行政公益诉讼的监督原则与法的安定性原则之间的冲突，以及是否需要建立监督不得加重处罚原则等问题仍需进一步研究，检察机关较少提起撤销之诉。

从检察机关提起的为数不多的撤销诉讼案件来看，撤销诉讼的功能也并未停留在纠正行政机关已作出的违法行为上，还会直接面对违法的行政执法潜规则或者违法惯例。这些潜规则和惯例可能是立法造成的，或者因长期违法而被视为合法，通过撤销之诉对其进行改变，有利于推动立法改革、促进执法改良。试点期间的第一起行政公益诉讼案，就是针对环保局多次违法颁发试生产许可证使污染企业合法化的行为提起的诉讼。根据《环境保护法》第 41 条的规定，建设项目时需要同时设计、同时施工、同时投产污染防治设施。对此，《建设项目环境保护管理条例》《建设项目竣工环境保护验收管理办法》又规定了例外情况，即在没有同时建设污染防治设施的情况下也可以试生产，但只能颁发一次试生产许可证。山东庆云案中的庆顺化学科技有限公司是当地政府引进的一家重污染企业。企业从投产开始就达不到环评标准，当地环保局却连续三次为其颁发试生产许可，最后直接以罚代管，把违法企业当成合法企业来管理。① 该案起诉后，环境保护部出台了停止颁发试生产许可证的公告，要求环境保护主管部门不再进行建设项目试生产审批。② 可见，我国行政公益诉讼不论在案内还是案外都发挥了维护客观法律秩序的功效。

三　关于我国行政公益诉讼精细化构建之建议

尽管《行政诉讼法（2017 修正）》规定了行政公益诉讼的范围和诉前程序，却并未能建构一整套公益诉讼程序。除了受案范围、诉前程序之外，行政公益诉讼仍需要遵循现行行政诉讼法关于司法审查密度、既判力、执行力以及诉讼程序等方面的规定。由于现行行政诉讼法无法回答检察机关调查权、起诉条件等问题，为了度过试点结束之后两高司法解释未出台的空窗期，最高人民检察院下发通知，要求各地继续适用试点期间相关司法解释。2018 年 3 月 2 日，最高人民法院和最高人民检察院《关于检察公益诉讼案件适用法律若干问题的解释》（以下简称"两高联合解释"）正式实施。该司法解释不仅把试点期间相关司法解释规定的内容予以全面吸收，还解决了检察机关在公益诉讼中的身份问题，但并未太多凸显行政公益诉讼的客观诉讼特性。当然，要在主观诉讼特征明显的行政诉讼程序中嵌入一整套客观诉讼机制，必将对传统的行政诉讼观念和制度产生巨大的冲击。笔者认为，只有抓住如何更好地通过司法裁判维护客观法律秩序这个关键问题，才能有效推动行政公益诉讼制度的精细化构建，实现行政

---

① 见山东庆云市检察院诉庆云市环保局行政公益诉讼案（庆检行公诉［2015］1 号）。

② 见环境保护部公告（2016 年第 29 号）。

公益诉讼制度与客观诉讼机制的融合。

（一）充分认识行政公益诉讼具有客观诉讼维度的重要意义

在德国公法学中，制度性保障的主要对象是那些先于宪法和法律存在的传统制度的核心内容，如婚姻、家庭、财产所有制等。这些制度所关联的核心利益是不能通过立法进行修改的，因此具有极强的客观性，按常理应从客观诉讼角度进行保护。我国公益诉讼所保护的特定范围的公益与社会主义基本制度密切相关，从全国人大常委会授权检察机关提起公益诉讼的四个公益诉讼领域来看，其中的国有土地使用权转让、国有资产保护领域（特别是矿藏、水流）是宪法明确规定由国家独占的公益，适宜用客观诉讼来保护。至于环境、食品药品安全方面等的利益，即便可通过主观权利方式进行救济，也会有大量的剩余利益难以得到保护，如享受良好环境的利益。虽然环境权的"权利本位论"已是环境法研究者的集体意识，但学者们对环境权主体是环境本身、人类整体、国家、单位或者公民的相关争议从未停息。[①] 我国未在宪法上确定环境权，却明确了国家有保护和改善环境的义务。[②] 从世界范围看，即便在环境权已经法律化和主观化的国家，也存在环境利益公共化和客观化的命题。[③] 对环境利益的侵害，通常同时包含对环境公益和环境私益的侵害。如果侵权行为确定、因果关系明晰，完全可以通过私益救济方式予以保护。但是，私人提起环境污染侵权诉讼时无法主张环境被污染后的恢复、修复等费用，以及恢复期间环境减损的价值，也就是说无法通过私益诉讼保护被污染环境功能减损的价值。

在个案中精确析出主观权利也存在一定难度，特别是有些利益并未权利化，如规划违法涉及的景观利益等。如果只强调保护主观权利，僵化适用现行法，反而可能忽视现实利益格局，走向概念化和保守化。实际上，

---

① 参见蔡守秋《论环境权》，《金陵法律评论》2002 年第 1 期；陈泉生《环境权之辨析》，《中国法学》1997 年第 2 期；吕忠梅《论公民环境权》，《法学研究》1995 年第 6 期；杨朝霞《环境权的理论辨析》，《环境保护》2015 年第 24 期；吴卫星《环境权主体之探析——国内法层面的考察》，《南京大学法律评论》2004 年第 2 期。

② 见《宪法》第 26 条、第 22 条第 2 款。

③ 例如，日本最高法院将一直被认为是主观利益的景观利益，加上"具有客观利益的良好景观"这一限定条件才使之受法律保护，限缩了关于景观利益的主观性讨论。参见〔日〕大塚直《环境诉讼中保护法益的主观性与公共性（序说）》，李硕译，载《法学思潮》（第 4 卷第 2 辑），第 4 页。

在个体利益、群体利益和社会公共利益冲突明显而相关立法滞后的背景下，如果只是片面强调权利保护或者片面强调既有法律体制的稳定，反而极易导致法律无法获得认同，并进一步加剧社会矛盾。

强调行政公益诉讼的客观诉讼维度，可以进一步推动各类公益诉讼朝纵深发展。从诉讼启动机制看，我国公益诉讼可以客观诉讼为基础，继续扩大提起公益诉讼的主体范围，加大维护法制秩序的力度。从功能角度看，公益诉讼的客观诉讼特性可以进一步突破现行行政诉讼法局限于主观诉讼的权利救济和纠纷解决功能，增强行政公益诉讼的沟通和法律实施功能。从公益保护范围看，客观诉讼机制可将公益保护范围从保护受损的具体公益拓展到保护既定的制度公益。由于我国缺乏宪法争议的司法解决机制，宪法审查的功能大部分由行政诉讼承担，因此，突出公益诉讼和客观诉讼的重合特征，可以促进社会主义法制统一，维护现行宪法法律权威。

（二）建构行政公益诉讼的客观诉讼机制的具体建议

2018 年 2 月 8 日施行的《最高人民法院关于适用〈中华人民共和国行政诉讼法〉的解释》中新增的一些内容已经解决了客观诉讼机制中的部分问题，如司法解释中关于合并审理的规定，可以解决检察机关针对行政活动违法提起诉讼时必须一事一诉的问题。两高联合解释则确立了行政公益诉讼兼具救济和监督这两项客观诉讼特征，并首次明确指出行政公益诉讼的特殊任务和目的，确立了行政公益诉讼的首要任务是维护宪法法律权威。不过，要充分体现公益诉讼的客观诉讼特征，仍需从受案范围、审理规则、立案程序、审理程序、判决类型等方面进一步完善公益诉讼司法解释。

第一，在受案范围方面，应该明确规定，"人民检察院认为行政行为或者行政活动致使国家利益或者社会公共利益受到损害的，有权提起诉讼"，"人民检察院认为行政行为所依据的规范性文件不合法，在提起行政公益诉讼时，可以一并请求对该规范性文件进行审查"，以凸显行政公益诉讼审查规则合法性的属性。

第二，在审理规则方面，应建立审判职权主义的相关规则。人民法院对行政公益诉讼案件的审查标准为实质合法性，当检察机关和行政机关都有证明责任时，人民法院应该放弃当事人主义的审理模式，而采用审判职权主义。我国可以借鉴法国和德国客观诉讼的调查原则，采用纠问式调查方式，让法官依职权主动调查案件事实，主导行政公益诉讼的庭审活动，必要时法官可以不依赖于双方当事人进行"查证"。① 应该明确规定，"在公益诉讼中人民法院为维护公共利益，应依职权主动调查证据，不受当事人主张的拘束，审判长应当引导当事人就行政行为或者行政活动的合法性进行辩论"，"审判长应向当事人发问或告知，要求其陈述事实、提供证据；其陈述事实或者提供证据不足时，应责令其阐明或者补充"。

第三，在立案程序方面，不应因形式性而为行政公益诉讼设置立案障碍。应该明确规定，"公益诉讼案件符合起诉条件的，人民法院应当登记立案。立案后，人民法院若发现公益诉讼案件不符合起诉条件，应当告知检察机关补充材料"。这样可以防止审判机关通过驳回起诉、不予受理等方式限制检察机关行使公益保护职责，也可监督人民法院是否依法开展了对行政公益诉讼案件的实质合法性审查。

第四，在审理程序方面，建议增加行政公益诉讼庭前会议的相关规定。《刑事诉讼法（2012 修正）》规定了庭前会议程序，但民事诉讼法、行政诉讼法尚未设置该项制度。试点期间，行政公益诉讼案件多数都召开了庭前会议。从实践情况来看，检察机关与和行政机关在庭前会议中通常能在诚实互信、充分沟通的基础上，陈述案件事实，对是否依法履职等核心问题交换意见，有利于过滤不当诉求、明确诉讼中的焦点问题。

第五，应明确规定提起行政公益诉讼的期限。行政公益诉讼要求行政机关实质性的履职。可以考虑将试点期间诉前程序的一个月回复期，改为两个月的履职期，给行政机关留下较为充足的履职时间。这样既可以避免利害关系人愿意提起诉讼而检察机关提前对行政违法行为提起诉讼的情况发生，也可以防止行政机关无限延长回复期而导致检察机关无法履行公益保护职责。此外，行政公益诉讼起诉期限不需要遵循《行政诉讼法》第46条的限制，因为该条是以告知直接利害人为计算起诉期限的起点，而检察机关与行政行为并没有直接利害关系，无法确定其"知道或者应当知道"的时间节点。应该从提出诉前检察建议的时间开始计算起诉期限，一般应

---

① 参见〔德〕弗里德赫尔穆·胡芬《行政诉讼法》，莫光华译，法律出版社，2003，第543 页。

在提出检察建议的四个月之后提起诉讼。鉴于两高联合司法解释并未对行政违法行为的发现期限明确予以规定，建议规定"检察机关有权对 2 年内发生的行政违法或者不作为案件提起公益诉讼，但涉及重大国家利益或者社会公共利益受损的情况除外"，以维护法律安定性。

第六，在判决种类方面，应该重新确立行政诉讼中确认判决、撤销判决、责令履行职责判决之间的关系。应该明确规定，"人民法院在作出撤销判决时，可以判决被告重新作出行政行为或者责令被告采取补救措施"，赋予人民法院根据案情选择更有利于维护客观法秩序的判决种类的权利。再者，应该规定，"人民检察院提起公益诉讼的诉求成立，且证据充分，人民法院应判决被告作出人民检察院诉求内容的行政行为或者行政活动；如果人民检察院的诉求成立，但适用法律、法规、规章的意见不明确或者明显错误，人民法院应判决被告依法履行相关职责"。这样规定，可以防止人民法院采取驳回诉讼请求的方式来逃避承担公益保护职责。

图书在版编目（CIP）数据

中国行政诉讼理论的发展／张新宇主编. -- 北京：
社会科学文献出版社，2023.11
（《法学研究》专题选辑）
ISBN 978 - 7 - 5228 - 2194 - 8

Ⅰ.①中…　Ⅱ.①张…　Ⅲ.①行政诉讼法 - 研究 - 中
国　Ⅳ.①D925.3

中国国家版本馆 CIP 数据核字（2023）第 141216 号

《法学研究》专题选辑
中国行政诉讼理论的发展

主　　编／张新宇

出 版 人／冀祥德
责任编辑／芮素平
文稿编辑／程丽霞
责任印制／王京美

出　　版／社会科学文献出版社·联合出版中心（010）59367281
　　　　　地址：北京市北三环中路甲 29 号院华龙大厦　邮编：100029
　　　　　网址：www. ssap. com. cn
发　　行／社会科学文献出版社（010）59367028
印　　装／三河市龙林印务有限公司

规　　格／开　本：787mm × 1092mm　1/16
　　　　　印　张：22.5　字　数：363 千字
版　　次／2023 年 11 月第 1 版　2023 年 11 月第 1 次印刷
书　　号／ISBN 978 - 7 - 5228 - 2194 - 8
定　　价／138.00 元

读者服务电话：4008918866